高等院校医学实验教学系列教材

有机化学实验

第 2 版

主　编　陈　琳　孙福强

副主编　张精安　关　丽　程向晖

编　委　（按姓氏笔画排序）

王秀珍　广东药科大学

刘　意　广东药科大学

关　丽　广东药科大学

孙福强　广东药科大学

杨宝芸　广东药科大学

吴爱平　广州医科大学

宋　健　广东药科大学

张淑婷　华南农业大学

张精安　广东药科大学

陈　琳　广东药科大学

高　伟　广东药科大学

程向晖　包头医学院

谢蓉蓉　广东药科大学

谭培汉　广东药科大学

科学出版社

北　京

内 容 简 介

本教材具有厚基础、宽专业、适应性广的特点，内容包括有机化学实验基础知识、有机化学实验基本技术、有机化学实验基本操作、有机化合物的基本制备、天然有机化合物的分离与提取、有机化合物的性质与鉴定、综合性实验、设计性及研究性实验、高等有机合成实验技术及附录。全书共选编各类实验 51 个，对有机化学实验基础知识及基本操作技能进行了翔实叙述，强化了传统有机化学实验技术的训练，同时也编排了 4 个目标分子的多步合成综合实验及 6 个设计性、研究性实验，重在知识的运用及提高，培养学生的创新能力。

本教材可作为高等医药类院校药学、制药工程、药物化学、药物分析、药物制剂、中药学、中药制药、预防医学、临床医学、临床检验、中医学、中西医结合、生命科学、生物技术、生物信息等专业及相近专业不同层次学生的教学用书，也可作为从事有机化学、药物化学及天然药物化学实验工作人员的参考用书。

图书在版编目(CIP)数据

有机化学实验 / 陈琳，孙福强主编. —2 版. —北京：科学出版社，2017.1

ISBN 978-7-03-048886-2

Ⅰ. ①有… Ⅱ. ①陈… ②孙… Ⅲ. ①有机化学-化学实验-医学院校-教材 Ⅳ. ①O62-33

中国版本图书馆 CIP 数据核字(2016)第 136593 号

责任编辑：胡治国 / 责任校对：彭 涛
责任印制：赵 博 / 封面设计：陈 敬

科学出版社 出版
北京东黄城根北街 16 号
邮政编码：100717
http://www.sciencep.com
保定市中画美凯印刷有限公司印刷
科学出版社发行 各地新华书店经销
*
2013 年 9 月第 一 版 开本：720×1000 1/16
2017 年 1 月第 二 版 印张：16
2024 年 8 月第 八 次印刷 字数：312 000
定价：65.00 元
（如有印装质量问题，我社负责调换）

前　言

有机化学实验是化学、应用化学、化工、材料、环境科学和药学等专业学生的必修课程之一，实践性很强。有机化学实验课立足于培养学生的实验技术和技能，同时也担负着培养学生独立进行科学实验的能力及创新思维的重任；既要配合有机化学理论课的教学，又要有相对的独立性和系统性。随着21世纪我国高等教育的快速发展，教育部对高等教育的质量提出了更高的要求，也更加注重学生实践能力的培养。在《关于全面提高高等教育质量若干意见》（教高〔2012〕4号）中，专门列出了"强化实践育人环节"的条款，将强化实践教学列为我国高校教学改革的三大亮点之一。为此，越来越多的院校将有机化学实验独立设置为一门课程，而不是理论课的附属。为了适应不断改革、发展的有机化学实验教学工作及实践育人工作的需要，我们在原教材的基础上，结合各参编院校的教学改革成果及多年的教学实践经验，同时也参考了国内同类实验教材的先进内容，重新编写了本教材。

本教材内容分为九章及附录。前三章主要是有机化学实验的基础知识及基本操作。为透彻阐述有机化学实验基本操作理论，避免重复，在第二章系统地介绍了有机化学实验常用的一些重要操作原理和技术，可为后续的实验奠定基础；第三章有机化学实验基本操作，是对基本操作技术的实际训练及补充，只讲述具体的操作要领，不再过多涉及原理；第四章为有机化合物的基本制备实验，以典型的、重要的、有代表性的传统有机化学反应为主要内容，是对理论课学习的重要补充，也是加深理解理论课内容的重要手段；第五章为天然有机化合物的分离与提取，这是有机化学实验的重要组成部分；第六章为有机化合物的性质与鉴定；第七章及第八章为复合性及开放性实验，包括综合性实验、设计性实验和研究性实验三种类型，重在综合运用和提高；随着有机化学实验技术的不断发展，新反应、新技术、新方法、新成果不断涌现，为了开阔视野、反映前沿，在第九章对高等有机化学合成实验技术及一些创新实验方法进行简介；附录中提供了一些特殊试剂的配制、常用溶剂的纯化和使用方法，并附有多个实用性表格。

修订后的教材保持了原教材的基本特色，但更具适用性、现代性及开放性，更加注重学生的参与性及创新精神的培养。使本教材既适用于正常的教学模式，也可用于开放实验的教学。

此次再版具体在以下几方面做了修订、增补和调整。

1. 在教材整体结构上作了一些调整，使章节分配更加细化，增设了天然有机化合物的分离与提取部分，有利于有的放矢地选择实验。与第一版相比，第二章“有机化学实验基本技术”的内容更加翔实，除了增补新内容外，还增加及更新了部分图表及插图。

2. 在实验内容上进行精选，推陈出新。剔除了陈旧、过时和过于简单的实验，增加提高性实验的比例，以利于学生的实践和创新能力的培养；将常规实验与小量、半微量实验结合编写，突出绿色化学理念及实践，并对第一章中的“有机化学实验常用玻璃仪器和设备、有机化学实验部分常用设备、手册查阅和有机化学文献简介”等内容进行了修订和补充。

3. 在强化有机化学实验基础知识及基本实验操作技能，确保学生能够规范、正确、熟练地进行基本实验操作的基础上，特别注重引入一些现代合成技术，如超声波辐射、生物催化不对称合成、固态反应、相转移催化、离子液体催化及高压反应等，尽可能体现当代有机化学实验的发展成果。

参加本教材编写工作的人员分工如下：第一章及第二章由张精安、张淑婷、吴爱平编写；第三章由谭培汉、刘意共同编写；第四章由谢蓉蓉、高伟、杨宝芸和王秀珍共同编写；第五章由陈琳编写；第六章由孙福强编写；第七章由宋健和关丽共同编写；第八章由高伟、杨宝芸、孙福强共同编写；第九章及附录由陈琳、程向晖共同编写。全文由陈琳负责统一整理定稿。

教材编写过程中，得到广东药科大学、华南农业大学、广州医科大学、包头医学院及科学出版社等单位的大力支持与帮助，广东药科大学的有机化学同行们对本教材的编写提出了宝贵的意见，在此一并致以衷心感谢！

限于编者水平，教材中难免存在不足之处，恳请专家及读者不吝赐教。

编　者

2016年5月

目　录

第一章　有机化学实验基础知识

第一节　有机化学实验室规则

为了保证有机化学实验能正常顺利地进行，培养学生良好的实验作风和严谨的科学态度，达到预期的实验目的，学生必须遵守如下实验室规则。

1. 实验前必须认真预习有关实验内容。通过预习，明确实验目的、实验要求及实验的基本原理，了解实验的主要步骤、基本操作方法、使用的基本仪器及装置、实验过程中主要注意事项，并写好实验预习报告，安排好实验计划。未达到预习要求者，不得进行实验。

2. 遵守实验室的各项规章制度和纪律。准时进入实验室，不得迟到或早退。实验过程中要保持安静和良好的秩序，不得进行与实验无关的活动。实验过程中不得擅离实验岗位。

3. 严格按照操作规程进行实验。听从实验教师和实验室工作人员的指导。未经指导教师允许，学生不得擅自改变药品用量和实验内容。重新开始实验必须经指导教师同意后，方可实行。

4. 实验过程中应认真仔细地操作，细致入微地观察实验现象，并养成边进行实验，边实事求是地记录实验现象和实验结果的习惯。实验结束后，应将实验记录本交由指导教师签阅。

5. 爱护公物。公用药品、仪器和器材应在指定的地点使用，或用后及时放回指定地点并保持整洁。若有实验仪器损坏，要办理登记换领手续，并按学校相关制度执行。未经允许，不得将实验室的任何物品携带出室外他用。

6. 保持实验室整洁。实验时做到实验桌面整洁，地面、水槽和仪器清洁。实验完毕，应及时将实验台整理干净。并清洗、整理仪器，检查安全措施是否到位，经教师允许后方可离开实验室。

7. 做实验的同学应轮流值日。值日生的职责为整理公用仪器、药品并打扫实验室；清倒废物桶；检查水、电、煤气等的开关是否关闭，关好门窗，最后离开实验室。

第二节　有机化学实验室安全常识

安全进行实验是有机化学实验的根本要求，所以，进行有机化学实验，首先必须高度重视实验室的安全问题。为了预防事故的发生，确保实验能顺利进行，实验时要熟悉有机实验室一般安全常识并切实遵守实验室安全规则。

有机化学实验中，经常要使用一些易燃易爆的溶剂(如乙醇、乙醚等)、气体(如氢气)和药品(如乙炔银)，以及有毒的药品(如氰化钠)和腐蚀性药品(如氯磺酸、烧碱)等，这些溶剂和药品如果使用不当，就有可能引起着火、爆炸、中毒甚至伤亡等严重事故。此外，易碎的玻璃仪器，以及自来水、电器设备等使用不当，也可能会发生事故。一旦发生严重事故，不但危及本人及他人的人身安全，还会给国家财产带来不可估量的损失。因此，进行有机化学实验时，一定要确保安全第一。虽然实验过程中有危险因素的存在，但只要实验者思想上高度重视，加强安全防范意识，落实安全防范措施，实验时集中注意力，认真仔细地操作，严格执行操作规程，就一定可以避免事故的发生，实验工作就能顺利完成。为了防患于未然，实验者在进入实验室之前，必须熟悉实验室的一般安全知识，掌握一般事故的处理方法，实验过程中应当严格遵守实验室安全规则。

一、有机化学实验室安全规则

1. 安全至上，实验前应认真做好预习及一切准备工作。进入实验室前，应事先穿好实验服，束好长发，不准穿拖鞋或凉鞋、短裤或短裙进入实验室，也不准将饮料、食品等物品带入实验室。进入实验室后，应首先熟悉实验室内的水、电、煤气等开关的位置，以及灭火器材的放置地点和使用方法。如有意外事故发生，首先要保持镇静，及时采取必要的应急措施，并立即报请教师处理。

2. 安装仪器前，应注意先检查所用仪器是否完好无损、有无缺少。如果有缺少或损坏，应及时报告给准备实验的老师进行处理。安装仪器时，先将铁架台放在合适的位置，选好热源，按照从下往上、从左到右(或从右到左)的顺序依次安装。安装完毕后，还要检查装置是否正确和稳妥(尤其是要检查气密性)，搭好的装置要做到横平竖直，所有仪器的重心都要位于同一平面上，并征得指导教师同意后方可进行实验。

3. 实验过程中，思想要集中，操作要认真，除了及时做好实验记录外，还应随时注意观察反应是否正常进行、装置有无漏气、仪器有无破损。应安排好实验时间，按时结束实验。

4. 规范操作。当进行某些有一定危险的实验时，应根据实验的具体情况采取必要的安全措施，如戴防护眼镜(不要戴隐形眼镜)、面罩及橡皮手套或设置防护屏等。如果进行有毒或有刺激性气体产生的实验，应在通风橱内进行。

5. 实验所用的药品不得随意散失和丢弃，实验过程中所生成的有害气体及有毒物质，也应严格按规定处理，以免污染环境。

6. 公用仪器及药品使用后应立即归还原处。实验过程中，要爱护公物，节约水、电、煤气及消耗性物品，严格药品用量。注意取用试剂后要及时盖好试剂瓶盖，不要乱放，避免弄错或试剂吸潮。多余的试剂(或用后的药品)不得倒回原试剂瓶中，以免污染试剂，更不得倒入水槽。

7. 实验前必须做到熟悉所用药品和仪器的性能及仪器的装配要点，熟悉实验室各种钢瓶的标记，切忌弄错。

8. 保持整洁。废弃的物品放到指定的废弃缸内，实验试剂不得入口，严禁在实验室吸烟及饮食。

二、有机化学实验室常见事故的预防和处理

有机化学实验事故发生率较高，恶性事故也时有发生。为预防和减少实验事故的发生及在万一发生事故时能及时正确地处理，并尽可能地减轻事故的危害和损失，必须熟悉常见事故的发生原因、预防办法及处置措施。实验室中常见的事故有火灾、爆炸、中毒、灼伤、触电及大量溢水等。

(一)火灾与急救

有机化学实验中使用的原料、溶剂大多数是易挥发和易燃的，很多在室温时具有较大的蒸气压(特别是低沸点的溶剂)。当空气中混杂的易燃溶剂蒸气或易燃易爆气体的浓度在其爆炸极限范围内，且室温又在其闪点温度以上时，一旦遇到明火或火星，就会立即爆炸，甚至酿成火灾。很多时候有机实验室中要用酒精灯、电炉等仪器进行加热，各种电器的使用也往往会产生电火花。所以着火燃烧是有机实验室发生率较高的实验事故。

1. 常见的一些着火燃烧的情形

(1) 在烧杯或蒸发皿等敞口容器中加热有机液体，可燃的蒸气遇明火会引起燃烧。

(2) 回流或蒸馏操作中未加沸石，一旦引起暴沸，液体冲出瓶外会被明火点燃。

(3) 用直火加热装有液体有机物的烧瓶，因加热不均匀有时会引起烧瓶破裂，液体逸出而被点燃。

(4) 在倾倒或量取有机液体时不小心将液体洒出瓶外并被明火点燃。

(5) 盛放有机液体的瓶子长期不加盖，致使蒸气不断挥发逸出，因其比空气重，会下沉流动聚集于地面低洼处，如遇到随意丢弃的未熄灭的火柴头、烟蒂等会引起燃烧。

(6) 将废弃溶剂等倒入废物缸中，使其蒸气大量挥发，被明火点燃。

(7) 使用金属钠或其他遇水易燃物时，不小心使之接触到水或潮湿的台面、抹布等引起燃烧。

此外，由于多数有机合成反应经常需要加热，如热源选择不当或装置安装不规范时，也容易引起火灾。因此，对有机实验室来说防火显得十分重要。

2. 火灾的预防 实验者在进行实验前必须对所用到的试剂、溶剂等有尽可能详尽的了解。一般化合物的闪点越低，越易燃烧，若同时其沸点也较低(挥发性大)，使用时就更应加倍小心。预防火灾发生的主要措施有如下几种。

(1) 实验装置一定要正确安装，操作必须规范。

(2) 火源应与易燃有机物离得尽可能远些。切不可将易燃有机物放在敞口容器内，应盛放在密闭的塞紧瓶口的容器中，以防止其蒸气外逸，存放于阴凉干燥处妥善保存，不得靠近火源。数量较大的易燃有机溶剂不能存放在实验室中，应存放在指定的危险药品仓库内，注意不得将易燃有机物与一些强氧化剂(如高锰酸钾、浓硝酸)放在一起。

(3) 不得用明火直接加热盛有易燃有机物的烧瓶，应根据液体的沸点选用合适的热源(水浴、油浴、砂浴、电炉垫上石棉网或使用电热套)，同时根据具体情况选用合适的冷凝方式(水或空气)。如使用油浴加热，还应防止水滴入油浴中使油溅到热源上着火。

若使用高温油浴(如高温硅油)长时间高温加热时，实验人员不得离开实验室，以便火灾发生时可及时处理。

(4) 蒸馏或回流易挥发、易燃液体时，应注意检查各接口处是否漏气，玻璃仪器是否完好，但整个系统不可密封。加热前应加助沸剂(1～2 粒沸石、素烧瓷片或瓷环)，防止暴沸引起液体逸出而引起火灾。若加热后发现忘加沸石，应先停止加热，待瓶内液体稍冷后才可补加，切不可直接补加(尤其是液体已近沸腾时)。在用有机溶剂重结晶并用活性炭脱色时，同样在加入活性炭之前，要使液体稍冷后才可进行。

(5) 大量处理可燃性液体时，要在通风橱或指定地点进行，室内不得有火源。易燃易挥发的有机溶剂不得倒入敞口的废物缸内，要设法回收或装入指定的试剂瓶中。一般少量的废弃溶剂要集中处理，极少量的废弃溶剂可倒入水槽用水冲走(含金属钠或与水猛烈反应的残渣及有毒的有机溶剂除外)。切忌将燃着的或带有火星的火柴头等杂物乱扔或投入废物桶 (或废液缸)中。

(6) 使用易燃易爆气体(如乙炔、氢气或臭氧等)时，室内应严禁明火，防止一切火星的发生并保持空气畅通。

(7) 金属钠、钾及氢化铝锂等物质遇水易爆炸燃烧，应保存在烃类物质(如煤油或液体石蜡)及密闭容器中，切勿露置在空气中。此外，黄磷等露置空气中可发生自燃，必须先保存在盛水的玻璃瓶中，再放入金属筒中，不要直接放在金属筒中，以免腐蚀。

(8) 平时要经常检查煤气开关及其橡皮管等是否完好。实验人员离开实验室之前应关闭电源总闸。

3. 火灾的一般处置原则与措施 一旦火灾发生，全室人员首先应沉着、冷静，不可惊慌失措。根据起火原因，及时采取各种相应措施，以控制火势，防止其扩大，从而减少事故的损失。其次，立即关掉煤气开关；切断电源，迅速移开着火点周围未着火的可燃物品。再根据易燃物的性质和火势大小作不同处置，设法扑灭火源。

(1) 失火初期，火势不大时，不得用口吹，应使用湿抹布(或湿毛毯)、石棉毯或防火砂等灭火，必要时可使用灭火器灭火。热溶剂挥发出的蒸气在瓶口处燃烧，可用湿抹布盖熄；若仅有少量液体溅在实验台面上燃烧，在移开周围可燃物后，可任其烧完，一般在 1min 之内自行熄灭而不会烧坏台面；若液体稍多，可用防火砂、湿抹布或石棉布盖熄；当火势较大时，则需用灭火器喷熄。反应容器内着火时，可用石棉板盖住瓶口，火即熄灭。如实验者身上的衣服着火，切不可带火奔跑，以免火势扩大，可用石棉毯或湿毛毯包裹起来，也可以在地上缓缓滚动灭火。

(2) 有机物着火，一般不得用水去灭火，因有机物会浮在水面上继续燃烧并随水的流动迅速扩散，除非着火的有机物极易溶于水，且火势不大时，才可用水来灭火。

(3) 如油类着火，切忌用水灭火。可用防火砂或灭火器灭火。有时也可撒上干燥的固体碳酸钠(或碳酸氢钠)粉末，就可扑灭。

(4) 如电器着火，必须先切断电源，用二氧化碳或四氯化碳灭火器灭火(注意四氯化碳蒸气有毒，在空气流通不良的地方使用有危险)。绝不能用水和泡沫灭火器去灭火。灭火时，应把灭火器的喷出口对准火焰的底部，从火的四周向中心扑灭。

(5) 金属钾或金属钠着火也不可用灭火器扑灭，更不能用水，只能用砂或石棉毯盖熄。

(6) 如实验室一时不具备以上灭火器材时，可将实验室常用的碳酸钠或碳酸氢钠固体倒在火焰上将火扑灭。

虽然实验室易发生火灾，但只要实验者重视实验安全，集中思想，严格操作，火灾事故是可以预防的。

(二)防爆与急救

除易燃之外，一些有机物也易爆炸。所以，防爆是有机化学实验中又一重要措施。

1. 实验时一些易导致爆炸发生的情形

(1) 反应剧烈放热且有大量气体放出时(如高锰酸钾与浓硫酸混合制氧气和臭氧)。

(2) 易燃气体(如乙炔)或易燃液体(如乙醚)的蒸气与空气相混合，处于一定的浓度范围之内，遇到明火即可发生爆炸，此浓度范围称为该气体或液体的爆炸极限，亦称爆燃极限。例如，乙醚爆炸极限为 1.85%～48%，说明乙醚在此浓度范围内遇明火会爆炸，但超过该浓度就只能被明火点燃而平静地燃烧，低于该浓度则不能被明火点燃，自然也不会爆炸。一般来说，有机物的爆炸极限的范围越宽，爆炸的危险性就越大。

(3) 某些溶剂(如乙醚、二氧六环、四氢呋喃、共轭多烯等)在久置过程中，受光照或氧气的作用，会有沸点较高、爆炸性较强的过氧化物生成，如使用前未检验和除去，在蒸馏过程中会因过氧化物浓度的不断增加，发生爆炸的危险也不断增大；一些有机物(如乙炔银、硝酸酯、多硝基化合物、叠氮化物、干燥重氮盐等)受到碰撞或较高温度加热时也会有爆炸发生。

(4) 常压蒸馏或回流操作时系统密闭；减压蒸馏时选用不耐压的接收器(如锥形瓶、平底烧瓶)；高压釜加压操作时，釜内压力超过安全负荷等，均易引起爆炸。

(5) 氧化剂与有机物接触，也易引起爆炸。

(6) 活泼金属(如钠和钾等)、金属有机化合物(如氢化铝锂、丁基锂等)遇水会剧烈燃烧，甚至爆炸。

爆炸引起的损失不可估量，应引起实验者的高度重视。

2. 一些主要的防爆安全措施

(1) 实验时，要正确安装仪器，严格执行操作规程。

(2) 易爆实验要在通风橱内进行，同时采取必要的安全措施。

(3) 使用易燃易爆气体(如氢气、乙炔等)时，应远离火星，并保持室内空气流通；使用易爆液体时应先检验是否有过氧化物存在。如果有，须加入还原剂(如硫酸亚铁等)予以除去，蒸馏时也不可将瓶内液体蒸干。使用易爆固体时，要避免挤压或碰撞。

(4) 某些金属或氧化剂与有机物混合时，为防止反应过于猛烈而发生爆炸，要根据具体情况采取措施，如冷冻、控制加料速度、改变投料顺序或加溶剂稀释等。

(5) 危险残渣或残液(如钠屑、煤气废液)须小心销毁或放在指定容器中。切不可随意丢弃。

(6) 常压蒸馏或回流操作时，系统应与大气相连通；减压蒸馏操作时，应选用耐压玻璃仪器；高压釜加压须低于其安全负荷；封管操作时，应选用厚度均匀的玻璃管。

如遇爆炸事故发生，室内人员应沉着冷静，积极采取有效措施，防止事态扩大，如关闭煤气、切断电源，将易燃易爆品转移至安全地方等。

(三)防毒与中毒处理

有机化学实验中接触的试剂，除少数(如氯化钠、葡萄糖、果糖等)外，一般都有毒性。其毒性有大有小，有急有慢，对人体都会有不同程度的毒害。其作用的方式和伤害的部位也各不相同。

1. 有机实验室常见的有毒试剂 这些试剂一般分为有毒气体、有毒无机化学品、有毒有机物、强酸强碱等四类。

(1) 有毒气体：包括二氧化氮、二氧化硫、一氧化碳、溴及溴化氢、氯及氯化氢、氟与氟化氢、硫化氢、光气、氨等，均为刺激性或具有窒息性的气体。

(2) 有毒无机化学品：汞、高价汞化物、氰化物、氢氰酸、液溴、黄磷等，均为剧毒物质，不慎摄入会引起急性或慢性中毒。

(3) 有毒有机物：乙烯酮、乙腈、苯肼、氯仿、四氯化碳、乙酰氯、氯化亚砜、碘甲烷、溴乙烷、四氢呋喃、二氧六环、苯、甲苯、甲醇、硫酸二甲酯、对甲苯磺酸甲酯、胺类、硝基及亚硝基化合物等，均为剧毒品，有的可致癌。

(4) 强酸强碱：硫酸、盐酸、硝酸、氢氧化钠和氢氧化钾均有腐蚀性。

2. 预防中毒的基本方法 预防中毒事件的发生也是有机实验中经常要注意的大事。上述有毒物质的摄入方式，通常是由呼吸道吸入、消化道侵入或皮肤黏膜侵入的，所以，预防中毒的最基本方法有如下几种。

(1) 对于有机化合物，在未真正了解其性质之前，处理时都应小心，将其当作有毒物质对待。

(2) 试剂取用后应立即盖好盖子，以防其蒸气大量挥发，随时保持空气流通，使空气中有毒气体的浓度降至允许浓度之下。

(3) 严格按照规范、细心操作，防止皮肤沾染和试剂飞溅。

(4) 进行实验前应预先查阅有关资料，对所操作的试剂的毒性有尽可能详尽的了解。

3. 操作过程中的防毒措施

(1) 反应过程中，会产生有毒或腐蚀性气体的实验，应安装气体吸收装置或在通风橱内进行，实验开始后勿将头伸入通风橱内。

(2) 为防止有毒或腐蚀性的试剂渗入皮肤，实验时不得用手直接拿取或接触化学试剂，应戴上防护手套。实验完毕，要立即洗手，切勿让有毒试剂沾及五官或伤口。

(3) 任何化学试剂均不得用口尝味，更不准在实验室吃东西。

(4) 剧毒药品应妥善保管，专人负责，不得乱放。使用时必须严格按照操作规程进行实验。实验结束后，有毒残渣、残液必须作妥善而有效的处理，不准随意丢弃。

(5) 对沾染过有毒物品的仪器、用具、衣服等物品，实验完毕后，要亲自采取适当方法处理及清洗，以破坏或消除其毒性。

4. 中毒的处置 万一发生中毒事故，如出现头晕、恶心等症状，实验者应立即到有新鲜空气的地方休息，并根据中毒的具体情况作妥善处理。

(1) 如皮肤接触到具内吸性可渗透入皮肤的有毒物质时，要立即用 75%乙醇溶液擦洗，再用肥皂和水洗去。

(2) 溅入口中而尚未咽下的有毒物质应立即吐出来，并用大量水冲洗口腔；如不慎吞下，应根据有毒物质的性质服用解毒剂，并立即送医。

误服腐蚀性物质：如为强酸，先饮大量水，再服用氢氧化铝膏、鸡蛋白；如为强碱，同样饮大量的水，然后服用食醋、酸果汁、鸡蛋白。注意，不论酸还是碱中毒都需灌注牛奶，不要吃呕吐剂。

误服刺激性及神经性毒性物质时，要先服用牛奶或鸡蛋白使之缓和，再用硫酸铜溶液(约 30g 溶于一杯水中)催吐。也可用手指伸入喉部催吐后，立即送医院就诊。

(3) 如果吸入气体中毒，应立即将中毒者移至室外空气流通之处，解开衣领及纽扣，必要时可做人工呼吸并送医院急救。吸入少量溴、氯、氯化氢气体时，用碳酸氢钠溶液漱口，但绝不可做人工呼吸。

(四)其他事故的预防与急救

1. 触电 使用电器时，须防止人体与电器导电部分直接接触，不要用湿手或用手握湿的物体接触电接头。为防触电，装置及设备的金属外壳等都应连接地线。实验后应先切断电源，再将连接电源的插头拔下。

如发生触电事故，应先切断电源总开关，切忌用手直接与触电者接触，要用干的竹竿或绝缘杆将电线挑开，然后将触电者移至木板上，进行人工呼吸，并立即送医院急救。

2. 玻璃割伤 玻璃是易碎品，如操作不当，常会发生割伤事故。预防割伤，玻璃仪器的使用要正确；使用玻璃仪器的操作须规范，如使用玻璃管时，最好用抹布包裹使用。万一割伤，先仔细观察伤口有无玻璃碎粒，取出伤口处的玻璃碎粒。如伤势不太严重，可用双氧水或硼酸水洗净伤口，涂上碘酒或红汞(注意不能同时使用)，再以纱布包扎或贴上止血贴；伤口严重、血流不止时，可在伤口上部约 10cm 处用纱布扎紧，减缓流血，也可按紧主血管以防大量出血，并送医院诊治。

3. 烫伤 玻璃工操作中最容易发生烫伤，为免烫伤，切勿用手去触摸刚加热过的玻璃管(棒)及玻璃仪器；反应加热时，油浴飞溅出油滴也易导致烫伤，应避免将水滴入热的油浴锅内。如发生烫伤，涂烫伤膏后送医院救治。

4. 化学试剂灼伤 强酸、强碱和溴等化学物品触及皮肤(或眼)时，均可引起灼伤。因此，在使用或转移这类化学试剂时应十分小心。若不慎被酸、碱或溴灼伤，首先立即用大量水冲洗，然后再根据具体情况处理。

(1) 酸灼伤：皮肤灼伤用 5%碳酸氢钠溶液洗涤，眼睛灼伤可用 1%碳酸氢钠溶液清洗，最后再用水洗。

(2) 碱灼伤：处理程序同酸灼伤一样，皮肤灼伤用 1%～2%乙酸洗涤；眼睛用 1%硼酸溶液清洗。

(3) 溴灼伤：以 75%乙醇溶液小心洗至无溴液存在为止，再涂以甘油或烫伤油膏。

(4) 灼伤严重者，在经上述急救处理后，迅速送医院治疗。

5. 大量溢水 有机实验室中常见的事故还包括大量溢水。为预防溢水，平时要经常注意清洁水槽。固体废物，如沸石、废纸、玻璃碎片、火柴梗、木屑等应扔到废物盆中，不得丢入水槽。此外，反应后的固体残渣、油脂等也不能倒入水槽中。一旦水槽或下水道堵塞不仅影响使用，还会造成大量溢水，严重时发生水灾。如果渗入楼下，有可能损坏精密仪器。实验时冷凝管的水不宜开得过大，防止因水压过高，橡皮管又套得不牢而弹开，造成溢水。为防止橡皮管脱落，可用细铁线或尼龙线扎紧橡皮管接口处。停止实验后，应及时关掉冷凝水。

第三节 有机化学实验常用玻璃仪器和设备

有机化学实验常用的玻璃仪器分为普通玻璃仪器和标准磨口玻璃仪器两类。

实验一般使用标准磨口仪器。

一、普通玻璃仪器

图 1-1 是有机化学实验常用的一些普通玻璃仪器示意图。

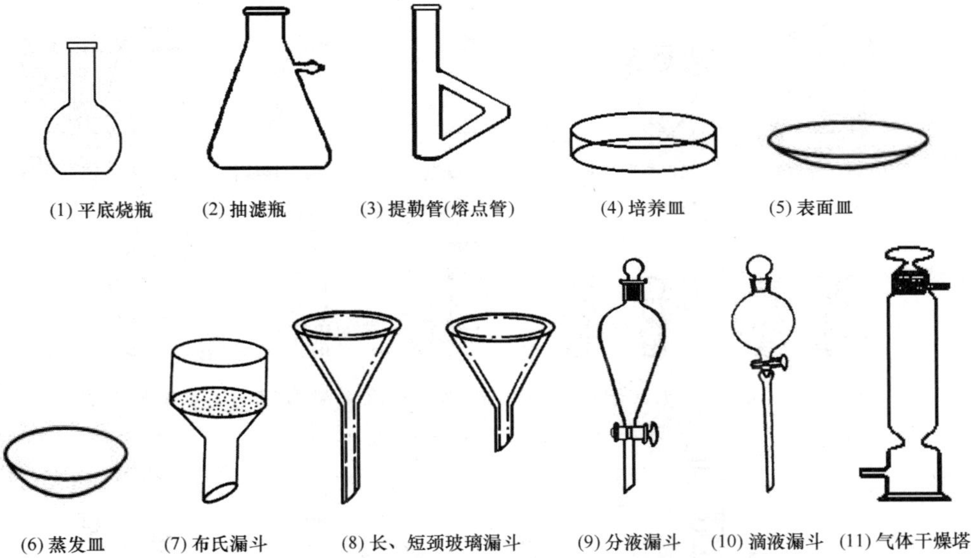

图 1-1　有机化学实验室常用普通玻璃仪器

二、标准磨口玻璃仪器

标准磨口玻璃仪器是按国际通用技术标准制造的，具有标准磨口或磨塞的玻璃仪器，具有标准化、通用化及系列化的特点。

常见的标准磨口规格为 10、12、14、16、19、24、29、34、40 等，数字编号是指磨口最大端的直径毫米数(有些编号较实标大端直径略大或略小)。其中 14、19、24、29 为最常用的标准磨口规格。有的标准磨口玻璃仪器也用两个数字表示，如 10 / 30，其中 10 表示磨口大端的直径毫米数，30 表示磨口的高度。规格相同的内外磨口仪器可相互紧密连接，且均可任意互换，因此，各部件能组装成各种配套仪器。规格不同的部件不能直接连接，但可使用转换接头(如 19 与 24 或 14 与 19)，使之彼此连接。此类接头有两种规格，上大下小或上小下大，可根据实际情况选用。因标准磨口仪器既可免去配塞子的麻烦，又能避免塞子沾污反应物或产物，且磨口与磨塞性能良好，密合性好，所以对蒸馏，尤其是减压蒸馏有利，对有毒物质或挥发性液体存在的实验较为安全。图 1-2 列出了有机化学制备实验常用的标准磨口玻璃仪器。

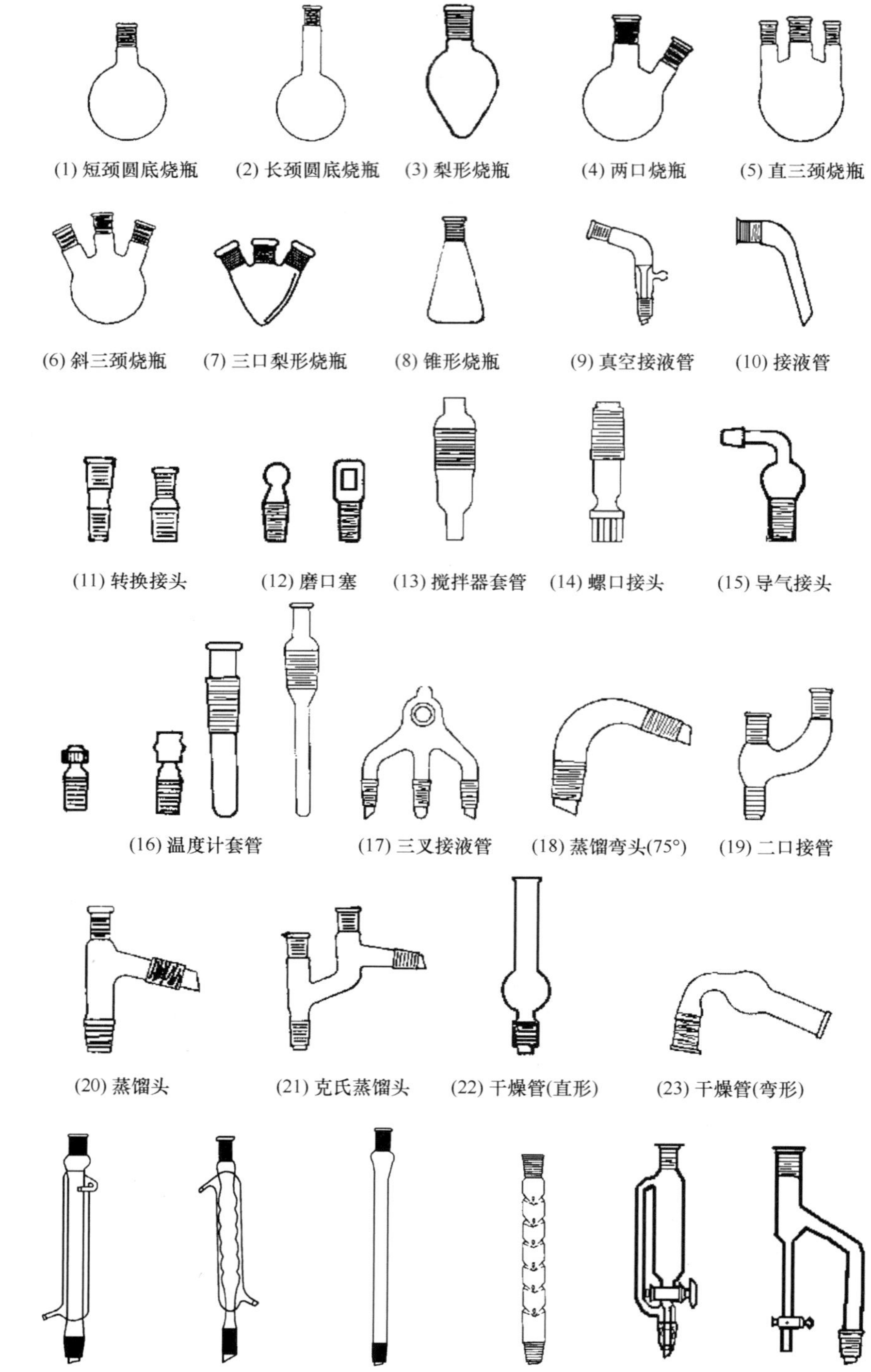

图 1-2 有机化学制备实验常用的部分标准磨口玻璃仪器

标准磨口玻璃仪器使用时应注意以下几点。

1. 仪器连接时要轻微对旋，不可用力过猛。磨口连接处不能歪斜，从上下或左右看起来呈一直线或处于同一平面内，以免应力集中而使仪器破损。

2. 磨口表面须保持清洁，如沾有固体物质，要用纸巾或软布擦干净，注意不能黏附棉絮。否则会导致仪器接口处漏气，同时也会损坏磨口。

3. 磨口仪器使用时一般不需在磨口处涂润滑剂以免沾污产物，但如反应体系中有强碱性物质时，则要涂润滑剂以防黏结。此外，减压蒸馏时也要涂一些真空油脂一号，以防粘连和漏气，且便于装拆。涂抹油脂或润滑剂时须细心地在磨口大的一端涂上薄薄一层，勿涂得过多，以防沾污产物。

4. 磨口仪器使用完毕后，须立即拆卸洗净。否则，对接处会粘牢，以致拆卸困难甚至损坏仪器。清洗磨口时，为防止损坏磨口，应避免用“去污粉”擦洗。分液漏斗及滴液漏斗用毕洗净后，应在活塞处垫一小纸片或涂上薄薄一层凡士林润滑，防止黏结而无法打开活塞。

5. 凡是带有活塞的仪器干燥时，要预先将活塞拔出，以防在烘箱中加热干燥时黏结。可将活塞用一细铜线或细铁线系缚于配套仪器上，以防损坏活塞或与其他相似仪器搞混。如磨口仪器黏结，可用乙醚或丙酮浸润后，再慢慢旋转拆开，也可放入水中加热或浸泡黏结处一段时间，取出后再用木棒轻轻敲打，一般都可拆开。

表 1-1 中列出了有机化学实验常用玻璃仪器的一般用途。

表 1-1 有机化学实验常用玻璃仪器的应用范围

仪器名称	应用范围	注意事项
圆底烧瓶	用于反应，回流加热及蒸馏	
三颈圆底烧瓶	适用于多种操作同时进行的合成反应	
冷凝管	用于蒸馏和回流	
蒸馏头	多与圆底烧瓶组装后用于蒸馏	
单股接收管	用于常压蒸馏	
双股接收管	用于减压蒸馏	
分馏柱	用于分馏多组分混合物	
恒压滴液漏斗	反应体系内有压力时，可使液体顺利滴加	
分液漏斗	用于溶液的萃取及分离；亦可用于滴加液体	
锥形瓶	用于储存液体，混合溶液及加热少量溶液	不得用于减压蒸馏
量筒	用于准确量取液体	忌直火加热
抽滤瓶	用于减压过滤	不能直火加热
布氏漏斗	用于减压过滤	
熔点管	用于有机物的熔点测定	
干燥管	内装干燥剂，在无水反应中用于防潮	

三、常用玻璃仪器的洗涤、干燥和保养

有机化学实验中，使用的各种玻璃仪器性能是不同的。要掌握其性能、洗涤、干燥和保养方法，才可正确使用，提高实验效率，避免不必要的损失。

(一)洗涤

进行有机化学实验时，为避免杂质进入反应体系，对反应产物及实验现象的观察造成影响，必须使用洁净的玻璃仪器。清洗仪器须在每次实验之后立即进行，因为清楚当时污物的性质，可采取适合的方式清除，同时也可为下一次实验做好准备。所以，应养成仪器用毕，立即清洗的良好习惯。

一般清洗玻璃仪器的方法是：将长柄或短柄毛刷及玻璃仪器用水打湿后，再用毛刷沾上去污粉刷洗仪器内外壁，注意磨口瓶不宜用去污粉，以防损坏磨口，待仪器上的污物除去后，再用自来水冲洗干净。如去污粉的微粒黏附在器壁上不易被水冲走时，可用质量分数为 1%～2%盐酸摇洗一次，再以自来水清洗。对于去污粉不易洗净的反应残余物，要根据污物的性质选用不同的洗涤剂洗涤。常用的洗涤剂有浓盐酸、稀硝酸、草酸、碱液、铬酸洗液、合成洗涤剂、有机溶剂洗涤液。

1. 铬酸洗液的配制方法 将 300mL 浓硫酸慢慢加入溶有 35g 重铬酸钠的 175mL 水溶液中，配好的洗液呈红棕色。

2. 碱性乙醇溶液的配制方法 取 60g 氢氧化钠溶于 60mL 水中，再加入 500mL 质量分数为 95%的乙醇，配好的洗液为无色液体。

洗涤剂选用的一般原则为：酸性(或碱性)的污垢选用碱性(或酸性)洗液进行清洗，有机污垢可用碱液或有机溶剂洗涤。有时也根据污物的具体情况采用价格较低或回收的有机溶剂浸泡后洗涤。但不得盲目使用各种试剂和溶剂来清洗仪器，否则不但浪费，还会带来危险。如残留有溴的仪器，用丙酮清洗时，会产生强力催泪剂——溴化丙酮。对于玻璃仪器壁上的陈迹还可以先用洗液浸泡一段时间后，再清洗除去。

由于有机反应种类繁多且反应过程复杂，清洗工作有时也较困难，但按以上方法洗涤后，一般均可达到使用要求。即将一个洗净的玻璃仪器倒置时，器壁上不挂水珠，否则，需重新清洗。需要注意的是，洗净后的仪器不能用抹布、滤纸等擦干。

有些实验(如用于精制产品或用于有机分析实验用的器皿)，对玻璃仪器的洁净程度要求很高，所以，在用上述方法处理后，还须用少量蒸馏水淋洗 2、3 次，以除去由自来水带来的杂质。

(二)干燥

在一些有机反应中，水的存在往往会影响化学反应速率和产率，甚至有些反应还需要在绝对无水的条件下才能进行(如 Grignard 反应)，所以仪器洗净后还要

经过干燥。最简单的干燥方法是把仪器倒置，使水自然流下，晾干即可。但这只适用于一般无水要求的实验，绝对无水时，可将仪器放入烘箱或气流干燥器上烘干。烘干仪器时，要将玻璃仪器从上层向下层放置，器皿口向上。一些带有磨砂口玻璃塞的仪器(如滴液漏斗)，必须取出活塞，擦干净凡士林后，做好磨口塞与瓶身的标记，才可放进烘箱中烘干。烘箱内的温度保持在 100～105℃，约半小时。待烘箱内的温度降至室温且仪器也冷至室温后，再取出仪器，否则水气会在器壁上凝聚。切不可把很热的玻璃仪器取出，置于冷的金属表面上或骤然碰到冷水，以免破裂。当烘箱已工作时，则不能往上层放入湿的器皿，以免水滴下落，使热的器皿因骤冷而破裂。需要急用的仪器，可倒尽其中残留的水后，以少量质量分数为 95%乙醇或丙酮荡洗，之后将溶剂倒入回收瓶中，仪器先用电吹风吹冷风 1～2min。待大部分溶剂挥发后，再吹热风至其完全干燥，最后又吹入冷风使之冷却。切不可先吹热风，以免发生危险。

(三)保养

玻璃仪器使用及保养时应注意以下几点。

1. 玻璃仪器易碎，使用时要轻拿轻放。

2. 玻璃仪器中除烧杯、烧瓶及试管外，都不能用明火加热。

3. 平底烧瓶及锥形瓶是不耐压的仪器，减压蒸馏时不能用作接收器。

4. 带活塞的玻璃器皿，如分液漏斗、滴液漏斗等用毕洗净后要在活塞和磨口间垫上小纸片或涂上润滑剂，以防黏结。

5. 温度计使用时，不能测量超过其最高刻度的温度；不可作为搅拌棒使用；也不能长时间放在高温的溶剂中。温度计使用后应自然冷却至室温，特别是在测量高温之后，切不可立即用水冲洗，否则会导致炸裂或汞柱断线。温度计水银球部位的玻璃很薄，易被打破，冷却洗净后应放入温度计盒内保存。

6. 冷凝管通水后会变得很重，安装时要用冷凝管夹夹在其重心所在之处，以免翻倒。高温蒸馏(被蒸馏物质的沸点超过 140℃)时，应采用空气冷凝管，否则会因内外温差太大而炸裂。使用和存放时应保护好冷凝管进出水支口，以免打碎。

7. 接液管尤其是真空接液管或三叉燕尾管，在安装和拆卸时应特别小心，为防止掉落而损坏，最好用细线系于冷凝管上。

8. 砂芯漏斗在使用完毕后，应立即用水冲洗，否则难于洗净。滤孔不太稠密的漏斗，可用强烈的水流冲洗。如果较为稠密的，则要用抽滤的方法冲洗。

四、仪器的装配

有机化学实验中，玻璃仪器的装配是有机化学实验的重要基本操作。仪器装配正确与否，对实验的成败有很大影响。如安装不正确，不仅影响装置的整齐美观，还会损坏仪器，甚至造成事故。必须高度重视，多加训练。在实验开始之前，必须先熟悉实验仪器的安装方法。将各种仪器、配件装配成某一装置时，应注意以下几点。

1. 热源的选择 有机化学实验中，常用的热源有水浴、油浴、空气浴等。一般根据加热温度的高低和化合物的特性来选用，≤80℃的用水浴，＞80℃的用油浴。如果化合物较稳定，沸点较高且不易燃烧，也可在石棉网上加热(空气浴)。

2. 仪器的选择和装配 从安全、整洁、方便和可能出发，先大致安排台面并确定装配仪器的位置，再按照一定的要求和顺序装配。首先将铁架台放在合适的位置(一般尽量靠近水槽)，根据热源的高低，从下往上，从左到右(右边靠近水槽)或从右到左逐个地装配。拆卸时，按相反顺序逐个地拆除。

装配时，应先检查每件仪器和配件是否合乎要求，有无破损，仪器要选用合适的铁夹(如圆底烧瓶选用烧瓶夹，直型冷凝管选用冷凝管夹)牢固地固定在铁架台上，不宜太紧或过松，以能用手转动又不至于掉落为宜。铁夹的双钳要包有橡皮或贴有绒布等衬垫，以免直接接触玻璃仪器，将仪器夹破。冷凝管应夹其中间部位略靠下一点，防止翻倒。冷凝管下端进水朝下，上端出水朝上。

装配完成后，要仔细地进行检查，所有仪器的轴心线应与铁架支撑杆平行，整个装置要做到正确、整齐、稳妥、严密，然后再检查安全是否合乎要求。应注意装置是否与大气相通(减压蒸馏装置除外)，各接口处是否紧密不漏气，经检查确认装置没有问题后，方可使用。

五、有机化学实验部分常用设备

(一)电气设备

1. 电热套 用玻璃纤维织物包裹电热丝盘旋制成半球形或圆锥形内套，刚好使烧瓶套入，电热丝下面填充了玻璃棉等保温材料，外壳由金属制成，电热套实际上是一只改装的小电炉，通电后即可加热(图 1-3)。电热套具有使用方便、控温容易、加热均匀、效率高、不易使有机溶剂着火等优点，并有 50～3000mL 各种不同的规格，可根据不同需要加以选用，是一种比较理想的加热设备。使用时注意，勿将药品或试剂洒在电热套上，以免其在加热时挥发而污染环境，同时避免电热丝被腐蚀断裂。电热套用完后应放在干燥处，以防内部吸潮后降低绝缘性能。

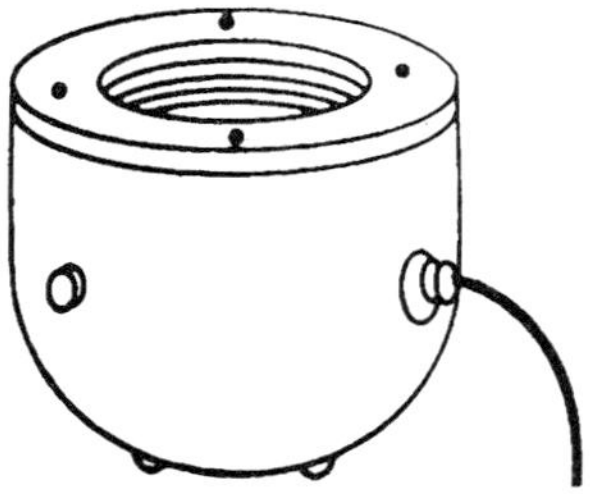

图 1-3 电热套

2. 电动搅拌器 在有机化学实验中用于反应时搅拌液体反应物，适用于一般的油水体系，不可用于黏度较大的胶状溶液。电动搅拌器如超负荷使用，很容易因发热而烧毁。使用电动搅拌器时，应先将搅拌棒与电动搅拌器连接好，再用塞子将搅拌棒与反应瓶连接固定好。开动电动搅拌器之前，要先用手转动搅拌器检查转动是否灵活，如不灵活要找出摩擦点，进行调整，直至转动灵活。旋动调速旋钮时，要缓缓地由低档向高档旋转，直至所需转速，不可过快地一下旋到高档。

3. 磁力搅拌器　可在完全密封的装置中进行搅拌。它是由电机带动可旋转的磁体旋转，磁体再带动装在反应器中的磁子旋转，从而达到搅拌的目的。磁子是由一根以玻璃或聚四氟乙烯塑料密封的软铁。一般磁力搅拌器都同时具有加热、自动控温和调速等功能，使用方便。用时要缓慢旋转调速旋钮，用后应把旋钮调回原位，并注意防潮防腐。磁力搅拌器加热温度一般不超过 100℃，且易损坏。所以一般在反应物料少，加热温度不高的情况下使用磁力搅拌器尤为合适。如在较高温度下进行反应并搅拌时，可采用外接调压变压器、电接点温度计和加热圈的装置来达到此目的。

4. 循环水多用真空泵　是以循环水作为流体，利用射流产生负压的原理而设计的一种新型多用真空泵(图 1-4)，可广泛用于蒸发、蒸馏、结晶、过滤、减压、升华等操作过程中。由于水可以循环使用，避免了直接排水，故节水效果明显，所以是实验室理想的减压设备。一般用于对真空度要求不高的减压体系中。该泵使用一段时间后要补充水或换水，尤其是与旋转蒸发仪连用蒸发有毒溶剂后更要注意换水。长期不用时应将水箱中的水倒掉。循环水多用真空泵抽气口最好接一个缓冲瓶，以防停泵时，水被倒吸入反应瓶中，导致实验失败。

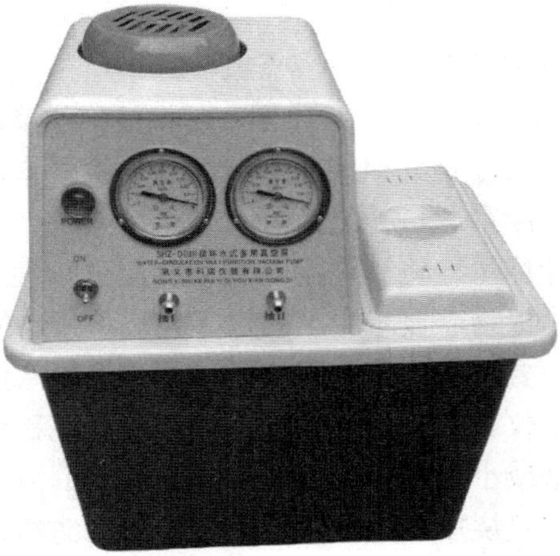

图 1-4　微型循环水多用真空泵外观图

5. 烘箱　实验室一般使用的烘箱为恒温鼓风干燥箱，主要用于烘干玻璃仪器及无腐蚀、加热不分解的固体药品。温度可控制在 50～300℃，箱内有自动控温系统，可使调节好的温度保持恒定。使用烘箱时应注意温度的调节与控制。干燥玻璃仪器时应先将水沥干，并从上到下依次放入箱内，干湿仪器要分开放置。烘箱的温度一般控制在 100～110℃(但长时间干燥时温度可适当调低，如 80℃)，调温的方法是：接通电源后，将控温旋钮旋至最大，此时箱内温度升高，当升至设定温度时，将旋钮反向慢慢旋回，直至红色指示灯灭而黄灯点亮，此位置即为该温度的恒温控制点，为便于以后的控温操作，最好在此位置做上标记。易燃易爆、易挥发性、有腐蚀性的物品及用 75%乙醇溶液、丙酮淋洗过的玻璃仪器切勿放入烘箱，以免发生危险。烘箱使用完毕后，应切断外电源以保证安全。

(二)其他设备

1. 电子天平 这是一种新型的测量工具(图 1-5)，可以准确称取到千分之一或万分之一的质量。具有操作方便、称量范围大、称量准确、稳定性好的特点，还可以与打印机、计算机、记录仪等连接，获得连续可靠的打印记录。使用电子天平称量前要先开机预热，按说明书选择好模式后，按 TAR 键，显示屏显示为零后，将被称量物置于称量盘上，数字稳定后就是被称物的质量数。

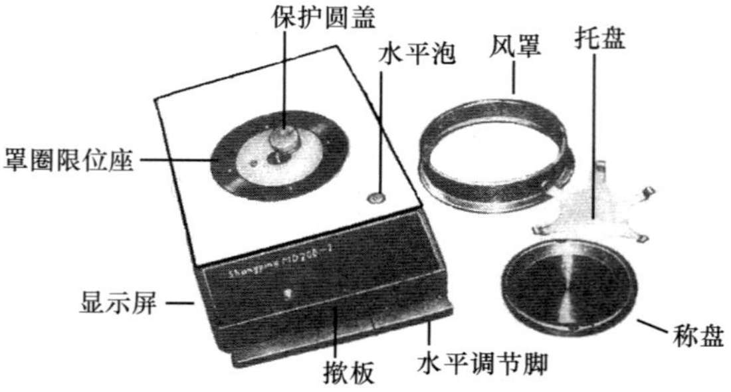

图 1-5 上皿电子天平

电子天平具有去皮重功能，先将容器放在称量盘上，显示屏显示的是容器的重量。按一下 TAR 键盘，显示屏读数为零，再将被称量物质放在容器内，这时显示的数字为被称量物质的净重。如果在容器内添加多种物质进行混合时，可用去皮重法，对每种物质计净重。

电子天平还可累计称量，将被称量物逐个放在称量盘上，并相应逐一去皮清零，最后移去所有被称量物，显示屏上的数字为被称量物的总质量值。

使用电子天平前，要注意观察水平仪。如水平仪中水泡偏移，需调整水平调节脚，使水泡位于水平仪正中。所称物体不能直接放在称量盘上，应放在清洁、干燥的表面皿、称量纸或小烧杯中进行称量，易挥发的液体称量时，应盛放在具塞锥形瓶或带塞子的圆底烧瓶中进行。天平应放置在清洁、稳定的环境中，以保证测量的准确性。天平的称量盘与外壳要经常用软布和牙膏轻轻擦洗，忌用强溶解剂擦洗。电子天平在不用时要拔掉电源，校准码应放在安全干净的地方。

2. 电热恒温水浴箱 该设备是有机实验室进行水浴加热的设施之一(图 1-6)。使用时应将其放在固定平台上，将排水口的胶管夹紧，再注入清水至箱体内。有时，为了缩短升温时间，亦可向箱体内注入热水，注意加水之前切勿接通电源；加水时，切勿令水流入控制箱内，以防发生触电。加入箱体内的水最好是纯净水，可以避免产生水垢。使用过程中，必须保证水位高于隔板，切勿在水位低于隔板甚至无水时加热，以防损坏加热管。使用后水浴箱内的水应及时排放干净，并擦净箱体，保持清洁以利延长使用寿命。

图 1-6　电热恒温水浴锅

3. 超声清洗机　该设备是用于清洗实验室的各种仪器、容器及进行超声反应的一种常用仪器(图 1-7)，具有方便性与实用性的优点。

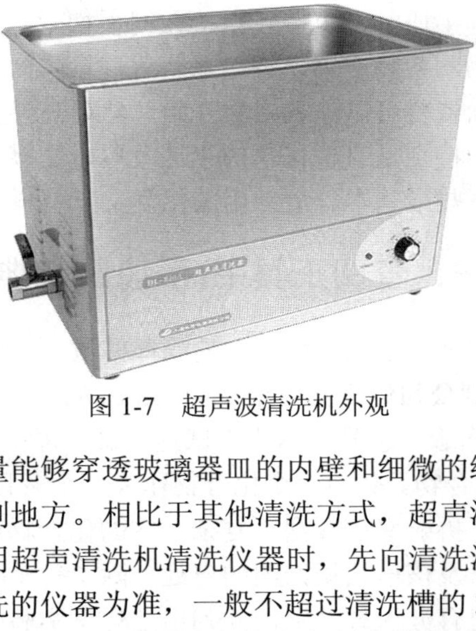

图 1-7　超声波清洗机外观

由于超声波的能量能够穿透玻璃器皿的内壁和细微的缝隙、小孔、死角，故可以清洗人手工洗不到地方。相比于其他清洗方式，超声清洗机的精密清洗显示出极大的优越性。使用超声清洗机清洗仪器时，先向清洗池内加入适量清水，液面高度以浸没将要清洗的仪器为准，一般不超过清洗槽的 3/4。需要加温清洗时，可启动电控加热开关，将水温调节旋钮上的白色刻度线指向适当的温度(应为 60℃左右)。清洗机在使用过程中，清洗剂的最高温度不应超过 70℃。实际应用超声波清洗时，通常采用 30～60℃的工作温度。加入清洗剂时，应待水温升至 40℃左右时，将清洗剂加入到清洗池中，徐徐搅动清水使其充分溶解，亦可启动超声波进行搅拌。使用超声波清洗机时应注意：在清洗槽中没有倒入清洗液或水时，严禁开机，否则可能损坏仪器，清洗过程中勿将手指放入清洗槽中。

第四节　手册查阅和有机化学文献简介

化学文献是有关化学方面的科学研究、生产实践成果的记录和总结。它及时地报道了世界各国的科学家在化学上的成就，记录了前人所做过的工作、取得的成果和经验教训，并预测今后的发展趋势。尽管在化学文献中(特别是牵涉到实验程序的关键部分)往往由于保密而含糊其辞。但仍然可以借助于化学文献帮助我们了解所要进行课题的历史概况，目前国内外的研究水平、发展动态和方向。做到"知己知彼"，提高研究工作的水平，也可借以丰富科研思路，从而对研究方向做出正确的判断，少走弯路。因此，化学文献的查阅是实验和科研工作的重要组成部分，是每个化学工作者应具备的基本技能之一，也是培养学生知识、能力和素质的一种重要手段。

在进行有机化学实验之前，必须了解实验中所用溶剂的处理方法、反应物和产物的物理化学性质、合成反应的路线、合成方法及后处理的方法与步骤等。通过查阅化学文献，可以了解前人的工作和数据，提高实验效率，也能对实验过程有一个完整的理解。学会查阅文献也是有机化学实验的一个重要环节。

一般来说，一些常见化合物的物理化学数据可以查阅各种手册，如精细有机化学品技术手册、试剂手册等，也可以直接在网上搜索，都可以很方便地获得这些数据。要了解有机物制备和应用研究的最新进展，查阅相关的研究论文是很有必要的。快速查阅文献资料可以先从中文开始，然后是外文文献。

近几十年来，化学特别是有机化学的飞速发展，文献资料数量惊人，本教材局限于篇幅，只介绍一些最基本、最常用的化学文献资料。

一、查阅工具书(手册、辞典)

一般来说，要查阅某一个已知化合物的物理常数，可以通过以下途径。

1. 查阅一些大试剂公司的产品目录 如 *Aldrich*、*Fluka* 等。*Aldrich* 由美国 Aldrich 化学试剂公司出版。它是一本化学试剂目录，每年出一本，免费赠阅。全书收集了 1.8 万多个化合物。其中一个化合物作为一个条目，包括相对分子质量、分子式、熔点、沸点、折射率等数据，复杂一些的化合物还附有结构式，并给出部分化合物的红外光谱及核谱共振谱图的出处。除了每个化合物都给出了不同包装的价格外，书后还附有分子式索引，并列出了化学实验中常用仪器的名称、图形和规格。

2. *Handbook of Chemistry and Physics* (化学和物理手册) 这是一本由美国橡胶公司(CRC)出版的物理、化学参考工具书，简称理化手册。它收集了最新的物理、化学方面的重要资料，对各种术语、单位、符号、数据及适用范围进行及时更新，是国际科学界公认的权威性参考资料。该手册 1913 年出第一版，以后每隔一、二年再版一次。目前已经出到第 95 版。它收集了最新的物理、化学方面重要资料，内容广泛齐全，是有机实验室常备的一本手册。全书分 16 部分，不仅包含物理化学学科，还涉及生物学、地质学和环境科学等。该手册有纸质版和电子书，可以去图书馆查阅，也可以通过数据库查阅网络版。全书多以表格形式编排，有机化学实验中经常用到的是 C 部，也是全书的重点。记录了 1979 年国际纯粹与应用化学联合会对有机化合物的命名原则及有机化合物的物理常数表，里面列出

15 031 条常见有机化合物的常数，如化合物的名称、同义词和分子式、相对分子质量、颜色、晶形、比旋光度、熔点、沸点、密度、折射率和溶解度等。

常数表中还使用大量的符号和缩写词，可以从表前的符号及缩写词表中查得原文。表中的有机物是按其英文名称的字母顺序排列的，一般从有机化合物的英文名称入手进行查找。若不知道英文名称，也可以根据表后所附的分子式索引按其分子式进行查找，但由于有机物存在同分异构现象，故在一个分子式下常有很多个编号，需要逐个进行查找排除。虽然此法不如用英文名称查阅来得方便，却不失为一个简单而有效的替代方法。

3. *The Merk Index* (默克索引) 全书收录了近万种有机物、药物、农药和生物活性物质的制法与性质，按英文字母顺序排列，每一化合物除提供化学名称、药物编码、商品名、分子式、结构式、相对分子质量、物理化学常数、性质、用途外，还对重要的中间体及药品提供较新的制备文献。第 11 版书后附有 3 个索引：治疗分类与生物活性索引(Therapeutic Category and Biological Activity Index)；分子式索引(Formula Index)；名称交替索引(Cross Index of Names)。可以从一个化合物的不同药品名称找到其化学名称。

4. *Beilstein's Handbuch der Organischen Chemie* (拜尔斯坦有机化学大全) 拜尔斯坦有机化学大全收集了科技文献中已经报道过的有机化合物的组成与构型、分子结构及其能量参数，化合物的来源及从天然产物中提取的方法、合成及纯化方法，物理性质(颜色、晶形、物理常数等)、化学性质、生理作用、用途、分析方法等，并注有原始文献出处，以供进一步查考。该书的特点是所选数据均经过核对和精确的验证，十分可靠，是目前世界上公认有机物的物理数据最丰富、最完备、最正确、最权威的大型参考工具书。该书的缺陷是，检索方法繁杂、费时。

拜尔斯坦有机化学大全用德文编写，但懂英语者也能通过查阅本书获得不少资料 (目前已出版了以英文编写的第五补编)。在 1991 年出版了英文的百年累计索引，对所有化合物提供了物质名称和分子式索引，所引用的文献覆盖了 1779～1959 年，此外，还列出一些指南和德英词典描述了 Beilstein 手册的用途。

一般化学工作者也可以先在化学品供货商的产品目录，如 *Aldrich*、*Fluka* 等查阅到化学品的化学名称、CA 登记号及该产品在拜尔斯坦有机化学大全中的位置，根据这些信息直接在拜尔斯坦有机化学大全找到更详细的资料。另外，*CRC Handbook of Chemistry and Physics*(物理化学手册)或者精细化学品手册等参考工具书中也列有该化合物在拜尔斯坦有机化学大全中的位置。不过，这些手册中收录的化合物资源有限，以上方法不能解决的还要依靠拜尔斯坦有机化学大全规定的检索方法来查阅。拜尔斯坦有机化学大全一书有严格的编排原则，可由分子式索引或主题索引进行查找，但最简单的查阅方法是由分子式索引进行查找。

除以上几种重要的手册或辞典外，还有 *Dictionary of Organic Compounds*(有机化合物辞典)、*Atlas of Spectral data and Physical Constant for Organic*

Compounds(有机化合物光谱数据和物理常数图表)及 *Vapor Pressure of Organic Compounds*(有机物蒸气压)等工具书可以选择。

二、查阅参考书

如果要查找某一已知化合物的制备方法，除了查阅上述有机化合物辞典、默克索引、拜尔斯坦有机化学大全以外，还可以选择以下参考书。

1. ***Organic Synthesis*** (有机合成) 该书是一本介绍各种有机化合物制备方法的参考书，主要合成步骤叙述得详尽且经过核对，并有附注介绍作者经验及实验注意事项等。该书最初由 R. Adams 和 H. Gilman 主编，并于 1921 年开始出版，每年一卷。每 10 卷有发行合订本(Collective Volume)，卷末附有分子式、反应类型、化合物类型、仪器图、主题等索引。1976 年出版了合订本 1～5 卷(1～49 卷)的累积索引，查阅方便。该书内容成熟可靠，是有机合成的良好参考书。

2. ***Organic Reactions*** (有机反应) 该书最初也是由 R. Adams 主编，自 1951 年开始出版，约一年多出一卷。主要介绍有机化学中有理论意义或实用价值的重要反应。每个反应都是由在这方面做了大量工作，有着丰富实践经验的人撰写。书中对每个被介绍的反应，从反应的提出、机制、应用范围、反应条件等方面都作了详尽的综述和讨论，列出了大量参考文献，并用图表指出对该反应曾进行过哪些研究工作。对于了解某些重要反应来说，是一本很好的参考书。

此外，*Synthetic Method of Organic Chemistry*(有机合成方法)及王保仁《有机合成反应》上下册等，也都是很有价值的参考用书。

三、有机化学主要期刊

期刊出版周期短，能及时反映科学技术的发展水平，内容较详尽，参考价值很大。目前，仅化学方面的期刊已超过了 14 000 种。有机化学相关的重要期刊以外文期刊为主，除了 *Science*，*Nature* 外，一些影响力很高的专业期刊有如下几种。

(一)中文主要期刊

1. 化学学报 原名中国化学会会志(*Journal of the Chinese Society*)，月刊，1933 年创刊。1952 改为现名。该刊由中国化学会主办，编辑部设在中国科学院上海有机研究所内。主要刊登化学方面的高水平、有创造性及重要意义的全文、研究简报和研究快报。目前为 SCI 收录刊物。

2. 高等学校化学学报 该刊为教育部主办的化学学科综合学术性刊物，月刊，1964 年创刊，两年后停刊，1980 年复刊。其中有机化学方面的论文由南开大学分编辑部负责审理，其他学科的论文则由吉林大学负责审理。该刊主要刊登我国高校化学学科各领域创造性的研究论文、研究简报和研究快报。目前为 SCI 收录刊物。2015 年的影响因子达到 0.799。

3. 有机化学 该刊由中国化学会主办，编辑部设在中国科学院上海有机研究所。双月刊，1981 年创刊。主要刊登我国有机化学领域的创造性研究综述、全文、研究简报和研究快报。2015 年的影响因子达到 0.991。

(二)国外主要期刊

1. *Journal of the American Chemical Society* 该刊为美国化学会会志，简称 *J. Am. Chem. Soc.*(*JACS*)。创刊于 1879 年，本是综合性半月刊，1967 年(第 89 卷)改为双周刊，现为周刊。主要刊载化学各个领域的原始研究论文和简讯，并有书刊介绍，是各国科学工作者摘引最广的刊物之一。每卷末有作者索引和题目索引。它是目前有机化学乃至化学界顶级的刊物之一，2015 年的影响因子已达到 12.113。

2. *The Journal of Organic Chemistry* 该有机化学杂志由美国化学会出版，简称 *J. Org. Chem.*(*JOC*)。始于 1936 年，初为月刊，1971 年改为双周刊。其主要刊登有机化学方面的原始研究工作论文。2015 年的影响因子已达到 4.725。此外，由美国化学会出版的还有 *Journal of Chemical Society(JCS)*、*Chemical Review*、*Organic Letters*、*Journal of Medicinal Chemistry*、*Organometallics* 等著名期刊。

3. *Journal of the Chemical Society* 该刊为英国化学会会志，简称 *J. Chem. Soc.*(*JCS*)。双周刊，是一本综合性化学期刊，目前分 6 辑出版。

关于有机化学方面的研究论文一般刊登在 *Perkin Transactions* 辑的 I 和 II 中，主要刊登简讯、化学领域中最新最重要的研究成果，其中有机化学方面的内容很多。英国皇家化学会出版的著名期刊还有 *Chemical Society Reviews*、*Natural Product Reports* 等。

4. *Angewandte Chemie-international Edition* (*Angew.Chem.Int.Enit.*) 德国应用化学国际版，是德国化学会志，它也是目前化学界顶级刊物之一，2015 年影响因子为 11.261。

5. *European Journal of Organic Chemistry* (*Eur.J.Org.Chem.*) 欧洲有机化学会志，是有机化学知名期刊，2015 年的影响因子为 3.096。

6. *Tetrahedron* 创刊于 1957 年，半月刊，主要是在有机化学及其相关应用领域，特别是生物有机化学方面，快速发表具有重要性和及时性的研究工作和评论性综述文章。期刊包含的领域为有机反应、有机合成、天然产物化学、机制研究及各种光谱研究。大部分论文为英文，也有部分为德文和法文。

7. *Tetrahedron Letters* 1959 年创刊，周刊。主要是快速发表有机化学方面的初步研究工作，集中体现了有机化学领域所有的最新进展的文章。

四、化 学 文 摘

化学文摘是将大量、分散、各种文字的化学文献加以收集、摘录、分类、整理、组织起来以便于查阅和参考的杂志，是化学化工方面最主要的二次文献，文摘虽然是检索化学信息的快速工具，但它们终究是不完全的，有时还易引起误导，因此不可将化学文摘的信息作为最终的结论，全面的文献检索一定要参考原始文献。

英、美、法、德、日、苏等国都有化学文摘，其中德国的化学文摘 *Chemisch Zentralbatl* 简称 *Chem. Zentr.*(或 C.)于 1830 年创刊，是所有化学文摘中历史最久、收录最齐的一种周刊，但后来被美国化学文摘超过并取而代之，故已于 1970 年停刊。但该文摘索引完备、查阅方便、摘录较为详尽，只要看文摘甚至不看原文即可进行实验。特别适用于查阅 20 世纪 40 年代以前的化学文献。

1. 美国化学文摘(*Chemical Abstracts*，简称 C.A.)　创刊于 1907 年，现每年出两卷，每周一期。C.A.报道了世界上 150 多个国家、56 种文字出版的 20 000 多种科技期刊、科技报告、会议论文、学位论文、资料汇编、技术报告、新书及视听资料，摘录了世界范围约 98%的化学化工文献，是目前世界上涉及学科领域最广，收集文献类型最全面，提供检索途径最多，部卷也最为庞大的一部著名的世界性检索工具。

C.A.的索引系统比较完善，可使读者省时、全面地找到所需要的资料。因此，掌握各种索引的检索方法是查阅 C.A.的关键。C.A.主要包括两部分内容。

(1) 摘要部分：从资料来源刊物上将一篇文章按一定格式缩减为一篇文摘。再按索引词字母顺序编排，或者给出该文摘所在的页码，或者给出它在某一卷的栏数及段落。现已发展成一篇文摘占有一条顺序编号。

(2) 索引部分：其目的是用最简便、最科学的方法既全且快地找到所需资料的摘要，如有必要再根据摘要所列出的来源刊物寻找原始文献。

C.A.自创刊至 1961 年为半月刊，每年出版一卷。但自 1962 年 (56 卷)起改为双周刊，每半年 13 期为一卷，每年两卷。自 1967 年上半年(67 卷)开始又改为周刊，每半年 26 期为一卷。每年仍出两卷。其内容分为五大部分：生物化学部分(Biochemistry Sections)；有机化学部分(Organic Chemistry Sections)；大分子化学部分(Macromolccular Chemistry Sections)；应用化学与化学工程部分(Applied Chemistry and Chemical Engineering Sections)；物理化学与分析化学部分(Physical and Analytical Chemistry Sections)，共 80 类。其中逢单期号刊载生化类和有机化学类内容(即 1，3，5，……，25 等，包括 1～34 类)；逢双期号刊载其余三大部分(包括 35～80 类)。

C.A.的索引系统包括 Author Index(作者索引)、Subject Index(主题索引，包括一般主题索引 General Subject Index 和化学物质索引 Chemical Substance Index)、Patent Index(专利索引)、Index of Ring System(环系索引)、Formula Index (分子式索引)、Source Index (来源索引)。每 10 年或 5 年还出版一套累积索引(Collective Index)，帮助读者快速找到 10 年或 5 年内的文献摘要，简单方便。为了避免化学物质有多种名称的麻烦，C.A.索引系统还给每个化合物一个固定的 CAS 登录号，使数据库的检索更为方便，同时提供 Register Number Index(登录号索引)，现在越来越多的检索工具、商品目录中采用了 CAS 登录号。

C.A.中的每一条文摘包括：题目、作者姓名、作者单位(位于作者姓名后的括号内)、原始文献来源[期刊名称或缩写(斜体字)；卷号(黑体字)；期号(在括号内)；

起止页数]、文摘本身及摘引人姓名。

C.A. 每卷第一期的前面附有简字表，可查找一些缩略语的原文。对于尚未出版年度索引的 C.A.，要查找有机化合物时，可从每期后的关键词索引(Key Words Index)去查找。

必须强调一点，在查阅 C.A.的主题索引前一定要查阅索引指南(Index Guide)，以核对选用的某一化合物的关键词(key word)是否与 C.A.编制索引时所采用的化合物的关键词相同。如不一致时，在被检索的这一卷索引指南或有关的累计索引指南中，会查找到所选用化合物的对应名称。

2. 科学引文索引(*Science Citation Index*，简称 SCI) 是由美国科学情报研究所(Institute for Scientific Information，简称 ISI)出版的期刊文献检索工具，收录了世界范围内出版的数学、物理、化学、农业、林业、医学、生命科学、天文、地理、环境、材料、工程技术等自然科学领域内约 3500 种核心期刊的论文。由于 ISI 由有严格的期刊选用标准及评估程序，因此，SCI 收录的文献能全面覆盖世界范围内最重要及最具影响力的研究成果。此外，SCI 还具有独特的“引文索引”(Citation Index)，可以通过先期文献被当前文献的引用，来说明文献之间的相关性及先期文献对当前论文的影响，从而使 SCI 不仅可以作为文献检索工具，还可以成为科研评价的一种依据，被世界上大多数国家广泛采用。目前 SCI 的出版形式有：印刷版、光盘版、联机数据库及网络版数据库(Web of Science)。

五、网 络 资 源

随着计算机和网络的普及，目前 Internet 上的化学信息资源面大量广，高度动态。通过国际互联网检索各类化学信息及有用的文献资料可以更迅速、更广泛、更全面地了解国际上化学学科的发展状况。而通过 Internet 获取各类化学信息资源已成为化学工作者的首选。

网络技术的不断发展，使文献数据库基本实现了电子化，可以通过网上搜索简单快速获得所需要的文献资料。下面是国内外一些相关的主要数据库及网站：

1. 中国期刊全文数据库(CNKI) http：//www. cnki.net/index.htm 该数据库收录了 1994 年至今的 5300 余种核心与专业特色的期刊全文，网上数据每日更新。可以根据关键词、期刊名称、题目名称、作者等信息进行检索，并提供全文下载。

2. 中国化学(*Chinese Journal of Chemistry*)**、有机化学、化学学报联合网站** http：//sioc-journal.cn /index.htm.该网站提供以上三种期刊 2000 年至今发表的论文全文和相关的检索服务。

3. SciFinder Scholar C.A. 网络版 http：//www.scifinder.cas.org。在充分吸收原印刷版 C.A.精华的基础上，还可利用现代机检技术，进一步提高化学化工文献的可检性和速检性，更整合了 Medline 医学数据库、欧洲和美国等 30 几家专利机构的全文专利资料，以及化学文摘 1907 年至今的所有内容。可以透过网络直接查看“化学文摘”1907年以来的所有期刊文献和专利摘要，以及四千多万的化学物质记录和CAS注册号SciFinder Scholar可检索的数据库有6个，具体如下所示。

(1) CAPLUSSM：收录有超过2600万条参考书目记录，摘自世界各地9000多种有影响的期刊；始自1907年，每日更新3000条以上。

(2) CAS REGISTRYSM：收录有超过8600万条物质记录，每日更新约7万条，每种化学物质有唯一对应的CAS注册号，始自1957年。是查找结构图示、CAS化学物质登记号和特定化学物质名称的工具。

(3) CASREACT：收录有超过1100万条反应记录及403 000条文献记录，每周更新700～1300条，始自1907年。

(4) CHEMCATS：收录有超过1100万条商业化学物质记录，来自800多家提供商的900多种目录。可帮助用户查询化学品供应商的联系信息、价格情况、运送方式，也可了解该化学品的安全信息和操作注意事项等。

(5) CHMLIST：包含有超过24万种化合物的备案及被管制信息，来自19个国家和国际性组织，每周更新超过60条新记录。利用这个数据库可了解某化学物质是否被管控，以及被何机构管控。

(6)MEDLINE (National Library of Medicine数据库)：该数据库是美国国家医学图书馆出品的书目型数据库，包含超过1600万参考书目记录，来自4300多种期刊，始自1958年，每周更新4次，主要收录与生物医学相关的期刊文献。

C.A.有多种先进的检索方式，比如化学结构式和化学反应式检索等。它还可以通过Chemport 链接到全文资料库及进行引文链接。使用SciFinder Scholar查询时，在最先出现SciFinder Scholar License Agreement界面上，选择Accept(如选择Decline，返回上一级界面)，进入Message of the Day界面，选择OK，则进入New Task界面，有3条主要的检索途径。

(1) Explore：Search for scientific information，可获取化学相关的所有信息及结构等。

(2) Locate：Find a specific references or substance，可查找文献。

(3) Browse：scan tables of contents of my favorite journals，可直接浏览1800多种核心期刊的摘要及其引文等编目内容，如带有链接功能可直接点击，可通过ChemPort Connection SM 获取全文。如选择Cancel，则返回上一级界面。选择Explore，进入Explore界面，有3大类检索选项。

1) Explore Literature (文献检索)：包括Research Topic (研究主题)、Author Name(作者姓名)、Company Name / Organization (单位名称)；

2) Explore Reactions (反应检索)：包括Reaction Structure (反应式)；

3) Explore Substances (物质检索)：包括Chemical Structure (结构式)、Molecular Formula(分子式)。

如果选择Explore Literature中的Research Topic，则进入Explore by Research Topic界面，出现 Describe your topic using a phrase，键入“Schiff base(西佛碱)”，

点击 OK，进入 Topic Candidates(主题选项)界面，出现 select Candidates of interest 选项，26276 references were found containing “Schiff base”as entered；34887 references were found containing the concept“Schiff base”点击你所感兴趣的候选选项，并点击 Get References(获取文献)，则进入 SciFinder Scholar 界面，得到与西佛碱相符合或相近的所有参考文献的作者、题目、杂志名(或书名或专利号)，出版的年，卷(期)，起止页码等信息。从多个文献中可选择与主题最相关，结合最紧密的文献资料，可打印、保存，或进一步查找全文并下载(如果可以下载的话)，还可跟踪该文献的参考文献等资料。一般来说，若你键入的关键词范围过大，会查找很多的参考文献。故缩小关键词的查找范围，会更接近于主题。例如，键入“synthesis of Schiff base”，出现选项：70 references were found containing “Schiff base” as entered；选取后再点击 Get References，就只得到与所要查找的条目相吻合的一些文献资料了，比之前的出现的文献要少很多，查找也更迅速、快捷和准确。例如，选中文献 Drozdzak，Renata；Allaert，Bart，Ledoux，Nele；Dragutan，Ileana；Dragutan，Valerian；Verpoort，Francis. Synthesis of Schiff base -ruthenium complexes and their applications in catalytic processes. Advanced Synthesis & Catalysis (2005)，347(14)，1721-1743. CODEN：ASCAF7 ISSN：1615-4150. CAN 144：273733 AN 2005：1273450 CAPLUS，点击该文献右上角的按钮，就可看到该文献的摘要部分；如点击该文献靠右下角的按钮，进入数据库后点击 HTML(或 PDF)超链接，可在 Full Text：选择 PDF 超链接，即可得到该文献的全文(如购买了该数据库且该数据库已收载了该文献的话)。如果为美国的数据库，进入后点击 PDF version of this article 超链接，可直接得到该文献的全文；有时直接点击该文献右下角的按钮，也可直接得到该文献的全文。

4. 美国化学学会(American Chemical Society，ACS)**数据库** http://pubs.acs.org. 美国化学学会成立于 1876 年，目前是世界上最大的科技协会之一，会员人数超 16 万人。目前出版 34 种印刷版及电子版的期刊。这些期刊被 ISI 的 Journal Citation Report(JCR)评为：在化学领域中，被引用次数最多的化学期刊。该网站除了具有索引与全文浏览功能外，还有强大的搜索功能，查阅文献十分方便。

5. 英国皇家化学学会(Royal Society of Chemistry，RSC)**期刊及数据库** http：//www.rsc.org.RSC 成立于 1841 年，是一个具有国际权威的学术机构，也是化学信息的一个主要传播机构和出版商。出版的期刊及数据库一向是化学领域的核心期刊及权威性的数据库。RSC 网站设有“The Merk Index online”搜索窗口(https：//www.rsc.org/merck-index)，可以通过化学名称、CAS、分子式、结构式或相对分子质量等进行搜索，在线查询默克索引，简单快捷的获得所需化合物的物理常数。

6. Reaxys 化学资料数据库 http：//cn-www.reaxys.com 该数据库包括拜尔斯坦有机化学资料库和盖莫林无机化学资料库，有 700 多万个有机化合物的结构信息、1000 多万个化学反应资料及 2000 多万个有机化合物的性质、结构的相关文献，内容非常丰富。

7. 各种专利网站 中国知识产权局中国专利信息网：http：//www.patent.com.cn.；欧洲专利局世界专利检索系统：http：//ep.espacenet.com/；美国专利商标局网站数据库：http：//www.uspto.gov/patft/index.htmL；日本专利数据库：http：/www.jpo.go.jp；世界知识产权组织数据库：http：//www.wipo.int/ipdl/en/。这些专利网站一般可通过专利号索引、主题索引或发明人索引检索到专利说明书。

除此之外，还有美国科学在线 http：//www.sciencemag.org、荷兰 Elsevier 公司 http：//www.sciencedirect.com 及美国的 Joho Wiley 公司 http：//www.interscience.wiley.com 出版的全文数据库，均可以检索文献并全文下载。

外文文献的查找还可通过 Google 学术搜索(scholar.google.com)或者百度学术(xueshu.baidu. com)进行检索，如果是校园网用户，会自动关联学校图书馆数据库，可以直接全文下载。很多重要的期刊是完全免费开放的，非校园网用户也可以在 Google 学术搜索页面下载到全文。利用珠江三角洲数字图书馆联盟，输入检索到的已知题目的外文或中文文献资料，并填写收件人的电子邮箱地址，填好验证码，也可以免费获取大部分文献的 PDF 全文。

如果上述方法不能查阅到全文，可以通过馆际互借。还可以在一些化学网络论坛上求助，有时候会有收获。也可以根据作者名字或者文章题目在 Google 里搜索，很多国外作者都喜欢把 PDF 全文直接挂在个人主页(home page)上，介绍自己的学术领域，这样就有可能找到你想要的文献全文。如果还是找不到，可以根据作者 E-mail 地址，直接向作者索要。

第五节 实验预习、记录及实验报告的书写

一、实 验 预 习

实验预习是有机化学实验的重要环节，执行与否，是实验做得是否成功、收获大小的关键之一。每次实验前应结合理论教学和实验教材的相关内容，认真预习本次实验的相关内容，并书写预习报告。内容包括实验目的要求、实验原理或反应式(正反应、主要副反应)、主要反应物、反应试剂和产物的物理常数(查阅手册、辞典、数据库等)、主要试剂的用量、仪器装置简图(标明仪器名称)、主要操作步骤及注意事项等。若能进一步阅读书中所列参考文献，深入了解有关实验内容，则对实验的帮助更大，收获更多。

二、实 验 记 录

有机化学实验是培养学生科学素养的主要途径，操作过程中要认真做好实验记录。它是科学研究的第一手资料，也是研究实验内容、书写实验报告、分析实验数据和实验成败的依据。因此，学会并做好实验记录也是培养学生科学作风及

实事求是精神的一个重要环节。实验记录应与操作步骤一一对应，并将反应所用物料的数量、浓度及仔细观察到的现象(如反应温度、体系颜色的变化情况，结晶或沉淀的产生或消失，是否放热或有气体放出，分层情况，反应物及产物的性状等等)；各项实验操作所消耗的时间和测得的各种数据(如熔点、沸点、加热温度等)，均应详细如实地记录在记录本上，不允许做回忆笔记和弄虚作假。记录时可使用一些简化符号，如加热用“Δ”，沉淀用“↓”，气体用“↑”，加样用“+”等。实验完毕，要将实验记录交实验老师签名，实验产品应装在样品瓶中(固体产物也可装样品袋里)，贴好标签，并注明产品名称、熔点或沸点、产量、操作者姓名及实验日期，一并交给老师。

三、实验报告的书写

撰写实验报告是实验者学习有机化学科学研究方法的一种实践活动，也是实验者总结实验过程的情况，讨论观察到的现象，分析实验过程中出现的问题，总结实验操作经验，整理归纳实验结果，并进行再学习的过程；是把直接的感性认识提高到理性认识，巩固已取得收获的必要环节；也是一个完整实验的重要组成部分。从实验报告中，可以反映出实验者对实验理论与实验现象的理解程度，文字表达能力及对实验过程的认真负责程度。因此撰写规范、准确与完整的实验报告是有机化学实验课的基本要求之一。

实验报告的书写包括以下内容：实验的目的要求、反应式、主要反应物和试剂的规格及用量、实验装置图、实验步骤和现象、实验结果处理(熔点、沸点、回收率、产量及产率计算等)和讨论等。以下就实验报告各部分内容的书写要求作一说明。

1. 实验原理　用自己的语言，描述实验原理，文字要简洁。对于有机合成实验要书写反应方程式(包括主要反应及副反应)。

2. 实验装置简图　要用直尺等作图工具，按比例规范化作图，不能随意勾描。参考实验教材里的装置图，将实际使用的实验装置画出，可以绘制。

3. 主要实验步骤　用文字简述实际操作过程，不必将实验教材内的实验步骤全部抄录。也可用流程图辅助表达，附加简要说明。实验过程中所记录到的现象也要与操作步骤一一对应地列出。

4. 实验结果与处理　如实记录实验结果并按实验教材的要求进行正确处理，如样品及产品的性状(颜色、晶形)；产品的质量(或体积数)，计算产率；物理常数值，如熔点(固体)，沸点及折射率(液体)等。

有机合成实验中，产品的产率(百分产率)高低及质量好坏常是评价一个合成实验方法及考核实验者实验技能的重要指标。百分产率可按下式计算：

$$\text{百分产率}=\frac{\text{实际产量}}{\text{理论产量}}\times 100\%$$

实际产量是指实验过程中实际得到的纯粹产物的数量，简称产量。理论产量是假定反应物完全转化为产物，根据反应方程式(按投料比摩尔数小的为基准)计算得到的产物数量。

有机反应中，常因反应不完全、副反应多及分离提纯过程中引起的损失等原因，实际产量总是低于理论产量。

5. 讨论 这部分内容主要包括回答实验教材中思考题；讨论实验中的有关问题，如实验中观察到的现象与理论是否相符、异常现象的产生及原因分析、物理常数值的讨论、反应产量高低、产物色泽正常与否、产生的原因、实验结果的好坏等；也可以是本人实验操作回顾及操作经验的总结，分析自己在实验中出现或存在的问题；对实验装置与步骤的改进意见等。这对于总结和巩固实验取得的收获，甚至对今后进行的科研工作都是大有裨益的。实验讨论部分也是实验者发挥创造性思维的园地，优秀的实验者不仅应当善于操作，还应当善于发现，善于总结与提高自我。

实验报告应统一采用 GB 3101-93《有关量、单位和符号的一般原则》规定的单位与符号，按规范化的格式撰写。书写时文字要精练工整，不得潦草。装置图要规范准确，不能随手勾画。实验报告内各项内容均要书写完整，不能留有空白。实验讨论要认真。需要注意的是，对应于不同类型的实验(性质实验、基本操作实验、合成实验)，实验报告的格式要做相应的调整。但总的要求和形式大同小异。

书写有机化学实验报告基本格式如下。

范例一：有机化学基本操作实验(以常压蒸馏和沸点的测定为例)

实验名称：实验一　常压蒸馏和沸点的测定　　日期：2015 年 09 月 02 日
班级：药学 15(1)　　学号：10060233 号　　姓名：张三

一、实验目的

1. 了解测定沸点的意义。
2. 掌握常压蒸馏法的原理及操作。

二、基本原理

当液态物质受热时，蒸气压增大，待蒸气压大到和大气压或所给压力相等时，液体沸腾，即达到沸点。每种纯液态有机化合物在一定压力下具有固定的沸点。利用蒸馏可将沸点相差较大(至少大于 30℃)的液态混合物分开。所谓蒸馏就是将液态物质加热到沸腾变为蒸气，又将蒸气冷凝为液体这两个过程的联合操作。如将沸点差别较大的液体蒸馏时，沸点较低者先蒸出，沸点较高的随后蒸出，不挥发的留在蒸馏器内，这样，可达到分离和提纯的目的。

纯液态有机化合物在蒸馏过程中沸点范围(沸程)很小(0.5～1℃)。所以，蒸馏可以用来测定沸点，用蒸馏法测定沸点叫常量法，此法用量较大，要 10mL 以上。若样品不多时，可采用半微量法。

三、主要反应物、试剂和产物的物理常数

不纯乙醇(加有极少量结晶紫和水)，紫色液体，沸点 65～77℃；纯乙醇，无色液体，沸点 78.3℃。

四、主要试剂的用量

不纯乙醇 30 mL。

五、仪器装置简图

见图 2-19-A。

六、主要操作步骤及现象记录

时间	主要操作步骤	现象	备注
9：00	安装好仪器，加入 1 粒瓷环		
9：10	取 30mL 不纯乙醇加入 60mL 烧瓶中	液体呈紫色	
9：15	通冷凝水，开始水浴		
9：37	继续 Δ	液体开始沸腾	
9：39	继续 Δ	出现液滴，接收瓶 1，$T = 65℃$	
9：43	继续 Δ	无色馏出液，接收瓶 2，$T = 77℃$	
10：05	继续 Δ	无色液滴平稳馏出，$T= 78℃$	
10：06	停止 Δ ，关闭冷凝水	无液滴馏出，T 不再上升，先缓慢后较快	
10：08	蒸馏结束，拆卸仪器		
10：14	量取乙醇的体积	无色液体　$V_1 = 2$ mL 无色液体　$V_2 = 26.5$ mL	

七、实验结果与计算

1. 实验过程中接收到的馏出液情况列表如下：

	前馏分	主馏分	残液
温度范围/℃	65～76	77～78	＞78
体积/mL	2	26.5	约 0.5
颜色	无色	无色	紫色

2. 纯乙醇沸点 77～78℃　　沸程 78℃ –77℃ = 1℃

3. $回收率 = \dfrac{主馏分(mL)}{总体积(mL)} \times 100\% = \dfrac{26.5}{30.0} \times 100\% = 88.7\%$

八、讨　　论

1. 学习了常压蒸馏的基本操作技能和常压法测定沸点的基本方法，基本达到了本次实验的目的要求。

2. 为改进本实验，可将乙醇中加入一定比例的丙酮，收集两个组分的馏分，学习多组分混合物的分离方法。

范例二：有机合成实验(以正溴丁烷的制备为例)

实验名称：实验六　正溴丁烷的制备　　日期：2015 年 10 月 15 日

班级：药学 15(2)　　学号：1001102603　　姓名：李四

一、实 验 目 的

1. 掌握由醇制备正溴丁烷的原理与方法。
2. 熟悉带有吸收有害气体装置的回流加热操作。
3. 初步掌握分液漏斗的操作。

二、实验原理

$$NaBr + H_2SO_4 \xrightarrow{H_2O} HBr + NaHSO_4$$

$$CH_3CH_2CH_2CH_2OH + HBr \xrightarrow{\Delta} CH_3CH_2CH_2CH_2Br + H_2O$$

副反应：

$$CH_3CH_2CH_2CH_2OH \xrightarrow[\Delta]{H_2SO_4} CH_3CH_2CH{=}CH_2 + CH_3CH{=}CHCH_3 + H_2O$$

$$CH_3CH_2CH_2CH_2OH \xrightarrow[\Delta]{H_2SO_4} (CH_3CH_2CH_2CH_2)_2O + H_2O$$

$$n\text{-}BuOH + HBr \longrightarrow sec\text{-}BuBr + H_2O$$

$$2HBr + H_2SO_4 \xrightarrow{\Delta} Br_2 + SO_2 + 2H_2O$$

三、主要原料和产物的物理常数

化合物	相对分子质量	熔点 m.p.(℃)	沸点 b.p.(℃)	密度 (g/cm^3)	折光率 (n_D^{20})	溶解度（g/100mL）		
						水	乙醇	乙醚
正丁醇	74.122	−89.2	117.7	$0.8098^{20/4}$	1.3993^{20}	7.9^{20}	混溶	混溶
正溴丁烷	137.03	−112	101.6	$1.2758^{20/4}$	1.4401^{20}	不溶	混溶	混溶

四、主要试剂的规格和用量

溴化钠 A. R. (16.5 g，0.16 mol)；正丁醇 C.P.(12 mL，9.7g，0.13mol)；浓硫酸 A. R.(27 mL)；饱和碳酸氢钠水溶液(10 mL)；无水氯化钙 A.R.(适量)。

五、实验装置图

见图 2-8-C。

六、实验步骤及现象记录

时间	操作步骤	现象	备注
9：00	在 100 mL 圆底烧瓶中+ 12 mL *n*–BuOH 和 16.5g 研细的 NaBr，振摇+沸石 1 粒。装上冷凝管、HBr 吸收装置	NaBr 固体不溶于正丁醇	浓 H_2SO_4 往水里倒
9：15	在小烧杯中+ 14mL 水，在冰水冷却和不断振摇下，慢慢分批加入 19mL 浓 H_2SO_4，混匀并冷却后，从冷凝管口倒入圆底烧瓶中	放热，烧杯烫手	
9：25	接通冷凝水，石棉网上小火Δ	瓶中已出现白雾状 HBr，有许多 NaBr 未溶	
9：35	继续Δ	反应液沸腾，瓶中白雾状 HBr 增多	
9：38	继续Δ	回流开始，瓶内液体变为三层，上层淡黄色极薄，中层为橙黄色	
10：12	继续Δ	上层越来越厚，中层变薄，最后消失。上层颜色由淡黄变橙黄色	
10：23	停止加热，稍冷，改成蒸馏装置，+沸石一粒		
10：35	再次Δ	瓶内液体分为两层，上层为橙黄色	
10：45	蒸出 n-C_4H_9Br	馏出液为白色浑浊，瓶中上层液越来越少，最后消失，当瓶内液体澄清透明时，停止蒸馏。反应瓶冷却后析出无色透明结晶($NaHSO_4$)	

续表

时间	操作步骤	现象	备注
11：00	粗产物用 10 mL 水洗涤	下层液体为无色油状(产物)	
11：10	在干燥分液漏斗中用 8mL 浓 H_2SO_4 洗涤	加一滴浓 H_2SO_4 沉至下层，证明产物在上层。硫酸层为淡黄色	
11：20	用 10 mL 水洗涤	产物在下层，浑浊	
11：30	用 10 mL 饱和 $NaHCO_3$ 洗涤	两层液面交界处有絮状物，分液除去	
11：40	再用 10 mL 水洗涤	产物下层	
11：50	粗产物置于 50mL 干燥锥瓶中+2g 无水 $CaCl_2$ 干燥	粗产物有些浑浊，稍摇后透明瓶内液体由浑浊变澄清	
13：30	产物滤入 30mL 圆底烧瓶中+沸石一粒，装好蒸馏装置		
14：10	开始加热	瓶内液体澄清	
14：20	继续Δ	瓶内液体沸腾	
14：25	继续Δ，收集 99～103℃馏分	99℃以前馏出液 3~4 滴，温度长时间稳定于 101～102℃。后升至 103℃，几分钟后，温度下降	
14：33	停止加热，关闭冷凝水	瓶中残液约 0.5 mL，停止蒸馏	
14：38	称量产品	无色液体，锥形瓶质量 15.5 g，总质量 33.5 g，产量 13.0g	减重法称量
15：05	清洗仪器并归还，结束实验		

七、粗产物的纯化过程及原理

正溴丁烷粗产品的纯化过程及原理如下：

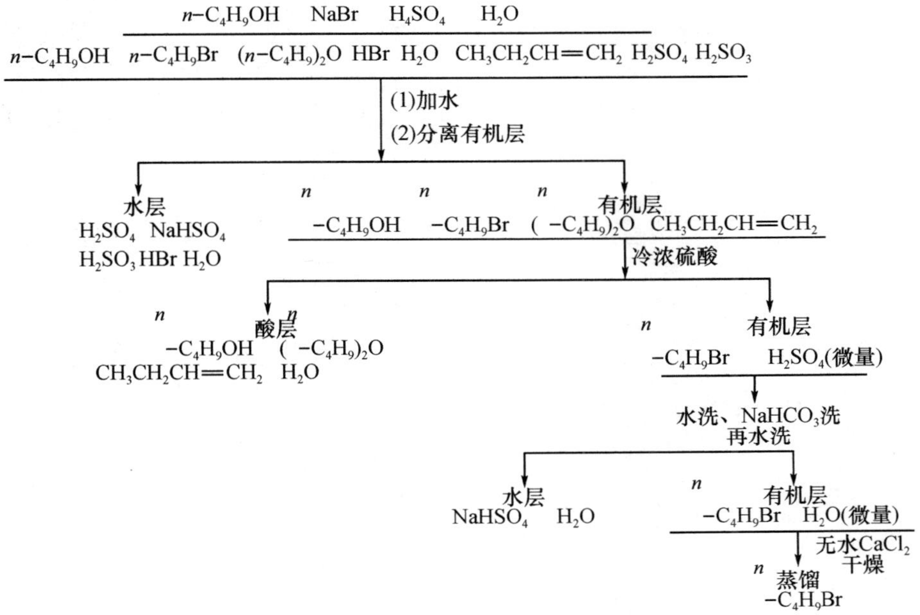

八、结果与处理

根据反应式：

$$n\text{-BuOH} + NaBr + H_2SO_4 \rightarrow n\text{-BuBr} + NaHSO_4 + H_2O$$

1mol	1mol	1mol	1mol
9.7g	16.5g	35g	
0.13mol	0.16mol	0.36mol	

理论产量：由投料比可知，其他试剂过量，理论产量按正丁醇计：

$$n\text{-BuOH} + NaBr + H_2SO_4 \rightarrow n\text{-BuBr} + NaHSO_4 + H_2O$$

1mol	1mol
0.13mol	0.13mol

即正溴丁烷的理论产量为：0.13×137 = 17.8g

$$百分产率 = \frac{实际产量}{理论产量} \times 100\% = \frac{13.0g}{17.8g} \times 100\% = 73.0\%$$

九、思考与讨论

1. 在回流过程中，瓶中液体出现三层，上层为正溴丁烷，中层可能为硫酸氢正丁酯，随着反应的不断进行，中层消失表明正丁醇已转化为正溴丁烷。上、中层液体为橙黄色，可能是因为混有少量的副产物溴所致。此处的溴是由硫酸氧化溴化氢而产生的，由实验可知，溴在有机物正溴丁烷中的溶解度较硫酸中的溶解度大。

2. 反应后的粗产物中，含有未反应的正丁醇及副产物正丁醚等。用浓硫酸洗涤可除去这些杂质。因醇和醚均可与浓 H_2SO_4 作用生成鎓盐而溶于浓 H_2SO_4 中，而正溴丁烷不溶。

3. 蒸馏提纯正溴丁烷前，要过滤除去干燥剂，如用折叠滤纸过滤，会使滤纸上沾有一些产物，如在小漏斗上放一小团棉花代替滤纸，简单方便，并可减少粗产物的损失。

第二章　有机化学实验基本技术

有机化学实验主要包括有机化合物的合成、目标产物的分离与提纯、目标产物结构的表征与性质鉴定三个部分。有机化合物的合成是指从原料经过一系列化学反应制备结构较为复杂的有机化合物的过程。将一个有机化学反应在实验室中实现，需要选择合适的反应装置并掌握一定的实验技术和方法。

第一节　简单玻璃工操作

有机实验室经常需要自己动手制作一些玻璃制品，如毛细管(测熔点、减压蒸馏)、薄层色谱所用的点样管、各种玻璃弯管(气体吸收、水蒸气蒸馏)、滴管、玻璃棒、玻璃钉等。所以，玻璃工操作是有机化学实验中重要的基本操作。

实验室常用的玻璃根据其化学成分不同分为三类：钠玻璃是以石英砂、碳酸钠为主要成分的，特点是质软膨胀系数较高，价格低廉，但抵抗温度变化的能力差。实验室的抽滤瓶、酒精灯、试剂瓶等均由钠玻璃制成，所以不可加热，也不可置于电热箱中烘干。硼硅玻璃膨胀系数小，可耐 300℃以上的高温，耐温急变，用于制造烧瓶、烧杯、锥形瓶、冷凝管等可加热的仪器。石英玻璃性能很好，膨胀系数小，可让紫外线通过，可作加热材料，但价格较贵。

加工玻璃制品前，要先将玻璃材料清洗干净。一般情况下，用洗涤剂洗涤(特殊情况下可用特制的洗液浸泡清洗)后，再以清水冲洗干净，待干燥后再行加工。

一、玻璃管(棒)的切割

玻璃管的切割操作，包括两个步骤：一是锉痕，二是折断。锉痕用的工具是三角钢锉。如果没有，可用新敲碎的瓷片代替。将玻璃管平放在桌子的边缘上，左手的拇指按住玻璃管要截断的地方，并固定好玻璃管(棒)防止滑动，右手用钢锉向一个方向用力锉出一道凹痕，锉痕时注意只能向一个方向即向前或向后锉去，不能来回拉锉。凹痕约占管周的1/6。当锉出了凹痕之后，双手水平握住玻璃管(棒)，双手的大拇指分别顶住凹痕的背面，用力急速轻轻向前推，同时，双手的其余四指向后拉，玻璃管(棒)就会在凹痕处截成两段。玻璃管的断口很锋利，易划破皮肤，又不易插入塞子的孔道中，所以切割后要把断口在灯焰上烧平滑。

二、玻璃管的弯制

有机化学实验中，经常要用到弯曲的玻璃管，可将玻璃管放在火焰中加热至一定温度，当玻璃逐渐变软时，离开火焰，在短时间内弯曲至所需的角度。其操作如图 2-1 所示，先将玻璃管放在酒精喷灯(或煤气灯)的火焰中左右移动预热，以除去管内水汽。然后双手持玻璃管，手肘支撑在实验台上，将需要弯曲的地方放进鱼尾形的火焰中加热，受热部分约宽 5cm。在加热过程中，两手要均匀用力使玻璃管缓慢、均匀而不停地向一个方向转动，以防玻璃管在火焰中扭歪，当玻璃管加热到发黄变软时，即从火焰中取出，玻璃管因重力作用向下弯曲，两手同时顺势向上施力，可逐渐弯成所需的角度。为了维持管径的大小，两手持玻璃管在火焰中加热时尽量不要往外拉，在弯成一定角度之后，可往管口轻轻吹气(不能过猛！)，以防玻璃管瘪陷。弯好的玻璃管应检查角度是否准确，整个玻璃管是否在同一平面上。之后将玻璃管放在石棉板上自然冷却，不能立即和冷的物件(如实验台的瓷板)接触，因骤冷会使已弯好的玻璃管破裂。检查弯好的玻璃管的外形，如果为图 2-2A 所示的形状为合用，如果为图 2-2B 那样，则不合用。

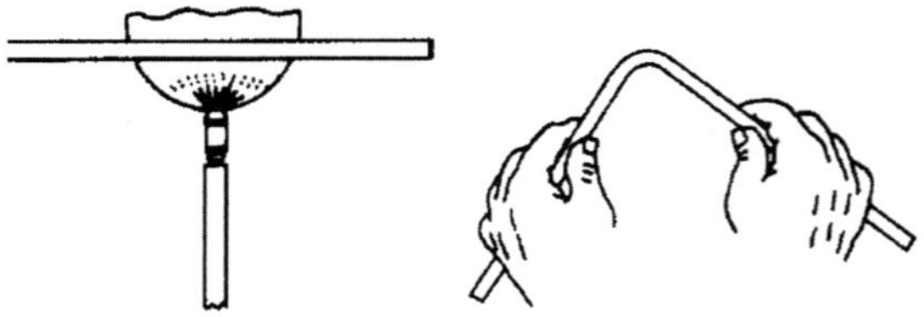

图 2-1　弯曲玻璃管的操作

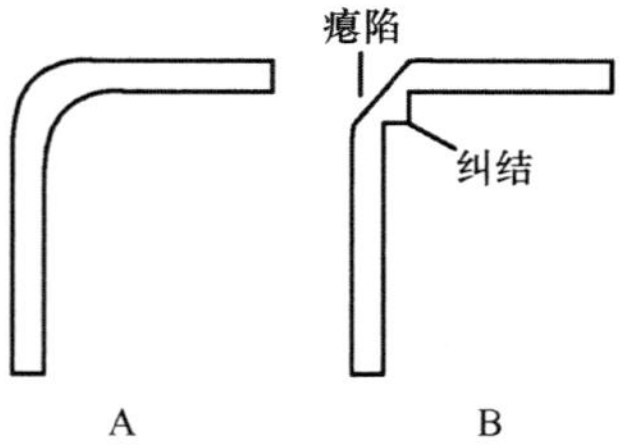

图 2-2　弯好的玻璃管的形状

A. 可用；B. 不可用

如果要弯制 90°以下的小角度玻璃管时，可先弯成 120°左右，然后再继续加热，分两次或三次弯成。

三、熔点管和沸点管的拉制

1. 熔点管的拉制　熔点管就是毛细管。拉制时，取一根直径为 0.8～1cm、清洁而干燥的薄壁玻璃管，放在灯焰上加热。火焰由小到大，同时，不断转动玻璃管，当烧至玻璃管发黄变软时，移出焰外，此时两手同时握管作同方向来回旋转，两肘支撑在桌面上，两手平稳地沿水平方向向外拉伸，拉时用力不可太猛，开始稍慢，其后加快，拉开至内径为 1～1.5mm 的毛细管时，两手停住不动，也不能马上松开，待毛细管冷却完全变硬后，将其在拉细的适当地方折断，再置于石棉网上进行退火，之后截取 6～8cm 长的一段，一端用小火溶封即可。

2. 沸点管的拉制　同上法，将玻璃管拉制成直径为 3～4mm 的毛细管，一端用小火熔封，作为沸点管的外管。另将内径为 1mm 的熔点管于中间截成两根，然后将两断口在火焰上加热对接起来，在离接头 3～4mm 处截断，作为沸点管的内管，这两根粗细不同的毛细管即构成一套沸点管。见图 2-3。

3. 玻璃钉的制备　取一段玻璃棒在煤气灯焰上加热，火焰由小到大，且不断均匀转动，到发黄变软时，移出焰外，拉成 2～3mm 长的玻璃棒。自较粗的一端开始，截取长约 6cm 左右一段，将粗的一端在煤气灯焰的边缘烧红软化后，在石棉网上按一下，即成一个玻璃钉，如图 2-4 所示，可供玻璃钉漏斗过滤使用。另取一段玻璃棒，将其一端在煤气灯焰的边沿烧红软化后在石棉网上按成直径约为 1.5cm 的玻璃钉(若一次不能按成要求的大小，可重复按几次)。截成 6cm 左右，然后在火焰上将断口熔光滑，此玻璃钉可供研磨样品和抽滤时挤压晶体之用。

图 2-3　微量沸点管

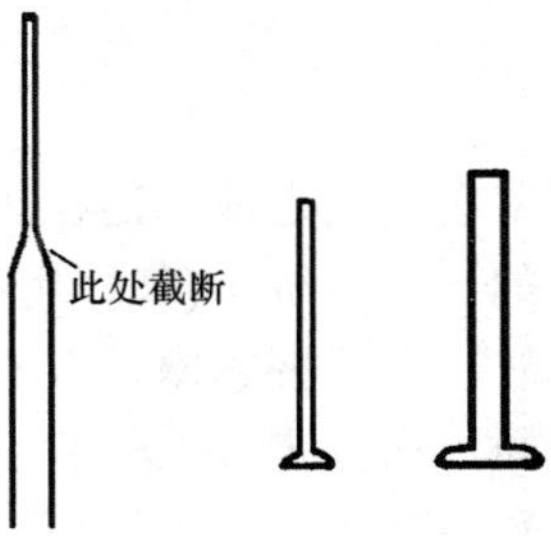

图 2-4　玻璃钉的制备

第二节　塞子钻孔

有机化学实验所使用的玻璃仪器大部分都可直接使用，但少部分玻璃制品和塞子的选配和钻孔要根据实验的具体情况自己动手制作。

有机化学实验室中，常用的塞子有软木塞和橡胶塞两种。软木塞的优点是不易和有机化合物作用，但易漏气、易被酸碱腐蚀。橡胶塞的缺点是易被有机物侵蚀或溶胀。两者各有优缺点，选用哪一种塞子要看具体情况而定。对于要求封闭严密的实验(如减压蒸馏)必须选用橡胶塞。不论使用哪一种塞子，塞子大小的选择和钻孔的操作，都是必须掌握的。

一、塞子大小的选择

选择塞子的要求是塞子的大小应和仪器的口径相适合，塞子进入瓶颈或管颈的部分应占塞子高度的 1/2～2/3，否则，就不合用。如图 2-5 所示。使用新的软木塞时只要能塞入 1/3～1/2 时就可以了，因为经过压塞机压软后就可塞入 2/3 左右了。

二、钻孔器的选择

有机化学实验在连接不同的仪器时往往需要在塞子上钻孔，以插入导气管、温度计、滴液漏斗等。钻孔用的工具叫钻孔器，是用于人工钻孔的器材。也有把钻孔器固定在简单的机械上，用机械力来钻孔，这种工具叫打孔机。钻孔器每套约有五、六支直径不同的钻嘴供选择。

软木塞上钻孔，应选用比欲插入的玻璃管等的外径稍小或接近的钻嘴。如果在橡胶塞上钻孔，则要选用比欲插入的玻璃管等的外径稍大一些的钻嘴，因为橡胶塞有弹性，孔道钻成后，会收缩使孔径变小。塞子孔径的大小，应能使插入的玻璃管等仪器紧密地贴合固定为度。

三、钻孔的方法

软木塞在钻孔之前，需在压塞机压紧，防止在钻孔时塞子破裂。将塞子平放在桌面上的一块木板上(其作用是避免当塞子被钻通后，钻坏桌面)，小的一端朝上。钻孔时，左手握紧塞子并平稳放在木板上，右手握住钻孔器的柄并使其垂直于塞子平面，在预定好的位置上，垂直压紧钻孔器并以顺时针的方向使劲向下钻动，钻孔器不能左右摆动，更不能倾斜。否则，钻出的孔道是偏斜的。有时橡皮塞钻孔时，为减少钻孔时的摩擦，可在钻孔器的刀口上涂些甘油或水。

待钻至塞子高度的一半时，将钻孔器边反向转动边向后拔出，用铁杆通出钻孔器中的塞芯。将塞子翻到另一面，同上法在塞子大的一端的对应位置上钻孔，直到钻通为止，如图 2-6 所示。

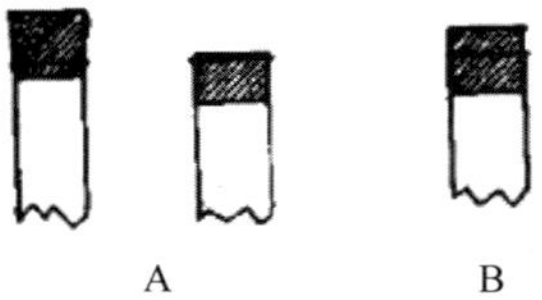

图 2-5　塞子大小的选择

A. 不正确；B. 正确

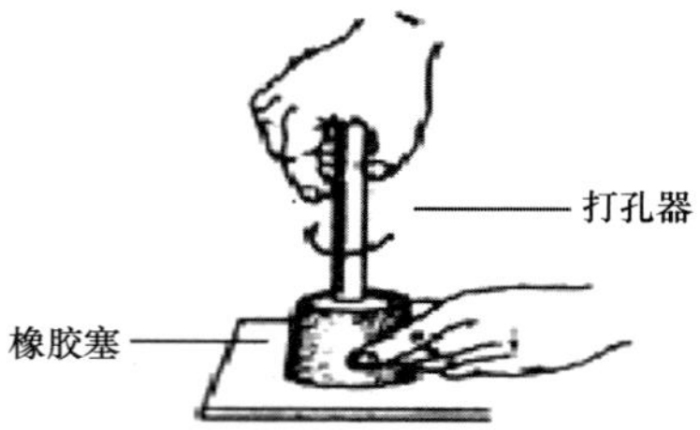

图 2-6　塞子的钻孔

钻孔后，要检查孔道是否合用，如不费力就能插入玻璃管，则说明孔道过大，不能用。因玻璃管和塞孔之间不够紧密贴合，所以使用时会漏气。若孔道太小或不够光滑时，可用圆锉修整。

四、玻璃管插入塞孔中的方法

先用水或甘油润湿选好的玻璃管的一端(如插入温度计时，则位于靠近水银球的部分)，然后左手握住塞子，右手握住玻璃管(应尽可能靠近塞子)。慢慢旋转逐渐插入，如图 2-7 所示。必须注意，右手握住玻璃管的位置与塞子的距离经常要保持在 3cm 左右，不能太远。其次，不可大力直推，以免折断玻璃管刺破手掌，插入或者拔出弯曲的玻璃管时，手不能握在弯曲的部位上。

图 2-7 将玻璃管插入塞子的操作
A. 不正确；B. 正确

将玻璃管(棒)插入塞孔和切割玻璃管(棒)时，为安全起见，常用布包住玻璃管(棒)进行操作，同时要尽可能远离眼睛，以免玻璃碎粒伤人。

第三节 加热及冷却

一、加 热

有机化学实验中，为提高反应速度，经常需要对反应体系进行加热。有时在分离或纯化等操作过程中也往往需要加热。常用的热源有煤气灯、酒精灯、电炉、电热套等，而有机实验中，除了某些试管反应和测熔点时要用小火加热提勒管外，一般采用热浴间接加热，禁止用明火直接加热易燃的溶剂或反应物，间接加热可使加热均匀、安全。作为传热的介质有空气、水、有机液体、浓硫酸、熔融的无机盐或金属等。根据加热温度、升温速度和安装操作规程的要求，可以选择以下几种加热方式。

1. 空气浴 利用热空气间接加热，适用于沸点>80℃的受热液体，实验室中常见的有石棉网上加热、电热板加热和电热套加热。

在石棉网上加热反应容器，可用于高沸点且不易燃烧的受热物质。加热时，必须用石棉网将反应器与热源隔开，且石棉网与反应器间应留一定的间隙。但即使这样，这种加热方式仍存在受热不均匀的问题，故不可用于回流低沸点、易燃的液体或减压蒸馏。

电热套是一种较好的空气浴，是由玻璃纤维包裹着电热丝并织成碗状半圆形的加热器，可调节温度，使用方便，无明火，安全性较高，可用于加热和蒸馏易燃有机物(但最好是用水浴或油浴)。电热套一般可加热至 400℃，主要用于回流加热。常压或减压蒸馏以不用为宜，因蒸馏过程中，随着容器内液体的减少，会因器壁过热而引起蒸馏物的碳化，为此可选用适当大小的电热套，随时调节加热速度，使电热套的温度逐渐减小，避免炭化。

根据电热套的原理也可自制简易的空气浴装置。用一个截去两底的圆形罐头筒，上端盖上开一小圆孔的石棉板(网)，下端放在石棉网上就是一个简易的空气浴。

2. 水浴 加热温度＜100℃时，最好使用水浴加热，将容器浸入水中，注意应使水浴的液面高于容器内液面，但勿让容器接触水浴锅底部，调节加热速度，将水浴温度控制在所需温度范围内。如果加热温度接近 100℃时，可用沸水浴、蒸汽浴，也可选用适当无机盐类的饱和水溶液作为热浴液。市售电热多孔恒温水浴锅，是使用较方便的水浴装置。水浴时，应注意以下几点。

(1) 实验中用到钾、钠等非常活泼的金属及无水操作时，绝不能在水浴上进行。

(2) 蒸馏乙醚、石油醚等低沸点易燃溶剂时，应使用预先加热的热水浴，切勿使用电炉等明火作为热源，可用封闭式电炉或采用电热恒温水浴锅。

3. 油浴 加热温度在 100～250℃时，可用油浴，其优点在于容器内物质受热均匀，当与电子继电器和接点温度计配套使用时，可以自动控制温度，且不易挥发。油浴所能达到的温度取决于所用油的种类。油浴中常用的传热物质有以下几种。

(1) 甘油和邻苯二甲酸二丁酯：这两种物质可以加热到 140～150℃，温度过高易分解。

(2) 植物油：常用的有豆油、棉籽油、菜油和蓖麻油，加热温度可达到 160～170℃，有的可达 200～220℃，其缺点是长期加热使用或温度过高时易分解，可在油中加入质量分数为 1%对苯二酚以增加其热稳定性。

(3) 液体石蜡：该物质可加热到 200℃左右，温度过高并不分解，但缺点是挥发较快，气味较重，会污染空气，也较易燃烧。但因其价廉易得，是实验室最常用的浴液。

(4) 硅油及真空泵油：两者均可加热到 250℃左右，较稳定，透明度高，但价格较贵。高温硅油长时间加热后，如发现加热时有冒烟现象，则要更换硅油，否则易发生火灾。用于熔点测定时，应选择低黏度硅油，使油浴介质具有良好的流动性，方便控制升温速度，使样品管受热均匀。

(5) 聚乙二醇：该物质可加热到 180～200℃，加热时无蒸气逸出，遇水不会暴沸或喷溅。聚乙二醇易溶于水，便于清洗烧瓶外壁，是理想的加热介质。

油浴除用电热套、封闭电炉加热外，还可用放在油浴中的电热丝连接调压器加热，如与可升温的电磁搅拌器联用，既可加热，又可搅拌，方便又安全。

油浴中油量不能过多，并要放入温度计，以便调节温度，防止浴温过高。加热完毕，先停止加热，再将烧瓶悬夹在油浴上方，待无油滴滴下时，用废纸擦净烧瓶。

油浴时，如发现油浴严重冒烟，应立即停止加热，一定要注意安全，防止着火。除甘油和聚乙二醇外，切忌在油浴中溅入水滴，防止浴液暴沸喷溅，发生烫伤甚至火灾等事故。

4. 酸浴 常用酸浴为浓硫酸，可加热至 250～270℃。当加热至 300℃左右则分解，产生白烟。若添加硫酸钾，则加热温度可达 320～360℃。

5. 砂浴 要求加热温度较高时，可采用砂浴，温度可达 350℃左右。把反应容器半埋砂中加热。一般加热沸点在 80℃以上的液体时可采用，更适用于加热温度在 220℃以上的操作。

砂浴传热差，温度分布不均匀，且难以控制，故实验室中较少使用。

二、冷　却

使热的物体温度降低，而不发生相变化的过程称为冷却。有机实验过程中，有些反应要在低温条件下进行，如烯烃的臭氧化-还原反应(−80～0℃)；重氮化反应(一般在 0～5℃)；部分沸点很低的有机物，冷却时可减少损失；为减少某一化合物在溶剂中的溶解度，需要冷却以加速结晶的析出，且可得到更多的结晶等。冷却的方法很多，最简单的方法是将盛有反应物的容器浸入冷水中冷却。若冷却温度低于室温时，可用碎冰和水的混合物，可冷至 0～5℃。如水对反应无影响时，也可把冰块投入到反应器中进行冷却。如果要获得更低的冷却温度，即将反应混合物冷至 0℃以下，可用细小的碎冰和某些无机盐按一定比例混合作为冷冻剂。例如，把食盐均匀撒在碎冰上(重量比为 1∶3)搅拌后，可冷却至−18～−5℃。若无冰时，可利用某些盐类溶于水中吸热作为冷却剂使用。如 1 份 NH_4Cl 和 1 份 $NaNO_3$ 溶于 1～2 份水中，可从开始时的温度 10℃冷至−15℃，将 3 份 NH_4Cl 溶于 10 份水中可从 13℃冷至−15℃等。

更深度的冷却可用干冰(固体二氧化碳)和液氮，一般在科研上应用较多。详见第九章。

第四节　回流与气体吸收

一、回　流

回流是一种重要的有机实验操作技术，在合成实验中为了避免反应过程中溶剂及反应物料的挥发损失(尤其是所用的溶剂或反应物的沸点低于反应温度时)，为保证反应的顺利进行，需要进行回流操作。在重结晶过程中，用有机溶剂配制饱和溶液时，为保证溶剂用量准确，不致挥发，也要采用回流操作。

常用的回流冷凝装置如图 2-8 所示。其中图 2-8A 是基本的回流冷凝装置，如需防潮，则可在冷凝管顶端装上氯化钙干燥管(图 2-8B)，图 2-8C 是带有有害气体吸收的回流装置，用于有毒或有刺激性气体产生或逸出的反应，吸收液的选择取决于逸出气体的性质。

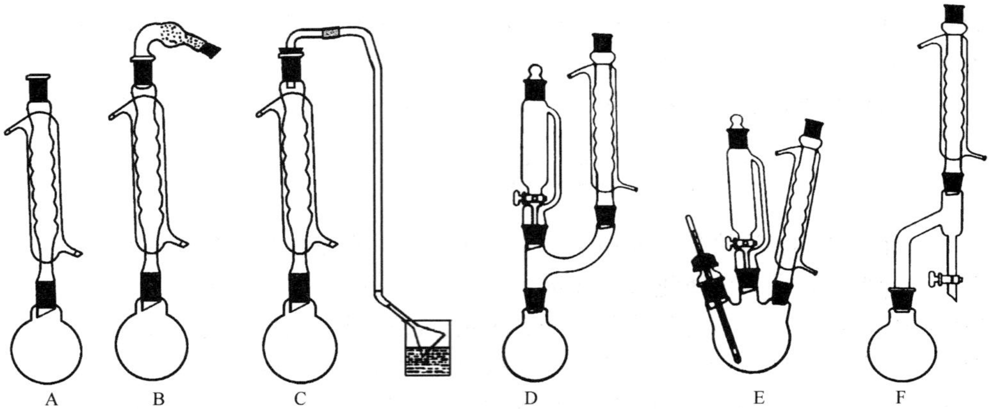

图 2-8 常见的回流及回流滴加装置

A、B、C. 常见的回流装置；D、E. 常见的回流滴加装置；F. 带分水器的回流装置

图 2-8D 是用于边滴加原料，边进行反应的回流滴加装置。图 2-8E 是用于滴加原料的同时还需要测定反应瓶内温度的回流滴加装置。图 2-8F 是带分水器的回流冷凝装置，可用于酯化和醚化等有水生成的可逆反应。

回流装置一般选用球形冷凝管。冷凝水由下端通入冷凝管中，水龙头不要开得太大，否则，有可能导致连接的胶管从冷凝管上脱落，引起溢水等实验事故。当反应液沸点高于 140℃时，应采用空气冷凝管作为回流装置。

加热回流前，应先在反应瓶中加入 1、2 粒沸石，以防暴沸。回流停止后，如要再进行加热，须重新加入沸石。如在加热开始后补加沸石，需先移开热源，待液体稍冷后方可加入。加热的方式可根据具体情况选用适合的热浴间接加热。回流的速度应控制在每秒 1～2 滴，或蒸气不超过球形冷凝管的 1/3 高度为宜。如果加热速度过快，蒸气来不及冷凝，容易从冷凝管上端冲出，造成烫伤甚至引起火灾等事故。

二、气 体 吸 收

某些有机化学实验过程中会产生和逸出有刺激性或有毒的水溶性气体，如氯化氢、溴化氢、二氧化硫、氨等。此时必须使用气体吸收装置来吸收废气，以免污染实验环境。常见的气体吸收装置见图 2-9，图 2-9A 和 B 是用于吸收少量气体的装置，为防倒吸，图 2-9A 的漏斗口应略作倾斜，不能完全浸入吸收液中，图 2-9B 的玻璃管应略微离开水面，这样既可防止气体逸出，又可防止吸收液被倒吸至反应瓶中；图 2-9C 为吸收大量有害且逸出速度较快气体的装置，其中水自上端流下(可利用冷凝管流出的水)，在恒定的平面上从抽滤瓶支管溢出，并被引入水槽。粗玻璃管应恰好伸入水面，被水封住，这样吸收效果较好。为了能使气体较完全地被吸收，有时也可根据气体的酸(碱)性质加入少量碱(如氢氧化钠)或酸(如硫酸)。

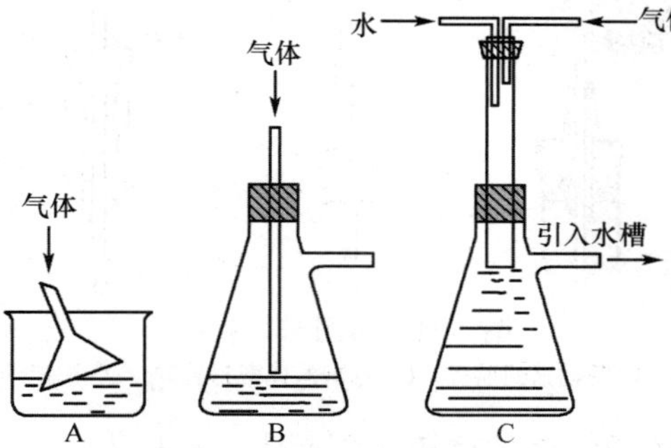

图 2-9　气体吸收装置

A、B．常见的气体吸收装置；C．大量且逸出速度较快气体的吸收装置

第五节　搅拌与搅拌器

当进行非均相的反应，或反应物之一需要逐渐滴加时，为避免局部过浓过热而导致其他副反应发生或有机化合物分解，常要进行搅拌操作。通过搅拌，能使反应温度均匀，缩短反应时间和提高产率。最常用的搅拌器有电动搅拌器和磁力搅拌器。

在少量反应物、反应时间短且不需要加热或反应温度不太高的操作中，用手摇动反应容器就可达到搅拌的目的，但需要较长时间搅拌的操作中，可选用电动搅拌器进行机械搅拌。一些常见的机械搅拌装置见图 2-10。

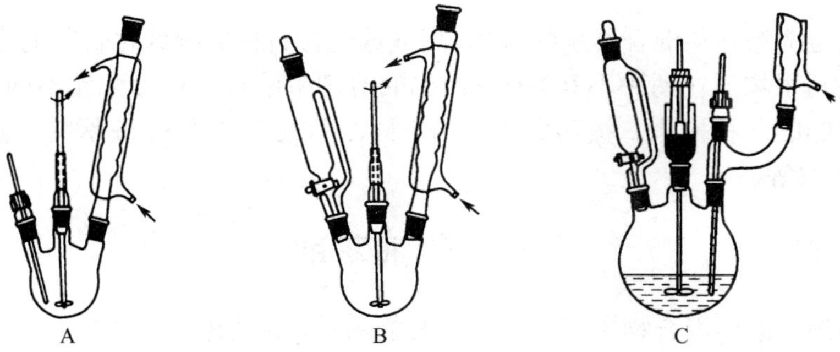

图 2-10　机械搅拌装置

A．搅拌加热测温回流装置；B．搅拌加热回流滴加装置；C．搅拌加热测温滴加回流装置

图 2-10A 为可同时进行搅拌、回流和测温的装置，图 2-10B 是可以同时进行搅拌、回流和滴加原料的装置，图 2-10C 在搅拌、回流和滴加原料的基础上，增加了测温装置。

有时为避免有机蒸气或反应中生成的有害气体污染实验室空气，应注意在搅拌装置中采用合适的简易密封装置。此外，还有液封装置、标准磨口搅拌接头等密封装置，如图 2-11 所示。

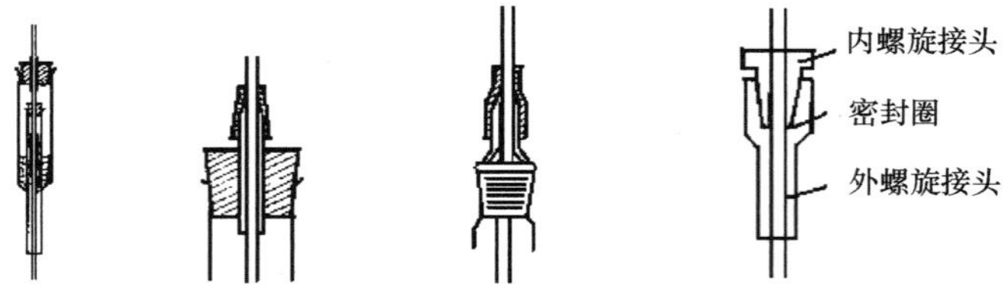

图 2-11　常用密封装置

A. 液封装置；B. 简易密封装置；C. 标准磨口密封装置；D. 搅拌接头密封装置

搅拌所用的搅拌棒通常由玻璃棒弯制而成，规格不同，形状各异，也有不锈钢材质的。目前实验室常用聚四氟乙烯塑料制成各种规格的半月形搅拌棒及配有标准磨口的搅拌密封塞。该密封塞的形状如图 2-11D 所示，由上面的螺丝盖、中间的硅橡胶密封垫圈和下面的标准口塞组成。使用时，先选择适当直径的搅拌棒并插入标准口塞与垫圈孔中，在垫圈与搅拌棒接触处涂少许甘油润滑，然后旋上螺丝盖并使松紧适度，最后将标准口塞装在烧瓶上即可。

一些不需要太剧烈搅拌的反应或反应液较少或因机械搅拌密封装置欠妥而漏气等情形下，可采用磁力搅拌器进行搅拌。其优点在于搅拌稳妥平稳，同时可自动控制加热，避免了机械搅拌震动较大，搅拌速度难以控制的缺点。磁力搅拌的缺点是搅拌力度较小，不适用于黏稠度较大或两相分离的反应体系。

第六节　萃取与洗涤

萃取与洗涤是从混合体系中分离、提取或纯化目标成分或化合物的常用操作。它们均是利用物质在两种不互溶(或微溶)的溶剂中溶解度或分配比不同而达到分离提纯目的的一种操作。按萃取两相的不同，萃取可分为液-液萃取、固-液萃取及气-液萃取等。

一、液-液萃取

用溶剂在液体混合物中提取出所需要的物质，称为液-液萃取，如果加入某种溶剂的目的是带走液体混合物中的少量杂质，则此操作称为洗涤。

1. 萃取原理　液-液萃取以分配定律为理论依据。即在一定的温度及压力下，一种有机物溶解于两种互不相溶的溶剂中达到平衡时，其在这两种溶剂中的浓度比为一常数，此常数称为分配系数 K。

例如，某有机物 X 在溶剂 A 和 B 中的分配系数 K 表示如下：

$$K=\frac{\text{X在A中的浓度}}{\text{X在B中的浓度}} \tag{2-1}$$

注意：A、B、X 三者之间均无化学作用，A 与 B 也不互溶。理论上 X 的分配系数应等于 X 在纯溶剂 A 和 B 中的溶解度之比，但实际上仅为近似。因为没有两种液体完全不相溶。

萃取过程的分离效果主要表现为被分离物质的萃取率和分离纯度。萃取率越高，萃取过程的分离效果越好。影响分离效果的主要因素包括：被萃取的物质在原溶液与萃取剂两相之间的平衡关系，以及在萃取过程中两相之间的接触情况。这些因素又都与萃取次数和萃取剂的选择有关。萃取可以一次进行，也可分多次进行，根据分配定律，可推算出经过 n 次萃取后，在原溶液 A 中被萃取的物质 X 的剩余量为

$$W_n = W_0\left(\frac{KV_1}{KV_1 + V_B}\right)^n \tag{2-2}$$

式中，W_n 为经 n 次萃取后，留于原溶液 A 中的有机物 X 的克数；W_0 为萃取前，原溶液 A 中所含 X 的克数；K 为分配系数；V_1 为原溶液的体积(毫升数)；V_B 为每次萃取所用萃取剂 B 的体积(毫升数)，n=1，2，3…

由于 $KV_1/(KV_1+V_B)<1$，所以，n 越大，W_n 就越小，萃取效果就越好。所以，如果用定量溶剂将所要提取的物质充分提取出来，则多次萃取比一次萃取的效率相对高。但 $n>5$ 时，n 及 V_B 的影响几乎抵消，再增加萃取次数时，萃取效果变化不大。因此，通常情况下，分步萃取 3～5 次即可。

对于液-液萃取来说，溶剂的选择对于萃取结果的优劣影响极大。进行此类操作时，溶剂的选择不仅要考虑到溶剂对被萃取物质的溶解度大且不与原溶剂混溶，而且还要考虑到溶剂的沸点不宜过高，如选择不当，溶剂不易回收，还会使产品在回收溶剂时受到破坏。此外，溶剂的纯度、密度、化学稳定性及毒性也要适当加以考虑。

一般来讲，根据“相似相溶”原理，难溶于水的物质用石油醚萃取；较易溶于水的用苯或乙醚萃取；易溶于水的用乙酸乙酯或其他类似溶剂萃取。事实上，溶剂的选择不可能都合乎理想，只要主要条件符合，即使有一些缺点，亦可采用。

2. 萃取操作　液-液萃取常用的仪器是分液漏斗。选择一个容积为所填装液体体积 2 倍的分液漏斗，首先检查分液漏斗的顶塞和下面活塞是否配套、严密，转动是否灵活，活塞上的小孔能否对准漏斗上的孔洞，之后，拉出活塞并用纸擦干净，以活塞中部的小孔为界，只在活塞较粗的一端(近把手的位置)上薄薄地涂上一层凡士林，活塞中部的孔道周边不得涂上凡士林，以防堵塞孔道；活塞较细的一端不涂凡士林，但是在分液漏斗的活塞通道较细的一端也要涂上一薄层凡士林；之后将活塞塞入活塞腔并顺一个方向旋转数圈，使凡士林均匀分布。再用少量水或溶剂检查是否漏液。

将分液漏斗放在铁架台的铁圈上，关闭下面的活塞，经由分液漏斗上口倒入待萃取溶液及溶剂，塞紧漏斗的顶塞并旋紧，以免漏液。用右手按住分液漏斗的顶塞，左手握住活塞部分，大拇指和食指按住活塞柄，中指垫在塞座下边(图 2-12)，斜持漏斗缓缓振荡，摇动 1～2 次后，停止振摇，将分液漏斗下端的出料口倾斜向上，

打开活塞放气，用以平衡分液漏斗内部因振摇而导致溶剂气化所产生的压力，防止因瓶内压力过大，造成冲开顶塞等事故。放气时，排气口不可向着人体或火源。

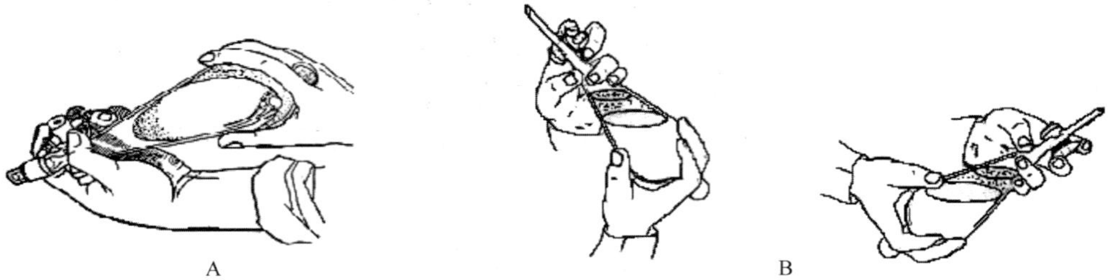

A B

图 2-12 分液漏斗操作示意图

A. 分液漏斗的振荡；B. 分液漏斗放气

萃取操作结束后，将分液漏斗放回铁圈上，其下放一干净锥形瓶，以防活塞不严漏液。静置，待两相液体分层明显，界面清晰后，将分液漏斗的下端(出料口)靠在接收器的壁上，先打开分液漏斗的顶塞或将塞子上的小槽对准漏斗上的通气孔，使漏斗连通大气，再徐徐开启下端活塞，缓缓放出下层液体，上层液体从分液漏斗上口倒出，不可从分液漏斗下端的出料口放出。分液时，一定要尽可能将两相液体分离干净，如果两相间有絮状物时，也应一起分离出去。当溶液呈碱性时，常会有乳化现象产生，形成乳浊液，可用下列方法进行破乳化处理。

(1) 较长时间静置或稍加热。

(2) 如果是由两种溶剂能部分互溶而造成的乳化现象，可加少量无机电解质，利用盐析效应破除。

(3) 如果因溶液的碱性产生的乳化，可加少量的稀硫酸或盐酸破乳化。

(4) 加入几滴醇类(乙醇、异丙醇、丁醇等)降低液体的表面张力破乳。

(5) 通过离心机离心或抽滤以破乳化。

萃取次数一般在 3～5 次，每次从分液漏斗中分出的拟弃液体最好能保存在锥形瓶中，待实验结束确认无误后再行处理，以防因操作失误而无法检查和补救。

两相液体分层后一般根据两相的密度判定萃取相(有机相)和萃余相(水相)，密度大的在下层，密度小的在上层。

二、固-液萃取

向固体混合物中加入适当溶剂，从中分离出所需物质的一种操作，称为固-液萃取，也称提取。

1. 萃取原理 固-液萃取是利用样品中被提纯组分和杂质在同一溶剂中溶解度不同的性质来达到分离、提取的目的。最简单的方法是先把固体混合物研细并装入容器中，再加入适当溶剂，通过振荡及一定时间的浸润溶解将固体混合物中所需物质提取出来，最后用过滤或倾析的方法把萃取液与残渣分开。但这种方法效率不高，有时浸润溶解时间较长，溶剂用量较大。故实验室通常采用索氏(Soxhlet)

提取器对固体混合物进行连续提取操作。其工作原理是通过对溶剂加热回流并利用虹吸现象，使固体混合物连续被纯的溶剂所萃取。因此具有萃取效率高且节约溶剂的优点，但此装置不宜对一些受热易分解或变色的被提取组分使用。

2. 索氏提取器的使用 索氏提取器(图 2-13)由三部分构成，最上面是回流冷凝管，中间是带有虹吸管的提取管，最下面是烧瓶。萃取前先将固体混合物研细，以增加液体浸溶的面积，之后将固体混合物放入滤纸套内，轻轻压实，其上盖以滤纸，再将此滤纸套放在提取器内，其内容物的高度不能超过虹吸管。从冷凝管口加入溶剂后，对圆底烧瓶加热使溶剂沸腾，当溶剂蒸气经连接管进入回流冷凝管后，被冷凝成液体，滴入提取管并对固体混合物中的可溶部分进行浸提，当提取筒中回流下的溶剂液面超过索氏提取器的虹吸管最高处时发生虹吸，溶剂及所提取的溶质一起流回烧瓶内。继续加热，溶剂又会被蒸发并继续上升，再次回流开始，而被萃取的溶质留在烧瓶内，因而打破了提取时的溶解平衡，使浸提趋于完全。

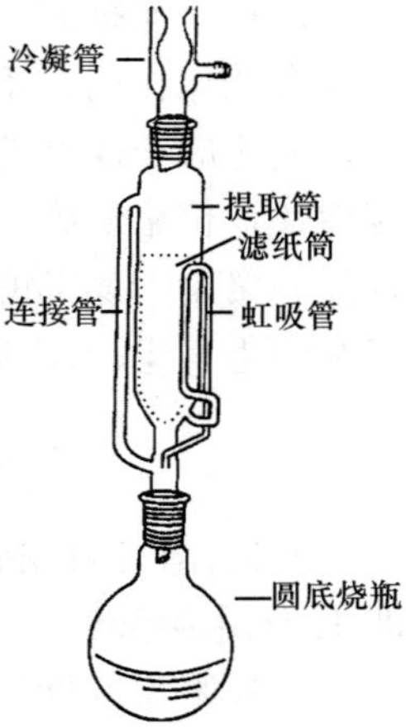

图 2-13 索氏提取器

第七节 干燥及干燥剂

干燥是指除去附在固体、混杂在液体或气体中的少量水分，也包括除去少量的溶剂。在有机化学实验中，许多反应要求在无水条件下进行，如制备格氏试剂或使用格氏试剂的相关反应均要在严格无水无氧的条件下进行。氢化铝锂的还原反应更是要求严格无水，有水存在时甚至会引起爆炸。固体有机物进行熔点测定及有机物进行各种分析(定性、定量、波谱分析等)前均应进行完全干燥，否则会影响测试结果。液体有机物蒸馏提纯前也需要干燥，否则蒸馏过程中有机物与水形成共沸物，沸点降低，会大大增加蒸馏时的前馏分，造成不必要的损失。有时，少量水分与有机物在加热条件下可能发生反应而影响产品的纯度。因此，干燥操作在有机化学实验中既非常普遍又十分重要。

一、干燥方法

有机化合物的干燥方法，大致有物理方法及化学方法两种。

1. 化学方法 这种方法主要是利用干燥剂与水分发生可逆或不可逆反应来除水，如氯化钙、硫酸镁、碳酸钠等物质，可与水可逆地结合成水合物，这类干燥剂是有机实验室最为常用的。而金属钠、氧化钙和五氧化二磷等，则与水发生不可逆的化学反应，生成新的化合物，从而达到除水的目的。

2. 物理方法 这是一种不加干燥剂去水的方法，如真空干燥、吸附、分馏和共沸蒸馏等。近年来也有应用分子筛及离子交换树脂脱水，它们均为多孔类吸水性固体，加热到一定温度时又会释放出水分子，故可重复使用。

二、干燥剂的选择

选择干燥剂时，首先，要考虑干燥剂与被干燥的有机物不能发生任何化学反应或有催化作用，不能溶于该有机物中，还要易与干燥后的有机物完全分离；其次，要考虑干燥剂的吸水容量及干燥效能。要求干燥剂的吸水容量要大，干燥速度要快，价格低廉。干燥剂的干燥效能是指干燥剂吸水达到平衡时，液体的干燥程度。常用干燥剂的吸水容量来衡量干燥剂的干燥效能。即每克干燥剂所能吸附的水的重量(以克计量)，如下式：

$$\text{吸水容量(g)} = \frac{\text{结晶水数目} \times \text{水的相对分子质量}}{\text{干燥剂相对分子质量}} \tag{2-3}$$

例如，在 133.3Pa，25℃时，无水硫酸镁的最大吸水容量为 $7 \times 18/120.3 = 1.05$g，即 1g 无水硫酸镁全部变成七水硫酸镁，可吸水 1.05g。

一般来说，酸性干燥剂(如氯化钙)不能用来干燥碱性有机物，也不能用来干燥某些在酸性介质中会重排、聚合或起其他反应的有机物(如醇、胺、烯烃等)，碱性干燥剂(如碳酸钾、氢氧化钾)不能用于干燥酸性有机物，也不能用于干燥易被碱催化而发生缩合、分解、自动氧化等反应的有机物(如醛、酮、醇、酯等)。此外，氯化钙会与醇、胺生成络合物，氢氧化钠(钾)会溶于醇中，使用时也要注意。常用干燥剂的干燥性能与应用范围见表 2-1。

表 2-1 常用干燥剂的性能与应用范围

干燥剂	吸水作用	吸水容量(g)	干燥效能	干燥速度	应用范围
氯化钙	形成 $CaCl_2 \cdot nH_2O$ $n = 1, 2, 4, 6$	0.97(按 $CaCl_2 \cdot 6H_2O$ 计)	中等	较快，吸水后表面为薄层液体所盖，故放置时间应稍长	能与醇、酚、胺、酰胺及某些醛、酮形成络合物。因而不可用于这些化合物的干燥。工业品中可能含氢氧化钙或氧化钙，故不能用来干燥酸类
硫酸镁	形成 $MgSO_4 \cdot nH_2O$ $n = 1, 2, 3, 4, 5, 6, 7$	1.05(按 $MgSO_4 \cdot 7H_2O$ 计)	较弱	较快	中性，应用范围广。可代替 $CaCl_2$，用于干燥酯、醛、腈、酰胺等不能用 $CaCl_2$ 干燥的物质
硫酸钠	$Na_2SO_4 \cdot 10H_2O$	1.25	弱	缓慢	中性，一般用于液体有机物的初步干燥
硫酸钙	$2CaSO_4 \cdot H_2O$	0.06	强	快	中性，常与硫酸镁(钠)配合使用
碳酸钾	$K_2CO_3 \cdot 1/2H_2O$	0.2	较弱	慢	弱碱性。用于干燥醇、酮、酯、胺及杂环等碱性化合物，不适用于酸、酚及其他酸性化合物
金属钠	$Na + H_2O \rightarrow NaOH + 1/2H_2\uparrow$	–	强	快	限于干燥醚、烃类中的痕量水分，用时切成小块或压成钠丝
氢氧化钾(钠)	溶于水	–	中等	快	强碱性，用于干燥胺、杂环等碱性化合物。不可用于干燥醛、酮、酚、酸等

续表

干燥剂	吸水作用	吸水容量(g)	干燥效能	干燥速度	应用范围
氧化钙	$CaO+H_2O \rightarrow Ca(OH)_2$	–	强	较快	适用于干燥低级醇类
五氧化二磷	$P_2O_5+3H_2O \rightarrow H_3PO_4$	–	强	快，吸水后表面为黏浆液所覆盖，导致操作不便	适合干燥醚、烃、卤代烃、腈等化合物中的痕量水分。不适用于醇、酸、胺、酮等的干燥
分子筛	物理吸附	约 0.25	强	快	适用于各类有机物的干燥

干燥含水量较多而又不易干燥的液体有机物时，必须考虑干燥剂的干燥效能和吸水容量，一般先用吸水容量大的干燥剂(如硫酸钠)干燥，当大部分水除去后，再用干燥性能较强的干燥剂(如硫酸钙)，除去微量水分。各类有机物常用的干燥剂见表 2-2。

表 2-2 各类有机物常用的干燥剂

化合物类型	干燥剂种类
烃	$CaCl_2$、Na、P_2O_5
卤代烃	$CaCl_2$、$MgSO_4$、Na_2SO_4、P_2O_5
醇	K_2CO_3、$MgSO_4$、CaO、Na_2SO_4
醚	$CaCl_2$、Na、P_2O_5
醛	$MgSO_4$、Na_2SO_4
酮	K_2CO_3、$CaCl_2$、$MgSO_4$、Na_2SO_4
酸、酚	$MgSO_4$、Na_2SO_4
酯	$MgSO_4$、Na_2SO_4、K_2CO_3
胺	KOH、NaOH、K_2CO_3、CaO
硝基化合物	$CaCl_2$、$MgSO_4$、Na_2SO_4

三、干燥剂的用量

一般根据干燥剂的吸水容量和水在该液体有机物中的溶解度来估计干燥剂的用量，同时也要考虑分子的结构，通常实际用量都高于理论值。极性有机物和含亲水性基团的有机物(如醇、醚、胺等)，水在其中的溶解度较大，干燥剂的用量应稍多一些。烃类及卤代烃等不易溶于水的有机物，可少加一点干燥剂。总的来说，干燥剂的用量应适当，如果用量少，干燥不完全，而用量过多，因干燥剂的表面吸附，会造成被干燥有机物的损失。一般每 10mL 液体有机物约需加入 0.5～1g 干燥剂。大概估计后的干燥剂可直接加入待干燥的液体有机物中，不必称量。由于待干燥的有机物中水分含量不同、干燥剂的质量及颗粒大小不同、干燥时的温度不同及干燥剂可能吸收一些副产物等，所以具体的使用数量又会有所变化，一般较难规定具体数量。操作时，以所加的干燥剂经振摇后不发生黏结为宜，通过操作仔细观察，不断从实践中积累经验。

四、液态有机化合物的干燥

用物理方法除水，具体有如下几种方法。

1. 共沸蒸馏法 利用某些有机物与水能形成共沸混合物的特点，在待干燥的有机物中加入共沸混合物中的某一有机物，因该共沸混合物的共沸点通常低于待干燥有机物的沸点，故蒸馏时可将水带出，从而达到干燥的目的。

2. 分馏法 某些有机物不与水形成共沸混合物，且其沸点与水相差 20～30℃或以下，此时共沸蒸馏法不适用，可采用分馏的方法除水。例如，工业上甲醇(沸点 65℃)的除水就采用了分馏法。

3. 吸附法 离子交换树脂是一种不溶于酸、碱和液体有机物的高分子化合物，而分子筛是各种硅铝酸盐的晶体。它们利用晶体内部的大量孔穴吸附水分子。吸水后的离子交换树脂加热到 150℃、分子筛则加热到 350℃左右时，两者均可解吸水分，重新使用，既经济又方便。

化学方法除水时，主要使用能与水结合生成水合物的干燥剂除水。这些水合物中含有不同数目的结晶水，并具有不同的水蒸气压。例如，25℃时，无水硫酸镁可分别吸附 1、2、3、4、5、6(不超过 7)个结晶水，形成相应水合物时的最低蒸汽压分别为 133.3Pa、266.6Pa、666.5Pa、1199.7Pa、1333Pa、1533Pa。如用无水硫酸镁干燥液体有机物，无论加入多少无水硫酸镁，它在 25℃时所能达到的最低蒸汽压为 133.3Pa。所以即使加入再多的硫酸镁，也不可能把水全部除去，反而会使液体有机物的吸附损失增多。但如果硫酸镁的用量不足，则会生成多水合物，其水蒸气压高于 133.3Pa。这就是为什么在蒸馏时会有前馏分，在分液操作时一定要尽可能把水分离干净的原因。

干燥剂形成水合物时，需要一定的干燥时间。因此，用其干燥液体有机物时，须放置一段时间。由于此类干燥剂的吸水是可逆的，当温度升高时，水蒸气压也会升高，甚至脱去结晶水。因此，在蒸馏被干燥液体前必须把此类干燥剂滤除，否则达不到干燥的目的，并且蒸馏时，干燥剂还会与被干燥液体形成糊状物(特别是用无水氯化钙作干燥剂时)。

金属钠、五氧化二磷、氧化钙等干燥剂与水发生不可逆反应，能与水生成稳定的产物，故不必过滤分离。相反，为提高其干燥效率，常将其与待干燥的液体有机物一起加热回流，再直接进行蒸馏。

五、固体有机化合物的干燥

从重结晶得到的固体有机物常含有水分或有机溶剂，应根据化合物的性质选择适当的方法进行干燥。

1. 自然晾干 将固体化合物在空气中自然晾干，是最方便、最经济的干燥方法，其适用于在空气中稳定、不易分解且不吸潮的固体有机物的干燥。操作时，把待干燥的有机物置于干燥洁净的表面皿或滤纸上，薄薄摊开，上面再用另一张滤纸覆盖起来，放在空气中慢慢地晾干。

2. 加热干燥　对于熔点较高而遇热又不易分解的固体，可采用加热烘干。将待干燥的固体，置于表面皿或蒸发皿中，放在水浴上烘干，也可用恒温烘箱或红外灯烘干。注意加热温度切勿超过该固体的熔点，一般加热温度要低于其熔点20℃以下，以免固体变色、分解或流失。为控制温度，加热干燥时要放置温度计，并要随时加以翻动待干燥固体，以免结块，并缩短干燥时间。

3. 干燥器干燥　对易吸潮或在较高温度下干燥时，会发生分解甚至变色的有机物，可用干燥器干燥。常用的干燥器有普通干燥器和真空干燥器两种，如图 2-14 所示。

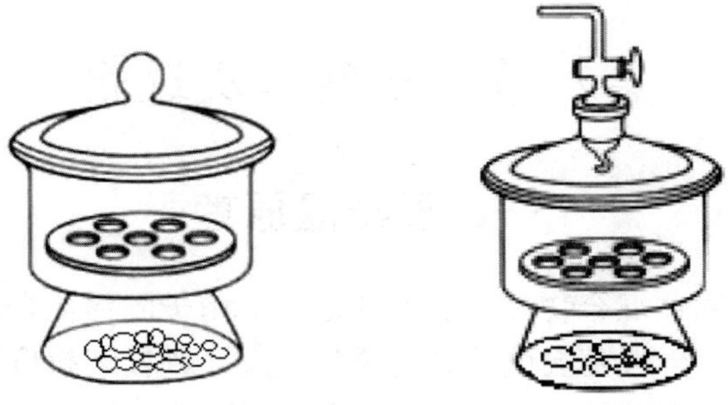

A　　B

图 2-14　常用干燥器

A. 普通干燥器；B. 真空干燥器

普通干燥器的盖与缸身之间的平面经过磨砂，使用时在磨砂处涂以润滑脂，使之密闭。缸中放置一块多孔瓷板，其下放置干燥剂，上面可放置盛有待干燥样品的表面皿等。使用普通干燥器干燥样品所费时间较长，干燥效率不高，一般用于保存易吸潮的有机物。

真空干燥器的干燥效率较普通干燥器高，其顶部装有带活塞的玻璃导气管，用以抽真空。活塞下端呈弯钩状，口向上，防止在连通大气时，因空气流入过快将固体冲散，最好用另一表面皿覆盖在盛有样品的表面皿上或将固体用滤纸包好。真空干燥器使用前必须试压，试压时应先用网罩或防爆布盖住干燥器以保安全，然后用水泵或低压真空泵抽真空，再关上活塞放置过夜。干燥器内的干燥剂应根据待干燥的固体样品所含溶剂来选择。干燥器内常用的干燥剂见表 2-3。

表 2-3　干燥器内常用的干燥剂

干燥剂种类	可吸除的溶剂或其他杂质
CaO	水、乙酸、氯化氢
$CaCl_2$	水、醇
NaOH	水、乙酸、氯化氢、酚、醇
H_2SO_4	水、乙酸、醇

续表

干燥剂种类	可吸除的溶剂或其他杂质
P_2O_5	水、醇
石蜡片	醇、醚、石油醚、苯、甲苯、氯仿、四氯化碳
硅胶	水

解除干燥器内的真空时，应慢慢开动活塞缓缓放入空气，以免吹散被干燥的固体。最好是先向真空干燥器中充入氮气，待其内外压力相等后才打开干燥器的上盖。如干燥器的上盖难以打开时，可用吹风筒沿真空干燥器的上下接口处以热风加热片刻即可。干燥器用完之后，需将磨口处重新涂上薄薄一层的真空脂，以防粘连。干燥效率更高的干燥器是真空恒温干燥器。详见第九章。

第八节　重结晶及过滤

一、重结晶原理

重结晶是纯化固体混合物常用的方法之一。由于固体化合物在溶剂中的溶解度跟温度密切相关，一般随温度升高而增加，反之则其溶解度降低。如果把待提纯物质(固体化合物)溶解在热的溶剂中制成饱和溶液，然后冷却至室温或室温以下，则会因为溶解度的下降，有一定量的结晶(被提纯物质)从溶液中析出。析出晶体的量与不同温度下，物质的溶解度差别有关。如果杂质在热溶剂中不溶，制得被提纯物质的饱和热溶液后，可趁热滤去不溶性杂质，如果热的饱和溶液中存在有色杂质，可向其中加入活性炭，并加热煮沸后趁热过滤，即可脱色除去，将滤液自然冷却析晶，得到的晶体较原晶体纯度高；如果杂质溶于热溶剂且冷却后仍然留在溶液中，而欲纯化的物质结晶析出，过滤后得到较纯的晶体，从而达到提纯的目的。

重结晶法适用于提纯杂质含量在5%以下的固体化合物，如果杂质含量过多，常会影响提纯效果，须经过多次重结晶才能提纯。因此，常用其他(如水蒸气蒸馏、萃取等)手段先将粗产品初步纯化处理，然后再用重结晶进一步提纯。

二、溶剂的选择及用量

在重结晶操作中，选择合适的溶剂至关重要，否则，很难达到纯化的目的。

1. 合格溶剂的条件　选择溶剂时，必须考虑到被提纯物质的成分及结构(相似相溶原理)，合适的溶剂须符合下列各项条件。

(1) 不与被提纯物质发生化学反应。

(2) 从溶解度来说，对于被提纯物质，在热时易溶，冷时难溶或不溶。

(3) 对被提纯物质与可能存在杂质的溶解度随温度的变化值要有显著差别，

即所用溶剂对杂质的溶解度较大或者较小(也可以是其溶解度随温度的变化较小)，这样可使杂质在溶液冷却后留在母液中与结晶分离或因不溶于所选的热溶剂中而在热过滤时被滤除。

(4) 沸点适中，容易与所得结晶分离。若沸点过高，附着于结晶表面的溶剂很难除去；沸点过低时，被提纯物质溶解度改变值不大，实验可操作的温度范围小，操作比较困难，实验目标难以实现。

(5) 所选择的溶剂能使被提纯物质生成较好的晶形。

此外，溶剂的毒性、易燃性和价格等都是选择溶剂过程中需要考虑的因素，重结晶的常用溶剂参见附录。

2. 单一溶剂的选择 为了选择合适的溶剂，对于已知化合物来说，可以查阅理化手册中的溶解度一项，一般可以找到合适的重结晶溶剂的资料，但对于新化合物，则需要根据“相似相溶”原理采用尝试法。实际上，最终溶剂的选择往往是通过溶解度实验来确定。具体方法为：取几个小试管，各放入约 0.1g 需重结晶的物质，分别逐滴加入不同种类的溶剂，如该样品在 1mL 冷的或者温热的溶剂中已完全溶解，此溶剂就不适用；如果在超过 4mL 的溶剂当中加热沸腾仍然不能完全溶解，此溶剂也不适用；若该物质能溶于 1～4mL 沸腾的溶剂当中，则需观察试管冷却后晶体析出的情况，如果晶体不能自行析出，可用玻璃棒摩擦液面下的试管壁，以使晶体析出，如果晶体还是不能析出，则此溶剂也不适用。如果能正常析出晶体，一般选择析出晶体较多的溶剂。如果不能找到合适的单一溶剂，也可考虑选用混合溶剂。

3. 混合溶剂的选择 混合溶剂通常由两种能以任何比例互溶的溶剂按一定的比例混合而成，具有良好的溶解性能，其中一种对被提纯物质的溶解度特别大(良溶剂)，而另一种的溶解度则特别小(不良溶剂)。将适量的被提纯物质溶于一定量沸腾或接近沸腾的良溶剂中，趁热滤除不溶杂质或经脱色后废弃的活性炭，在滤液中滴加热的不良溶剂并不断振摇，直到浑浊不再消失为止，再加热或逐滴加入良溶剂至溶液刚好澄清透明，放置冷却，使结晶析出，由此可得到两种溶剂的混合比例。若冷却后析出油状物，需调整两溶剂的比例再进行实验或更换另外的混合溶剂。如果已知两种溶剂的混合比例，也可将其预先混合，再进行重结晶。常用的混合溶剂有：乙醇与水、苯与乙醚、甲醇与乙醚等。

想要使重结晶所得产品的纯度及回收率更高，溶剂的用量是个非常关键的因素，如果从减少溶解损失方面来考虑，溶剂不能过量，但这样在热过滤时又可能会有大量晶体析出，从而造成更大的操作损失，所以必须根据这两方面的损失来权衡溶剂的用量多少。一般情况下，要再加入比需要量多 20%左右的溶剂。

三、重结晶操作

1. 饱和热溶液的配制 这是重结晶过程的关键步骤，其目的是用溶剂充分分散待提纯物质及杂质，以利于后续的分离提纯操作。将待提纯物质(样品)放入窄口容器中，先加入比计算量略少的溶剂，加热至沸腾，如果没有全部溶解(要注意判断，是否有不溶性杂质，否则会造成误加过多溶剂)，再向容器中逐渐分次添加溶剂，且每次加入溶剂后均需加热至沸腾，直到样品刚好完全溶解，再比需要量多加20%左右溶剂。使用有机溶剂重结晶时，为了避免低沸点溶剂挥发、可燃性溶剂起火或者有毒溶剂的中毒等情形发生，通常使用如图2-8A所示的回流装置，并从冷凝管的上口添加溶剂。如果样品在溶剂中的溶解速度较慢，需要较长的加热时间时，也应采用回流装置，以免溶剂损失。对于一些易燃的溶剂，禁止用直火加热，可以根据所用溶剂的沸点选择合适的热浴进行间接加热。

在样品溶解过程中，有时会有油珠状物出现，这样会混入杂质及少量溶剂，不利于样品的纯化，所以要尽量避免这种情形的发生，采取的措施有如下几种。

(1) 选择沸点低于待提纯物质熔点的溶剂。

(2) 对于低熔点物质的重结晶，如果不能选出较低沸点的溶剂时，则应在比该物质熔点低的温度下进行溶解。

2. 脱色　如果待提纯物质中存在着某些影响产品纯度的有色杂质，通常需要向饱和溶液中加入吸附剂并适当煮沸，通过吸附除掉样品中有色杂质的过程称为脱色。常用的吸附剂有活性炭和氧化铝，活性炭的用量根据杂质含量的多少而定。通常情况下，加入相当于样品重量的1%～5%，值得注意的是：使用的活性炭除吸附杂质外，也会吸附产品，所以其用量不能过多。为了防止溶液暴沸，在加入活性炭前，必须将热的溶液稍稍冷却，加入活性炭并充分搅拌后，一并加热微沸5～10min。如果一次脱色不彻底，则要进行重复操作。活性炭在水溶液中进行脱色效果最好，在其他溶剂中也可以使用，但在非极性(如烃类)溶剂中脱色较差。

3. 趁热过滤　固体物质溶解后，一些不溶性的固体杂质、吸附剂及吸附在其上的其他杂质，均须过滤除去。

(1) 常压过滤：因为热的饱和溶液在冷却情况下会析出结晶，为了防止过滤时结晶析出影响回收率，常使用颈短而粗的玻璃漏斗(可以避免或减少晶体在漏斗颈中析出)，使用前先将玻璃漏斗在烘箱中预热，在漏斗中放一个大小合适的折叠滤纸(图2-15)，过滤前先用少量热溶剂润湿滤纸，然后把热溶液迅速倒入漏斗内，并用表面皿盖好漏斗，以防止因热量散失、溶剂挥发而导致结晶析出。如果溶液稍经冷却就有结晶析出，或过滤的溶液量较多时，应使用热水保温漏斗，将短颈玻璃漏斗置于保温漏斗内，并安装固定妥当，过滤前先将热水漏斗夹套内的水加热至沸腾(图2-15)。在整个热过滤过程中，若溶剂为易燃有机物，过滤时一定要熄灭火焰，保证周围无明火。

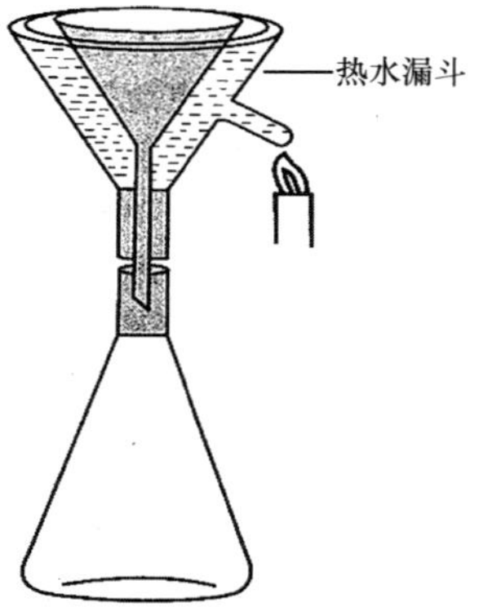

图2-15　趁热过滤装置

为了提高过滤速度，应使用折叠滤纸，以增加其过滤的表面积。滤纸的折叠形状很多，菊花形滤纸是其中常用的一种，折叠方法是：将圆形滤纸连续对折两次，使其形成边 1、2 和边 3；打开滤纸至 1/2 对折状即半圆状，继而分别将边 2 和边 3、边 1 和边 3 对折，使其形成边 4 和边 5(图 2-16A)；再打开至半圆状，依次再将每个扇形等分对折，使其分别形成边 6、边 7、边 8 和边 9(图 2-16B 和 C)；将八等分的半圆依次按折痕交替向相反方向对折成 16 等分，得到象扇形一样的排列(图 2-16D)，将其打开成圆锥状，图 2-16E；最后，将边 1 和边 2 处折痕相同的折面分别向相反方向对折一次，即得到一个菊花形滤纸(图 2-16F)。折叠滤纸的整个过程中要特别注意中心部位的保护，以免破损，影响过滤操作；使用前应将滤纸翻转并整理好后，再放入漏斗中，这样可以避免被手指弄脏的一面接触过滤过的滤液。

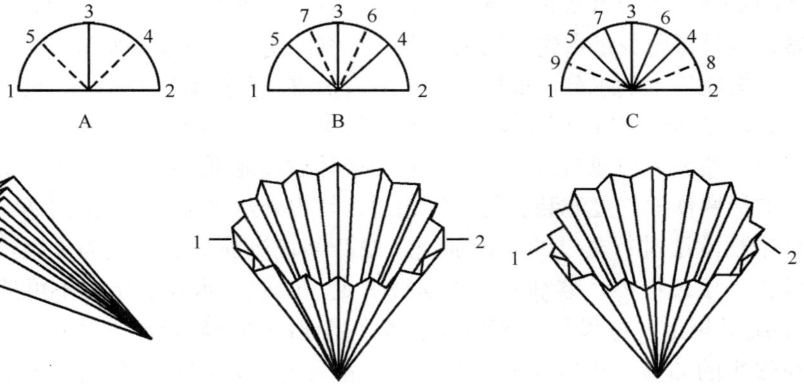

图 2-16　菊花形滤纸的折叠方法

(2) 减压过滤：另一种快速热过滤方法是减压过滤，也称抽气过滤(抽滤)或真空过滤。抽滤装置主要由布氏漏斗、抽滤瓶、减压泵及安全瓶四部分组成(图 2-17)。布氏漏斗为瓷质，底部有许多小孔，内铺圆形滤纸，其直径应略小于布氏漏斗内径，以能紧贴于漏斗底部，恰好盖住所有小孔为宜。

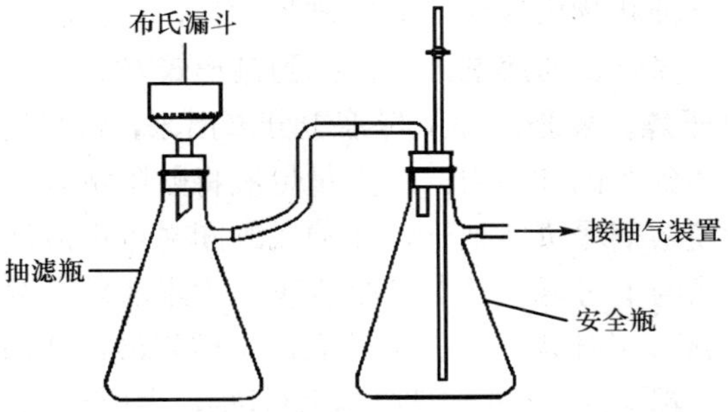

图 2-17　抽气过滤装置

抽滤瓶是一个壁厚并有支管的玻璃三角瓶，有各种大小不一的规格。用以接收滤液，选用时除应与布氏漏斗大小相称外，还应根据滤液的多少而定。

减压泵可以是水泵也可以是油泵，通常使用循环水多用真空泵。其作用是带走空气，使抽滤瓶内压力减小，利用瓶内与布氏漏斗液面上的负压加快过滤速度。

为防止抽滤瓶内压力突然发生变化时水(或油)倒吸入抽滤瓶中造成产品污染，需要在抽滤瓶与减压泵之间安装一个安全瓶，由耐压的抽滤瓶或其他广口瓶组装而成，其上口配一双孔塞，一孔装上一个 90°玻璃弯管后组成抽气通道，另一孔装一带旋塞的双通管用于调节压力或缓缓放进空气，使仪器装置与大气相连通。

抽滤装置使用时，先将布氏漏斗用橡皮垫与抽滤瓶相连，布氏漏斗下端斜口正对抽滤瓶支管，用耐压橡皮管将抽滤瓶支管与安全瓶相连接后，再与水泵连接。热过滤前，应将布氏漏斗放入烘箱内预热，如果以水为溶剂的话，也可将布氏漏斗放在沸水中预热。在布氏漏斗内放一大小合适的滤纸，然后用少量同一热溶剂将其润湿，开动水泵使滤纸紧贴布氏漏斗的底部，但有时使用非极性溶剂时，滤纸往往不易贴紧，这时可用少量水先将滤纸润湿并抽气，使之贴紧漏斗底部，再用溶解样品的溶剂洗去滤纸上的水分，最后倒入热溶液抽滤。在抽滤过程中，应随时保持布氏漏斗中有较多溶液，待所有溶液全部倒完后才抽干，以防吸附有树脂状杂质的活性炭可能会在滤纸上结成紧密的饼块而阻碍液体透过滤纸。抽滤结束时，缓缓打开安全瓶上的活塞使抽气过滤装置与大气相通，待内外压平衡后，关闭水泵。

使用抽滤法进行热过滤可以加速过滤，并使沉淀抽吸得较为干燥，但滤下的热溶液在减压过程中，溶剂易沸腾而被抽走。因此，水泵的压力不可抽得过低。

4. 结晶析出　如果将滤液在冷水浴中迅速冷却并辅以剧烈搅拌的话，得到的是颗粒很小的晶体。一般而言，当析出的晶体越小，则其晶体的表面积越大，吸附于表面的杂质会相对较多，因此，正确的做法是：将热的滤液静置，使其缓慢地降温，即可析出均匀而相对更为纯净的结晶。如果趁热过滤时，滤液中已经有结晶析出，也可先加热使之复溶后，再缓慢冷却析晶。有时由于复杂因素影响，导致滤液当中出现油状物或者胶状物，或形成过饱和溶液，晶体无法从溶液中顺利析出。这种情况下，可用玻璃棒摩擦液面下的容器内壁，或投入“晶种”(同一物质的晶体)，促进结晶的析出。出现油状物时，应重新加热溶解至溶液澄清后，再缓慢冷却，如果仍有油状物出现时，立即剧烈搅拌，使油状物在均匀分散的条件下固化，或者重新选择合适的溶剂，以便得到晶形较好、纯度较高的结晶。

5. 结晶分离及干燥　要把结晶从母液中分离出来，常采用抽滤方式。把要抽滤的固液混合物转移到布氏漏斗内，用少量母液将贴附在容器壁上的结晶洗出并转移至漏斗内。为使溶剂尽可能抽干，在抽气的同时可用清洁的玻璃塞用力挤压晶体。当抽至无液滴滴下时，打开安全瓶活塞，关闭水泵。然后用适量(每次 3～5mL)新鲜的冷溶剂洗涤晶体，以除去晶体表面上的母液。洗涤时，边加溶剂，边用玻璃棒或刮刀轻轻翻动晶体(注意勿使滤纸松动)，当所有晶体都被溶剂浸润时，再次打开水泵进行抽滤。重复洗涤 2～3 次即可，然后用玻璃塞将结晶压实并再次抽气，以尽量除去母液。

抽滤后得到的晶体，表面可能还会吸附有少量溶剂，应根据重结晶所选用的溶剂及晶体本身的性质，选择合适的方法对所得晶体进行适当的干燥处理。

第九节　升　　华

升华是指具有较高蒸气压的固体物质，在加热到熔点以下时，不经液态直接转变为蒸气，蒸气遇冷又直接冷凝成固体的转变过程。升华是精制某些固体化合物的方法之一，但被精制的固体要有较高的蒸气压(在熔点前高于 2666Pa)，因而不是纯化固体物质的通用方法。若杂质的蒸气压与被纯化的固体化合物的蒸气压之间有显著差异时，可用升华的方法提纯，得到的产品一般具有较高的纯度，但损失也较大。特别适合纯化易潮解的固体。升华操作可在常压下进行，也可在减压的条件下进行。

1. 常压升华　将已干燥且粉碎后的待升华物质放在瓷蒸发皿中，上面盖一张钻有密集小孔的滤纸，再用一个直径小于蒸发皿的漏斗盖在滤纸上，漏斗颈用棉花疏松塞住，防止蒸气溢出，如图 2-18A。在砂浴(或其他热浴)上对蒸发皿缓缓加热，控制温度在被精制物质的熔点下，使其慢慢气化升华，蒸气通过滤纸小孔在滤纸上或漏斗壁上冷却凝结，升华完成后熄火，冷却后小心地用刮刀刮下晶体，收集后称重。能在常压下升华的有机物不多。

2. 减压升华　为加快升华速度，可选择减压升华，此法特别适用于常压下蒸气压不大或受热易分解的物质。减压升华装置见图 2-18C。

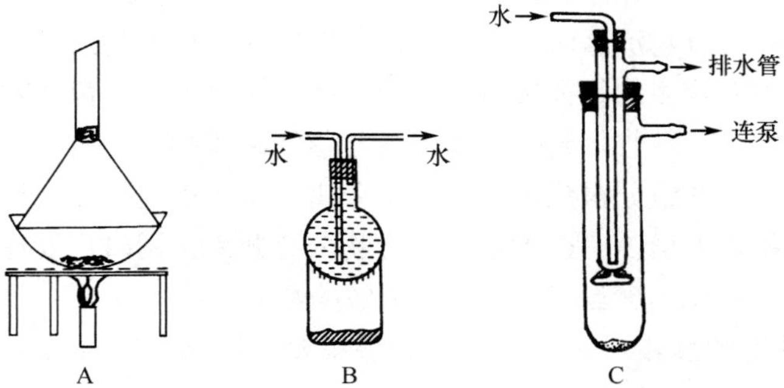

图 2-18　升华装置

A、B.常压升华装置；C.减压升华装置

第十节　蒸　　馏

蒸馏是一种纯化具有挥发性液体有机物的重要方法。它包括加热使液体有机物气化，然后再将蒸气冷却重新变成液体的两个过程。一些常见的蒸馏技术包括简单蒸馏、连续蒸馏、减压蒸馏、微量蒸馏、水蒸气蒸馏等。实际应用时，应根据被纯化物质的性质和杂质的性质不同来选择适当的蒸馏方式。

一、简 单 蒸 馏

简单蒸馏也称常压蒸馏或普通蒸馏。通过常压蒸馏可以将沸点相差 30°C 以上的两种或两种以上挥发度不同的液体分离开来，也可用于测定纯净液体有机物的沸点(常量法)。

1. 常压蒸馏原理 由于分子运动，液体分子可从其表面逸出，在液面上方形成蒸气，当分子从液体逸出的速度与分子由蒸气回到液体的速度相等时，液面上方的蒸气达到饱和，其对液面所施加的压力称为饱和蒸气压。实验证明，液体的蒸气压只与温度有关，而与液体的量无关。当液态物质受热时，其蒸气压随着温度的升高而增大，待蒸气压增大到与外界的大气压力相等时，液体呈沸腾状，此时液体的温度即为该液体的沸点。

纯净的液态物质在一定大气压力下具有一定沸点，并且沸点的温度范围(沸程)极小(1～2℃)。但液体混合物的沸程较大。故通过常压蒸馏操作可以测定纯净液态物质的沸点，也可以用来定性检测有机化合物的纯度。但应注意，具有恒定沸点的液态物质不一定都是纯净的化合物，由于某些含有两个或两个以上组分的混合物可以形成二元或三元共沸混合物，蒸馏具有一定组成的共沸混合物时，其蒸气组成与液体的组成相同，这就是恒沸现象。共沸混合物具有恒定的沸点，因此，采用常压蒸馏的方法是不能把共沸混合物中的各组分分开的。

常压蒸馏过程是先将液体混合物加热至沸，使液体气化，再将蒸气冷凝变为液体，收集一定温度范围的冷凝液在另一容器中，从而使液体混合物分离的过程。当被蒸馏的液体混合物沸腾时，低沸点、易挥发的物质首先蒸发，所以蒸气中比在液体混合物中有较多的易挥发组分，而难挥发的组分大多留在剩余的液体中，将此蒸气导出并冷却，收集到的液体组成与蒸气组成相同。所以，常压蒸馏可使原液体混合物中的各组分得到部分或完全分离。从而达到提纯的目的。常压蒸馏通常可将沸点相差大于 30 °C 的液体混合物分离开来。同时也要注意，被蒸馏物必须是耐热的，即在其沸点附近不至于分解的物质。

2. 常压蒸馏的装置 常用的蒸馏装置主要由汽化、冷凝及接收三个部分组成。采用水冷凝的简单蒸馏装置图，见图 2-19A。玻璃仪器一般由蒸馏烧瓶、温度计、直型冷凝管、接液管和锥形瓶等组成，选用时，应根据所蒸馏有机物的量进行选择，一般的实验规模是 2～100g；如蒸馏少量或微量的液体(2～10g)，应选用微量蒸馏装置(详见第九章)。若蒸馏沸点≥140℃的液体，应采用空气冷凝蒸馏装置，如图 2-19B；低沸点液体(如乙醚)的蒸馏装置见图 2-19C，边滴加原料进行反应边蒸馏的装置，如图 2-19D。

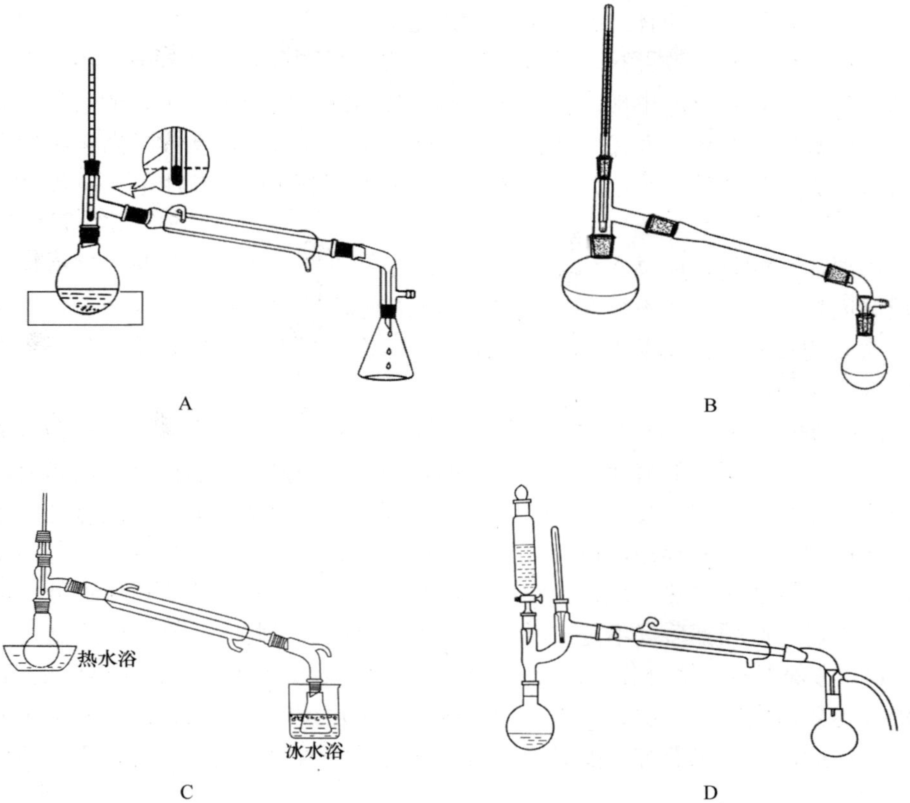

图 2-19　常见的蒸馏装置

A.水冷凝蒸馏装置；B.空气冷凝蒸馏装置；C.低沸点液体蒸馏装置；D.边滴加原料反应边蒸馏装置

蒸馏烧瓶的选用，应根据所蒸馏液体的体积决定，通常是该液体体积不超过蒸馏烧瓶容积的 2/3，也不小于 1/3。温度计通过温度计套管插入蒸馏支管中央，其中水银球上限和蒸馏支管的下限处于同一水平线上。冷凝管是凝结蒸气的装置，常压蒸馏使用直形冷凝管。根据冷凝介质的不同，直形冷凝管分为水冷和空气冷两种，蒸馏沸点高于 140℃的物质，使用空气冷凝管，而蒸馏低于此温度的物质时，则使用水冷凝。冷凝水由直形冷凝管下端支口进入，上端支口为出水口。安装好的蒸馏装置，从侧面看，接收瓶、冷凝管和圆底烧瓶的中心轴线要保持在同一平面上，不能出现装置歪斜、扭曲的现象。所有的铁夹和铁架台都应尽可能整齐地排列于仪器的后面。常压蒸馏装置应连通大气，决不可以是封闭体系，否则将会发生危险。

3. 蒸馏操作

(1) 加料：取下温度计和温度计套管，在蒸馏支管上口插入一个长颈玻璃漏斗，慢慢地将液体经漏斗倒入蒸馏烧瓶中。

(2) 加入沸石：在开始加热前一定要向被蒸馏液体中加入 1～2 粒沸石(也叫止爆剂或助沸剂)，一般使用碎瓷片或一头封闭的毛细管，也可以是小瓷环。加入沸石的目的是为了防止液体过热产生“暴沸”现象。将液体加热至沸腾时，常因不能顺利形成气化中心而致过热，此时液体达到或超过沸点的温度，但还不沸腾。过热的液体，一旦有气泡出现，往往会突然而猛烈地沸腾起来，大量的蒸气将瓶中液体携带着冲出烧瓶，即发生所谓的“暴沸”现象。沸石的微孔或毛细管中的微小的气泡，会在加热的过程中，不断放出，形成液体分子的气化中心，从而使沸腾平稳。

需要注意的是，如果在加热开始后发现未加沸石，应停止加热，待液体冷却一段时间后再补加。决不能在加热到沸腾或接近沸腾的液体中加入沸石，以免在加入沸石的过程中引发暴沸。如果中途因故停止蒸馏，需要继续蒸馏时，仍要重新加入新沸石。

(3) 加热：将温度计插好，再次检查装置是否严密。在冷凝管的夹套中通上冷凝水，并保持缓慢的流速。选用合适的热源进行加热，当瓶内液体沸腾时，调节电压控制加热速度，以蒸馏速度每秒 1～2 滴为宜。蒸馏过程中，温度计水银球上应始终保持有液滴存在，以保证气液两相平衡。如果未见液滴存在，可能是加热过猛使蒸馏瓶颈过热，这样由温度计读得的沸点会偏高，应将电压调低；或者是加热不足，则颈部蒸气不足，所读得的沸点会偏低，此时，应将电压调高。

(4) 沸程观察与馏分收集：记录蒸馏支管口开始出现第一滴馏出液时的温度，当温度达到恒定时，再次记录当时的温度，停止蒸馏前，记录最后一滴馏出液的温度。一般液体恒定蒸馏时的温度及最后一滴时的温度计读数，可视为该液体的沸程(沸点范围)。

用常压蒸馏的操作分离液体混合物时，应事先准备几个经过称量的干燥而洁净的接收瓶，记录蒸馏支管口滴出第一滴馏出液时的温度，然后每隔一定量的馏出液(如每 20 滴或 2mL 等)或一定时间(如每分钟)记录一次温度，直至温度恒定，这时可转换接收瓶收集馏分。通常把所需要的产品称为馏分(主馏分)，其沸程越小、越接近文献值，则产品的质量越好，纯度越高。如果需要接收馏分的温度范围已有规定，可按规定范围收集。随着馏分的蒸出，蒸馏烧瓶内混合液体的体积不断变少，当温度超过沸程，即可停止接收。在馏分沸程之前所收集的馏液，称为前馏分(馏头)，其沸点低于要收集组分的沸点，沸程通常较大，除易挥发杂质外，可能含有少量产品，应作为杂质弃去。有时被蒸馏的液体几乎没有前馏分，但也应将蒸馏出来的前 2～3 滴作为冲洗仪器的前馏分去掉，以保证产品质量。在馏分沸程以上的馏液称为后馏分(馏尾)，是否需要接收后馏分由具体实验决定。对于多组分蒸馏，温度范围变化较大，则可按一定的沸程，多转换几个接收瓶。第一组分蒸馏完毕后，温度上升至第二组分沸程前流出的馏液，则即是第一组分的后馏分也是第二组分的前馏分，当温度稳定在第二组分沸程时，即可更换接收瓶收集第二组分。

(5) 结束蒸馏：当蒸馏烧瓶中残留少量液体时即应停止蒸馏，绝对不要把瓶内液体蒸干。以防烧瓶过热破裂或因有过氧化物存在而发生爆炸。蒸馏完毕，应先停止加热，待瓶内液体稍冷且馏液不再继续流出时，取下接收瓶，保存好产物，然后再关掉冷却水，按安装仪器的相反顺序拆除仪器。

二、减压蒸馏

减压蒸馏也称真空蒸馏，也是分离提纯液态有机化合物的一种常用方法。主要用于分离和提纯在常压蒸馏时易氧化、分解或聚合的有机化合物，特别是对提纯沸点较高或性质较不稳定的液态有机化合物具有特别重要的意义。

1. 减压蒸馏的原理　有机化合物的沸点与压力有关。可以通过抽气减压，使蒸馏系统内维持一定的真空度，而随着蒸馏系统内压力的减小，有机化合物的沸点便降低。实验表明，许多有机化合物在压力降低到1333～2000Pa(10～15mmHg)时，可以比其在常压下的沸点降低 80～100℃。减压蒸馏前，应先从文献中查阅该化合物在所选压力下的相应沸点，如果文献中缺乏此数据，可用下述经验规律大致推算。当减压蒸馏在 1300～3330Pa 下进行时，压力每相差 133.3Pa(1mmHg)，沸点相差约 1℃。图 2-20 的压力-温度近似关系图也可以用来查找该化合物在一定压力下的沸点(近似值)。

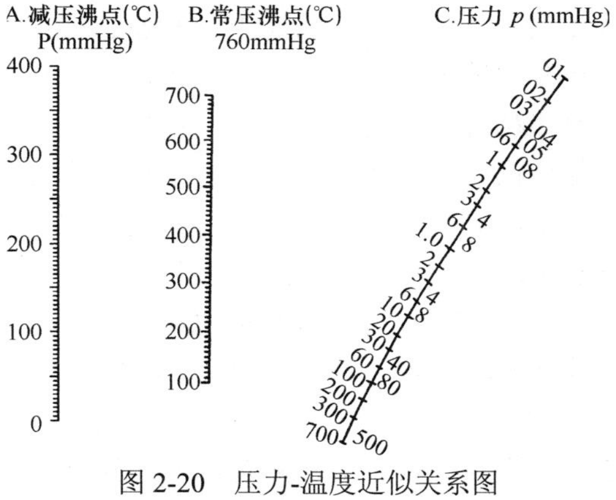

图 2-20　压力-温度近似关系图

例如，水杨酸乙酯在常压下沸点为 234℃，将其减压至 2000Pa(15mmHg)时的沸点可按下法推测。

先在图 2-20 中的 B 线上找到 234℃的点，再在 C 线上找到 2000Pa 的点，在两点之间连一条直线，该直线的延长线与 A 线的交点，即为水杨酸乙酯在该压力下的沸点，约 113℃。也可用下列公式近似的计算出给定压力下的沸点：

$$\log p = A + B / T \tag{2-4}$$

式中，p 为蒸气压；T 为沸点(绝对温度)；A 和 B 为常数。如以 log p 为纵坐标以 $1/T$ 为横坐标作图，可近似得一直线，先从二组已知的压力和温度推算出 A 与 B 的数值。再将所选择的压力代入上式就可算出被蒸馏液体的沸点。

2. 常规的减压蒸馏装置　实验室所用的减压蒸馏装置大致可分为水泵减压

蒸馏装置(图 2-21)、油泵减压蒸馏装置(详见第九章)和简易的减压蒸馏装置三类。它们都是由蒸馏装置(图 2-21 中的 A、B、C、D)、减压装置及在它们之间的保护与测压装置(图 2-21 中的 E、F、G)三部分组成。

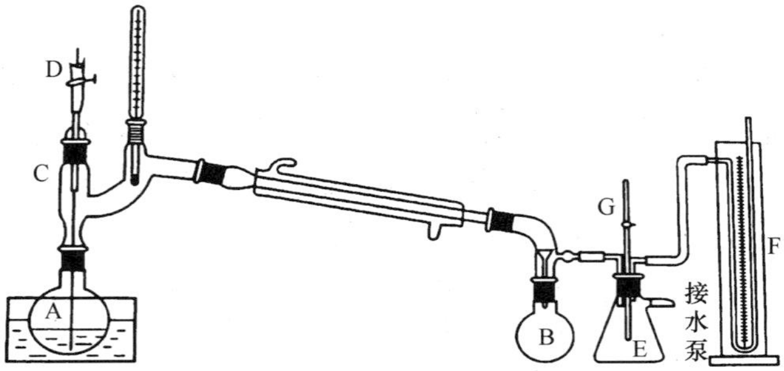

图 2-21 水泵减压蒸馏装置

(1) 蒸馏装置：这部分仪器包括蒸馏瓶、克氏蒸馏头、冷凝管、真空接液管(单尾或多尾)及接收瓶。在蒸馏烧瓶 A 上装一个克氏蒸馏头 C，能防止减压蒸馏时瓶内液体因暴沸而冲入冷凝管中。在克氏蒸馏头的侧口中插入温度计(安装要求与常压蒸馏相同)，直口中插入一根毛细管，长度恰好使其下端距瓶底 1～2mm。毛细管上端连一段带螺旋夹 D 的橡皮管，用以调节进气量，抽真空时，可使极少量的空气进入液体并呈微小气泡冒出，从而起到搅拌和汽化中心的作用，以利于蒸馏平稳的进行。毛细管要粗细合适，过粗，进入的空气太多，会把瓶内液体冲到冷凝管中，也难以降低体系的压力，达不到预期的效果。使用前，可将毛细管插入到少量丙酮或乙醚中，用洗耳球在另一端吹气进行检查，如毛细管中能冒出一连串的细小气泡，如一条细线，则毛细管合用。

蒸馏瓶和接收器 B 可用圆底、尖底或梨形烧瓶，但切勿采用平底烧瓶或锥形瓶，否则会由于受力不均导致炸裂。蒸馏时如要收集不同的馏分而又不中断蒸馏，可用两尾或多尾接液管。转动多尾接液管，可使不同馏分收集到指定的接收器中。

减压蒸馏的热浴和冷凝管应根据减压时馏出液的沸点来选用。一般使用热浴的温度应比液体沸点高 20～30℃。为使加热均匀平稳，减压蒸馏中常选用水浴或油浴加热；冷凝管常用直形冷凝管，若馏出液的温度在 50℃以下，应选用双水内冷的冷凝管，超出 140℃则应选择空气冷凝管，若被蒸馏的是低熔点固体，可不用冷凝管直接将接液管安装在克氏蒸馏头的支管上。

(2) 减压装置：目前实验室通常采用循环水多用真空泵或油泵进行抽气减压。循环水泵所能达到的最低压力，理论上为当时水温下的水蒸气压，如水温在 10℃和 25℃时，水蒸气压分别为 1227Pa(9mmHg)和 3167Pa(24mmHg)。可以满足一般的减压蒸馏要求。循环水泵避免了水的浪费，但使用一段时间后要换水，长时间使用会使水温升高，水蒸气压增高，抽气减压的效率下降。如果需要更低的压力，则应使用油泵抽气减压。好的油泵可以抽到 10～100Pa(≤1mmHg)。如果是处理对空气敏感的物质，也不宜使用水泵。

(3) 保护及测压装置：水泵减压时，应在馏液接收器 B 与水泵之间装上安全瓶 E，以防止水压下降时，水流倒吸进入蒸馏装置。安全瓶的安装见图 2-17。循环水泵自带的压力表可以用来测量减压系统内的压力。

安装时整个真空系统必须保持密封不漏气。装置中与减压系统连接的橡皮管应选用耐压的，否则减压时会因抽瘪而堵塞。

3. 简易的减压蒸馏装置　常规的减压蒸馏装置较复杂，在使用中也可根据实际情况进行简化。例如，用磁力搅拌代替毛细管，在一些半微量或微量减压蒸馏时，可将减压蒸馏装置安装在磁力搅拌器上，在磁转子的搅拌下进行减压蒸馏，也可起到保障平稳蒸馏，防止暴沸的目的。但如果被蒸馏液体易被氧化时，则必须要经毛细管导入惰性气体以防止氧化。

4. 减压蒸馏的操作　当减压蒸馏装置安装完毕，开始蒸馏之前，必须要检查装置的气密性及减压泵所能达到的最低压力。

首先，旋紧毛细管上的螺旋夹 D(图 2-21)，打开安全瓶 E 上的双通活塞 G，如果有测压计时，旋开水银测压计 F 的活塞，然后开泵抽气。逐渐关闭活塞 G，当减压至压力稳定后，将接液管与安全瓶之间的橡皮管夹住，观察测压计的读数有无变化，如果有变化，说明蒸馏部分漏气，松开橡皮管，逐一检查装置中各个塞子和橡皮管的连接是否紧密；如果还不能解决问题，说明漏气部分在保护及测压部分，可逐步向后排查。凡磨口对接处漏气，可将磨口擦净，重新用真空油脂润涂，再调整好对接角度旋至透明即可。橡皮管漏气，可更换橡皮管。密封操作应在解除真空后进行，密封后要重新开泵检漏，直至达到要求。其次可以从测压计上观察压力可否达到预期，如不能，则记录测压计的读数，从压力-温度关系图上查出该压力下液体的沸点。装置检查完毕后，缓缓打开安全瓶上的活塞 G，使系统与大气连通，待测压计缓慢复原后，才能关闭减压泵。

通过检查，如果装置完全符合要求，可以开始蒸馏。先向蒸馏瓶内加入待蒸馏的液体后，接通冷凝水，按上法开泵减压。调节螺旋夹 D，使毛细管下端有连续平稳的小气泡冒出，再小心调节安全瓶上的活塞 G 使测压计读数稳定在所需压力下。选择合适热源进行加热蒸馏，蒸馏烧瓶至少应有 2/3 浸入浴液中，但应注意不要使瓶底与热浴底部接触。待液体沸腾时，调节热源的温度，控制液体的馏出速度为每秒 1～2 滴。按要求收集馏分，如果有前馏分需要更换接收瓶时，可在到达减压沸点时旋转双尾接液管，接收馏分。

蒸馏完毕按上法先关泵后停水。蒸馏过程中，如果需要中途停止(如调换毛细管、更换接收瓶)，也应按蒸馏完毕的操作流程处理。

三、水蒸气蒸馏

除了常压蒸馏及减压蒸馏外，一些高沸点的有机物尤其是在其沸点附近容易分解的有机物，或混合物中含有大量树脂状杂质或不挥发性杂质，又或者从较多固体反应物中分离出被吸附的少量液体等情形，也可采用水蒸气蒸馏的方法进行分离。其分离效果较常压蒸馏或重结晶好。

1. 水蒸气蒸馏原理 当水和不相溶(或难溶)的化合物 B 一起存在时，由于彼此的相互影响很小，所以，它们各自具有独立的蒸气压，而不被另一种液体所影响。它们各自的分压(P_i)只与各自纯物质的饱和蒸气压(P_i^0)相等，即 $P_i= P_i^0$，与各组分的摩尔分数无关。

根据道尔顿(Dalton)分压定律，混合物的蒸气压($P_{总}$)为各组分分压之和。因此，不相溶混合物的蒸气压等于各组分蒸气压之和，即

$$P_{总} = P_A^0 + P_B^0 + \cdots P_i^0 \tag{2-5}$$

混合物的沸点是总蒸气压等于外界大气压时的温度，它比其中任一组分的沸点都要低。水蒸气蒸馏就是利用这一原理，将水蒸气通入不溶或难溶于水的有机化合物中，使该有机化合物在 100℃以下便能随水蒸气一起蒸馏出来。

水蒸气蒸馏液的组成与混合物中各组分的相对分子质量及蒸馏温度下各组分相应的饱和蒸气压有关。对于二组分混合物水和化合物 B 来说，如果它们的蒸气近似理想气体，则气相中两组分的理想气体方程分别表示为

$$P^0_{水} V_{水} = \frac{g_{水}}{M_{水}} RT \tag{2-6}$$

$$P^0_{B} V_{B} = \frac{g_{B}}{M_{B}} RT \tag{2-7}$$

式中，P^0 为纯液体蒸气压；V 为气体体积；g 为气相组分重量；M 为纯组分的相对分子质量；R 为气体常数，T 为热力学温度(K)。将式(2-6)与式(2-7)相比得到下式：

$$\frac{P^0_{B} V_{B}}{P^0_{水} V_{水}} = \frac{g_{B} M_{水} RT}{g_{水} M_{B} RT} \tag{2-8}$$

在水蒸气蒸馏的条件下，温度相等且 $V_{水}=V_B$，故上式可写成：

$$\frac{g_{B}}{g_{水}} = \frac{P^0_{B} M_{B}}{P^0_{水} M_{水}} \tag{2-9}$$

例如，常压下，苯胺和水的混合物用水蒸气蒸馏时，沸点为 98.5℃，此时，从数据手册中查得纯水和苯胺的蒸气压分别为 717mmHg 和 43mmHg，用式 2-9 可计算出馏出液中苯胺与水的重量比为

$$\frac{g_{苯胺}}{g_{水}} = \frac{93.12 \times 43}{18 \times 717} = \frac{0.31}{1}$$

即蒸出 1g 水能够带出 0.31g 苯胺，这样在馏出液中苯胺占 24%。

$$\frac{0.31}{1+0.31}=24\%$$

但实际得到的要低于理论值。因上述关系式只适用于与水互不相溶或难溶的有机物，实际上许多有机物在水中或多或少有些溶解，因此这样的计算仅为近似值。若被分离提纯的有机物在100℃以下的蒸气压为133～666.6Pa(1～5mmHg)时，则其在馏出液中的含量约占1%，甚至更低，故不适合进行水蒸气蒸馏，而要用过热水蒸气蒸馏，方能提高被分离或提纯的有机物在馏出液中的含量。

因此，使用水蒸气蒸馏法时，被分离或纯化的有机物应具备一定条件：一般不溶或难溶于水；在沸腾下与水长时间共存而不起化学反应；在100℃左右时，应具有一定的蒸气压，一般不小于1333Pa(10mmHg)。

2. 水蒸气蒸馏装置　常用的水蒸气蒸馏装置(图2-22)。由水蒸气发生器、三颈瓶、直型冷凝管和接收器组成。水蒸气发生器有铁质或铜质的，发生器内盛水占其容积的1/2～2/3，可从其侧面的玻璃水位管察看容器内的水面高度。水蒸气发生器中央的橡胶塞上插有一根长玻璃管，作为安全管，其下端接近器底，当蒸气通道受阻，器内的水会沿玻璃管上升，起到报警作用。所以，常根据管中水柱的高低，估计体系内水蒸气压力的大小。也有使用圆底烧瓶作为水蒸气发生器的。

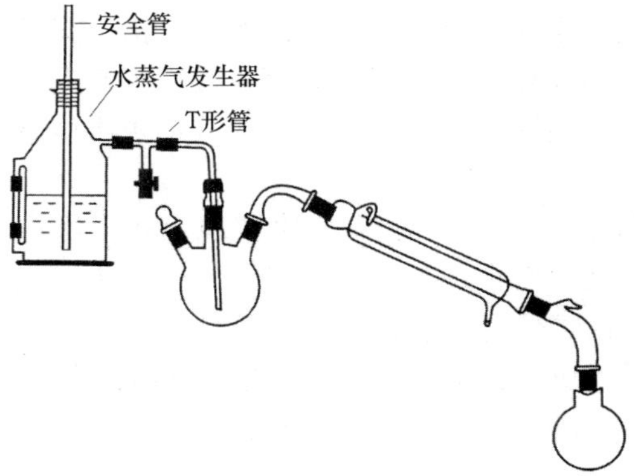

图2-22　常用水蒸气蒸馏装置

三颈瓶作为蒸馏器，内装待分离的液体混合物。三颈瓶的一口插入水蒸气导管(管下端尽可能接近瓶底，距瓶底0.5cm)，另一口用一蒸馏弯管与直形冷凝管相连，以便导出馏液。直形冷凝管依次连接接液管和接收器。三颈瓶的第三口用橡胶塞塞住，以免蒸气逃逸。水蒸气发生器的蒸气出口和三颈瓶的水蒸气导管之间用橡皮管与一个T形管相连，T形管的一个垂直支管连接夹有螺旋夹的橡皮管，可用来放掉水蒸气冷凝下来的积水。在操作过程中，如果蒸气过猛或系统内压力骤增或操作结束时，均可立即打开螺旋夹，释放蒸气，使体系迅速与大气连通。

3. 水蒸气蒸馏操作　在水蒸气发生器中加入约占容器2/3的热水，将待分离的液体混合物及水分别加入到三颈瓶中，开通冷凝水，打开T形管上的螺旋夹，加热水蒸气发生器至水沸腾。当T形管的支管口冲出大量水蒸气时，立即旋紧螺旋夹，开始蒸馏。

当蒸馏液澄清透明时，表示有机物已基本蒸出，此时，应先打开T形管夹，使体系连通大气，之后再移去热源，停止蒸馏。蒸馏过程中，如果遇到不正常情况需要中断时，也应如此操作。

第十一节 简 单 分 馏

分馏也称精馏，是分离提纯液体有机物的方法之一。其主要用于分离两种或两种以上沸点相近且混溶的液体有机物。在实验室和工业生产中被广泛应用。简单分馏只能使液体混合物得到初步的分离，而精密的分馏装置可以使沸点相差1～2℃的混合物分开。

1. 分馏的原理 分馏和蒸馏的基本原理一样，都是根据有机物的沸点不同，在蒸馏过程中低沸点的组分先被蒸出，高沸点的组分后被蒸出，从而达到分离提纯的目的。但常压蒸馏的分离效率不高，尤其是对于沸点相近的混合物，一次普通蒸馏是不能把各组分完全分开的，为了获得高纯度的产品，理论上采用多次部分汽化和多次部分冷凝的方法，即将常压蒸馏得到的馏出液，再次部分汽化冷凝，以得到纯度更高的馏出液。而将常压蒸馏剩余的混合液再次部分汽化，可以得到易挥发组分含量更低、难挥发组分含量更高的混合液。只要上面这一过程发生足够多次，就可以将两种沸点相近的溶液分离成纯度很高的易挥发组分和难挥发组分的两种产品。与常压蒸馏一样，效率再高的分馏也不能分离共沸混合物，只能以较高效率得到共沸组成。

分馏是借助分馏柱(工业上用分馏塔)来实现上述多次重复的蒸馏过程的，分馏柱的种类很多，分馏效率也不相同。分馏柱的效率主要由该柱的理论塔板数来衡量的。分馏柱中一次气化与冷凝的热力学平衡过程，相当于一次普通蒸馏所达到的理论浓缩效率或一块理论塔板。分馏柱的理论塔板数越多，分离的效果越好。通常用理论塔板当量高度(HETP)来表示分馏柱的分馏效率。它表示与一个理论塔板数所相当的分馏柱高度。在高度相同的分馏柱中，HETP值越小，分馏柱的分离效率越高。

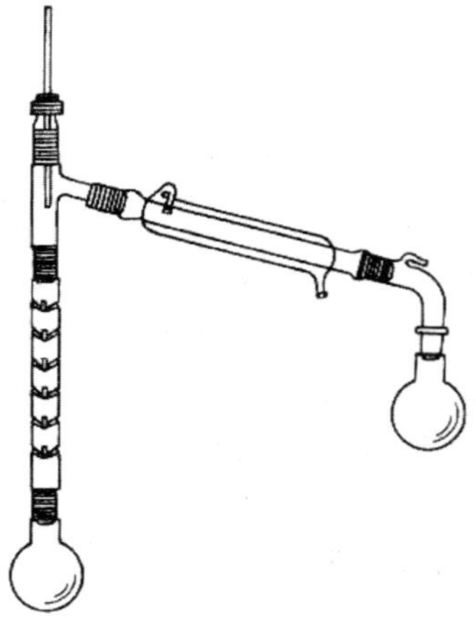

图2-23 简单分馏装置

此外，影响分馏效率的因素还有回流比、柱的保温、填料等因素。一般来说，要得到满意的分馏效果，应具备以下条件。

(1) 在分馏柱内蒸气与液体之间可以相互充分接触。

(2) 分馏柱内，自下而上，要保持一定的温度梯度。

(3) 分馏柱要有一定的高度。

(4) 混合液内各组分的沸点有一定的差距。

2. 简单分馏的装置 该装置与常压蒸馏装置类

似，不同之处是在蒸馏瓶与蒸馏支管之间加了一根分馏柱，见图 2-23。

实验室常用刺形分馏柱，也称韦氏(Vigreux)分馏柱，参见图 1-2(27)，是一根具有许多交叉分布、内凸“锯齿”的玻璃柱，其特点是：不需要填料，结构简单，易于安装和清洗，在分馏过程中残留在柱中的液体较少，但与相同柱长的管式分馏柱相比分馏效率较低。除此之外，还有一种管式分馏柱，又称赫姆帕(Hempel)分馏柱也比较常见。它是一种填充柱，即在一根玻璃管内填上惰性材料，如玻璃、陶瓷或螺旋形、马鞍形等各种形状的金属小片，以增大气液两相的接触面积，提高分馏效率。可根据实际需要进行选用，一般半微量实验多选用填充柱。

3. 简单分馏的操作　该操作与常压蒸馏大致相同。注意液体沸腾后，应调节分馏速度为每 2～3 秒 1 滴。按不同实验要求，分段接收馏分。

第十二节　色　谱　法

色谱法又称层析法，是分离、纯化及鉴定有机化合物的重要方法之一。其分离效果远比蒸馏、重结晶等一般方法好，特别适合分离、提纯少量或微量的物质及多组分混合物的分离。

色谱法的基本原理是利用混合物中各组分在某一物质中吸附或溶解性能(分配)不同，或其他亲和作用的性能差异，使混合物流经该种物质，进行反复的吸附或分配等作用，从而将各组分分开。色谱法中存在两个相：流动相和固定相，层析过程中，携带组分向前移动的物质叫流动相，具有吸附活性的固体或涂在载体表面的液体为固定相。根据组分与固定相的作用原理不同，色谱法可分为吸附色谱(利用固定相对各组分的吸附能力不同进行分离)、分配色谱(根据物质在固定相和流动相中分配系数不同进行分离)、离子交换色谱(根据不同组分与离子交换剂的亲和力不同进行分离)等。按操作条件的不同，又可分为纸色谱、柱色谱、薄层色谱、气相色谱及高效液相色谱等类型。一般来说，柱色谱主要用以分离混合物和精制化合物，薄层色谱和纸色谱主要用来分离和鉴定化合物，三者经常相辅进行，实验室常利用薄层色谱和纸色谱摸索柱色谱的条件，在柱色谱过程中，也要利用薄层色谱和纸色谱以鉴定、分析和分段收集冲洗出来的溶液中的成分。

一、薄 层 色 谱

薄层色谱又称薄层层析，常用 TLC 表示。它是一种微量、快速而简单的色谱法，兼具柱色谱和纸色谱的优点，其特点是：固定相一次使用不会被污染，样品处理较简单；应用范围广，对分离物质没有限制；流动相可选择的范围广，展开剂用量少；展开时间短；可使用腐蚀性显色剂，如浓硫酸或浓盐酸，甚至可将薄层加热到 500℃，以观察炭化斑点；同一色谱可根据被分离物质的性质选择不同显色剂或检测方法，不受单一检测器限制。

在实验室中，薄层色谱的主要用途有：作为柱色谱的向导；监控反应进程；检测其他分离纯化过程(如结晶、萃取等)；确定混合物中的组分数目；确定两个或多个样品是否为同一物；根据薄层板上各组分斑点的相对浓度可粗略地判断各组分的相对含量；迅速分离出少量纯净样品。薄层色谱法一方面适用于少量样品(几微克到几十微克，最低可达 10^{-9}g)的分离；另一方面也可以扩大薄层板的面积，加大薄层的厚度，将样品点成一条线，一次可分离出多达 500mg 的样品，而且特别适合一些挥发性较小或在较高温度下易发生变化而不能用气相色谱分析的物质。

薄层色谱常用的有吸附色谱和分配色谱两类，其中吸附薄层色谱是应用最为广泛的。本教材主要介绍吸附薄层色谱。

在色谱分离技术中，主要涉及吸附剂、洗脱剂(展开剂)和待分离样品，三者之间的关系应作为一个整体统一考虑。

1. 薄层色谱固定相的性质与选择 固定相的选用要依据待分离样品的性质。对于吸附色谱来说最常用的吸附剂有硅胶和氧化铝，而分配色谱则用硅藻土或纤维素作支持剂。它们首先必须满足两点：一是表面积大，颗粒均匀，使用中不碎裂；二是在所用的溶剂和展开剂中不能溶解，且不与待分离样品发生化学反应或分解。而薄层色谱对吸附剂的特殊要求是：具有可逆的吸附性，既可吸附样品中的组分，又易于解吸，吸附剂应有最大的选择性，也就是对各组分的吸附强度应有尽可能大的差别。表 2-4 列出一些常用的薄层色谱吸附剂。

表 2-4 常用的薄层色谱吸附剂

吸附剂的型号	黏合剂	荧光剂	特点与用途
硅胶 G(TyPe60)	煅石膏	无	T60 表示粒度孔径为 6nm
硅胶 H	无	无	分离中性和酸性物质
硅胶 GF_{254}	煅石膏	有	在 254nm 的紫外灯下呈现荧光
氧化铝 G	煅石膏	无	分离醛、酮、醌、酯及对酸碱敏感的有机物
氧化铝 HF_{254}	无	有	在 254nm 的紫外灯下呈现荧光
碱性氧化铝 H	无	无	分离胺类、生物碱及其他有机碱性物质

被吸附物质的性质，如水溶性或脂溶性、酸碱性、极性等是决定选用吸附剂的重要条件。有机化学实验中最常见的吸附剂是硅胶和氧化铝，氧化铝有酸性、中性和碱性之分，分别适用于不同的情况。硅胶略有酸性，不能用于对酸敏感的物质。在分离碱性物质时，会发生斑点拖尾或在原地不动，可在制备薄层时加入稀碱溶液使其变性或用碱性展开剂。

吸附剂的吸附能力强弱由其极性、活性和粒度等因素所决定。因大多数被吸附的样品组分都或多或少具有某种程度的极性，所以吸附剂的极性越强，吸附能力也越强。常用的吸附剂中，极性由强到弱的分别是氧化铝、硅胶、氧化镁、活性炭(非极性吸附剂)。

吸附剂颗粒大小用粒度表示，颗粒越小，总表面积越大，吸附能力也越强。活性炭因其颗粒小，总吸附能力仅次于氧化铝而高于硅胶。粒度大小用筛分颗粒的筛孔目数来表示，目数越多，颗粒越小。近年也直接用颗粒的平均直径来表示粒度大小的，以μm为单位。薄层色谱用的氧化铝或硅胶吸附剂一般以200目(约80μm)左右为宜。颗粒太大，展开时溶剂推进的速度太快，分离效果不好；过小，展开过慢，还会有拖尾而不集中的斑点，分离效果也不好。

吸附剂的活性是其含水量的一种标度。含水量越大，吸附剂的吸附能力就会下降，活性级别也越低。如硅胶的吸水量超过17%时吸附力极弱，不能起到吸附剂的作用，只能作为载体。表2-5列出了硅胶和氧化铝含水量与活性的关系。

表2-5　硅胶和氧化铝含水量与活性的关系(Brochmann法)

含水量(%)		活性级别	吸附活性
氧化铝	硅胶		
0	0	Ⅰ	强
3	5	Ⅱ	↓
6	15	Ⅲ	↓
10	25	Ⅳ	↓
15	38	Ⅴ	弱

具体哪个活性级别的分离效果最好，要通过实验来确定。一般情况最常用的是Ⅱ～Ⅲ级。实验时也可通过对吸附剂加热使其失去吸附的水，从而提高其活性，这种通过加热使吸附剂去水调整活性的过程称为活化。通常将吸附剂装在瓷盘里放进烘箱中恒温加热，活化温度和时间要根据需要而定。一般氧化铝要在200℃恒温4h，硅胶在105～110℃恒温30～60 min。活化完毕并晾冷后，从烘箱中取出放入干燥器内备用。有时样品在活性高的吸附剂中分离效果不好，也可将吸附剂放在空气中吸收一些水分调整活性，称为去活化。这也可提高分离效果。

吸附剂吸附力的强弱不仅由吸附剂决定，也取决于被吸附物质。

2. 被吸附物质结构与吸附能力的关系　一般来说，被吸附物质极性越强，其吸附能力越强。饱和烃极性弱，不能与吸附剂形成氢键，其吸附能力最小。对于单官能团化合物，极性主要由其所带的官能团所决定，一些官能团的吸附能力由大到小的大致顺序为

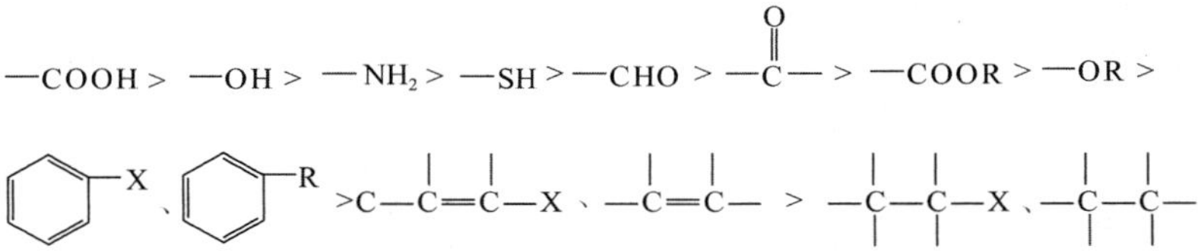

此外，被吸附物质的结构与吸附能力之间还有一些变化规律，如能形成分子内氢键的被吸附物不易被吸附；酮类物质中，烷基碳链的增长，其吸附能力降低；分子中双键数目的增多，吸附能力加强，双键共轭程度增高时，吸附能力加强；在一个相对分子质量较小的化合物中引入一个极性基团，对其吸附能力产生的影

响，较之在相对分子质量较大的分子中要大一些；分子中含多个羟基比一个羟基的吸附能力要强。以上规律只是在一些简单化合物中观察到的，对于结构较为复杂的多官能团化合物，其吸附能力要由实验来确定。

常用吸附剂吸附能力由强到弱的顺序为：氧化铝>活性炭>无水硅酸镁>硅胶>氧化钙>氧化镁。

3. 展开剂的选择 展开剂的选择是分离成败的关键，选择时首先要参考文献，无文献可参考时可先选用单一溶剂，再选择组合溶剂。展开剂的选择要满足如下几点：

(1) 在常温到沸点的温度范围内，可与被分离物质及吸附剂长期共存而不发生任何化学反应。

(2) 沸点低有利于回收。

(3) 毒性小，操作安全。

(4) 来源方便，价格低廉。

(5) 不可用回收溶剂作为最终纯化产物的展开剂(或淋洗剂)。

除此之外，展开剂的选择更重要的是要考虑其极性和对被分离物质的溶解度，还有被分离物质的极性和吸附剂的活性。当被分离物质在溶剂中有一定溶解度的情况下，凡溶剂的极性越大，在同一薄层板上对同一化合物的洗脱力也大；被分离物质的极性小，应选用极性较小的展开剂，反之亦然。一些单一溶剂的极性及在不同吸附剂中的吸附力见表 2-6。

表 2-6 常用溶剂的极性及在氧化铝和硅胶中的吸附力

溶剂种类	氧化铝吸附剂	硅胶吸附剂	极性或吸附力
乙酸	乙酸	甲醇	大
水	甲醇	乙酸	↓
甲醇	乙醇	丙酮	↓
乙醇	异丙醇	水	↓
丙酮	乙酸乙酯	乙醇	↓
乙酸乙酯	二氯甲烷	乙酸乙酯	↓
乙醚	氯仿	乙醚	↓
氯仿	乙醚	氯仿	↓
二氯甲烷	苯	苯	↓
苯	四氯化碳	四氯化碳	↓
二硫化碳	环己烷	戊烷	↓
四氯化碳	己烷	石油醚	↓
环己烷	石油醚	环己烷	↓
石油醚	戊烷		小

对于混合溶剂(二元或多元)来说，首先，溶剂之间要互溶且对被分离物质也

能溶解，一般占比较大的主要溶剂起溶解和基本的分离作用，占比较小的起调节主要溶剂的洗脱能力、改善溶剂之间的混溶作用和对某些组分的选择作用，主要溶剂应选择使用不易形成氢键的溶剂，或选择极性比被分离物质低的溶剂。此外，为便于溶剂的回收，各溶剂组分应具有较大的沸点差。一些二元混合溶剂的极性由小到大的顺序为：

苯-乙酸乙酯(1 : 1)<氯仿-乙醚(1.5 : 1)<环己烷-乙酸乙酯(1 : 4)<乙酸丁酯<氯仿-甲醇(19 : 1)<氯仿-丙酮(7 : 3)<苯-乙酸乙酯(3 : 7)<乙酸丁酯-甲醇(99 : 1)<苯-乙醚(1 : 9)<乙醚<乙醚-甲醇(99 : 1)<乙醚-二甲基甲酰胺(99 : 1)<乙酸乙酯<乙酸乙酯-甲醇(99 : 1)<苯-丙酮(1 : 1)<氯仿-甲醇(9 : 1)<二氧六环<丙酮 <甲醇<二氧六环-水(9 : 1)。

需要注意的是所有这些溶剂的极性顺序都是粗略的，实际工作中常通过实验来确定合适的展开剂，一般是在两个极性相差较大的溶剂混合并按不同比例调配，首先在非极性溶剂中加入少量极性溶剂，使混合溶剂的极性由弱到强，极性溶剂的比例由小到大，最终求得合适的比例。

一些经验规律也很有用。当被分离物质为酸性的(如含有羧基)，可在展开剂中加少量的酸类(乙酸或甲酸)；如为碱性的(如含有氨基)，则可加入少量的碱类(吡啶、二乙胺、氨水等)；被分离物质的结构中含有羰基时，在非极性溶剂中加入少量丙酮；含有羟基时，可加少量的甲醇或乙醇等。一般来说，加入的溶剂应与被分离物质的官能团相似。

选择展开剂的一个快捷的方法是在同一块薄层板上用被分离物质点几个样点，各样点间相距至少在 1cm 以上，将几种需要筛选的溶剂分别点在样点上，观察样点的扩展情况，如样点基本不随溶剂移动(图 2-24A)，或很快随溶剂移动到前沿(图 2-24B)，此溶剂不合用。如样点随溶剂移动适当距离，形成较宽的环带(图 2-24C)或形成几个不同的环带(图 2-24D)，则该溶剂可作为展开剂使用。

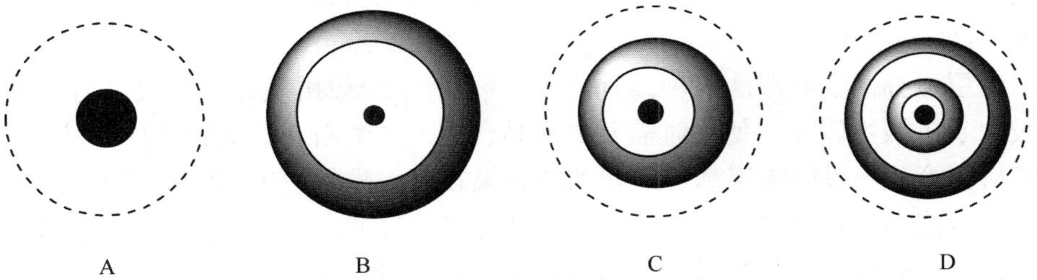

图 2-24　展开剂的选择实验

选择展开剂时，还必须注意溶剂的规格、溶剂中的杂质，如乙醇中含少量水分，氯仿中含少量乙醇都能影响其分离能力。

实际工作中，被分离物质是不能选择的，但可以通过其分子结构估计其吸附能力，再选择合适的吸附剂和展开(淋洗)剂。一般情况下，若被分离物质极性较大，或含有极性较大的基团，易被吸附而较难被洗脱，宜选用吸附力较弱的吸附剂和极性较大的展开(淋洗)剂。反之，则要选用极性较强的吸附剂和弱极性或非极性展开(淋洗)剂。表 2-7 是一些化合物适用的薄层色谱吸附剂和展开剂。

表 2-7　一些有机化合物的薄层色谱吸附剂和展开剂

化合物类型	吸附剂种类	展开剂
生物碱	硅胶	苯-乙醇(9 : 1)；氯仿-丙酮-二乙胺(5 : 4 : 1)
	氧化铝	氯仿(乙醇)(环己烷)-氯仿(3 : 7)，加 0.05%二乙胺
甾体	硅胶	氯仿-丙酮(9 : 1)；甲酸-乙酸-水(5 : 5 : 1)
	氧化铝	环己烷-乙酸乙酯(7 : 3)
多肽	硅胶 G	氯仿-甲醇或丙酮(9 : 1)
糖	硅胶 G	正丙醇-浓氨水-水(6 : 2 : 1)；正丁醇-吡啶-水(6 : 4 : 3)
	纤维素	乙酸乙酯-吡啶-水(2 : 1 : 2)
氨基酸	硅胶 G	正丁醇-乙酸-水(4 : 1 : 1)
	氧化铝	正丁醇-乙酸-水(3 : 1 : 1)；吡啶-水(1 : 1)；
胺	硅胶	乙醇(95%)-氨水(25%)(4 : 1)
	氧化铝	丙酮-庚烷(1 : 1)
	硅藻土 G	丙酮-水(99 : 1)
酚	硅胶	苯；环己烷-氯仿-二乙胺(5 : 5 : 1)
	纤维素粉	丁醇-乙酸-水(4 : 1 : 5)；苯-乙酸-水(2 : 2 : 1)
醛	硅胶	苯-石油醚(1 : 1)；苯加 5%乙酸乙酯
羧酸	硅胶	苯-甲醇-乙酸(45 : 8 : 8)

4. 薄层色谱的操作　薄层色谱的操作步骤分为制板、点样、展开、显色四个部分。

(1) 制板：在平整、洁净干燥的玻璃板上，均匀地铺上一层薄层吸附剂，也叫铺层或铺板。薄层板制备的好坏将直接影响色谱的结果。一般要求薄层要均匀，厚度在 0.25～1 mm。薄层板按是否加入黏合剂分为软板(不加黏合剂)和硬板(加黏合剂)两种。

铺层可分干法和湿法两种。干法铺层不加水，一般用氧化铝作吸附剂时使用。硅胶由于机械性较差，使用时需要加入黏合剂，如煅石灰、淀粉或羧甲基纤维素钠(CMC)等。一般以羧甲基纤维素钠的效果较好，先将羧甲基纤维素钠放在少量的水中浸泡后配成 0.5%～1%的溶液，砂芯漏斗过滤，与适量的硅胶调和均匀后即可铺层。有时也直接将吸附剂用溶剂调成糊状进行铺层，所用溶剂可以是低沸点的有机溶剂(如氯仿)也可以是蒸馏水，按每克硅胶 3mL 溶剂的比例调制。用蒸馏水作溶剂时，需要迅速在干净研钵内将吸附剂研磨成糊状。

湿法铺层有 3 种方法，利用专业器材涂布器进行铺板，适合制备大量的薄层板；浸渍法是将两块玻璃片背靠背贴紧，浸入调制好的吸附剂中，取出后分开晾干；最为简便的是平铺法，将干净的玻璃板平放在台面上，把研磨成糊状的吸附剂迅速倾倒在其上，用手托玻板微微倾斜同时轻轻敲击玻板背面，使吸附剂流动，即可获得平整均匀的薄层。

对于较大的薄层板还可采用刮平法铺制，将待铺的玻板平放在台面上，在其长的方向两边各放置一块比待铺玻板厚 1mm 的玻璃板条，将调制好的吸附剂倒在中间的玻板上，用一根有机玻璃直尺把糊状物沿一个方向刮平，待固化定型后抽去两边的玻璃板条即可。

将晾干后的硅胶薄层板放入烘箱中活化、放冷后，取出放入干燥器中备用。

(2) 点样：将被分离的物质溶解在低沸点溶剂中配成浓度为 1%～5%的溶液，最好选用与展开剂极性相似的溶剂。用一根内径＜1mm 的平口毛细管吸取样品溶液点样。点样前在铺好的薄层板上距一端 1cm 处用铅笔划一直线，作为起始线，用吸有样品的毛细管在起点线上垂直地轻触薄层板，有时因样品溶液太稀需要重复点样，应等第一次点样的溶剂挥发后再点第二次。点样时，样品量太少，有的组分不易显出；量太多(点样斑点过大)会造成拖尾、扩散等现象，影响分离效果。一般点样后斑点的直径不超过 2mm，如在同一块板上点两个以上的样点时，样点之间的距离不应小于 1cm。在空气中点样最好不超过 10min，防止硅胶在空气中受潮而降低活性。点样后，待样点上的溶剂挥发干净后，放入色谱缸中展开。

(3) 展开：由展开剂带动样点在薄层板上移动的过程称为展开。该过程需要在充满展开剂的密封器皿(展开槽)中进行，展开槽可以是专用的色谱缸，也可以用广口瓶或带胶塞的锥形瓶代替。先在展开槽中加入深 0.5～1cm 的展开剂，用滤纸贴在缸内壁，下端浸入展开剂中，盖上盖子放置 5～10min，待展开槽内的蒸气达到气液平衡时，把点好样的薄层板放入展开槽内，在不接触展开剂的情况下饱和 10min，再将薄层板点有样品的一端浸入展开剂中，并与展开槽成一定的角度，但展开剂不能浸至样品斑点以上，盖上盖子。待展开剂上升到距薄层板的顶部 1cm 处时取出，放平后立即用铅笔标记出展开剂的前沿位置，待展开剂挥发后即可进行显色。

(4) 显色：如被分离物质本身有颜色，薄层色谱展开后，可在薄层板上观察到斑点，用铅笔标记出斑点的形状与位置，以便于计算处理实验结果。但如分离和鉴定无色物质时，要经过显色操作，才能观察到斑点的位置进行计算处理。常见的显色方法有以下几种。

1) 紫外光显色法：将薄层板放在紫外灯下，如被分离物质是荧光物质，可在暗处观察到这些物质的荧光点，用铅笔标记之。如果该物质本身无荧光，可在板上喷上荧光显示剂，在紫外光下观察，也可在制板时在吸附剂中加入一些荧光指示剂，薄层板展开干燥后，放在紫外光下观察，被分离物质在亮的荧光背景上呈现出暗红色的斑点，用铅笔标记后计算处理。

2) 碘蒸气显色法：将几粒碘晶体放入密闭的容器中，碘蒸气很快充满容器，将展开挥发干后的薄层板放入其中，盖上盖子，待暗棕色的斑点明显出现时取出，立即用铅笔标记斑点的形状和位置。很多有机物(烷烃和卤烷除外)可与碘可逆的结合形成有颜色的分子络合物，但由于碘易升华，所以棕色斑点出现后要立即标记，在空气中放置会使斑点在短时间内消失。

3) 试剂显色法：使用一般的吸附剂时，可根据被分离物质的性质，采用不同的试剂进行显色。通用的显色剂有如下几种：

①0.5%碘的氯仿溶液，将热溶液喷在薄层板上待过量的碘挥发后，再喷 1%的淀粉溶液，有蓝色斑点出现；②浓硫酸与甲醇等体积小心混合后冷却备用；浓硫酸与乙酸等体积混合；15%浓硫酸正丁醇溶液；5%浓硫酸乙酸酐溶液；5%浓硫酸乙醇溶液等，这些硫酸试剂的使用，都是喷在薄层板上，放在空气中干燥 15min，并于 110℃加热，大部分有机化合物显黑色。

显色剂的选择和确定，可取被分离样品溶液一滴，点在滤纸上，再向其上滴加显色剂，观察有无色点的产生。

5. 比移值的计算与化合物的鉴定 比移值是指在薄层色谱中被分离样品点移动的距离与展开剂前沿移动距离的比值，用 R_f 表示。即

$$R_f = \frac{\text{化合物样点移动的距离}}{\text{展开剂前沿移动的距离}} \tag{2-10}$$

在实验条件固定的情况下，不同化合物 A 和 B 在薄层上按不同的速度移动，它们的位置可以用尺子来量度，从而计算出比移值。图 2-25 所示的是由 AB 两个组分组成的混合物，展开晾干后如图 2-25A 所示，样品 A 的 R_f 为 0.7，而样品 B 为 0.5。理想的 R_f 为 0.4～0.5，良好的分离在 0.15～0.75。如果 R_f 小于 0.15 或大于 0.75 则说明分离不好，要调换展开剂重新展开。

影响比移值的因素很多，例如吸附剂的粒度、酸碱性、活性等级及吸附剂铺层的厚度，展开剂的纯度、组成及挥发性及外界温度等都有关系，因此同一化合物在薄层板上重现 R_f 比较困难。在鉴定某一未知样品时，最好用已知物在同一块板上作对照。如图 2-25B 所示，C 为已知物，D、E 为未知物，展开后 C 与 D 移动的距离相同，故 C 与 D 为同一物，两者与 E 是不同的。在相同的条件下进行薄层色谱展开，样品中的两个组分比移值相同，则这两个组分可能是同一种物质，但有时还要用几种展开剂分别进行展开，若每次比移值都相同，证明两者是同一物质。也可用刮刀将斑点所在处的硅胶刮下，用洗脱剂洗脱，再用其他方法定性。

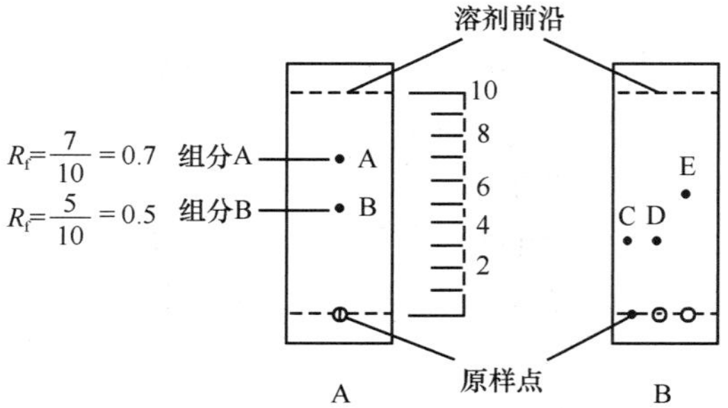

图 2-25 R_f 的计算与化合物的鉴定

二、柱　色　谱

柱色谱常用的有以氧化铝、硅胶等为吸附剂的吸附色谱和以纤维素、硅胶等为载体的分配色谱两类。以吸附柱色谱应用最广。

吸附柱色谱是将一空柱用吸附剂均匀致密地填满，将待分离的混合物样品加于柱顶，样品中各组分或强或弱被吸附于柱的上端，选取合适的溶剂(洗脱剂)自柱顶向下淋洗，样品中的各组分分子在洗脱剂中发生溶解竞争，同时在吸附剂表面也发生着吸附竞争。溶解竞争中，溶解度大的分子易进入洗脱剂中，在吸附竞争中，极性较小的、不易被吸附剂吸附的分子易被其他分子从吸附剂表面“顶替”下来进入洗脱剂中并随之一起下行，进入新的吸附和解吸溶解之竞争。但溶解度小的易于被吸附剂所吸附的分子，在洗脱剂中溶解就越少，沿洗脱剂移动的距离就越小。混合物样品中同种分子具有相同的极性和溶解度，被吸附和解吸溶解的难易相同，下行的速度也大体相同，但不同种分子则因分子结构、极性和溶解度等方面存在差异，向下洗脱的速度也不同，在经历反复多次的吸附和解吸溶解竞争后，不同组分在柱中自上而下按被吸附剂吸附能力的强弱分别形成若干色带，较易进入洗脱剂的组分较早到达柱底，分别用不同的接收瓶收集处理。也可将柱吸干，挤出吸附剂后按色带分割开，分别用适当溶剂萃取出来后各自处理，后一种方法具有溶剂消耗少，分离时间短等优点。

分离柱上不显色的化合物时，可用紫外光照射后所呈现的荧光来检查，或在洗脱过程中分别收集洗脱液，逐一加以检定。

柱色谱可用于分离克数量级的物质，而薄层色谱分离物质的量比较小，一般在毫克数量级左右。

1. 色谱柱　它是吸附柱色谱的主要器材。实验室常见的色谱柱是玻璃材质的，也有不锈钢管和塑料薄膜管。其中塑料薄膜色谱柱具有使用方便、节省洗脱剂、减少蒸发量等优点，近年应用日益广泛。任何下端拉细的玻璃管和下端带有活塞的滴定管均可作为色谱柱。活塞芯以聚四氟乙烯材质的为佳，可以避免真空油脂污染产品。下端拉细的玻璃管，应套上一小段弹性良好的聚乙烯管，并用一只螺旋夹控制流速。

色谱柱的尺寸由被分离物质的量来决定，其长径比一般在 1 : 4～1 : 50，柱身细长，分离效果好，但可分离的样品量小，洗脱较慢。若待分离的样品中各组分较难分离，一般可选用细长的柱子。若要处理大量的较易分离的物质或对分离纯度要求较低时，可选用短而粗的柱子。最常用的色谱柱长径比为 1 : 4～1 : 15，直径为 0.5～10cm。

2. 吸附剂　用于柱色谱的吸附剂有硅胶和氧化铝，但以氧化铝较为常用，因其吸附量大，用的柱小，流速快。吸附剂要经纯化和活化处理，颗粒均匀，如太粗，分离效果不好，吸附剂颗粒越小，表面积越大，吸附能力高，但洗脱速度太慢，有时甚至流不出来。一般柱色谱用的氧化铝以通过100～150目筛孔的粉末为宜，硅胶为100～160目。色谱用氧化铝有碱性、中性和酸性3种，碱性适用于胺类、生物碱及其他碱性有机物质，酸性氧化铝适用于分离有机酸性物质，中性氧化铝用途最广，适用于醛、酮、醌、酯等化合物及对酸碱敏感的其他类型的化合物。硅胶可适用于各类有机物的分离。氧化铝的活性分成五级，Ⅰ级氧化铝活性最高，常用于分离非极性有机化合物，加水可制备其他等级的氧化铝，用于分离极性稍高的有机物，硅胶一般用分离极性有机物。

吸附剂的用量一般为被分离样品的30～50倍，但对于难以分离的样品，吸附剂的量可达100倍甚至更高。

3. 洗脱剂　将被分离样品从吸附剂上洗脱下来的溶剂为洗脱剂，也叫淋洗剂。如果用溶解被分离样品的溶剂冲洗色谱柱后，不能达到分离的目的，要改用其他溶剂作为洗脱剂，一般根据被分离样品中各组分的极性、溶解度和吸附剂的活性等因素来选择。如果洗脱剂的极性远大于被分离物质的极性，则洗脱剂会被吸附剂强烈吸附，而原来被吸附的被分离样品“顶替”下来，但又不易达到样品中多组分分离的目的；如果洗脱剂的极性远小于被分离物质的极性，由于各组分被强烈吸附在吸附剂上，不能随洗脱剂流下，也达不到分离的目的。洗脱剂对被分离物质中各组分的溶解度太大，会使其过多过快的被洗脱下来，不能很好地分离；溶解度太小，会造成谱带分散，甚至不能分开。一般来说，极性溶剂用于洗脱极性化合物，非极性溶剂洗脱非极性化合物，如单一溶剂不能达到有效的分离效果，可选用混合溶剂。

色层的展开应先选用极性较小的溶剂，使最易脱附的组分分离，然后用一系列极性渐次增大的溶剂顺次洗脱，常用洗脱剂的极性按如下次序递增：

己烷和石油醚<环己烷<四氯化碳<三氯乙烯<二硫化碳<甲苯<苯<二氯甲烷<氯仿<乙醚<乙酸乙酯<丙酮<丙醇<乙醇<甲醇<水<吡啶<乙酸

洗脱剂的选择最终要由实验来确定，首先在薄层色谱板上试选，再上柱分离，如所在色带都行进较慢，则应改用极性和溶解性都较大的洗脱剂；反之，则要用极性及溶解性都较小的洗脱剂，直到获得满意的分离效果。所用洗脱剂必须纯粹和干燥，否则会影响分离效果。

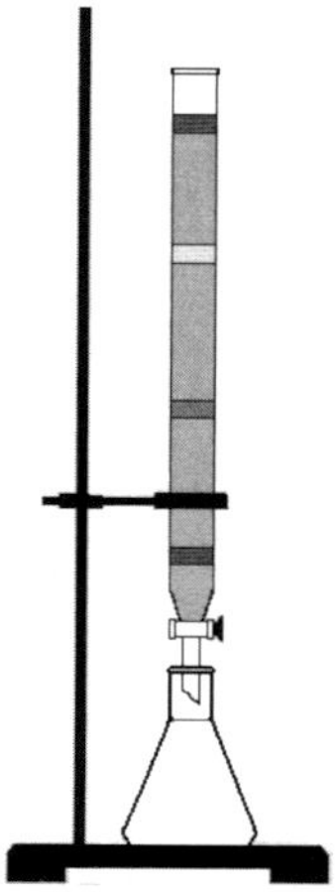
图2-26　柱色谱

4. 柱色谱的操作　柱色谱装置及过程如图2-26所示，具体操作步骤如下：

(1) 装柱：准备一支干燥而洁净的色谱管，关闭活塞。用干净的玻璃棒将少量玻璃丝或脱脂棉轻轻推入管底塞紧，再加入洁净干燥的石英砂，使之形成约0.5cm厚的砂层。装柱的方法分湿法和干法两种。湿法装柱，先在管中加入洗脱剂至其容积的1/4，用一定量的洗脱剂和吸附剂在烧杯内浸润、溶胀并调成糊状。打开管下端的活塞使洗脱剂缓慢流入锥形瓶中，将糊状物在搅拌下自管顶缓缓注入管中，并不时用套在铅笔上的橡皮塞轻敲玻璃管，使吸附剂缓慢均匀的沉入管底，加完后继续使洗脱剂流出，至吸附剂的沉降不再变动，关闭活塞。

干法装柱，管中加入洗脱剂至其容积的 3/4，打开活塞使洗脱剂缓缓流出，将所需量的吸附剂通过短颈玻璃漏斗不间断地倒入管中，同时不断敲打玻璃管，驱赶气泡，填装均匀，待吸附剂沉降完全，关闭活塞。干法装柱的缺点是易在柱中形成气泡，一般以湿法为主，特别是以硅胶作吸附剂时，因其在溶剂中有一定的溶胀，用干法装柱会有缝隙和气泡，影响分离效果。

不管是何种方法装柱，都要求吸附剂均匀地填在柱内，不得有裂缝和气泡；色谱柱的底部和顶部都应该保持平坦，否则会产生不规则色带；装柱过程中及完成后，玻璃管内吸附剂上端须始终保持一段液柱，以免影响装填效果。色谱柱装填完成后，还要在吸附剂顶部加一片直径略小于玻璃管内径的圆形滤纸，再铺上 0.5cm 厚的石英砂层。

(2) 加样：也有干法和湿法两种方法。湿法是将待分离的样品溶于尽可能少的溶剂中，该溶剂一般是展开色谱的第一洗脱剂，如有不溶性杂质应滤去。将柱中吸附剂上端的洗脱剂放出，直到柱内液体表面到达石英砂层时，关闭活塞，在柱顶沿管壁缓缓加入样品溶液，加毕，打开活塞放出洗脱剂至液面下降到石英砂层后，关闭活塞。用少量溶剂分几次洗涤沾在柱壁上的样品溶液，加样过程中切勿冲动吸附剂，加样及每一次洗涤都要从管底的活塞处放出相同数量的洗脱剂。

干法加样是将待分离样品中加入少量溶剂溶解，再加入五倍量的吸附剂拌匀后蒸发至干，使样品被吸附在吸附剂上，在加入沙层之前将其均匀平摊在柱顶端，再在其上加盖一薄层吸附剂，最后盖上滤纸片和石英砂。干法加样不适合于热敏感的化合物。

(3) 洗脱和接收：加样完成后，开始在色谱柱上端不断加入洗脱剂进行展开，待分离样品如果是有色物质，会在柱中逐渐分成若干个不同的色带，继续洗脱，当第一色带开始流出时，更换接收瓶，接收完毕后再换瓶接收空白带，依次按此法接收其他各个色带。如后面的色带下行速度太慢，也可依次使用几种极性逐渐加大的洗脱剂来洗脱。对于无色的待分离样品，一般分段收集洗出液，利用薄层色谱跟踪检定。收集时，多采用等份收集的方法。每份洗脱剂的体积随所用吸附剂的量及待分离样品的具体情况而定。一般如用 50g 吸附剂，则每份洗脱剂的体积为 50mL，如洗脱剂极性较大，或待分离样品中各组分的结构相近时，每份洗脱剂的收集量要小一些。

洗脱过程中要随时在吸附剂上端保持一定高度的液柱，注意不要使吸附剂表面的溶液流干。洗脱剂的流速不要太快，否则会影响分离效果，一般为每秒一滴。应尽量在短时间内完成一个柱色谱的分离，以免待分离样品在柱上停留时间过长，发生变化。

三、纸 色 谱

纸色谱是一种分配色谱，与薄层色谱一样可用于分析鉴定，也可用于微量样品的分离。尤其是在分离和鉴定高极性的、亲水性强的或多官能团化合物时，效果优于薄层色谱。纸色谱多用于一些天然化合物，如糖类、生物碱、氨基酸等的鉴定与分离。其优点是色谱用纸便于保存，R_f 的重现性比薄层色谱略好一些。缺点是只适用于 5～500 mg 的微量有机物质的分离和鉴定；展开耗时较长，因而使它的应用受到一定限制。

纸色谱的原理是利用混合物的组分在两种互不相溶的液体中分配情况不同而得到分离。滤纸是支持物(载体)，它本身是相对分子质量较高的多羟基化合物纤维素，具有吸附水分的作用，能够和 6%～7%的水以氢键结合，即使把滤纸烘干，也很难把水分除去。把干滤纸放在饱和的湿气之中，能吸附 20%左右的水分。纸纤维上吸附的水作为固定相，流动相是被水所饱和的与水不相混溶的有机溶剂。由于样品组分在固定相和流动相之间的分配不同，易溶于流动相的组分，随着溶剂的展开在滤纸上移动得快一些，而在固定相中溶解度大的组分移动速度相对慢一些，因而得到分离。

纸色谱的操作与薄层色谱相似，所用滤纸要求有一定的机械强度，含杂质少，薄厚均匀，无折痕，边缘整齐。在距滤纸一端 2～3cm 处用铅笔画好起始线，将样品溶于适当溶剂中，用毛细管将其点在起始线上，样点的直径不超过 0.5cm，如样品溶液过稀，可在样点干后重复点样。

纸色谱所用的展开剂是与水部分互溶的有机溶剂，挥发性不宜太大，一般不是单一的，在使用之前先用水饱和，分离氨基酸时常用的展开剂有如下几种。正丁醇∶乙酸∶水(12∶3∶5)；正丁醇∶吡啶∶水(1∶1∶1)；乙醇∶水∶浓氢氧化铵(180∶10∶10)。

第三章　有机化学实验基本操作

进行有机化学实验，离不开基本操作，不管是前期有机化合物的制备，还是后续粗产品的分离提纯乃至目标化合物的鉴定及表征，都需要熟练基本操作技能的保证。否则，不但直接影响实验结果，还有可能导致实验失败甚至造成事故。

有机化学实验的基本操作很多，一般分离提纯液体有机化合物，应用最广泛的是蒸馏，包括常压蒸馏、减压蒸馏、水蒸气蒸馏和分馏。分离提纯固体有机物常用的方法有重结晶和升华。用于鉴定和检验目标产物纯度的熔点、沸点、折射率、旋光度等物理常数的测定及色谱分离技术等。

实验1　乙醇的常压蒸馏

【实验目的】

1. 熟悉常压蒸馏的原理及意义。

2. 掌握常压蒸馏的操作要领及方法。

【实验原理】

液体在一定温度下具有一定的蒸气压，并且随着温度的升高而增大。当液体被加热，达到一定温度时，其蒸气压增大到与外界压力相等，表现为液体开始沸腾，此时的温度常被称为该液体化合物在当时气压下的沸点。由于液体的沸点与外界大气压有关，所以，表示一个化合物的沸点时，一定要说明测定沸点时的大气压，以便和文献值相比较。

蒸馏就是先将液态物质加热到沸腾变为蒸气，再将蒸气冷凝为液体，这两个过程的联合操作，也是有机化学实验室最重要的基本操作。蒸馏一般应用于以下几个方面。

1. 分离提纯液体混合物(混合物中各组分沸点相差≥30 ℃，且不能形成共沸混合物)。

2. 将挥发性液体与不挥发的杂质分离开来。

3. 回收溶剂，或通过蒸出部分溶剂达到浓缩溶液的目的。

4. 测定纯净液体有机物的沸点。

【实验内容】

在50mL圆底烧瓶中，加入30mL粗乙醇及1～2粒沸石，按图2-19A安装好装置。注意温度计水银球的位置。冷凝管应先接好通水的橡胶管再用铁夹固定在铁架台上，固定冷凝管的铁夹要在冷凝管与蒸馏支管的接口安装合适后再夹紧。检查蒸馏装置是否连通大气，各接口是否严密。

在冷凝管的夹套中通上冷凝水，用水浴或电热套进行加热，当瓶内液体沸腾时，可见蒸气逐渐上升，当蒸气顶端到达温度计水银球部位时，水银柱会快速上升。这时要调节电压或浴温以控制加热速度，以蒸馏速度每秒1～2滴为宜。蒸馏过程中，蒸馏速度不能过慢，否则会因水银球周围的蒸气短时间中断，造成温度计读数发生不规则的变动；但蒸馏速度过快也会使温度计读数不准确，应始终保持温度计上有液滴存在。液体沸腾后，记录蒸馏支管口开始出现第一滴馏出液时的温度，并每隔2min记录温度计读数的变化，直至蒸馏瓶内仅剩1～2mL 液体时，停止加热。当温度达到恒定时，更换接收瓶，接收馏分。记录前馏分、馏分及后馏分(如果有的话)的沸程，测量并记录其体积，用减重法称量出各馏分的质量。

【操作与安全】

1. 使用及安装玻璃仪器前，通常要检查仪器有无裂缝及其他缺陷，特别是要检查受热的圆底烧瓶是否有星状裂痕，以防加热时仪器可能破损而发生危险。

2. 常压蒸馏装置各磨口的连接一定要严密，否则，蒸馏时容易漏气。不仅影响产率，还污染实验环境。如果为易燃气体，还有燃烧、爆炸的危险。

3. 蒸馏过程中要随时注意接收瓶内的馏出液，防止在接液管口发生液封，形成封闭体系而产生危险。

4. 蒸馏沸点较低且易燃的液体(如乙醇、乙醚等)时，不可使用明火加热，可用水浴间接加热，否则易引起火灾。

5. 蒸馏乙醚时，除使用无焰加热器且实验室不能有明火外，还要注意蒸馏速度不可太快，以保证蒸气全部冷凝；室温较高时，要将接收瓶放在冷水(或冰水)浴中冷却，并在接液管支口处连接一根橡胶管，将未被冷凝的蒸气导入水槽或室外。

【思考与讨论】

1. 若液体具有恒定的沸点，可否判定其为纯净物？

2. 蒸馏开始后，如果忘记加沸石，应如何处理？

3. 蒸馏时，为什么要使温度计水银球的上限和蒸馏支管的下限处于同一水平线上？

实验2　呋喃甲醛的减压蒸馏

【实验目的】

1. 学习减压蒸馏的原理及其应用。

2. 掌握减压蒸馏装置的安装及操作技术。

【实验原理】

将蒸馏装置与一套减压装置相连接，在蒸馏进行前将蒸馏系统内的压力降低，则液体的沸点也随之降低。这种在较低压力下进行的蒸馏操作，就称为减压蒸馏，它可以使所蒸馏的物质在比其常压下沸点低得多的温度下蒸馏出来。

减压蒸馏时，液态物质的沸点与压力的关系可通过以下三个途径获得。

1. 从有关手册、辞典或参考书中查阅。

2. 利用压力-温度近似关系图查找。

3. 利用公式近似计算(第二章第十节式 2-4)。

呋喃甲醛为无色液体。但因其易于被氧化，所以放置时间过久会被空气氧化成棕褐色或黑色，因而要通过减压蒸馏法进行提纯。

【实验内容】

按图 2-21 安装好仪器。在磨口接头上涂少量的真空油脂并旋转至透明。毛细管下端距瓶底 2～3mm。检查装置的气密性，当装置完全合乎要求时，从克氏蒸馏头上口经长颈玻璃漏斗将 20mL 呋喃甲醛装入 50mL 蒸馏烧瓶中。

先通入冷凝水，夹紧毛细管上的螺旋夹，打开安全瓶上的活塞，开泵抽气后缓缓关闭该活塞，调节螺旋夹，使毛细管下端有连续平稳的小气泡冒出，再小心调节安全瓶上的活塞使体系内的压力稳定在 6398.4Pa(48mmHg)。之后，用水浴进行加热蒸馏。待瓶内液体沸腾时，调节浴温，控制液体的馏出速度为每秒 1～2 滴。当温度上升至 75℃时，旋转双尾接液管，收集 75～76℃的馏分。停止蒸馏时，应先撤去水浴，待蒸馏系统稍微冷却后，慢慢旋松毛细管上的螺旋夹，缓缓打开安全瓶上的活塞，使蒸馏系统与大气相连通，待系统内外压力平衡后，关泵，最后关闭冷却水。记录前馏分及馏分的沸程，测量并记录其体积，用减重法称量出各馏分的质量。

【操作与安全】

1. 减压蒸馏不能直火加热，应根据实际情况选用不同的热浴。

2. 在整个蒸馏过程中应密切注意温度计和测压计的读数，并及时记录。纯物质的沸点范围一般不超过 1～2℃，但有时也会因压力的变化，沸程会稍大一些。

3. 减压蒸馏装置中切勿使用有裂缝或薄壁不耐压的玻璃仪器，以防爆炸。

4. 减压蒸馏时，应维持浴温高于馏出液的温度 20～30℃，避免过热。

5. 呋喃甲醛沸点：161.7℃/760mmHg；75℃/48mmHg。

【思考与讨论】

1. 减压蒸馏开始时，要先开泵抽气减压然后才加热，而结束时要先移去加热装置再停止抽气，为什么？两者的顺序是否可以颠倒？

2. 具有什么性质的有机化合物需要通过减压蒸馏进行纯化？

实验3 冬青油的水蒸气蒸馏

【实验目的】

1. 掌握水蒸气蒸馏的基本原理和装置。
2. 熟悉水蒸气蒸馏的操作及应用。

【实验原理】

向难溶或几乎不溶于水的挥发性有机物的混合物中通入水蒸气，使其沸腾，有机物会与水共沸而蒸出，这个操作过程称为水蒸气蒸馏。水蒸气蒸馏是分离和精制有机化合物的重要方法之一，在很多天然产物的分离提纯中被广泛应用。

根据道尔顿分压定律，当难溶或几乎不溶于水的有机物与水一起共热时，整个体系的蒸气压等于各组分蒸气压之和，即

$$P_{总}=P_{水}+P_{A} \tag{3-1}$$

式中，$P_{总}$为体系的总蒸气压；$P_{水}$为水的蒸气压；P_{A}为有机物的蒸气压。当$P_{总}$等于外界大气压时，混合物开始沸腾，其沸点低于其中任何一个组分的沸点，这样有机物就可以在低于其沸点的温度条件下被蒸出。其在馏出液中的质量分数可以通过理想气体方程计算出来(第二章第十节式2-9)。

【实验内容】

按图2-22安装好仪器，先在水蒸气发生器中加入适量的水，再将5mL冬青油和5mL水分别加入到三颈瓶中，通入冷凝水，打开T形管的螺旋夹，加热水蒸气发生器。水沸后，观察到有大量白色蒸气从T形管支管口冲出时，立即夹紧螺旋夹，使蒸气进入三颈瓶开始蒸馏。

蒸馏过程中，控制馏出液的速度为每秒1～2滴，注意及时排出T形管里的冷凝水。当三颈瓶内的液体过多(达到瓶容积的1/2)时，可用酒精灯小火辅助加热。当馏出液澄清透明不再有油滴时，先打开T形管上的螺旋夹，后移去热源，停止蒸馏。将馏出液转移到分液漏斗中，静置，待两层液体完全分层后，进行分液操作。测量并记录分离出的冬青油体积，计算回收率。

【操作与安全】

1. 为保证沸腾平稳，应在水蒸气发生器内加入沸石助沸。

2. 蒸馏过程中，要随时注意安全管中的水柱是否正常，如水柱上升太高或液体倒吸时，要及时打开T形管上的螺旋夹使体系迅速连通大气，再撤去热源，检查并排除故障，待一切正常后再继续蒸馏。

3. 如果收集易冷凝的蒸气时，为防止固体堵塞，可将水冷凝管换成空气冷凝管，同时接收器的外面也要采取冷却措施。

4. 冬青油有一定的毒性，应避免摄入。实验结束后将其倒入指定的回收瓶中。

【思考与讨论】

1. 哪些有机物可以用水蒸气蒸馏法提纯？

2. 在100℃时，水的蒸气压为760mmHg，柠檬烯($C_{10}H_{16}$)的蒸气压为70mmHg，如果蒸馏12.6g(0.1mol)的柠檬烯，需要多少水蒸气？

3. 用酒精灯对三颈瓶进行辅助加热的前提是什么？为什么要用小火？

实验4　乙醇水混合物的分馏

【实验目的】

1. 熟悉分馏的原理及用途。

2. 学习并掌握实验室常用的分馏操作技术。

【实验原理】

分馏是用分馏柱实现“多次重复”的蒸馏过程，就是使沸腾后的混合物蒸气通过分馏柱进行多次汽化及冷凝。当混合物受热沸腾时，其蒸气首先进入分馏柱内，因柱内外存在温差，因此蒸气中高沸点组分被冷凝并流回烧瓶中，导致继续上升的蒸气中低沸点组分的含量相对增加，下降的冷凝液在回流途中与新蒸上来的蒸气相互接触，发生热交换，上升的蒸气部分冷凝放出的热量使下降的冷凝液部分汽化，同样导致低沸点组分被汽化，高沸点组分被冷凝。这样，蒸气在分馏柱中反复进行着汽化及冷凝回流的过程，相当于重复地进行着多次的简单蒸馏，只要分馏柱的效率足够高，最终会将沸点不同的物质分离出来。

【实验内容】

1. 简单分馏　在50mL圆底烧瓶中，加入95%乙醇15mL和15mL水，再加入沸石，装上韦氏分馏柱，插上温度计(图2-23)。用电热套开始加热。当液体沸腾后，注意观察第一滴馏出液进入接收瓶时的温度，待温度稳定后，调节分馏速度为每2～3秒1滴。用三个接收瓶分别接收前馏分、78～80℃、81～85℃的馏分。记录3个馏分的体积。分馏结束后，停止加热，关闭冷凝水，拆卸装置并进行清洗。

2. 结果与处理

(1) 记录每增加1mL馏出液时的温度及总体积。以温度为纵坐标，馏出液体积(mL)为横坐标，绘制分馏曲线。

(2) 将78～80℃的分馏收集液放入50mL量筒中，用酒精密度计(比重计)测出该溶液的质量百分浓度。

(3) 必要时，以81～85℃的馏分为样品，进行第二次分馏，收集78～80℃的馏分，测定并记录其体积及质量百分浓度。

【操作与安全】

1. 对分馏来说，在柱内保持一定的温度梯度是极为重要的。在理想情况下，柱温度与蒸馏瓶内液体沸腾时的温度接近。柱内自下而上温度不断降低，直至柱顶接近易挥发组分的沸点。一般情况下，柱内温度梯度的保持是通过适当的保温和调节馏出液速度来实现的。可在分馏柱的外围以石棉绳、玻璃布或其他保温材料保温。

2. 回流液体在柱内聚集称为液泛。在分馏过程中，不论使用哪种分馏柱，都应防止液泛。否则会减少液体和蒸气接触面积，或者使上升的蒸气将液体冲入冷凝管中，达不到分馏的目的。对分馏柱进行保温可以防止液泛。对于填充柱，往往由于填料装得太紧或不均匀，也会造成液泛柱，这时需要重新装柱。

3. 液泛可使柱身及填料完全被浸润，在分馏开始时，利用液泛可以充分发挥填料本身的效率。这种情形称为预液泛。所以，一般分馏时，先将电压调得稍大些，一旦液体沸腾就应注意将电压调小，当蒸气冲到柱顶还未达到温度计水银球部位时，通过控制电压使蒸气保证在柱顶全回流，这样维持 5min。再将电压调至合适的位置，此时，应控制好柱顶温度，使馏出液以每 2～3 秒 1 滴速度平稳流出。

4. 防止液泛还可通过控制回流比来实现。所谓回流比，是指单位时间内，由柱顶冷凝返回柱中液体的量与收集到馏出液的量之比，称为回流比。回流比越大，分馏效率越高。但回流比太高，则收集的馏出液量少，分馏速度慢。所以要选择适当的回流比，在实验室中一般将回流比控制在 4 : 1，即冷凝液每流回蒸馏烧瓶 4 滴，柱顶馏出液为 1 滴。

【思考与讨论】

1. 简述简单分馏与常压蒸馏的区别与联系？

2. 分馏柱的作用是什么？

实验 5 乙酸的萃取及盐析效应

【实验目的】

1. 学习并掌握萃取的原理及应用。

2. 掌握分液漏斗的使用方法。

3. 熟悉盐析效应的原理。

【实验原理】

液-液萃取也称溶剂萃取，它是分离提纯液体混合物的重要方法之一。当混合液不能用蒸馏方法分离时，可以考虑以萃取的方式进行分离。

萃取是利用物质在两种不互溶(或微溶)的溶剂中的溶解度和分配系数不同而

达到分离提纯的目的。根据分配定律，为了节省溶剂并提高萃取的效果，以一定量的溶剂一次性加入混合液中萃取的效率，不如将该溶剂分成几份进行多次萃取的效率高(第二章第六节)。

盐析是一种使水相中的有机物，沉淀或转移溶解于有机相的独特分离技术，盐析效应是影响溶剂萃取的重要因素之一。

在部分特殊的液-液萃取体系中，可以利用盐析效应实现目标成分的有效分离。例如，被萃取的有机物在水中的溶解度较大，可在水溶液中加入一定量的无机盐，降低有机物和萃取剂在水中的溶解度，从而增加有机物在萃取溶剂中的溶解度，同时还可以减少萃取溶剂在水中的损失，这种操作在实践中常常被采用，其基本原理是：由于许多有机分子均为弱极性或非极性，它们在极性溶剂水中的溶解度相对较小，当溶液中加入无机盐后，有机分子与盐水间的极性差距被进一步拉大，因而有机分子在盐水中的溶解度会进一步降低，尤其是水相被无机盐饱和后，有机分子的溶解度降至最低，因而利用盐析效应可提高萃取效果。当有机相和水相密度接近时，盐析效应还可增大水层的密度而有利于分层。有机实验中常用的盐析剂为氯化钠。

【实验内容】

1. 乙酸的萃取 取合适容积的洁净分液漏斗，对其检漏后，放在铁架台的铁环上，关闭下端活塞，经由分液漏斗上口倒入 5mL 15%的乙酸溶液和 14mL 乙醚，塞紧漏斗的顶塞并旋紧，以免漏液。之后，斜持漏斗缓缓振荡，摇动 1～2 次后，停止振摇，将分液漏斗下端的出料口倾斜向上，打开活塞放气。重复振摇、放气操作 3～4 次，直到放气时只有很少气体逸出为止。

2. 静置分液 将分液漏斗放在铁环上，其下放一 100mL 的锥形瓶，以防活塞不严漏液。静置一段时间，待两层液体完全分层后，缓缓旋转活塞，放出下层液体，收集于锥形瓶中，乙醚液从漏斗上口倒入指定的回收瓶中。

3. 水中乙酸含量的测定 向下层水溶液中加入 5mL 水，用 0.2mol/L 标准氢氧化钠溶液滴定，酚酞作指示剂，计算留在水中的乙酸含量。

4. 对比实验 另取 5mL 15%乙酸溶液，用 7mL 乙醚为溶剂，按上述方法进行萃取。分出下层水溶液，置于 50mL 烧杯中，上层的乙醚液从漏斗上口倒入回收瓶中，然后将烧杯中的乙酸溶液再倒入分液漏斗中。再次用 7mL 乙醚萃取，静置分液，将上层醚层回收，下层水溶液中加水 5mL，然后用相同浓度的氢氧化钠溶液滴定，计算乙酸留在水中的含量。比较 14mL 乙醚一次萃取和分作两次萃取的实验结果。

【操作与安全】

1. 萃取过程中，有时会形成乳浊液，尤其是碱性溶液中，常会发生乳化现象。这种情况下，萃取时更不能剧烈地振摇，而应采用缓慢旋摇的操作方式使萃取剂与混合物充分混合。

2. 使用分液漏斗应注意：分液漏斗的顶塞及活塞必须原配，不得调换；不可把涂有凡士林的分液漏斗放在烘箱内烘干；用碱液萃取后一定要洗净分液漏斗，并在塞子与磨口之间垫上纸片以免粘住。

3. 乙醚等低沸点有机物为易燃品，实验操作时应远离明火以防火灾。

【思考与讨论】

1. 一次萃取和二次萃取的结果不同，说明什么？

2. 某同学在打开漏斗下端的活塞分液时，发现漏斗内的液体无法流出，请分析原因？

3. 分液漏斗有何用途？使用时应注意哪些问题？

实验 6　乙酰苯胺的重结晶

【实验目的】

1. 掌握重结晶的原理及用途。

2. 掌握重结晶的基本步骤及操作技术。

【实验原理】

重结晶是纯化固体混合物常用的方法之一，是利用在不同温度下，被提纯物质与杂质在同一溶剂中的溶解性能的差异，将杂质分离出去，从而达到提纯目的的一种方法(详见第二章第八节)。重结晶的操作过程一般如下：①选择合适的溶剂；②在溶剂沸点附近溶解待纯化的固体混合物；③脱色，除去有色杂质；④趁热过滤，除去不溶性杂质；⑤冷却析晶；⑥过滤，除去母液；⑦洗涤，除去晶体上的附着溶液；⑧干燥结晶。

【实验内容】

称取乙酰苯胺粗品 4g 加入到 250mL 的锥形瓶中，并向其中注入 110mL 水，适当搅拌后在石棉网上加热至充分溶解。停止加热，待溶液稍冷，向热混合液中加入 0.2g 活性炭，充分搅拌后再加热至微沸，保持 5～10min。然后趁热过滤，以除去不溶性杂质及脱色后的活性炭。如果趁热过滤时，所得滤液中已经析出较多晶体，则应先加热使其复溶，并在烧杯上盖上干净的纸或表面皿，而后让其自然冷却，随后可观察到无色片状结晶(乙酰苯胺晶体)从溶液中析出。如果冷却过程中有油状物析出，一经发现，应立即用玻璃棒剧烈搅拌混合物，使油状物分散并转化为固态结晶。待晶体完全析出后，进行抽滤，并用少量(3～5mL)冷水洗涤所得晶体 2~3 次，抽干水分后，再用玻璃塞压实并抽气，以尽可能除去吸附在晶体表面的溶剂(水)。将晶体转移至洁净干燥并预称重的表面皿上，置于红外干燥灯下进行烘干处理，减重法称量产品，并计算回收率。

【操作与安全】

1. 切勿向处于沸腾的溶液中加入活性炭，否则极易引起暴沸，导致烫伤或引发火灾等危险。

2. 热过滤操作时应做到：漏斗热、溶液热、动作快。如果溶剂为易燃有机物，过滤时一定要熄灭火焰，否则有发生火灾的危险。

3. 烘干乙酰苯胺晶体时，温度不能过高，以防晶体熔融。

4. 对于重结晶后的产物，常用熔点测定法检验其纯度。

【思考与讨论】

1. 在进行重结晶实验时，应该怎样选择溶剂？

2. 在重结晶操作过程中，必须注意哪些问题才能得到产量又高，质量又好的产品？

3. 如果溶剂用量过多，造成晶体析出过少或无法析出，应如何处理？

实验 7　熔点测定及温度计的校正

【实验目的】

1. 了解熔点测定的原理及意义。

2. 掌握熔点测定的操作技术。

3. 了解利用标准化合物校正玻璃温度计的方法。

【实验原理】

熔点是指在一个大气压下，化合物固相与液相的蒸气压相等，两相平衡共存时的温度。一般而言，纯净的固态有机化合物一般都有一个固定的熔点，即在一定压力下，固、液两态之间的变化是非常敏锐的，从开始熔化(始熔)到完全熔化(全熔)的温度范围称为熔程，也称熔点距，一般不超过 0.5～1℃。如果样品中含有杂质，会使其始熔温度降低，熔程明显变长，视为熔点相对降低。

对固体有机化合物进行加热时，如温度达不到化合物的熔点，固体不熔，继续加热使温度上升到熔点，开始有少量液体出现，此后固液两相平衡。继续加热，温度不会上升，此时加热所提供的热量使固相不断转变为液相，两相间仍为平衡。直至所有固体都转变为液体后，继续加热温度才线性上升。因此要想精确测定有机化合物的熔点，则在接近熔点时，加热速度一定要慢。一般每分钟温度升高不能超过 1℃。只有这样才能使整个熔化过程尽可能接近于固液两相平衡条件。

大多数有机化合物的熔点均在 300℃以下，比较容易测定，所以，熔点是鉴定固体有机化合物的重要物理常数，通过测定熔点，可初步推断被测物质为何种化合物，也可作为有机化合物的纯度判断标准。如果测得未知物的熔点同某已知物质的熔点相同或接近时，可将该已知物与未知物以 1 : 9、1 : 1、9 : 1 这三种比例混合，再分别测定混合物的熔点，如熔点值下降(少数情况下熔点值上升)且熔程加长，表明两者为不同化合物，否则，为同一物质。

熔点测定的常用方法有毛细管法和熔点仪测定法等，其中毛细管法是最为经典，也是较为简便的方法，是国家标准中规定的测定结晶或粉末状有机试剂熔点的通用方法。实际操作中，用这种方法测定的熔点不是一个温度点，而是一个熔化范围值(熔程)，鉴于毛细管壁的热传导效率，所测数值常比真实的熔点略高。

【实验内容】

1. 仪器装置　毛细管法测熔点最常用的装置是提勒(Thiele)管，也称 b 形管(图 3-1)。管口装一个中间开孔、带有缺口的橡胶塞，作为管内热空气流的导出口，避免加热体系密闭。将温度计插入孔中，刻度向着橡胶塞的开口，使温度计的水银球位于 b 形管上下两侧管的中部位置。b 形管中装入适量液态传热介质(浴液)，高度以高出上侧管口约 1cm 左右为宜。

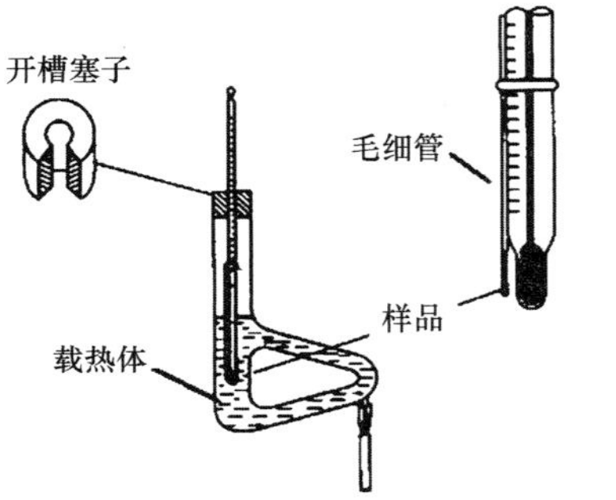

图 3-1　b 形管熔点测定装置

这种装置的优点是：当用酒精灯在图 3-1 所示位置加热时，整个 b 形管内浴液呈对流循环，b 形管竖管内的温度分布比较均匀。但是，若温度计的位置及加热速度发生变化，则会使测量的准确度受到一定的影响。

浴液可根据待测有机物的熔点大小进行适当选择，当样品的熔点在 220℃以下，则可以选用液体石蜡、浓硫酸或甘油作为浴液。若样品的熔点在 220℃以上，则可选用热稳定性优良的有机硅油为浴液。液体石蜡使用起来方便安全，但易变黄。浓硫酸易传热，但腐蚀性强，有机物与它接触易变黑，因而影响观察。白矿油是碳原子数比液状石蜡更多的烃类化合物，可加热到 280℃不变色，也是一种常用的浴液。

2. 毛细管的选择与样品的填装　通常用直径 1～1.5mm、长 60～70mm、一端封闭的毛细管作为熔点管。取少量(约 0.1g)干燥的乙酰苯胺(待测样品)置于干净的白磁板孔上，用玻璃钉将其快速充分研细，聚成小堆。将毛细管的开口一端向下插入样品粉末中，使少量粉末进入毛细管中，然后把毛细管开口端朝上，轻轻在桌面上敲击，也可将毛细管开口向上，投入到一支长 800mm 且直立在实验台上两端开口的空心玻璃管中，任毛细管自然下落，反复多次，利用重力作用使样品紧密、结实、无空隙地落在毛细管底部，填装好的样品高度达到 2～3mm 为宜。样品的研磨和填装时，操作要迅速，因为研细的样品通常更易吸潮。若测量易升华或易潮解的物质，则应将毛细管的开口端熔封。

3. 熔点的测定　将装好样品的毛细管用橡胶圈固定在温度计上，样品部分应紧靠在水银球中部，注意勿使固定用的橡胶圈触及或浸没在浴液中，以免污染浴液，同时会因橡胶圈被浴液溶胀而失去固定作用。将提勒管垂直固定于铁架台上，按前述方法装配完毕，开始加热测量，并注意如下事项。

(1) 升温速度的控制：开始加热样品时，升温速度可以较快速，待加热到距离熔点 15～20℃时，减慢加热速度，当距熔点 10℃时，应进一步放慢加热速度，最好控制在 1～2℃/min 范围内。毛细管法测定熔点过程中，升温速度的控制是精确测定熔点的关键。如果升温过快，无法保证有充分时间让热量由毛细管外传到管内，使固体及时熔化，也无法使熔化过程接近固液两相平衡条件；另一方面，样品的变化是个动态过程，观察者也无法同时观察温度计所示度数和样品的变化情况，必然会造成一定的误差，这样测得的结果可能偏高，熔程增大。

(2) 始熔与全熔的判断：在加热过程中，应注意观察毛细管内样品状态的变化情况，控制适当的加热速度，毛细管内将依次出现“发毛”、“收缩”、“液滴”、“澄清”等现象。发毛和收缩及成软质柱状物但无液化现象都不是“始熔”，只有当出现液滴(毛细管内有液相产生，出现塌落现象)时才是“始熔”。当毛细管内全部样品变为澄清液体时为“全熔”(图 3-2)。记下“始熔”与“全熔”时的温度，即为该化合物的熔程。为避免出现较大的偶然误差，测定样品熔点时，至少要有 2~3 次重复的数据，且每次测量时必须用新的毛细管填装新处理过的样品。

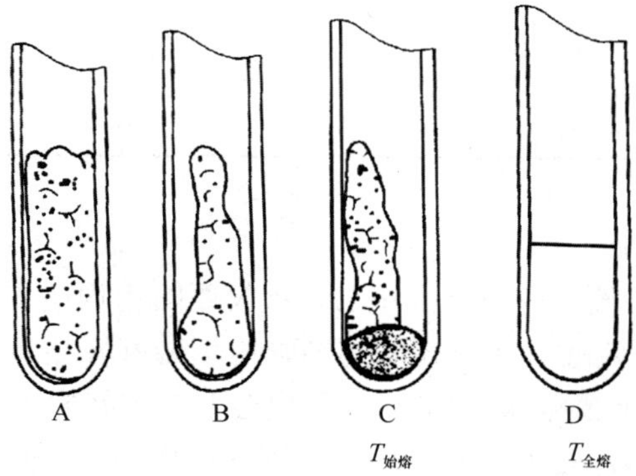

图 3-2　毛细管内样品的变化过程

A. 样品初始状态；B. 出现收缩；C. 液滴(塌落)；D. 液体澄清

如果是首次测定未知物的熔点，则须先对样品熔点粗测一次，即：稍快速加热样品，观察实验现象，粗略知道样品熔点的大致范围后，待浴液温度冷至熔点以下 30℃再进行精密测定。若连续进行数次熔点测定时，都要待浴液温度降至熔点以下 30℃后，才能再进行样品的下一次测量。

4. 温度计的校正　毛细管法测定熔点时，温度计上的熔点读数与真实熔点之间常有一定的偏差。这可能是由于温度计的误差所引起的。首先，温度计的制作质量差，如毛细孔径不均匀，刻度不准确；其次，温度计有全浸式和半浸式两种，全浸式温度计的刻度是在温度计汞线全部均匀受热的情况下刻出来的，而测熔点时仅有部分汞线受热，因而露出的汞线温度较全部受热者低；因此，需要对温度计进行校正，以确保所测数据相对准确、可靠。

温度计的校正方法有多种。可用"标准温度计"与所要校正的温度计通过热浴进行校正(比较法)；也可选用多个已知熔点的纯有机化合物(标准化合物)，测定它们的熔点，以观察到的熔点作为纵坐标，测得熔点与已知熔点的差值作为横坐标，绘成曲线，即可得到一条该温度计的校正曲线，用该温度计测量出的数据，可从其校正曲线上读出校正值(定点法)。一些标准化合物的熔点见表 3-1，校正时可以根据实际需要进行适当选择。

表 3-1　供校正温度计刻度用的化合物熔点

化合物	熔点(℃)	化合物	熔点(℃)
水-冰	0	乙酰苯胺	114
α-萘胺	50	苯甲酸	122
二苯胺	53.5	脲	132
对-硝基苯甲酸乙酯	56	水杨酸	159
苯甲酸苯酯	69	对苯二酚	170
8-羟基喹啉	76	马尿酸	187
香草醛	82	3,5-二硝基苯甲酸	205
间二硝基苯	89.5	蒽	216
α-萘酚	96	对硝基苯甲酸	239
邻苯二酚	104	酚酞	265
间苯二酚	112	蒽醌	285

【操作与安全】

1. 用浓硫酸作浴液时，应特别小心，不仅要防止灼伤皮肤，还要注意勿使样品或其他有机物触及硫酸。所以，向毛细管内填装好样品后，应将沾在管外的样品去除干净。否则，硫酸会被污染，颜色也会变深，妨碍观察。

2. 测量结束以后，要等浴液冷后方可倒回原瓶中，或回收处理。实验用温度计不能马上用冷水冲洗，否则温度计极易炸裂，可用废纸擦干净。

3. 提勒管不要用水洗。

4. 毛细管法测得的是有机化合物的熔点范围，要用始熔到全熔的温度范围来表示，如 162～163℃，不能简单地取两者的平均值。

【思考与讨论】

1. 什么叫熔点？纯物质的熔点和不纯物质的熔点有什么区别？

2. 加热的快慢为什么会影响熔点？在什么情况下加热可以快些？而在什么情况下加热则要慢些？

3. 装填样品有什么要求？对熔点测定有什么影响？

实验 8　微量法测定有机化合物沸点

【实验目的】

1. 掌握有机化合物沸点测定的原理及意义。
2. 掌握微量法测定有机化合物沸点的操作。

【实验原理】

沸点是液体有机化合物的重要物理常数之一，它在液体有机化合物的使用及分离提纯过程中具有重要意义。

液体化合物的沸点与外界压力有关，并与外界压力的改变成正比。通常所说的沸点是指液体化合物在 101.33kPa(1atm)压力下，达到沸腾状态的温度。在一定的压力下，纯净的液态化合物沸点是固定的，或者是一个温度变化范围(即沸程)，一般不超过 1℃。液体化合物不纯时，沸程会增大(共沸混合物例外)。因此，测定样品的沸点可用来鉴定液体有机化合物或判断其纯度。

液体化合物的沸点测定法分为常量法(实验 1)和微量法两种。用常量法测定液体化合物沸点时，需要的样品量在 10mL 以上，用量较大。如果仅有少量样品(甚至少到几滴)，选用微量法测定可以得到较满意的结果。

【实验内容】

1. 沸点管的准备及样品的填装　取一根内径约为 5mm 的细管，截取长约 6～8cm 的一段，将其一端封闭，作为装样品的外管。另取一根长约 8cm、内径约 1mm 且上端封闭开口向下的毛细管作为内管。分别以无水乙醇和 95%的乙醇为样品进行测定。

装样时先把外管略微温热，然后迅速地把开口一端插入待测的液体化合物中，这样利用大气压使少量液体吸入管内，然后将外管调转直立，使液体流到管底，样品高度为 6～8mm，也可用细滴管把样品(2～3 滴)装入外管内，之后插入内管，最后将外管用橡胶圈固定在温度计上(图 3-3)，像熔点测定一样，把沸点管和温度计放入熔点测定装置内测量。

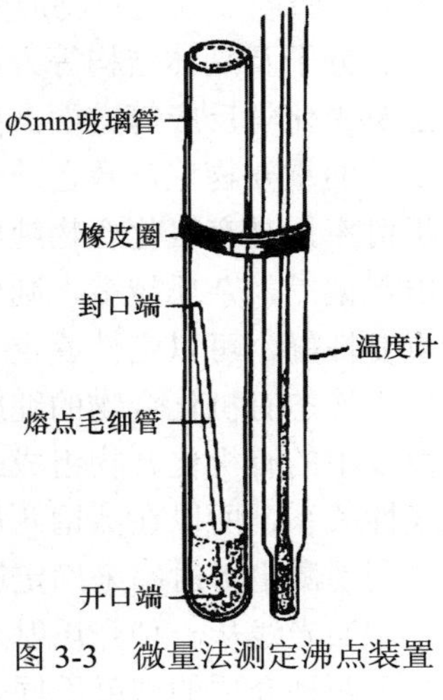

图 3-3　微量法测定沸点装置

2. 沸点的测定　对热浴装置缓慢地加热，使温度均匀地上升，当温度升高到样品沸点附近的时候，可以看到内管中有一连串的小气泡不断地逸出，此时应停止加热，让浴温自行下降，随着温度的下降，气泡逸出速度放慢，且数量逐渐减少，当最后一个气泡将要缩入内管时，则表示这时毛细管内液体的蒸气压与外界压力相等，此时的温度即为该液体的沸点，记录下这一温度。弃去沸点管中的液体，重新在其中装入样品，重复以上操作。注意：在浴温距粗测沸点10～15℃时，减缓加热速度，控制温度的上升速度在1～2℃/min的范围内，进行精确测定，可重复测定几次，几次测定的温度数据误差应在 1℃以内。

【操作与安全】

1. 热浴装置中浴液的选择及温度计的校正可参考实验 7。测定沸点时，如浴温超过样品沸点仍未观察到一连串的小气泡逸出，可能是毛细管未封闭好，应停止加热，更换毛细管后重新测定。

2. 样品量不宜过少，加热速度不宜过快，以防液体全部气化。

3. 为了测定数据的准确性，操作时观察现象要仔细、及时。

【思考与讨论】

1. 如果加热速度过快，测定出来的沸点是否正确？

2. 为什么把最后一个气泡刚欲缩回至内管的瞬间温度作为该被测样品的沸点？

3. 微量法沸点测定与常量法沸点测定的结果有何不同？

实验 9　液态有机化合物折射率的测定

【实验目的】

1. 学习液态有机化合物折射率测定的基本原理及用途。

2. 掌握液态有机化合物折射率测定的操作方法。

【实验原理】

当光与物质相互作用时，可以产生各种光学现象(如光的折射、反射、散射、透射、吸收、旋光及物质受激辐射等)，通过分析研究这些光学现象，可以提供原子、分子及晶体结构等方面的大量信息。所以，不论在物质的成分分析、结构测定及光化学反应等方面，都可以通过相应的光学测量进行分析。例如，折射率是物质的重要物理常数之一，许多纯物质不管是固体、液体还是气体都具有一定的折射率，是有机化合物纯度的标志，如果其中含有杂质则折射率将发生变化，并出现偏差，杂质越多，则偏差会越大。通过折射仪测定出的折射率，精确度高、重复性好，可以定性鉴定有机化合物，也可鉴定未知的有机化合物，尤其是可以作为液态有机化合物的纯度标准，其可靠性高于沸点。对于一些由结构相似、极性较小的有机化合物组成的混合物来说，其折射率与物质的量组成之间有简单的线性关系，所以在蒸馏两种以上的液体混合物且各组分的沸点又彼此接近时，可以利用测定折射率来确定馏分的组成并计算出组分的含量。

当光线从一种介质射入另外一种介质，且传播方向与两介质的界面不垂直时，由于两种介质的密度不同，光的传播速度也不同，且在界面处其传播方向也会发生改变，这种现象称为光的折射现象(图 3-4)折射率是指波长一定的单色光线在确定的压力、温度下，空气中的光速与被测物质中的光速之比值，或光自空气通过被测物质时的入射角正弦与折射角正弦之比(为常数)，即为该物质的折射率：

$$n = V_{空} / V_{液} = \sin\alpha / \sin\beta \qquad (3\text{-}2)$$

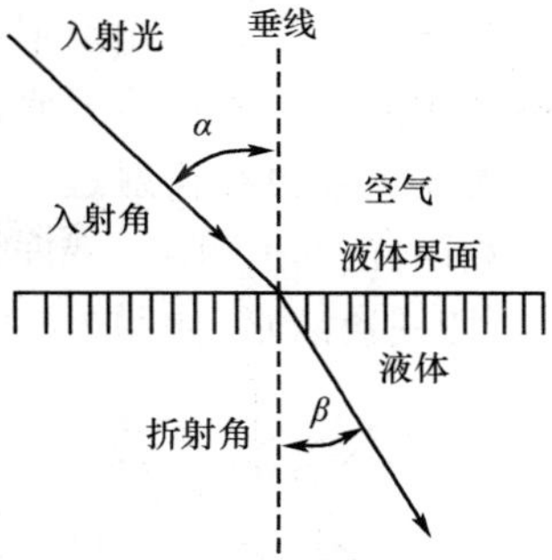

图 3-4　光线的折射现象

由折射定律可知：光从一种介质 m 进入另一种介质 M 时，入射角正弦与折射角正弦之比等于两介质的折射率 n(介质 M 的)与 N(介质 m 的)之比：

$$\sin\alpha / \sin\beta = n / N \qquad (3\text{-}3)$$

当介质 M 为真空时，N=1，n 为介质 M 的绝对折射率，即：$n=\sin\alpha / \sin\beta$

若介质 M 为空气，$N_{空气}$=1.000 27，则：

$$\sin\alpha / \sin\beta = n / N_{空气} = n / 1.00027 = n' \qquad (3\text{-}4)$$

式中，n'为介质 M 的相对折射率。通常情况下，由于 n 与 n' 数值相差很小，所以，常用 n 代替 n'，但是在高精度要求的工作中，两者应加以区别。

折射率除与物质的结构有关外，还与入射光线的波长、测定时介质的温度及压力等因素有关，通常大气压的变化对折射率影响不显著，故一般不考虑压力对其的影响。只在精密测定时才予以考虑。所以，折射率常表示为：n_{λ}^{t}

例如：n_{D}^{20} 表示以钠光(波长 5893Å)在 20℃时所测定的折射率。对于一个化合物来说，当 λ、t 均固定时，其折射率是一个常数。

光速就是光在真空的传播速度，光在任何介质中的速度均小于光速，结合光的折射定律可知，所有介质的折射率都大于 1。因为入射角>折射角，由式 3-2 可知，当入射角 α=90°时，折射角 β 最大，称为临界角(β_0)。在一定条件下，β_0 也是一个常数，它与折射率的关系为

$$n = \sin\alpha / \sin\beta = \sin 90^{\circ} / \sin\beta_0 = 1 / \sin\beta_0 \qquad (3\text{-}5)$$

所以只要测出临界角，即可求得介质的折射率。

【实验内容】

有机化学实验中，一般常用阿贝折射仪(Abbe refractometer)测定折射率。阿贝折射仪的结构如图 3-5 所示。

1. 仪器装置　阿贝折射仪主要部件是由一个望远镜和两块直角棱镜组成，上面一块是表面光滑的测量棱镜，下面是磨砂面的辅助棱镜，可开启，液体样品放入两块棱镜之间。望远镜左面是读数镜筒，内有刻度盘，其上所刻的数字分成两行，靠右边的是已计算好的折射率(量程为 1.3000～1.7000)，左边是工业上测量溶液浓度的标度(0%～95%)。右边的镜筒，是测量目镜，内装消色散棱镜，用来观察折光情况。将液体样品放入两块棱镜间并将棱镜紧压在一起，这时液体被压成

一层薄膜，当光线由反射镜射入辅助棱镜，发生漫射，以不同的入射角射入两棱镜间的液层，然后再射到测量棱镜光滑的表面上，由于棱镜的折射率很高，一部分光线可以再经折射进入空气而到达测量目镜，另一部分光线发生全反射。调节读数螺旋，使明暗的界面恰好同十字线交叉处重合，再调节读数镜的目镜进行聚焦，使视场清晰，如图 3-6 所示，这时可以进行读数。阿贝折射仪的精密度为 0.0001。

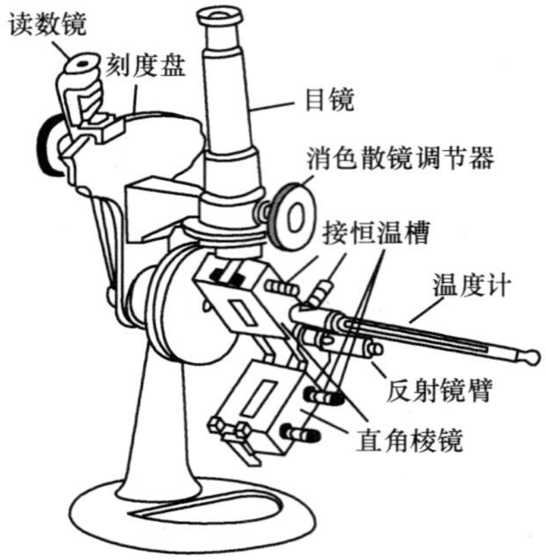

图 3-5　Abbe 折射仪

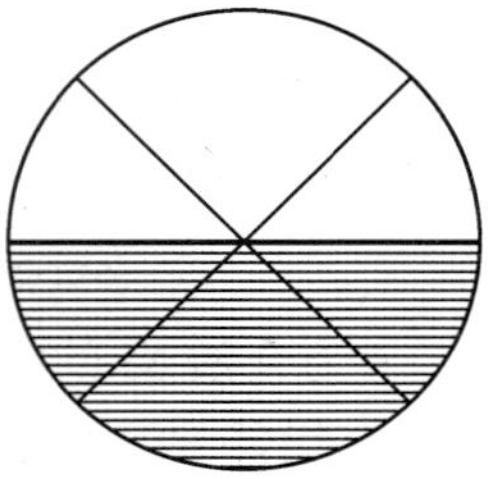
图 3-6　临界角时目镜视野图

使用阿贝折射仪时，应将其安放在光亮处，但要避免阳光的直接照射，以免液体样品受热迅速蒸发。

2. 使用方法

(1) 加样：用超级恒温槽将恒温水通入棱镜夹套内，检查棱镜上温度计的读数是否符合要求[一般选用(20.0±0.1)℃或(25.0±0.1)℃的温度计]。旋开测量棱镜和辅助棱镜的闭合旋钮，使辅助棱镜的磨砂斜面处于水平位置，若棱镜表面不清洁，可滴加少量丙酮、乙醇或乙醚润洗上下两镜面，用擦镜纸顺单一方向轻擦镜面(不可来回擦)。待镜面洗净干燥后，用滴管滴加数滴试样于辅助棱镜的毛镜面上，迅速合上辅助棱镜，旋紧闭合旋钮。如液体易挥发，动作要迅速，或先将两棱镜闭合，然后用滴管从加液孔中注入试样(注意切勿将滴管折断在孔内)。

(2) 调光：转动镜筒使之垂直，调节反射镜使入射光进入棱镜，同时调节目镜的焦距，使目镜中十字线清晰明亮。调节消色散补偿器使目镜中彩色光带消失，视野中只有黑白两色存在，明暗界线清晰。再调节读数螺旋，使明暗的界面恰好同“十”字线交叉处重合。

(3) 读数：从读数望远镜中读出刻度盘上的折射率数值，记录对应的测试环境温度。常用的阿贝折射仪可读至小数点后的第四位，为了使读数准确，一般应将试样重复测量三次，每次相差不能超过 0.0002，然后取平均值。

(4) 校正：长期使用的折射仪，刻度盘的标尺零点可能会移动，需要加以校正。方法是按上法测定纯水的平均折射率再与纯水的标准值(n_D^{20}=1.332 99)比较，标准值与测定值之间的差值就是仪器的校正值。一般来说，校正值很小，若数值太大时，必须借助专用工具重新调校整个仪器。

【操作与安全】

1. 测定时，如果在目镜中看不到半明半暗，而是畸形的，这可能是因为棱镜间未充满液体。但若液体的折射率不在 1.3000～1.7000 的量程范围内，则不能用阿贝折射仪测定，也调不到明暗界线。

2. 试样不宜加得太多，一般只需 2～3 滴即可充满棱镜间隙。

3. 不要使折射仪暴晒于阳光下，也不可在较高温度下使用。

4. 注意保护棱镜，操作时严禁油手或汗手触及光学零件，在滴加液体样品时，滴管的末端切不可触及棱镜，以免在镜面上造成刻痕。

5. 避免使用对棱镜、金属保温套及其间的胶合剂有腐蚀或溶解作用的液体。

6. 仪器使用完毕后，应清洁仪器，如果光学零件表面有灰尘，可用高级鹿皮或脱脂棉轻擦后，再用洗耳球吹去。如有油污，可用脱脂棉蘸少许汽油轻擦后再用乙醚擦干净。

7. 用毕后将仪器放入有干燥剂的箱内，放置于干燥、空气流通的室内，防止仪器受潮。

8. 搬动仪器时应避免强烈振动和撞击，防止光学零件损伤而影响精度。

【思考与讨论】

1. 测定有机化合物折射率的意义何在？

2. 某同学用阿贝折射仪测量一液体样品时，加样后转动棱镜调节旋钮，却无法在目镜中看到半明半暗图像，是何原因？

实验 10　旋光性物质的旋光度测定

【实验目的】

1. 掌握旋光度的测定原理及意义。

2. 学习旋光度的测定及比旋光度的计算方法。

【实验原理】

比旋光度是光学活性物质的特征物理常数之一，不同结构的光学活性物质旋光度不同。所以，通过测定样品的旋光度，可以定性分析物质的光学活性，也可分析其浓度、纯度和含量。

旋光性是指手性物质使平面偏振光的振动面发生偏转的性质。具有旋光性的物质称为旋光性物质或光学活性物质，当平面偏振光通过具有光学活性的物质时，因光学活性物质的旋光作用，使入射的平面偏振光的振动面发生一定角度 α 的旋转，该旋转角度 α 被称为旋光度。当光学活性物质使平面偏振光的振动面向顺时针方向旋转，则通常将该手性物质称为右旋体，用(+)表示。反之为左旋体，用(–)

表示。测定光学活性物质旋光度的仪器叫旋光仪，其基本工作原理见图 3-7。

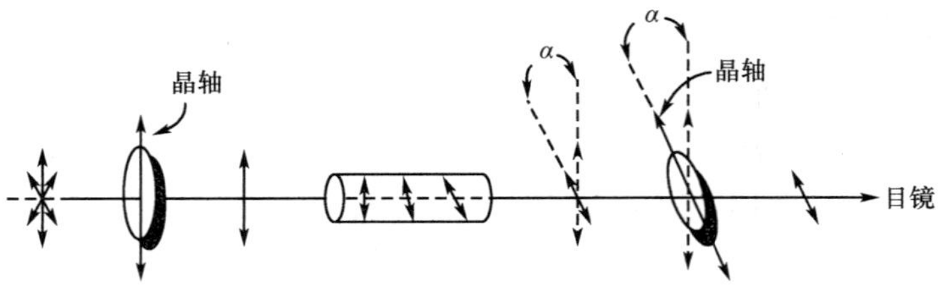

图 3-7 旋光仪结构示意图

自然光可以在空间任何可能的平面上振动。如果使自然光通过一个尼科尔(Nicol)棱镜，则会得到一种只在某一平面上振动的光线，称为平面偏振光。将两个尼科尔棱镜平行放置，当自然光通过第一个棱镜时，产生平面偏振光，它可顺利通过第二个尼科尔棱镜。在两个棱镜之间放置一个盛有光学活性物质的管子(旋光管)时，因物质的旋光性导致偏振光发生偏转，所以不能通过第二个棱镜。但是，如果将第二个棱镜旋转到一定的角度后，则发生偏转的偏振光可以通过，配合调节检偏镜进行配光，此时在刻度盘上读出的读数即为该物质在此浓度时的旋光度。

就某一个确定结构的化合物而言，不同批次实验中所观察到的旋光度并不是一个恒定值，因为其溶液的浓度、溶剂类型、温度、旋光管长度及测试所用光源的波长等都影响旋光度值 α 的大小。因此，实际工作中常采用比旋光度$[\alpha]^t_\lambda$来表示物质的旋光性。

$$纯液体的比旋光度=[\alpha]^t_\lambda=\frac{\alpha}{1\times d} \tag{3-6}$$

$$溶液的比旋光度=[\alpha]^t_\lambda=\frac{\alpha}{l\cdot c}\times 100\% \tag{3-7}$$

式中，$[\alpha]^t_\lambda$表示旋光性物质在温度为 t，光源的波长为 λ 时的比旋光度，当采用钠光灯时(λ 为 589.3nm)，用$[\alpha]^t_D$表示；t 为测定时的温度；d 为密度，g/cm^3；λ 为光源的光波长；α 为标尺盘转动角度的读数(旋光度)；l 为旋光管的长度，dm；c 为质量浓度(100mL 溶液中所含样品的克数)。

【实验内容】

1. 旋光仪零点的校正 在样品测定之前，需要对旋光仪的零点进行校正。具体方法为：洗净样品管并将其竖立，装入蒸馏水，使液面刚凸出管口，将玻璃盖沿管口边缘轻轻平推盖好，不要带入气泡(如有气泡，可倾斜样品管，让气泡浮在凸颈处)，管内也不能有空隙，否则会影响测定结果。然后旋上螺丝帽盖，使之不漏水，但也不能旋得过紧，否则会使玻璃盖产生扭力变形或损坏。擦干样品管，放入旋光仪内(注意样品管的位置和方向)，盖上箱盖，打开钠光灯先预热 5～10min，待发光正常后将标尺盘旋钮在零点左右略微旋动，观察视场亮度是否一致(视场呈不太亮的几近均匀的黄色光斑)，如不一致，即表示有一定误差，转动粗动、微动手轮，直到视场明暗程度一致(零度视场)，记下刻度盘读数，至少重复 5 次，取平均值，即为零点校正读数。在测定样品时，应从读数中减去此零点值。如果几次测定的零点值相差太大时，要重新校正。

2. 旋光仪的目镜视场　常见旋光仪的视场分为三个部分(图 3-8)，当检偏镜的晶轴与通过棱镜的光的偏振面平行时，通过目镜可看到图 3-8A 中所示(中间亮，两旁暗)；当检偏镜的晶轴与起偏镜的晶轴平行时，在目镜中可看到图 3-8B 所示(中间暗，两旁亮)；只有当整个视场的亮度一致，偏暗看不出明显的界线时，即为零度视场，见图 3-8C。

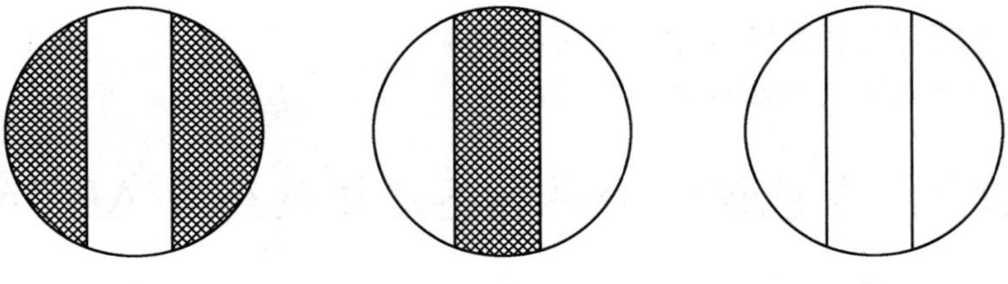

图 3-8　旋光仪目镜视场图

3. 旋光仪的读数　旋光仪的刻度盘分出两个分别标示 0º～180º 的半圆，并有固定的游标分为 20 等分，相当于把刻度盘 19 等分。读数时，应先看游标的 0 刻度落在刻度盘上的位置，记下整数值，如图 3-9 中整数为 9，再根据游标尺与主刻度盘上重合的位置，读出游标尺上的数值，记为小数，可以读到两位小数，图 3-9 中为 0.30，故最后读数为 α=9.30º。

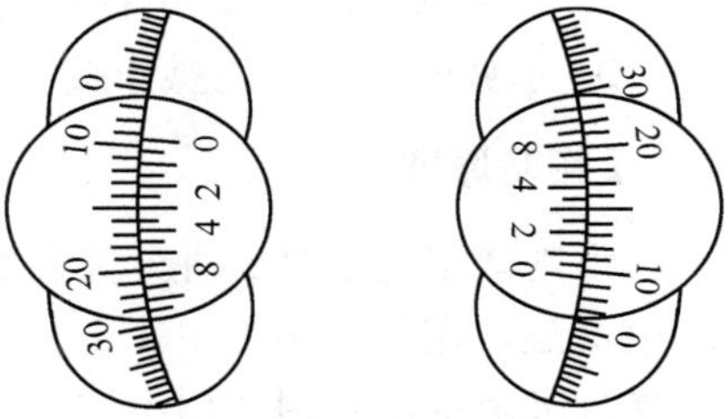

图 3-9　旋光仪读数示意图

4. 样品的测定

(1) 已知浓度葡萄糖溶液的旋光度测定：准确称量(10.000±0.003)g 葡萄糖晶体在 100mL 容量瓶中配成溶液。测定前先取少量溶液润洗旋光管两次，然后将葡萄糖溶液装入样品管中进行测量，每隔 2min 测定一次旋光度，并记录读数，观察葡萄糖溶液的变旋现象，最后读取 5 次以上稳定的读数，取平均值。记下样品管长度及溶液的温度，计算葡萄糖的比旋光度。

(2) 未知浓度葡萄糖溶液的旋光度测定：样品管先用蒸馏水洗净，再以少量待测溶液润洗两次，按上法测定其旋光度。根据有关公式计算该溶液的浓度。

【操作与安全】

1. 样品测定前应以溶剂做空白校正，测定后再校正一次，以确定测定时零点有无变动；如果第二次校正时发现零点有变动，应重新测定旋光度。

2. 未知浓度的葡萄糖溶液至少要提前 6 h 配制。

3. 待测样品溶液应是透明且无机械杂质的，否则要过滤并弃去初滤液。

4. 仪器的保养应注意以下几点。

(1) 所有镜片不能用手擦拭，可用柔软绒布揩擦。

(2) 仪器连续使用时间一般不宜超过 4 h，若使用时间过长，应熄灯 10～15min，待灯冷却后再继续使用，否则会影响灯的使用寿命。

(3) 样品管用完后要及时将里面的溶液倒出，并用蒸馏水清洗干净，擦干放好。

【思考与讨论】

1. 已知葡萄糖在水中的比旋光度为+52.5°，将某葡萄糖溶液放在 1dm 长的样品管中，在 20℃时测得其旋光度为+2.8°，此葡萄糖溶液的浓度是多少？

2. 旋光度与比旋光度有什么不同？

3. 影响旋光度的因素有哪些？

实验 11　薄层色谱法分离和鉴定镇痛药片 APC 的组分

【实验目的】

1. 学习薄层色谱的原理及薄层色谱板的铺制。

2. 了解从 APC 药片中提取有效成分的方法。

3. 掌握薄层色谱的操作技术及比移值的计算方法。

【实验原理】

吸附薄层色谱是一种分离和鉴定化合物的有效方法，也是应用最为广泛的薄层色谱法。在色谱过程中，主要发生的是物理吸附。由于化合物的结构不同，所以受到吸附剂的吸附作用不同，在展开剂中的溶解度也不相同，因而可以利用不同化合物在吸附剂和展开剂之间分布情况不同而得到分离。当固体吸附剂与含有 AB 两种组分的溶液接触时，其可吸附溶剂分子，也可吸附溶质 A 和 B，尽管两者的吸附量不同，用极性稍大的展开剂进行色谱分离时，展开剂会替代溶质 A 和 B 的位置，被吸附剂吸附，溶质 A 和 B 被展开剂溶解(解吸)并随展开剂向前移动，当遇到新的吸附剂时，溶质 A 和 B 及展开剂又被部分吸附，再被不断移动上来的展开剂解吸，由于色谱过程中，展开剂是不断供给的，所以处于原点上的溶质 A 和 B 被不断的解吸，并重复解吸-吸附-解吸-吸附这样的交替过程，溶质 A 和 B 在经历了无数次这样的过程后移动了一定的距离。因溶质 A 和 B 对吸附剂有不同的亲和力，所以随展开剂移动的快慢不同，吸附力弱的组分随展开剂迅速向前移动，吸附力强的组分滞留在后，各组分的移动速率不同，最终会在薄层色谱上分离，并形成不同的比移值。除了分离之外，薄层色谱还可通过与已知结构化合物相比较，来鉴定少量有机混合物的组成。

APC 是一种普通的镇痛药，一般是由几种药物组成的混合物，大多含有阿司匹林、非那西汀、咖啡因和其他成分。这些化合物是无色的，要通过紫外灯显色或碘熏显色，并与纯组分的比移值进行比较来加以鉴定。

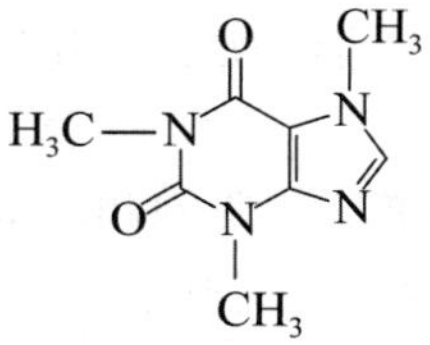

咖啡因

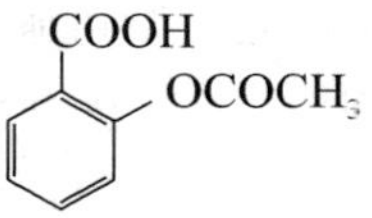

阿司匹林

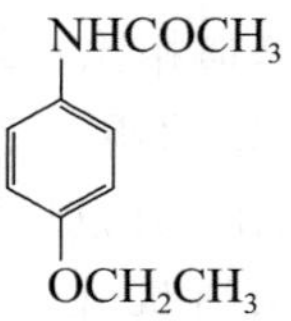

非那西汀

【实验内容】

1. 薄层板的制备　取 10cm×4cm 的玻璃片 4 块，洗净晾干。在 50mL 烧杯中，加入 3g 硅胶 G，逐渐加入 0.5%的羧甲基纤维素水溶液 8mL，将其调成均匀的糊状，并用滴管吸取此糊状物，均匀地铺在 4 块玻璃片上，用手将带浆的玻璃片在桌面上做上下轻微颠动，不时转动方向，制成薄厚均匀，表面平整的薄层板，在室温下放置晾干(30min)后，再将铺好的薄层板放入烘箱中，缓慢升温至 110℃，恒温 30min，冷却后取出，置干燥器中备用。

2. 样品的准备　取镇痛药 APC 一片，用不锈钢铲(勺)研成粉末状，将一支滴管的细口处用少许棉花塞住，将粉末状 APC 加入其中并堆成柱状，用另一支滴管将 5mL 95%的乙醇从第一支滴管的上口滴入，将经柱状镇痛药粉流出的萃取液收集于小试管中。

3. 点样　取 3 块制好的薄层板，分别在距一端 1cm 处用铅笔轻画一条横线为起始点。用毛细管在每块板的起始点上点两个样点，其中一个样点为镇痛药萃取液，另一个样点为 2%的标准品溶液。3 个标准品溶液分别由阿司匹林、非那西汀及咖啡因与 95%乙醇配制而成。样点间相距 1 ～1.5cm，控制样点直径在 2mm 以内。如样点颜色较浅，可重复点样，但要等前次样点干燥后才可进行。

4. 展开　在 250mL 的广口瓶中加入由 5mL 无水乙醚、2mL 二氯甲烷和 7 滴冰乙酸组成的展开剂，将样点干燥后的薄层板小心的放入其中，薄层板点样一端浸入展开剂中 0.5cm，盖好瓶塞。观察展开剂前沿，当其上升至距板上端约 1cm 处时取出，迅速用铅笔在展开剂上升的前沿处画线标记。

5. 显色　将干后的薄层板放入紫外分析仪中，由于 APC 药片中的三种主要成分都是荧光物质，所以可在薄层板上清晰地看到展开得到的粉红色斑点，用铅笔将其标记出来。

6. 结果与处理

(1) 按式 2-10 计算每个样点的 R_f 值，并将未知物与标准品进行比较。

(2) 将以上薄层板放入有几粒碘结晶的广口瓶内，盖上瓶盖，直到薄层板上能观察到明显的暗棕色斑点时取出，立即用铅笔标出显色斑点的位置，与之前在紫外分析仪下用铅笔画出的记号进行比较。

【操作与安全】

1. APC 药片中的几种主要成分在给定条件下的参考 R_f 值分别为：阿司匹林(0.36)；非那西汀(0.25)；咖啡因(0.17)；扑热息痛(0.06)；水杨酰胺(0.46)。如测定值与参考值相比，误差在±20%以内，则可确定为同一化合物，如误差超过±20%，则需适当增加展开剂中乙酸的比例，重新点样测定。

2. 用展开剂展开操作时，为使广口瓶内完全被展开剂蒸气所饱和，可在瓶内壁贴一张高 5cm，周长为瓶内壁周长 4/5 的滤纸，其下端浸入展开剂内约 0.5cm。

3. 制备薄层板的过程中，研磨糊状物和涂铺薄层板时，动作都要尽可能迅速，以防糊状物结成团块状无法涂铺或涂铺不均匀，一般研磨糊状物需在 1min 左右完成，涂铺过程最多在十几分钟内完成。

4. 一块薄层板只能用一种溶剂或混合溶剂展开，而柱色谱可以梯度洗脱。

【思考与讨论】

1. 什么是 R_f 值？哪些因素影响 R_f 值的大小？

2. 点样斑点过大会有什么后果？

3. 在混合物薄层色谱中，如何判定各组分在薄层板上的位置？

第四章　有机化合物的基本制备

有机化合物的制备实验是有机化学实验的重要组成部分。从有机化合物的类型来看，有机化合物的基本制备部分包括：烃类、卤代烃、醇、醚、酮、羧酸及其衍生物、偶氮化合物及杂环化合物等的合成原理及方法；从制备实验所涉及的操作技能来看，本部分内容基本涵盖了各种回流技术、洗涤及萃取、蒸馏及简单分馏、重结晶等主要有机合成的基本操作，可以为后续综合性实验的学习奠定基础。

实验 12　环己烯的制备

【实验背景】

烯烃是有机化学工业的重要原料。相对分子质量较小的烯烃，在工业上主要是由石油裂解得到，有时也利用醇在分子筛或氧化铝的存在下，经高温(350～400℃)加热脱水的方法制取。烯烃的实验室制法主要是通过消除反应来进行，如卤代烷在碱的作用下脱卤化氢及醇在酸的催化下脱水均可制得烯烃。消除反应的活性与卤代烷或醇的结构有关，反应速率为：叔醇(叔卤烷)＞仲醇(仲卤烷)＞伯醇(伯卤烷)。消除反应的方向符合 Saytzeff(扎依采夫)规则，主要生成双键碳原子上连有较多取代基的烯烃。

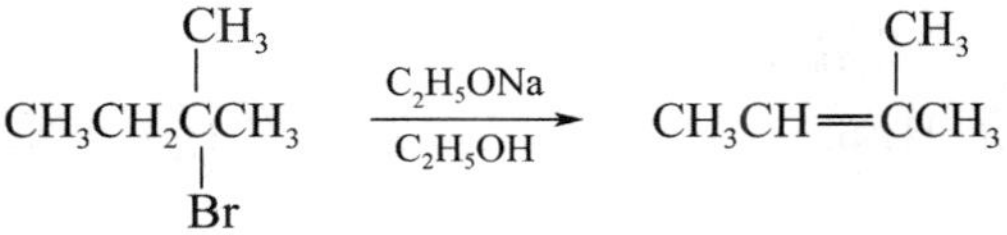

环己烯又名四氢化苯，是一种重要的化工原料，可广泛用于有机合成，在化工生产、制药工业及石油工业都有着广泛的应用前景。目前工业上生产环己烯是以浓硫酸为催化剂将环己醇脱水而成。

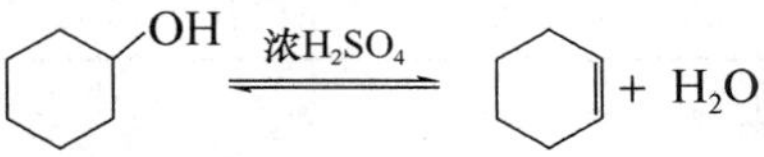

该反应机制为 E1 消除，有碳正离子中间体生成：

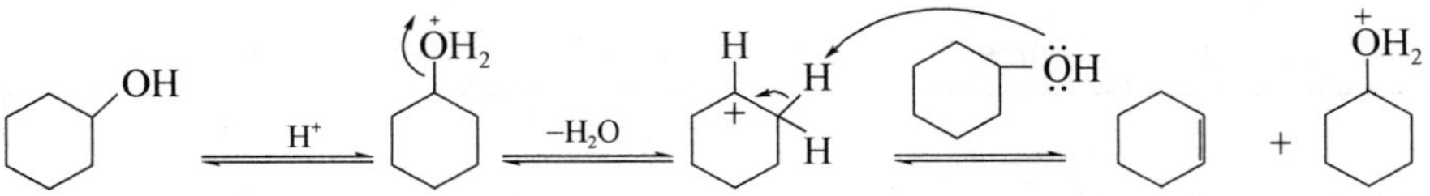

实验室由醇脱水的方法制备少量烯烃时，常采用酸(如硫酸、磷酸、对甲苯磺酸及硫酸氢钾等)作催化剂。硫酸是常用的催化剂，但高浓度的硫酸会造成分子间

脱水及烯烃的聚合，一些碳正离子还会发生碳架的重排，因而使醇的脱水反应常伴随一些副产物的生成，如醚及聚合物等。

醇的脱水反应是可逆的，为了使反应向着生成物方向进行，提高产量，通常采用增加某一种反应物用量或减少生成物的量两种方法来实现。

环己烯的沸点较低，可与水形成二元共沸物(沸点 70.8℃，含水 10%)，因此，可通过不断把生成的环己烯和水从反应体系中蒸出的方法来降低产物的浓度，但原料环己醇也能和水形成二元共沸物(沸点 97.8℃，含水 80%)。为了使产物以共沸物的形式脱离反应体系而又不夹带原料环己醇，通常采用分馏装置进行操作，并注意控制柱顶温度。

【实验目的】

1. 学习由环己醇制备环己烯的原理及方法。
2. 熟悉分馏的原理及操作。
3. 掌握蒸馏、洗涤、分液及干燥等基本操作技能。

【实验原理】

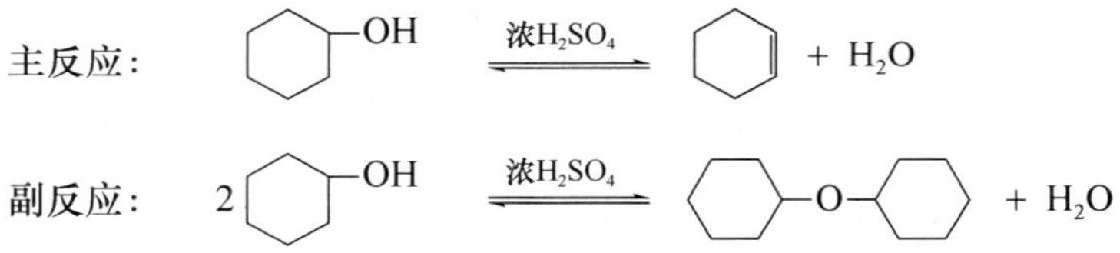

【仪器与试剂】

1. 主要仪器 50mL 及 100mL 圆底烧瓶；直形冷凝管；韦氏分馏柱；蒸馏支管；50mL 锥形瓶；150℃温度计。

2. 试剂 环己醇 21mL；浓硫酸 1mL；氯化钠 1g；无水氯化钙 2g；5%碳酸钠溶液 4mL。

【主要原料及产物的物理常数】

相关数据见表 4-1。

表 4-1 制备环己烯的主要原料及产物的物理常数

化合物	相对分子质量	熔点 m.p.(℃)	沸点 b.p.(℃)	密度 (g/cm^3)	折射率 (n_D^{20})	溶解度(g/100 mL)		
						水	乙醇	乙醚
环己醇	100.16	25.2	161	0.962 4	1.4610	3.6^{20}	溶解	溶解
环己烯	82.14	−103.5	82.98	0.810 2	1.445 0	不溶	混溶	混溶

【实验内容】

1. 粗环己烯的制备 将环己醇置于干燥的 100mL 圆底烧瓶中，加入 21mL 环己醇(20g，0.2mol)、1mL 浓硫酸和一粒沸石，充分振摇圆底烧瓶，使内容物混合均匀，按图 2-23 安装好装置，用 50 mL 锥形瓶作接收器，外用冰水浴冷却。以电热套或电炉作为热源，用小火将反应混合物加热至沸，控制加热速度，使分馏柱顶部馏出物的温度始终不超过 90℃，生成的环己烯和水被缓缓蒸出，当柱顶温度下降后又升到 85℃以上；反应瓶中出现阵阵白雾且无馏出液滴出时，可停止加热。全部蒸馏时间约需 1h。

2. 粗环己烯的洗涤与干燥 馏出液用 1g 左右的精盐饱和，然后将其移入分液漏斗中，加入 5%碳酸钠溶液 4mL 中和微量的酸。充分振摇分液漏斗后，将其静置使溶液分层，将上层有机相分出，倒入 50mL 干燥锥形瓶中，加入适量(约 2g 左右)无水氯化钙作为干燥剂，并用玻璃塞塞住瓶口对产品进行干燥。一般干燥时间应在 30min 以上，最好干燥过夜。

3. 粗环己烯的精制 将干燥后变得澄清透明的粗环己烯，用塞入少量棉花的小漏斗滤入干燥的 50mL 圆底烧瓶中，以除去干燥剂，然后安装好蒸馏装置(仪器应事先干燥)，加入一粒沸石后，用热水浴或电热套加热，对产品进行蒸馏，以一干燥且预称重的 50mL 锥形瓶收集 80～85℃馏分。产量 10～12g，产率 61%～73%。

【结果与处理】

1. 减重法称量环己烯产量，计算并分析产率。
2. 测量环己烯的体积，计算并分析密度。
3. 必要时测定环己烯的折射率并与文献值比较。

【操作与安全】

1. 常温下环己醇为黏稠状液体，用量筒量取时应注意转移中的损失，最好先取用环己醇，再取用硫酸。

2. 浓硫酸加入到环己醇中时，要分批缓慢加入，并不时振荡，避免浓硫酸局部浓度过高，导致环己醇炭化。

3. 反应过程中，环己烯、环己醇及水之间可形成二元共沸物，其组成及沸点如表 4-2 所示。

表 4-2 环己烯、环己醇及水之间二元共沸物的组成及沸点

共沸混合物	沸点(℃)	组成的质量分数(%)		
		环己醇	环己烯	水
环己醇-水	97.8	20	–	80
环己烯-水	70.8	–	90	10
环己醇-环己烯	64.9	30.5	69.5	–

4. 反应过程中，由于形成多种共沸物，故在加热时温度不可过高，柱顶温度控制在 90℃以下；分馏速度不宜太快，以每 2～3 秒 1 滴的速度较为合适，可减

少未作用的环己醇被蒸出。

5. 在分馏时，如果加热较长时间仍没有馏出液滴出，应用棉布包裹分馏柱的主体部分，用以保温。

6. 洗涤分水时，水层应尽可能分离完全，否则会增加无水氯化钙的用量，进而导致产物更多地被干燥剂吸附而招致损失。

7. 选用无水氯化钙作为干燥剂较适合，因它可与环己醇生成配合物，从而除去少量的环己醇。

8. 常压蒸馏时，仪器要干燥，不得将干燥剂倒入蒸馏瓶内。如在 80℃以下已有较多的前馏分蒸出，可能是无水氯化钙用量过少或干燥时间不足导致干燥不够完全所致，要将这部分产物重新干燥并蒸馏之。如果精制时，蒸出的产物浑浊时，也应按以上方法处置。

9. 环己醇吸入或皮肤接触均有中等毒性，比苯强，最高容许浓度为 200mg/m^3。

10. 本实验约需 6h。

【思考与讨论】

1. 纯化环己烯时首先加入精盐饱和，而不是用水洗涤，目的何在？

2. 本实验所采取的提高产率措施是什么？

3. 实验过程中，为什么要控制分馏柱顶温度不超过 90℃？

4. 使用无水氯化钙干燥环己烯时，应注意什么问题？如何掌握干燥剂的用量？

5. 利用常压蒸馏精制产品时，为什么要将干燥剂过滤除去？

实验 13　正溴丁烷的制备

【实验背景】

卤代烃可通过多种试剂和方法进行制备，如直接在烃类分子中导入卤素或将有机物分子中的其他官能团置换成卤素。

烷烃的氯化或溴化一般会生成复杂的混合物，故实验室较少采用此法制备卤代烷。但是烯丙型的溴代烯烃或 α-溴代烷基苯，在实验室可采用 *N*-溴代丁二酰亚胺(NBS)为试剂来进行制备，上述反应机制均为自由基取代反应。

卤苯型的芳香族卤代物，主要是通过苯或取代苯，在 Lewis 酸的催化下与卤素发生亲电取代反应来制取。

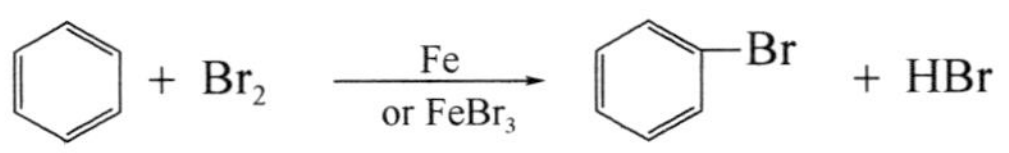

该反应是放热的，为避免反应温度过高导致副产物二溴苯的生成，实际操作时采用控制溴的滴加速度并使苯过量的方法。反应体系中，如果有水存在，会导致溴化铁水解，从而使反应难于进行，故溴苯的制备反应要采用无水操作。

有机化合物分子中的许多官能团，如羟基、烷氧基、磺酸基等都可以被卤素所取代。在实验室中，最常见的是由醇类与氢卤酸、三卤化磷、五卤化磷或氯化亚砜等试剂通过亲核取代反应，将羟基置换成卤原子而制取，这是多数卤代烃尤其是一卤代烷烃最简单易行的制备方法。

$$n\text{-}C_4H_9OH + HBr \longrightarrow n\text{-}C_4H_9Br + H_2O$$

$$3n\text{-}C_4H_9OH + PI_3 \xrightarrow{90\%} 3n\text{-}C_4H_9I + H_3PO_3$$

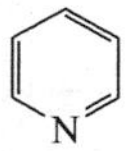

$$n\text{-}C_5H_{11}OH + SOCl_2 \xrightarrow[80\%]{} n\text{-}C_5H_{11}Cl + SO_2\uparrow + HCl\uparrow$$

酸的作用主要是使醇质子化，使不易离去的 OH^- 变成易于离去的 H_2O，从而提高反应速率。醇与亲核试剂 X^- 的反应可分为 S_N1 和 S_N2 两种机制，一般情况下，伯醇以 S_N2 机制反应；叔醇则主要按 S_N1 机制反应。由于取代反应与消除反应互为竞争反应，加上一些按 S_N1 机制反应的醇(也可以是仲醇或少数伯醇)可能会有重排反应发生，所以，不同结构的醇通过亲核取代反应制备卤代烷时，可能会不同程度存在着醚、烯烃或重排副产物。

醇与氢卤酸的反应是可逆的，反应时常常通过增加反应物(如醇或氢卤酸)的浓度；或减少产物(如卤代烷或水)的浓度；必要时也可两者并用，从而达到可逆平衡向右移的目的。

氯代烷用浓盐酸与醇作用来制备，叔醇在室温下就可反应，伯醇及仲醇要在无水氯化锌的催化下，加热后反应。此外，氯化亚砜是实验室制备氯代烷的良好试剂，具有无副反应、易于纯化的特点，因而产品的纯度及收率均较高。

碘代烷较易由醇与氢碘酸反应制取，但通常使用更经济的赤磷和碘(三碘化磷)与醇反应来制备。

对于相对分子质量较小的溴代烷(如正溴丁烷)来说，除了直接使用溴化氢或磷的卤化物作为反应试剂外，还可用溴化钠与过量的硫酸代替氢溴酸，并通过增加溴化钠的用量，同时加入过量的硫酸以除去反应过程中生成水的方法，使反应平衡右移。其他的溴代烷、氯代烷及碘代烷不适用此法。

正溴丁烷为无色透明有芳香味的液体，是有机合成的重要中间体，在有机合成及制药工业中主要用作烷基化试剂，可用于合成麻醉药盐酸丁卡因、抗胆碱药等，也可用于生产染料和香料。

【实验目的】

1. 学习正溴丁烷制备的原理和方法。

2. 掌握带有气体吸收回流装置的安装及操作技术。

3. 巩固分液漏斗的使用。

【实验原理】

主反应：

$$NaBr+H_2SO_4 \longrightarrow HBr+NaHSO_4$$

$$n\text{-}C_4H_9OH+HBr \rightleftharpoons n\text{-}C_4H_9Br+H_2O$$

副反应：

$$CH_3CH_2CH_2CH_2OH \xrightarrow[\Delta]{\text{浓}H_2SO_4} CH_3CH_2CH{=}CH_2+H_2O$$

$$2n\text{-}C_4H_9OH \xrightarrow[\Delta]{\text{浓}H_2SO_4} (n\text{-}C_4H_9)_2O+H_2O$$

$$2HBr+H_2SO_4 \longrightarrow SO_2+Br_2+2H_2O$$

【仪器与试剂】

1. 主要仪器 50mL 及 100mL 圆底烧瓶；球形冷凝管；直形冷凝管；50mL 锥形瓶；蒸馏弯管；150℃温度计；100mL 分液漏斗。

2. 试剂 正丁醇 12mL；浓硫酸 27mL；溴化钠 16.5g；饱和碳酸氢钠溶液 10mL；2%氢氧化钠溶液 100mL；无水氯化钙适量。

【主要原料及产物的物理常数】

相关数据见表 4-3。

表 4-3 制备正溴丁烷的主要原料及产物的物理常数

化合物	相对分子质量	熔点 m.p.(℃)	沸点 b.p.(℃)	密度 (g/cm^3)	折射率 (n_D^{20})	溶解度(g/100mL)		
						水	乙醇	乙醚
正丁醇	74.122	−89.2	117.7	$0.8098^{20/4}$	1.3993^{20}	7.9^{20}	混溶	混溶
正溴丁烷	137.030	−112	101.6	$1.2758^{20/4}$	1.4401^{20}	不溶	混溶	混溶

【实验内容】

1. 正溴丁烷粗品的制备 在 100mL 圆底烧瓶中，加入 16.5g (0.16mol) 研细的溴化钠、12mL (9.7g，0.13mol) 正丁醇和一粒沸石，将圆底烧瓶充分振摇后，装上回流冷凝管。另取一个 50mL 锥形瓶，向其中加入 14mL 水并放入冷水浴中，缓慢的分批加入 19mL 浓硫酸，振摇锥形瓶使浓硫酸与水混合均匀后冷至室温。将稀释后的硫酸小心的分几次从冷凝管上端倒入圆底烧瓶中，振荡烧瓶使反应物混合均匀。在冷凝管上端接一气体吸收装置(图 2-8-c)，用 2%的氢氧化钠溶液 100mL 作吸收液，以吸收冷凝管上端逸出的溴化氢气体。将圆底烧瓶放在石棉网上，用小火加热至反应液沸腾，然后保持加热使反应物平稳回流 45min。

2. 正溴丁烷粗品的分离及纯化 反应完成后，将反应液冷却 5min，拆去回流冷凝管，向反应瓶内补加一粒沸石，瓶口装上蒸馏弯管，改为蒸馏装置。以 50mL 锥形瓶作为接收器，在石棉网上再次对圆底烧瓶加热，基本蒸出所有的正溴丁烷粗产物(如何判别？)。

将馏出液倒入 100mL 分液漏斗中，加入 10mL 水洗涤，下层粗产物分入另一干燥的分液漏斗中，用 8mL 浓硫酸洗涤，将分液漏斗静置后，分出下层硫酸层(尽量分离干净)。有机层再依次用水、饱和碳酸氢钠溶液及水各 10mL 洗涤。将下层的正溴丁烷粗品盛于干燥的 50mL 锥形瓶中，加入适量无水氯化钙颗粒，塞紧瓶口，干燥至液体清亮为止(30min 以上)。

3. 正溴丁烷粗品的精制　将干燥后的粗产物滤入 50mL 圆底烧瓶中，加入沸石，安装好蒸馏装置，在石棉网上加热圆底烧瓶进行蒸馏，收集 99～103℃的馏分。产量 12～14g，产率 67%～79%。

【结果与处理】

1. 减重法称量正溴丁烷的产量，计算并分析产率。
2. 测量正溴丁烷的体积，计算并分析密度。
3. 必要时，测定正溴丁烷的折射率并与文献值比较。

【操作与安全】

1. 安装气体吸收装置时，勿使漏斗全部埋入水中，以免倒吸。

2. 正溴丁烷是否蒸完，可从三个方面判断：①反应瓶上层油层消失；②馏液由浑浊变为澄清；③用盛有水的小试管收集几滴馏液，如无油珠出现，表示馏液中已无有机物，蒸馏完成。

3. 水洗时，正溴丁烷粗产物通常在下层。若未反应的正丁醇较多或因蒸馏过久而蒸出一些氢溴酸共沸液，会使馏液的相对密度发生改变，有机层也可能变为上层，此时可加清水稀释使油层下沉。

4. 用水洗涤后的馏液如呈红色，表示含有游离溴，可用几毫升饱和亚硫酸氢钠溶液洗涤以除去溴。

$$Br_2 + 3NaHSO_3 \longrightarrow 2NaBr + NaHSO_4 + 2SO_2 + H_2O$$

5. 浓硫酸可洗去粗产物中少量未反应的正丁醇和副产物丁醚等杂质。因蒸馏时，正丁醇会与正溴丁烷形成共沸物(沸点 98℃，含正丁醇 13%)而难以除去。

6. 浓硫酸为强酸性腐蚀品，使用时，勿触及皮肤、衣物。有遗留要及时处理，洗涤后的废硫酸应回收处理，不可直接倒入下水道。

7. 正溴丁烷的蒸气有毒，应防止吸入或摄入，勿与眼睛和皮肤接触。

8. 本实验约需 6h。

【思考与讨论】

1. 硫酸在本实验中的作用是什么？为什么反应中既不能用浓硫酸(如 98%)也

不能用特别稀(如 10%)的硫酸？

2. 反应后各步洗涤的目的何在？浓硫酸洗涤时为何要用干燥的分液漏斗？

3. 分液操作时，如果不知道有机物的密度，如何通过简单的方法判别有机层位于上层还是下层？

实验 14 正丁醚的制备

【实验背景】

醚是有机合成中常用的溶剂，有些反应(如 Grignard 反应)必须在醚中进行。醚的制备主要有两种方法，一种是 Williamson(威廉姆逊)合成法，指由卤代烷、磺酸酯或硫酸酯(硫酸二甲酯、硫酸二乙酯等)与醇(酚)钠作用，生成醚的反应，此法既可以制备简单醚也可以制备混合醚。反应机制为烷氧(酚氧)基负离子进攻卤代烷或硫酸酯进行的双分子亲核取代反应(S_N2)。

$$RONa + R'X \longrightarrow ROR' + NaX$$

由于醇钠是强碱，且亲核取代反应与消除反应互为竞争反应，所以，以仲卤烷及叔卤烷为原料和醇钠进行制备反应时，产物多为烯烃，故叔卤烷不能用于 Williamson 合成法制醚，最好选用伯卤烷为原料，收率较高。

由于直接连接在芳环上的卤素不易被亲核试剂取代，所以，芳基烷基醚不适合用卤代芳烃与脂肪醇钠反应制取，而要采用酚钠与卤代烷或硫酸酯进行反应来制备。

$$ArONa + RX \xrightarrow{C_2H_5OH} ArOR + NaX$$

另一种方法是由两分子醇在催化剂作用下发生分子间脱水来制备：

$$2ROH \underset{}{\overset{H_2SO_4}{\rightleftharpoons}} ROR + H_2O$$

此法适合于制备脂肪族低级简单醚。实验室常用的脱水剂是浓硫酸、磷酸或氧化铝。反应机制也是亲核取代反应，酸的作用是通过质子与一分子醇形成质子化的醇，使其羟基转变为更好的离去基团(H_2O)，伯醇主要按 S_N2 机制反应，仲醇及叔醇则按 S_N1 机理反应，因此会伴随着较多的消除反应，生成副产物烯烃，所以用此法制备单醚时，以伯醇为原料最好，收率较高。

醇的分子间脱水反应是可逆的，通常采用增加反应物浓度或蒸出反应产物(醚或水)以减少其浓度的方法，使平衡向着生成醚的方向移动。制备沸点较高的醇(如正丁醇)时，通常采用一种特殊的装置——分水器，并利用形成共沸物的方法不断除去反应过程中生成的水，以使反应顺利进行。

【实验目的】

1. 掌握醇分子间脱水制醚的原理和方法。

2. 熟悉分水器的安装及操作。

【实验原理】

主反应：

$$2CH_3CH_2CH_2OH \xrightarrow[135℃]{H_2SO_4} (CH_3CH_2CH_2CH_2)_2O + H_2O$$

副反应：

$$CH_3CH_2CH_2OH \xrightarrow[>135℃]{H_2SO_4} CH_3CH_2CH = CH_2 + H_2O$$

【仪器与试剂】

1. 主要仪器　50mL 三颈瓶；球形冷凝管；直形冷凝管；分水器；200℃温度计；125mL 分液漏斗；50mL 圆底烧瓶；接液管；50mL 锥形瓶。

2. 试剂　正丁醇 15.5mL；浓硫酸 2.2mL；50%硫酸溶液 16mL；无水氯化钙适量。

【主要原料及产物的物理常数】

相关数据见表 4-4。

表 4-4　制备正丁醚的主要原料及产物的物理常数

化合物	相对分子质量	熔点 m.p.(℃)	沸点 b.p.(℃)	密度 (g/cm^3)	折射率 (n_D^{20})	溶解度(g/100mL)		
						水	乙醇	乙醚
正丁醇	74.122	−89.2	117.7	0.809 8$^{20/4}$	1.399 3^{20}	7.9^{20}	混溶	混溶
正丁醚	130.230	−97.9	142.4	0.768 9$^{20/4}$	1.399 3^{20}	<0.05	混溶	混溶

【实验内容】

1. 正丁醚粗品的制备　在 50mL 三颈瓶中，加入 15.5mL (12.5g，0.17mol) 正丁醇及 2.2mL (4g)浓硫酸，充分振摇三颈瓶使反应物混合均匀，再加入一粒沸石，按图 4-1 安装仪器，温度计要插入液面下，分水器中应事先加入(V−2)mL 水，然后将三颈瓶在石棉网上用小火加热，使瓶内液体微沸至回流，并保持回流约 60min。随着反应的进行，回流液经冷凝管收集于分水器中并使分水器中的液面增高，反应中生成的水及未反应的正丁醇因相对密度不同而分为两层，水在下层，较水轻的有机相在上层，反应液积至分水器支管处时，可溢流返回反应瓶中继续反应，此时，反应液的温度也逐渐上升，当其升至 134～136℃，且分水器已充满水时，即可停止加热。如果加热时间过长，溶液会变黑并有大量副产物丁烯生成。

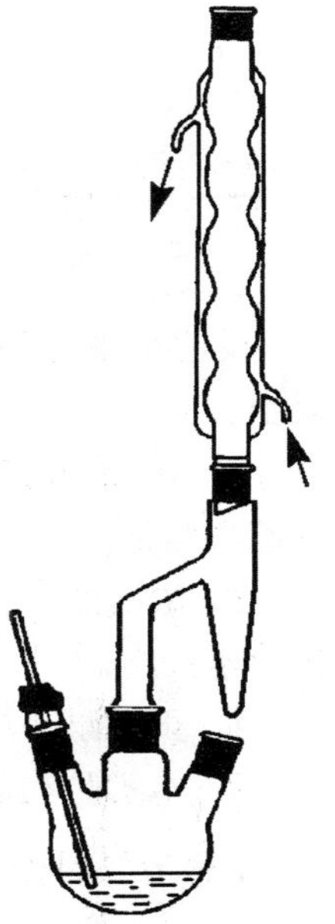

图 4-1　回流分水装置

2. 正丁醚粗品的分离及纯化　反应液冷却后，倒入盛有

25mL 水的分液漏斗中，充分振摇漏斗，将漏斗静置后分去水层(哪一层?)。有机相用 50%硫酸溶液 16mL 分两次洗涤，再用 10mL 水洗涤后，在有机相中加入无水氯化钙干燥。

3. 正丁醚粗品的精制 干燥后的粗产物用玻璃漏斗滤入 50mL 圆底烧瓶中进行蒸馏，收集 140～144℃的馏分，产量为 5～6g。产率为 45%～55%。

【结果与处理】

1. 减重法称量正丁醚的产量，计算并分析产率。
2. 测量正丁醚的体积，计算并分析密度。
3. 必要时，测定正丁醚的折射率，并与文献值比较。

【操作与安全】

1. 分水器中的加水量为(V–2)mL，其中 V 为分水器的体积，根据理论计算，本实验的脱水量为 1.52mL，但实际分出水的体积略大于计算量，故将分水器装满水后，放掉 2mL，从而使回流冷凝后的正丁醇可以逐步溢流返回反应瓶中，达到自动分离的目的。

2. 本实验利用共沸混合物蒸馏的方法，将反应中生成的水不断从反应体系中除去，几种共沸混合物见表 4-5。

表 4-5 几种共沸混合物的组成及沸点

共沸混合物		沸点(℃)	组成的质量分数(%)		
			正丁醇	正丁醚	水
二元	正丁醇-水	93	55.5		45.5
	正丁醚-水	94.1		66.6	33.4
	正丁醇-正丁醚	117.6	82.5	17.5	
三元	正丁醇-正丁醚-水	90.6	34.6	35.5	29.9

3. 制备正丁醚的适宜温度是 130～140℃，开始回流时，由于共沸混合物的存在，反应很难达到该温度，一般在 100～115℃之间反应半小时后，才可达到 130℃以上。

4. 50%的硫酸溶液可由 20mL 浓硫酸与 34mL 水配成。由于正丁醇可溶于 50%的硫酸溶液中，而正丁醚微溶，可据此除去正丁醇。

5. 浓硫酸有很强的腐蚀性，使用时须小心，如不慎溅到皮肤上，应立即用大量冷水冲洗。

6. 正丁醚易燃，操作时注意防止明火。

7. 本实验约需 6h。

【思考与讨论】

1. 如果正丁醇的用量为 25g，试计算理论失水量。若实验过程中，分水器中分出的水超出理论计算值，试探讨其产生的原因。

2. 如果最后蒸馏前的粗产物中含有正丁醇，可否用分馏的方法将其除去？

3. 反应后的混合物中存在哪些成分？通过什么方法可将各种杂质除去？

实验 15 2-甲基-2-己醇的制备

【实验背景】

醇类物质在实验室中常采用烯烃或羰基化合物为原料来制备。如乙烯在酸催化下与水直接进行水合反应制备乙醇，其他烯烃可制备仲醇和叔醇。生成的主要产物遵循 Markovniko(马尔可夫尼可夫)规则，但硼氢化-氧化反应的加成产物与该规则相反。

$$RCH{=}CH_2 + H_2O \xrightarrow{H^+} RCH(OH)CH_3$$

卤代烃在稀碱溶液中，与水分子发生亲核取代反应，也可制得醇。但仲卤烃及叔卤烃在此条件下易发生消除反应，所以，此法只适用于伯醇的制备。

$$RX+H_2O \xrightleftharpoons{OH^-} ROH+HX$$

羰基化合物，如醛和酮，可通过还原反应分别制得相应的伯醇和仲醇，但应用范围有限。最常见的制醇法是：醛、酮与 Grignard(格氏)试剂加成，水解后，可分别制得伯、仲、叔醇。尤其是叔醇的制备常用此法。

卤代烃在无水乙醚或四氢呋喃中与金属镁反应，生成烃基卤化镁也称 Grignard 试剂，这个反应是由法国化学家格林尼亚于 1901 年发现的，并因此获得 1912 年的 Nobel 化学奖。

$$RX+Mg \xrightarrow{\text{醚试剂}} RMgX \quad \text{烃基卤化镁}$$

Grignard 试剂是一种化学性质非常活泼的金属有机化合物，它能与多种化合物反应，如与醛、酮、酯或二氧化碳反应生成相应的醇或羧酸，与含有活泼氢的化合物(水、醇、氨、羧酸等)反应生成相应的烷烃等。它是一种极为有用的试剂，在有机合成上具有非常重要的价值。

由于 Grignard 试剂能与水反应，所以制备 Grignard 试剂或由其参与的反应都必须绝对无水，即反应中所用的仪器均要仔细干燥过；所用的溶剂及原料，如金属镁、卤代烃也必须经过严格的无水处理且不能含有—OH、—COOH、—NH_2 等官能团；整个反应体系与大气相通处必须安装干燥管，防止空气中的湿气和 CO_2 侵入。在制备 Grignard 试剂时还必须要控制反应速度，以减少副反应的发生，例如卤代烃的偶联反应。

$$2RX+Mg \xrightarrow{\text{醚试剂}} R-R+MgX_2$$

当反应物是苄基卤、烯丙基卤等较活泼的卤代烃时，偶联产物会增多，可通过多加溶剂及缓慢滴加卤代烃来控制反应速度，进而减少副反应的发生。对活性较差的卤代烃或反应难于启动时，可采用加热或加入少许碘粒催化的方法促进反应的发生。

此外，Grignard 试剂还能和空气中的氧气发生反应，水解得到相应的醇。由于溶剂乙醚具有较大的蒸气压，反应时乙醚的蒸气可将 Grignard 试剂与空气隔绝开来。要得到高产率的 Grignard 试剂或将其保存，应该在氮气等稀有气体中进行。

$$2RMgX \xrightarrow{O_2} 2ROMgX \xrightarrow{H_2O} 2ROH$$

溶剂乙醚还可与 Grignard 试剂配位结合，形成 Lewis 酸和 Lewis 碱的络合物，使 Grignard 试剂溶于乙醚而稳定。

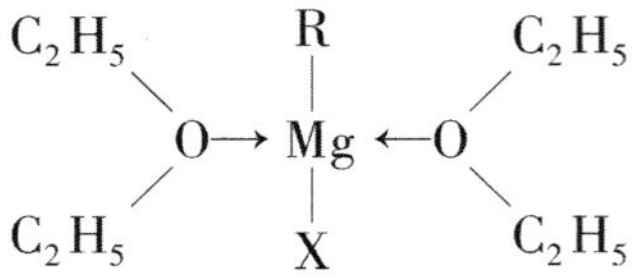

Grignard 试剂与醛和酮的亲核加成反应包括加成和水解两个步骤，均为放热反应。所以反应中要控制加料速度和反应温度，常在冷却下进行，对在强酸介质中容易脱水的醇最好用氯化铵溶液进行水解

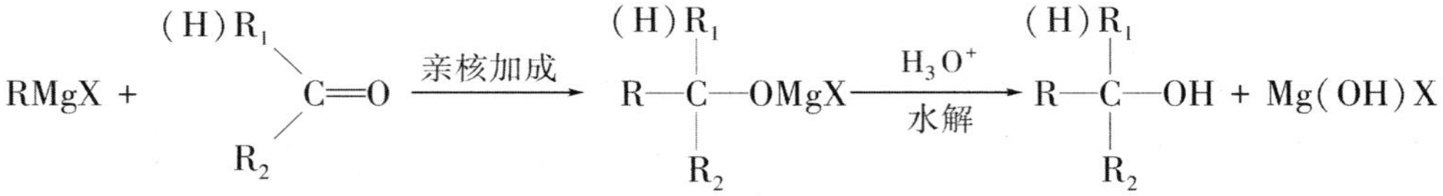

【实验目的】

1. 掌握 Grignard 反应制备叔醇的原理和方法
2. 学习无水无氧实验操作技术
3. 掌握易燃溶剂和高沸点物质的蒸馏操作

【实验原理】

$$n\text{-}C_4H_9Br + Mg \xrightarrow{\text{无水乙醚}} n\text{-}C_4H_9MgBr$$

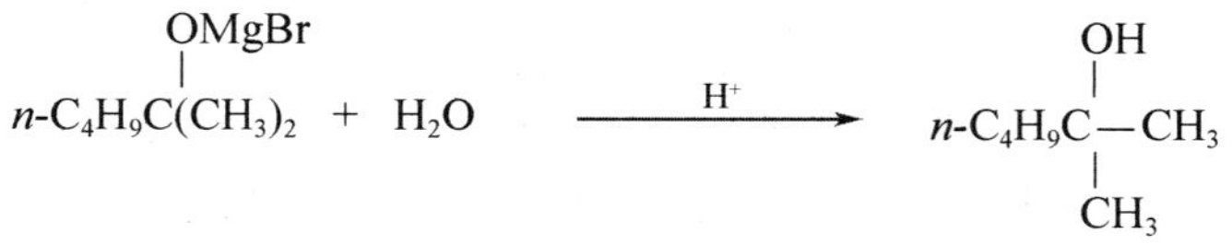

【仪器与试剂】

1. 主要仪器 电动搅拌器；10mL 和 50mL 量筒；150mL 三颈瓶；50mL 圆底烧瓶；50mL 锥形瓶；球形冷凝管；直形冷凝管；接液管；蒸馏支管；滴液漏斗；分

液漏斗。

2. 试剂 金属镁 1.5g；正溴丁烷 8.1g；无水乙醚 55mL；丙酮 5mL；10%硫酸 50mL；5%碳酸钠溶液 20mL；无水碳酸钾适量。

【主要原料及产物的物理常数】

相关数据见表 4-6。

表 4-6 制备 2-甲基-2-己醇的主要原料及产物的物理常数

化合物	相对分子质量	熔点 m.p.(℃)	沸点 b.p.(℃)	密度 g/cm^3	折射率 (n_D^{20})	溶解度(g/100mL)		
						水	乙醇	乙醚
正溴丁烷	137.03	–112	101.6	1.275 8	1.440 1	不溶	混溶	混溶
丙酮	58.08	–95.3	56.5	0.789 9	1.358 8	混溶	混溶	混溶
2-甲基-2-己醇	116.2	–	143	0.811 9	1.417 5	微溶	混溶	混溶

【实验内容】

1. 正丁基溴化镁(Grignard 试剂)的制备 在 150mL 三颈瓶上分别安装电动搅拌器、球形冷凝管和滴液漏斗，在冷凝管和滴液漏斗的上口处放置干燥管(图 2-10B)。称取 1.5g(0.06mol)镁和 10mL 无水乙醚一起加入到三颈瓶中，量取 6.3mL(8.1g，0.06mol)正溴丁烷和 10mL 无水乙醚加入到滴液漏斗中混合均匀。先从滴液漏斗向三颈瓶中滴入 2～3mL 混合液，片刻之后，反应开始，溶液呈微沸状态，并逐渐变得剧烈。待反应缓和后，从冷凝管上端再加入 10mL 无水乙醚。开动搅拌器进行搅拌，滴入剩余的正溴丁烷溶液，控制混合溶液的滴加速度以维持乙醚溶液呈微沸状态。滴加完后在温水浴下加热回流 10 min，镁条应基本反应完全。

2. Grignard 试剂与丙酮的加成反应 将 4.8mL(3.8g，0.066mol)丙酮和 5mL 无水乙醚加入滴液漏斗中，并在保持乙醚微沸的状态下，缓缓将滴液漏斗中的液体滴入到三颈瓶中。滴加完后，室温搅拌 10min，三颈瓶中可能出现白色黏稠状固体。

3. 加成物的水解及粗产物的分离与纯化 用冰水浴冷却三颈瓶，并从滴液漏斗中分批加入 10%硫酸溶液 50mL 分解加成物(滴加速度应先慢后快)。分解完成后，将反应混合液倒入分液漏斗中分出醚层。水层再用 20mL 乙醚溶剂分两次萃取，合并三份乙醚溶液并用 20mL 5%碳酸钠溶液洗涤一次，乙醚层用无水碳酸钠干燥。

4. 粗产物的精制 干燥后的粗产物溶液滤入干燥的 50mL 圆底烧瓶中，先温水浴加热回收乙醚溶剂(装置参见图 2-19C)，再以电热套加热蒸馏产品，收集 137～141℃的馏分，产量 3～4g，产率 43%～53%。

【结果与处理】

1. 减重法称量 2-甲基-2-己醇的产量，计算并分析产率。

2. 测量 2-甲基-2-己醇的体积，计算并分析密度。

3. 必要时，测定 2-甲基-2-己醇的折射率并与文献值比较。

【操作与安全】

1. 所有的仪器和试剂必须充分干燥，正溴丁烷和丙酮用干燥剂干燥后重蒸。从烘箱干燥后取出的仪器稍放冷后要置于干燥器中，或在开口处用塞子塞紧，防止空气中的水分进入。

2. 镁条使用前用砂纸将表面擦亮，以除去氧化膜，再剪成 0.5cm 左右的小碎条。

3. 若反应无法启动，可用温水浴对反应瓶温热片刻或加一小粒碘以促使反应开始。

4. 为了使反应发生，在反应开始前要保证正溴丁烷局部浓度较大，因此搅拌应在反应开始后进行。

5. 2-甲基-2-己醇可与水形成共沸物，所以要充分干燥，否则会增加前馏分。

6. 乙醚是低沸点一级易燃液体，操作时要保证实验室内无明火，以利安全。

7. 本实验约需 8h。

【思考与讨论】

1. 实验过程中是如何做到无水无氧条件的？

2. 实验过程中为什么要采取滴加正溴丁烷的方法而不是一次性加入？

3. 粗产品 2-甲基-2-己醇可以使用无水氯化钙作干燥剂吗？

实验 16 苯乙酮的制备

【实验背景】

醛和酮是重要的化工原料，是有机合成及制药工业中常用的试剂，工业上可由相应的醇在高温(450℃左右)下，经催化脱氢来进行制备。醛和酮的实验室制法有很多，大体上可分为两大类，一类是由其他官能团转化，另一类是在分子中直接引入羰基。

常见的官能团转化法大多是通过氧化反应进行的，如伯醇和仲醇可氧化成相应的醛和酮。部分不饱和烃的一些氧化反应也可以得到醛和酮，如烯烃被臭氧氧化后在金属锌的存在下水解，可制得醛和酮，收率较高：

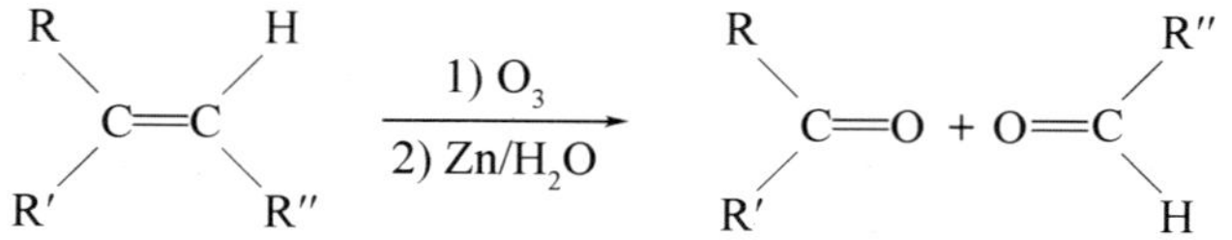

一些炔烃的酸催化加水反应也可制备酮，其中末端炔烃可制甲基酮，具有对称结构的非末端炔烃得到产物单一的酮类化合物：

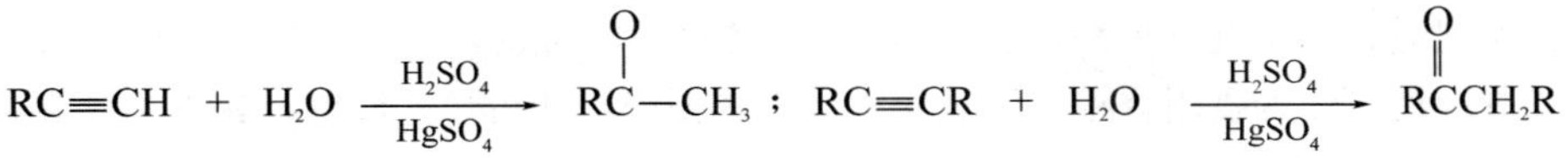

向分子中直接引入羰基的反应主要有 Friedel-Crafts 酰基化反应，在无水 $AlCl_3$ 的催化下，酰卤或酸酐与活泼的芳香化合物反应，得到烷基芳基酮或二芳基酮，该反应具有副反应少，产物纯度及产量均较高的特点，所以在合成上极具实用价值，是制备芳香酮的一种最为重要和最为常用的方法。

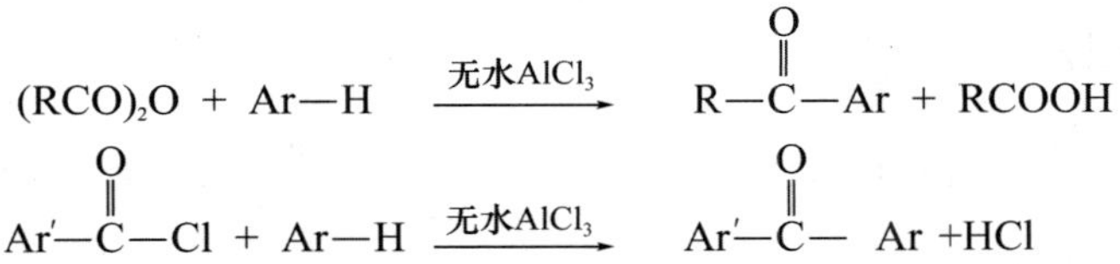

许多 Lewis 酸可作为这个反应的催化剂，例如无水 $AlCl_3$、无水 $ZnCl_2$、$FeCl_3$、$SbCl_3$、$SnCl_4$、BF_3 等，Lewis 酸在反应中是电子的接受者，可使反应试剂形成酰基正离子，便于向苯环进攻。具体反应机制如下：

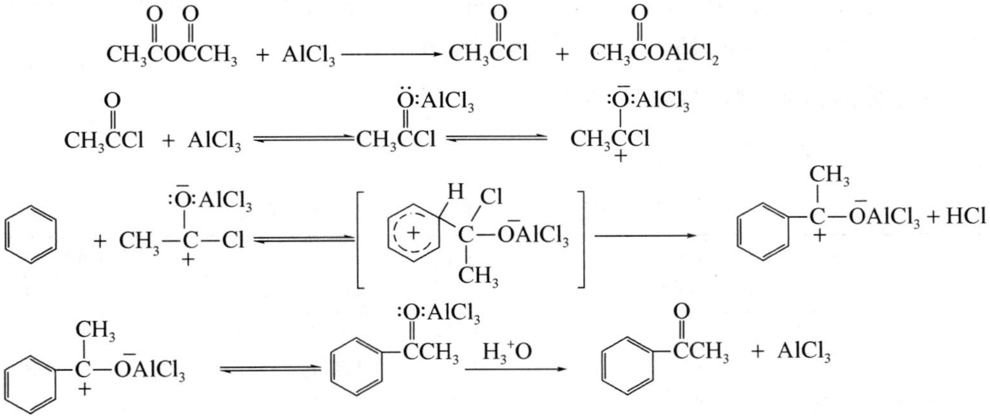

由于反应中生成的产物芳香酮可与 1mol 的无水 $AlCl_3$ 形成配合物，导致无水 $AlCl_3$ 不再催化反应，所以，无水 $AlCl_3$ 的用量应该是在生成配合物后，尚有剩余来作为酰基化反应的催化剂。因此在 Friedel-Crafts 酰基化反应中，无水 $AlCl_3$ 的用量一般为 $AlCl_3/RCOCl=1.1$；而芳烃与酸酐反应时，生成的副产物有机酸也可与 1mol 的无水 $AlCl_3$ 反应，因而，一分子的酸酐要消耗两分子以上的无水 $AlCl_3$，即 $AlCl_3/(RCO)_2O=2.2$。无水 $AlCl_3$ 与芳香酮形成的配合物在无水介质中是稳定的，只有当反应混合物水解时，配合物被破坏，析出芳香酮。

制备反应中由于酸酐具有原料易得、操作方便且无明显的副反应或放出有害气体的特点，因而是最为常用的酰化剂。

酰化反应通常采用过量的芳香烃作为溶剂，也可使用二硫化碳、硝基苯或二氯甲烷等作为反应溶剂。

苯乙酮在有机合成及制药工业中，常用作溶剂、萃取剂，溶解能力与环己酮相似，具有沸点高、稳定性好、气味愉快等特点，常与乙醇、酮、酯及其他溶剂混合使用。

苯乙酮也是香料工业的原料，因其价廉，常少量(<1%)用于香皂、洗涤剂和工业用品的加香；还可作为食用香精，微量用于一些香型中，如杏仁、樱桃、香荚兰豆等。

【实验目的】

1. 学习用 Friedel-Crafts 酰基化反应制备芳香酮的原理和方法。
2. 练习带干燥管和吸收有害气体的回流装置。
3. 熟练掌握搅拌装置及分液漏斗的基本操作。

【实验原理】

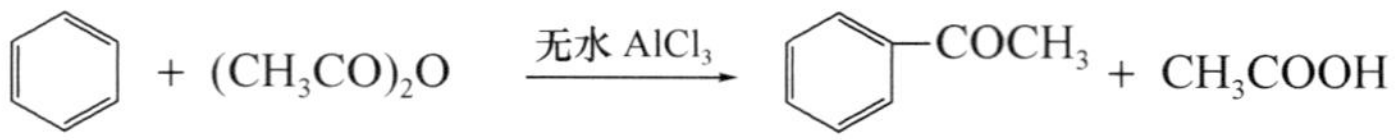

【仪器与试剂】

1. 主要仪器 电动搅拌器；100mL 三颈瓶；10mL 恒压滴液漏斗；干燥管；分液漏斗；球形冷凝管；直形冷凝管；空气冷凝管。

2. 试剂 无水 $AlCl_3$10g；无水苯 16mL；乙酸酐 4mL；浓盐酸 20mL；碎冰 40g；5%氢氧化钠溶液 13mL；无水硫酸镁适量。

【主要原料及产物的物理常数】

内容详见表 4-7。

表 4-7 制备苯乙酮的主要原料及产物的物理常数

化合物	相对分子质量	熔点 m.p.(℃)	沸点 b.p.(℃)	密度 g/cm^3	折射率 (n_D^{20})	溶解度(g/100mL)		
						水	乙醇	乙醚
乙酸酐	102	−73	140	1.0820	1.3904	溶解	易溶	易溶
苯	78	5.5	80.5	0.8790	1.5011	不溶	溶解	溶解
苯乙酮	120.15	20.5	202	1.0281	1.5372	微溶	溶解	溶解

【实验内容】

1. 粗苯乙酮的制备 在 100mL 三颈瓶上，分别装上 10mL 恒压滴液漏斗、电动搅拌装置和回流冷凝管，在冷凝管的上端通过一氯化钙干燥管与氯化氢气体吸收装置相连。取下恒压滴液漏斗，迅速向三颈瓶中加入研成粉状的无水 $AlCl_3$10g (0.075mol)，再加入 16mL(约 14g，0.18mol)无水苯。将 4mL(4.3g，0.042mol)乙酸酐加入到 12mL 恒压滴液漏斗中，并在搅拌下将其自恒压滴液漏斗缓慢滴加到三颈瓶中(先加几滴，待反应发生后再继续滴加)，控制乙酸酐的滴加速度以使三颈瓶稍热为宜，加完后(10～15min)。待反应的剧烈程度稍和缓后在沸水浴中搅拌回流(15～20min)，直到不再有氯化氢气体逸出为止(约需 50min)。

2. 粗苯乙酮的分离与纯化 将反应混合物冷却到室温，在搅拌下缓慢倒入盛有 20mL 浓盐酸和 40g 碎冰混合物的烧杯中(在通风橱中进行)，若有固体不溶物，可补加适量浓盐酸使之完全溶解，如冰已融完，应酌量补加。将混合液转入分液漏斗中，分出有机层(哪一层？)，水层用苯萃取两次(每次 10mL)。合并有机层，依次用 5%氢氧化钠、水各 13mL 洗涤，再用无水硫酸镁(约 2.5g)干燥。

3. 粗苯乙酮的精制 已干燥的粗苯乙酮滤去干燥剂后，先在水浴上蒸馏回收苯，然后在石棉网上加热蒸去残留的苯，稍冷后改用空气冷凝管(为什么？)蒸馏收集195～202℃馏分，产量为 2.5～3g(产率 50%～60%)。纯苯乙酮为无色透明油状液体。

【结果与处理】

1. 减重法称量苯乙酮的产量，计算并分析产率。
2. 测量苯乙酮的体积，计算并分析密度。
3. 必要时，测定苯乙酮的折射率，并与文献值比较。

【操作与安全】

1. 由于无水 $AlCl_3$ 遇水或潮气会分解失效，所以反应所用的仪器和试剂均应是干燥和无水的。
2. 气体吸收装置应特别注意防止倒吸。
3. 反应体系中，苯不但作为反应试剂，同时也是溶剂，所以苯的用量也是过量的。产率的基准试剂是乙酸酐。
4. 无水 $AlCl_3$ 的质量是本实验成败的关键，以打开瓶盖冒出大量的烟，并呈无结块的白色粗粉状为好。若其大部分变黄则表明已水解，不可用。
5. 无水 $AlCl_3$ 要研细使用，为防止其分解，在称量、研细及投料操作时速度要快。必要时可在具塞锥形瓶中称量。
6. 无水苯的制备，化学纯的苯用钠丝干燥 24h 以上，备用。
7. 苯是一级易燃液体，实验时要防止明火。苯有中等毒性，对眼、皮肤有刺激性，应防止吸入。
8. 本实验约需 6h。

【思考与讨论】

1. 在苯乙酮的制备中，水和潮气对实验有何影响？如何避免？
2. 反应完成后为什么要加入浓盐酸和冰水的混合物？
3. 下列试剂在无水三氯化铝存在下相互作用，应得到什么产物？

   ①过量苯+$ClCH_2CH_2Cl$；②氯苯和丙酸酐；

   ③甲苯和邻苯二甲酸酐；④硝基苯和乙酰氯。

实验 17 己二酸的制备

【实验背景】

羧酸是许多有机化合物氧化的最终产物，所以它的制备最常用的是氧化法，例如伯醇或醛可氧化成同数碳原子的羧酸，其中由醇氧化制备羧酸的方法更为普遍。对称烯烃和末端烯烃也可氧化成羧酸。芳环上含有 a-H 的烃基，在高锰酸钾或重铬酸钾等强氧化剂的作用下，苄位碳原子均被氧化成羧基，带支链的基团比直链易于氧化，是制备芳香族羧酸的常用方法。

己二酸又称肥酸，是一种重要的化工原料。目前世界上己二酸主要用于生产尼龙 66 树脂和纤维、聚酯多元醇、增塑剂等。传统己二酸的生产工艺主要是硝酸氧化环己醇和环己酮的混合物(KA 油)。该路线利用苯作原料经催化加氢生成环己烷，再经空气氧化得到 KA 油，最后经硝酸氧化 KA 油制得己二酸。该法的选择性和收率都很高，但由于硝酸用量较大，产生的废气氮氧化物数量非常大，对环境造成极大的危害。此外，生产过程中还面临着硝酸蒸气和废酸液处理等问题。因此用清洁氧化剂(如 O_2、H_2O_2 等)代替硝酸作为氧化剂，开发清洁绿色合成己二酸的方法越来越受到人们的重视。

实验室制备己二酸常用的氧化剂有高锰酸钾、浓硝酸、过氧化氢等。强氧化剂，如浓硝酸氧化环己醇可制得己二酸，但氧化反应剧烈，会有戊二酸、丁二酸等副产物生成，也有大量的有毒气体 NO_2 产生。所以，很多时候直接以环己酮为原料，用碱性高锰酸钾氧化来制备己二酸。

以环己烯为原料，以过氧化氢作氧化剂也可制得己二酸。但由于过氧化氢的氧化性较弱，必须辅以催化剂，如钨酸钠等。其氧化机制目前还不清楚，但其后处理简单，不产生有毒有害物质，符合绿色环保的现代发展理念。

【实验目的】

1. 学习氧化法制备己二酸的原理和方法。

2. 熟练掌握浓缩、过滤、重结晶等操作技术。

【实验原理】

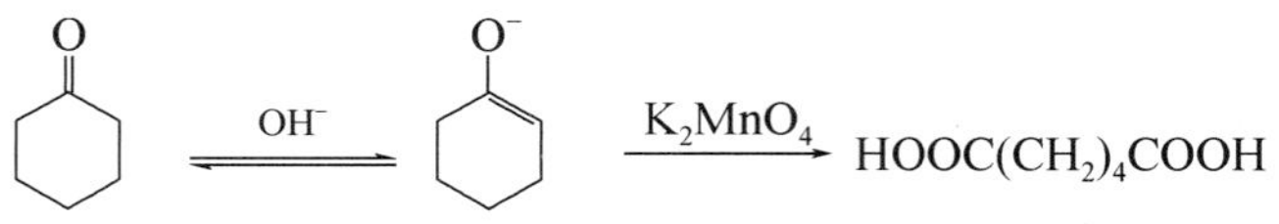

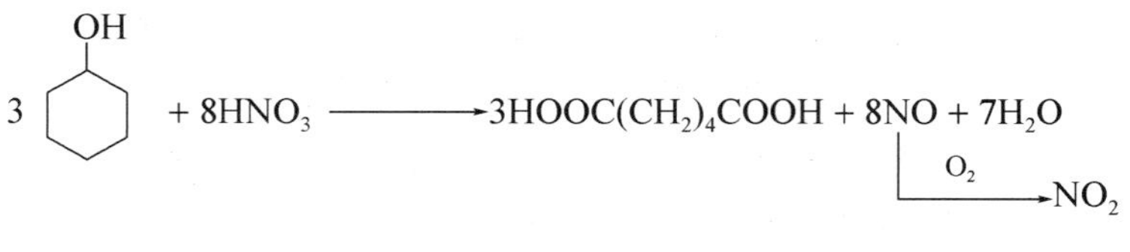

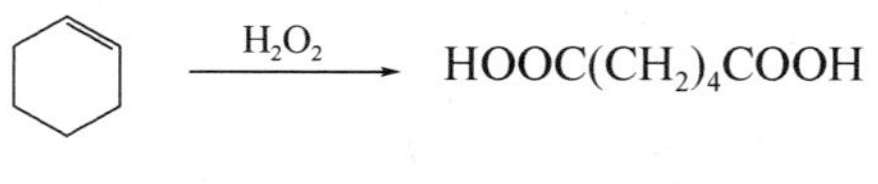

【仪器与试剂】

1. 主要仪器 恒温磁力搅拌器；250mL 三颈瓶；球形冷凝管；100℃温度计；10mL 和 50mL 量筒；抽滤瓶；布氏漏斗；滴液漏斗。

2. 试剂 环己酮 4mL；高锰酸钾 12.6g；0.3mol/L 氢氧化钠溶液 100mL；50%

硝酸 16mL；环己醇 5.3mL；$Na_2WO_4 \cdot 2H_2O$ 1g、30%过氧化氢 25mL；环己烯 5.1mL；亚硫酸氢钠；浓盐酸；磷酸；10%氢氧化钠溶液适量；pH 试纸。

【主要原料及产物的物理常数】

内容详见表 4-8。

表 4-8　制备己二酸的主要原料及产物的物理常数

化合物	相对分子质量	熔点 m.p.(℃)	沸点 b.p.(℃)	密度 (g/cm³)	折射率 n_D^{20}	溶解度(g/100mL)		
						水	乙醇	乙醚
环己醇	100.16	25.2	160.9	0.9624	1.4650	3.5^{20}	混溶	混溶
环己酮	98.15	−16.4	155.65	$0.9478^{20/4}$	$1.450\ 7^{20}$	微溶	混溶	溶解
环己烯	82.15	−103.7	83	0.8102	1.446 5	不溶	溶解	溶解
过氧化氢	34.01	−0.89	152.1	1.46	$1.406\ 7^{25}$	混溶	混溶	混溶
己二酸	146.14	151～153	337	1.36	—	1.44^{15}	溶解	0.6^{16}

【实验内容】

1. 由高锰酸钾氧化环己酮制备　在 250mL 三颈瓶中分别安装回流冷凝管、温度计和恒温磁力搅拌器。然后加入 12.6g 高锰酸钾(0.08mol)、0.3mol/L 氢氧化钠溶液 100mL 和 4mL 环己酮(4g，0.04mol)。注意反应物温度，如果反应物温度超过 45℃时，应用冷水浴适当冷却，然后保持温度 45℃维持 25min，再在石棉网上加热反应物至微沸 5min 使反应完全。用玻璃棒蘸一滴反应混合物放在滤纸上，检查高锰酸钾是否反应完全，若有未反应的高锰酸钾存在，会在棕色二氧化锰周围出现紫色环，可加少量的固体亚硫酸氢钠直至点滴实验无紫色环出现。抽滤反应混合物，用热水充分洗涤滤饼。滤液置于烧杯中，在石棉网上加热浓缩到 20mL 左右(浓缩的目的是什么？)，用浓盐酸酸化使溶液 pH=1～2 后，再多加 2mL 浓盐酸，冷却后过滤。用水重结晶时加活性炭脱色，得白色晶体 3.0g(产率 51%)。

2. 由硝酸氧化环己醇制备　在 125mL 的三颈瓶上安装滴液漏斗、回流冷凝管和温度计，再安装磁力搅拌装置。在冷凝管上口接一尾气吸收装置，以 10%氢氧化钠溶液为吸收液。

三颈瓶中加入 16mL 50%的硝酸，滴液漏斗中加入 5.3mL 环己醇。水浴加热硝酸溶液至 80℃，再开动搅拌，先滴加 1 滴环己醇，温度会迅速升至 90℃左右。待温度回落到约 85℃时，再滴加第 2 滴环己醇。该反应为强放热反应，故实验中需小心控制滴加环己醇的速度，始终维持反应温度在 85～90℃(反应过于剧烈则可能引起爆炸)。滴加结束后，继续搅拌反应 15min，并维持温度在 80～90℃，至几乎无红棕色气体放出为止。

冷却反应瓶，使固体析出。抽滤，用少量冷水洗涤固体，压干水分，干燥。

3. 由过氧化氢氧化环己烯制备　向 50mL 的圆底烧瓶中，依次加入 1g $Na_2WO_4 \cdot 2H_2O$、25mL 的 30%过氧化氢、10 滴磷酸，在磁力搅拌器上剧烈搅拌 15min。

再向烧瓶中加入 5.1mL 的环己烯，装上回流冷凝管，在搅拌下加热回流 3h。反应液用冰水浴冷却，有白色晶体析出。抽滤，冷水洗涤，干燥得产品。

【结果与处理】

1. 减重法称量己二酸的产量，计算并分析产率。
2. 必要时，对己二酸进行重结晶，测定己二酸纯品的熔点并与文献值比较。

【操作与安全】

1. 此反应是放热反应，反应开始后会使混合物温度超过 45℃，假如在室温下反应开始 5min 后，混合物温度尚不能上升至 45℃，则可小心温热至 40℃，使反应开始。

2. 为促进反应完全，反应结束应小心加热反应液并剧烈搅拌，防止反应过于剧烈引起液体飞溅或爆炸。也不要从烧瓶开口处观察反应液体，以免其迸溅入眼内。

3. 洗涤滤饼时，最好将滤饼移于烧杯中，经搅拌后再抽滤。

4. 为了提高收率，最好用冰水浴冷却溶液以降低己二酸在水中的溶解度。

5. 高锰酸钾为强氧化剂，不能将它与醇、醛等易氧化的有机化合物保存在一起。

6. 过氧化氢是爆炸性强氧化剂，本身不燃，但能与可燃物反应放出大量热量和气体而引起着火爆炸。高浓度(＞74%)时，在具有适当的点火源或温度的密闭容器中，会产生气相爆炸。

7. 本实验约需 6h。

【思考与讨论】

1. 以本实验为例计算出此反应中理论上所需高锰酸钾的用量。
2. 用碱性高锰酸钾氧化 2-乙基环己酮时，预期会得到哪些产物？
3. 如何根据己二酸的溶解性确定重结晶溶剂及其用量？

实验 18　乙酸乙酯的制备

【实验背景】

羧酸酯是一类普遍存在于自然界并在工业上用途广泛的化合物。一般是由羧酸和醇在催化剂的存在下直接酯化来制备。

$$R-\overset{\displaystyle O}{\overset{\|}{C}}-OH + HO-R' \xrightleftharpoons{H^+,\Delta} R-\overset{\displaystyle O}{\overset{\|}{C}}-OR' + H_2O$$

羧酸或醇分子中烃基的空间位阻增大，会使酯化反应速率大大下降，可采用酰氯、酸酐和腈的醇解反应进行制备，如阿司匹林的制备。

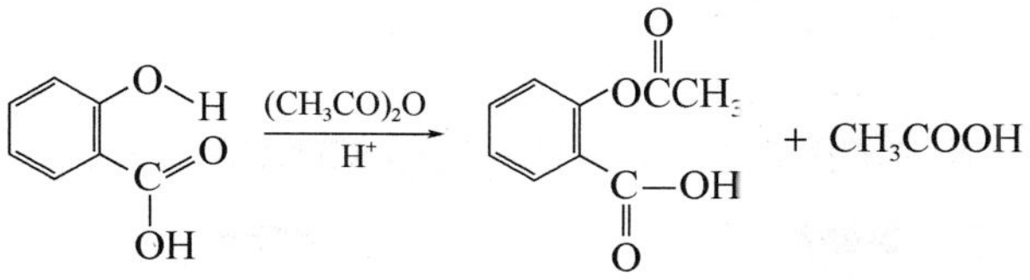

有时也可利用羧酸盐与活泼的卤代烷反应来制备羧酸酯。

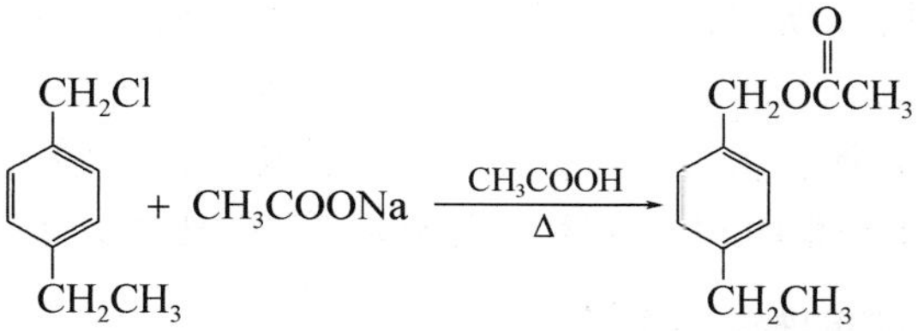

但酸催化下的直接酯化反应仍然是工业上及实验室中制备羧酸酯的最重要的方法。反应机制如下：

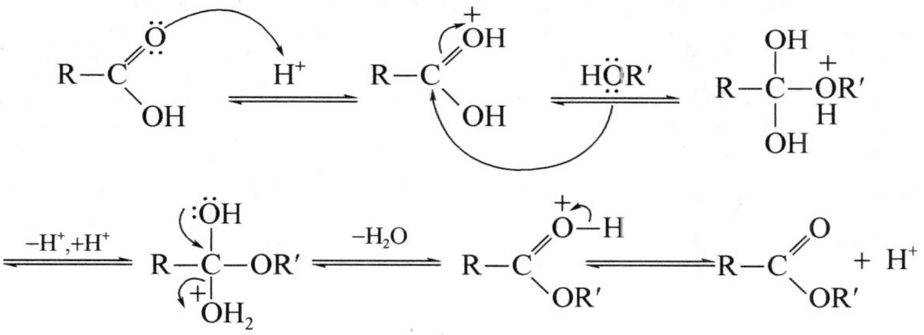

酯化反应是可逆反应，通常采用酸为催化剂，为了提高产率，一般采用反应物酸或醇过量或把反应体系中的生成物酯或水移走的方法来实现。

乙酸乙酯是一种无色透明液体，有果香味，易挥发，所以是一级易燃品。主要用作溶剂，用于染料和一些医药中间体的合成。还可用作纺织工业的清洗剂和天然香料的萃取剂，是制药工业和有机合成的重要原料。它也可作为香料原料，大量用于调配香蕉、梨、桃、菠萝、葡萄等香型的食用香精，是食用香精中用量较大的合成香料之一。

【实验目的】

1. 学习乙酸乙酯的制备原理及低沸点酯的制备方法。

2. 熟练掌握蒸馏、洗涤、干燥等基本操作技能。

【实验原理】

主反应：

$$CH_3COOH + CH_3CH_2OH \underset{110\sim120℃}{\overset{H^+}{\rightleftharpoons}} CH_3COOCH_2CH_3 + H_2O$$

副反应：

$$2CH_3CH_2OH \xrightarrow{H^+} CH_3CH_2OCH_2CH_3 + H_2O$$

【仪器与试剂】

1. 主要仪器 125mL 三颈瓶；60mL 滴液漏斗；30mL 蒸馏烧瓶；50mL 锥形瓶；60mL 分液漏斗；直形冷凝管；蒸馏弯管；蒸馏支管；接液管；10mL 及 50mL 量筒；150℃温度计。

2. 试剂 95%乙醇溶液 24mL；冰乙酸 12mL；浓硫酸 12mL；饱和食盐水 10mL；饱和碳酸钠溶液 10mL；饱和氯化钙溶液 10mL；无水硫酸镁适量。

【主要原料及产物的物理常数】

相关数据见表 4-9。

表 4-9 制备乙酸乙酯的主要原料及产物的物理常数

化合物	相对分子质量	熔点 m.p.(℃)	沸点 b.p.(℃)	密度 (g/cm^3)	折射率 (n_D^{20})	溶解度(g/100mL)		
						水	乙醇	乙醚
95%乙醇	46.07	−114.1	78.50	0.7890	1.3610	混溶	混溶	混溶
冰乙酸	60.05	16.6	117.90	1.0500	1.3718	混溶	混溶	混溶
乙酸乙酯	88.11	−83	77.06	$0.9003^{20/4}$	1.3900	8.62^{20}	混溶	混溶

【实验内容】

1. 粗乙酸乙酯的制备 在 125mL 三颈瓶中，加入 12mL 95%乙醇溶液，在振摇下分批加入 12mL 浓硫酸并使之混合均匀，加入一粒沸石。按图 4-2 安装好仪器。注意：滴液漏斗末端及温度计的水银球均要浸入液面以下，距瓶底 0.5～1cm。将 12mL 95%乙醇及 12mL 冰乙酸(约 12.6g，0.21mol)的混合液，经由 60mL 滴液漏斗滴入蒸馏瓶内 6～8mL，然后接通冷凝水，开始用小火对三颈瓶加热，使瓶中反应液的温度缓慢升至 120℃左右，维持 3min 后，开始逐渐滴加漏斗内剩余的混合液，控制其滴入速度及生成酯的馏出速度大致相等，同时维持反应温度相对稳定在 110～120℃。原料滴加完毕后，继续加热数分钟，直到温度升高到 130℃时不再有液体馏出为止。

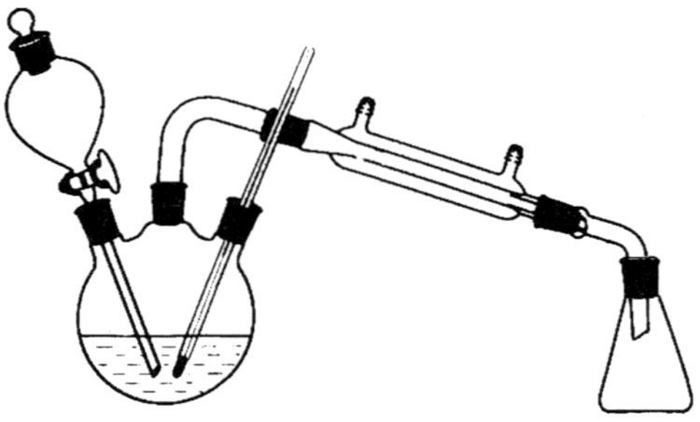

图 4-2 乙酸乙酯的制备装置

2. 粗乙酸乙酯的纯化 在馏出液中慢慢加入饱和碳酸钠溶液 (约 10mL)，边加边摇动，直至无二氧化碳气体逸出(用 pH 试纸检验，酯层应呈中性)。将混合液移入分液漏斗，充分振摇(注意活塞放气)后，静置。分去下层水溶液，酯层用

10mL 饱和食盐水洗涤一次，再每次用 10mL 饱和氯化钙溶液洗涤两次。弃去下层液体，酯层自分液漏斗上口倒入干燥的 50mL 锥形瓶中，用无水硫酸镁(或无水硫酸钠)干燥。

3. 粗乙酸乙酯的精制 将干燥后的粗产品滤入干燥的 30mL 蒸馏瓶中，加入沸石后在水浴上进行蒸馏。收集 73～78℃的馏分。(参考产量 10.5～12.5g，产率 57%～68%)。

【结果与处理】

1. 称量乙酸乙酯的产量，计算并分析产率。
2. 量取乙酸乙酯的体积，计算并分析密度。
3. 必要时，测定乙酸乙酯的折射率并与文献值比较。

【操作与安全】

1. 乙酸乙酯和水能形成二元共沸物(沸点 70.4℃)，低于乙醇和乙酸的沸点，故乙酸乙酯易被蒸出，本实验采用边反应边蒸出产物和水的方法，以提高产率。

2. 本实验所使用的反应装置，通常称为连续反应装置，此装置的特点是能连续进样，用较小容积的反应瓶制得较大量的产物。但其仅适用于低沸点酯的制备。

3. 反应过程中，反应温度不宜过高，否则会增加副产物乙醚的含量，甚至导致有机原料提前炭化，降低产率。滴加速度太快会使乙酸和乙醇来不及作用而被蒸出。

4. 实验过程中，为减少酯在水中的溶解度，采用饱和食盐水洗涤产品(盐析效应)。

5. 乙酸乙酯与水能形成二元和三元共沸物，其组成及沸点如表 4-10 所示。

表 4-10 乙酸乙酯与水形成的二元三元共沸物

共沸混合物	沸点(℃)	组成的质量分数(%)		
		乙酸乙酯	乙醇	水
乙酸乙酯-乙醇-水	70.2	82.6	8.4	9.0
乙酸乙酯-水	70.4	91.9	—	8.1
乙酸乙酯-乙醇	71.8	69.0	31.0	—

由表 4-10 可知，若洗涤不净或干燥不够时，都可使乙酸乙酯的沸点降低，影响产率。

6. 碱洗后，产品中的碳酸钠必须清洗干净，否则下一步用饱和氯化钙溶液洗去醇时，会产生絮状的碳酸钙沉淀，造成分离的困难。

7. 浓硫酸有强腐蚀性和氧化性，使用时要倍加小心！注意浓硫酸的加料顺序。勿接触皮肤、眼睛，一旦接触立即用大量水冲洗。

8. 本实验约需 5h。

【思考与讨论】

1. 本实验如何创造条件促使酯化反应尽量向生成乙酸乙酯的方向进行？

2. 酯化反应中，催化剂硫酸的用量，一般只需醇用量的 3%，本实验为何却用了 12mL？

3. 如果采用乙酸过量是否可以？为什么？

4. 用饱和氯化钙溶液洗涤能去除什么杂质？是否可以用水代替？

实验 19 乙酸正丁酯的制备

【实验背景】

乙酸正丁酯是一种无色有果香味的液体，稀释后有令人愉快的菠萝、香蕉似的香气，易燃，其蒸气与空气混合，可形成爆炸性混合物。它天然存在于许多蔬菜、水果和浆果中，也存在于烤烟烟叶、烟气中，是涂料工业中最重要的中等挥发性溶剂，也可用于香料复配及杏、香蕉、梨、菠萝等各种香味剂之中。

与乙酸乙酯相比乙酸正丁酯的沸点较高，可通过向反应体系中加入能与水形成共沸物的第三组分(带水剂)，把水带出反应体系，以提高产率。

【实验目的】

1. 学习乙酸正丁酯的制备原理和方法。

2. 掌握回流分水操作。

【实验原理】

$$CH_3COOH + n\text{-}C_4H_9OH \underset{\Delta}{\overset{H_2SO_4}{\rightleftharpoons}} CH_3COOC_4H_9\text{-}n + H_2O$$

【仪器与试剂】

1. 主要仪器 150mL 圆底烧瓶；分水器；回流冷凝管；分液漏斗；蒸馏支管；直形冷凝管；接液管；50mL 锥形瓶。

2. 试剂 正丁醇 13.6mL；冰乙酸 9.5mL；饱和碳酸钠溶液 10mL；浓硫酸；无水硫酸镁适量。

【主要原料及产物的物理常数】

相关数据见表 4-11。

表 4-11 制备乙酸正丁酯的主要原料及产物的物理常数

化合物	相对分子质量	熔点 m.p.(℃)	沸点 b.p.(℃)	密度 (g/cm^3)	折射率 (n_D^{20})	溶解度(g/100mL)		
						水	乙醇	乙醚
正丁醇	74.12	−88.9	117.7	0.789	1.3993	7.7^{20}	溶解	溶解
乙酸正丁酯	116.16	−77.9	126.5	0.883	1.3941	微溶	混溶	混溶

【实验内容】

1. 粗乙酸正丁酯的制备　在干燥的150mL圆底烧瓶中加入13.6mL(11.1g，0.15mol)正丁醇，9.5mL(9.9g，0.165mol)冰乙酸和5滴浓硫酸。混合均匀后投入一粒沸石，安装分水器和回流冷凝管(图4-1)，在分水器中加水至侧管处，再用滴管取出或放掉2.7mL水，标记水层界面后，开始加热回流，记下第一滴回流液滴下的时间，控制回流速度为1～2滴/秒。当分水器中水层界面不再上升，表示反应基本完成(约需40min)，停止回流。

2. 粗乙酸正丁酯的纯化　反应液冷却后，拆下回流冷凝管，把分水器中可能有的有机层和圆底烧瓶中的反应液一起倒入分液漏斗中。在分液漏斗中依次用10mL水、10mL饱和碳酸钠溶液及10mL水洗涤，最后将酯层倒入50mL锥形瓶中，加入少量无水硫酸镁干燥。

3. 粗乙酸正丁酯的精制　将干燥后的粗产品滤入干燥的50mL蒸馏烧瓶中，加入一粒沸石，安装好蒸馏装置，加热蒸馏。收集124～126℃的馏分。产量11～13.5g，产率63%～77%。

【结果与处理】

1. 称量乙酸正丁酯的产量，计算并分析产率。
2. 量取乙酸正丁酯的体积，计算并分析密度。
3. 必要时，测定乙酸正丁酯的折射率并与文献值比较。

【操作与安全】

1. 实验中利用水与正丁醇及乙酸正丁酯形成共沸混合物，可将其从反应体系中除去，使可逆平衡向正反应方向进行，从而提高酯的产率。正丁醇、乙酸正丁酯和水形成以下几种共沸混合物(表4-12)。

表4-12　几种共沸混合物

共沸混合物		沸点(℃)	组成的质量分数(%)		
			乙酸正丁酯	正丁醇	水
二元	乙酸正丁酯-水	90.7	72.9		27.1
	正丁醇-水	93.0		55.5	44.5
	乙酸正丁酯-正丁醇	117.6	32.8	67.2	
三元	乙酸正丁酯-正丁醇-水	90.7	63.0	8.0	

2. 含水的共沸混合物冷凝为液体时，分为两层，上层为反应混合液，主要为含少量水的酯和醇，下层主要是水(97%)。

3. 分水器的作用主要是除去反应中生成的水，故本装置适合制备以水溶性较小的醇合成的酯类。

4. 本实验约需5h。

【思考与讨论】

1. 为了提高产率，本实验采取了哪些措施？
2. 计算反应完全时，理论上应生成多少水？
3. 粗产品中除乙酸正丁酯外，还有哪些副产物？怎样将其除掉？
4. 在粗乙酸正丁酯的精制过程中，如前馏分过多，试分析其原因？
5. 乙酸正丁酯的制备装置有何特点，是否可以改用其他装置对其进行制备？

实验 20　乙酸异戊酯的制备

【实验背景】

乙酸异戊酯俗称香蕉水，是一种重要的化工产品，主要作为食品添加剂用于食用香精配方中，可调配香蕉、苹果、草莓等多种果香型香精，也可用于香皂、合成洗涤剂等日化香精配方中。乙酸异戊酯也可作为溶剂用于制革、人造丝、胶片和纺织品等加工工业。天然的乙酸异戊酯主要存在于苹果、香蕉、可可豆、咖啡豆、葡萄、桃子、梨子和菠萝等水果中。此外，乙酸异戊酯还存在于成年工蜂的颚腺中，已被证明是蜜蜂的警戒信息素之一。当外敌侵害蜂巢时，蜜蜂分泌出告警信息素，执勤工蜂会一起向外敌进攻，直到外敌消除。

乙酸异戊酯沸点较高，在本实验中采用一锅煮的方法进行制备，此法装置简便，应用广泛，但因不能及时将生成物除去，通常产率不高。

【实验目的】

1. 掌握由简单的回流反应装置制备乙酸异戊酯的方法。
2. 掌握利用萃取与蒸馏精制液体有机化合物的操作技术。

【实验原理】

$$CH_3COOH + HOCH_2CH_2\overset{\overset{\displaystyle CH_3}{|}}{C}HCH_3 \xrightleftharpoons[\Delta]{H_2SO_4} CH_3COOCH_2CH_2\overset{\overset{\displaystyle CH_3}{|}}{C}HCH_3 + H_2O$$

【仪器与试剂】

1. 主要仪器　50mL 蒸馏烧瓶；球形冷凝管；直形冷凝管；接液管；100mL 分液漏斗；50mL 量筒；200℃温度`计；50mL 锥形瓶。

2. 试剂　异戊醇 10.8mL；冰乙酸 12.5mL；饱和碳酸钠溶液 20mL；饱和食盐水溶液 10mL；98%硫酸溶液 2.5mL；无水硫酸镁适量。

【主要原料及产物的物理常数】

内容详见表 4-13。

表 4-13 制备乙酸异戊酯的主要原料及产物的物理常数

化合物	相对分子质量	熔点 m.p.(℃)	沸点 b.p.(℃)	密度 (g/cm^3)	折射率 (n_D^{20})	溶解度(g/100mL)		
						水	乙醇	乙醚
异戊醇	88.15	−117.2	130～131	0.8110	1.4075	微溶	混溶	混溶
乙酸异戊酯	130.19	−78.5	142.5	0.8712	1.4005	不溶	混溶	混溶

【实验内容】

1. 粗乙酸异戊酯的制备 在干燥的 50mL 圆底烧瓶中加入 10.8mL(8.8g，0.1mol)异戊醇和 12.5mL(13.5g，0.225mol)冰乙酸，在振摇与冷却下加入 2.5mL 浓硫酸，将反应混合物混合均匀后，加入一粒沸石，连接回流冷凝管，缓缓加热回流，控制回流速度，使蒸气浸润面不超过冷凝管下端的第二个球，反应基本完成大约需要 1h。停止加热，稍冷后拆除回流装置。

2. 粗乙酸异戊酯的纯化 将烧瓶中的反应液倒入分液漏斗中，用 25mL 冷水洗涤烧瓶内壁，洗涤液并入分液漏斗中。充分振摇分液漏斗后，连通大气静置，待两相分界面清晰后，分去水层。再用 15mL 冷水重复操作一次。然后酯层用 10mL 饱和碳酸钠溶液洗涤 1～2 次(酯层为中性)。最后再月 10mL 饱和食盐水洗涤一次。酯层由分液漏斗上口倒入干燥的锥形瓶中，加入适量无水硫酸镁干燥。

3. 粗乙酸异戊酯的精制 将干燥好的粗酯小心滤入干燥的蒸馏烧瓶中，加入一粒沸石，加热蒸馏。用干燥的量筒收集 138～142℃馏分，产量约 9g，产率 69%。

【结果与处理】

1. 称量乙酸异戊酯的产量，计算并分析产率。
2. 量取乙酸异戊酯的体积，计算并分析密度。
3. 必要时，测定乙酸异戊酯的折射率并与文献值比较。

【操作与安全】

1. 加浓硫酸时，要分批加入，并在冷却下充分振摇反应瓶，以防止异戊醇被氧化。
2. 回流酯化时，要缓慢均匀加热，以防止炭化并确保完全反应。
3. 碱洗时放出大量热并有二氧化碳产生，因此洗涤时要不断放气，防止分液漏斗内的液体冲出来。
4. 冰乙酸具有强烈刺激性，要在通风橱内取用。
5. 本实验约需 5h。

【思考与讨论】

1. 乙酸异戊酯的合成装置有何特点？为了提高收率是否可以改用乙酸乙酯或乙酸正丁酯的制备装置来制备之？为什么？
2. 比较制备乙酸乙酯、乙酸正丁酯及乙酸异戊酯三种反应装置的异同？
3. 同样是酯化反应，但最佳反应装置可能不同，选择合适的反应装置主要考虑什么因素？

实验 21 乙酰苯胺的制备

【实验背景】

酰胺类化合物的实验室制法主要以浓氨水、碳酸铵或胺(伯胺及仲胺)为原料与酰氯、酸酐、酯或羧酸等作用而获得，而芳香族的酰胺常用芳伯胺或芳仲胺与酰化剂反应来制备，不同的酰化剂的反应活性为：酰氯＞酸酐＞羧酸。除了制备酰胺外，芳胺的酰化反应在有机合成及制药工业中有着重要的作用，如可以保护芳环上的氨基，因氨基易被氧化，通常先将其乙酰化，使其不被反应试剂破坏，合成的最后一步可利用酰胺能水解成胺的性质，恢复氨基。芳环上的氨基乙酰化后还可以降低氨基在亲电取代反应中的活化能力，加上乙酰基的空间位阻较大，所以在亲电取代反应中可选择性地生成对位一元取代产物，在制备反应中具有实用价值。

乙酰苯胺为无色晶体，具有退热镇痛作用，是较早使用的解热镇痛药，有“退热冰”之称，同时也是制备磺胺类药物的重要中间体。

乙酰苯胺可由苯胺与乙酰化试剂，如乙酰氯、乙酸酐或乙酸等直接作用来制备：

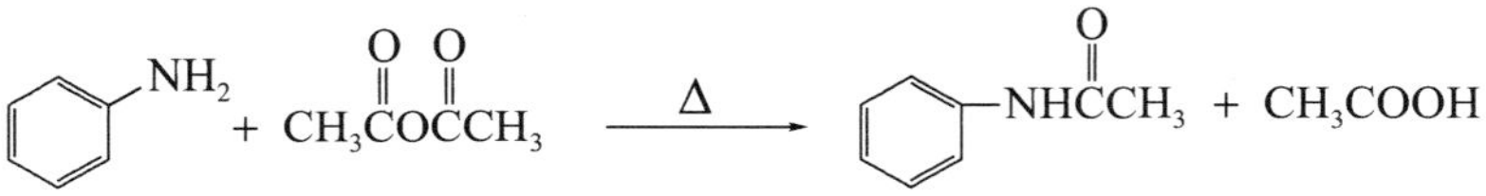

由于乙酰氯和乙酸酐的价格较贵，常选用乙酸作为乙酰化试剂。乙酸价廉易得，与苯胺的反应速率较慢，适合于较大规模的制备，且反应是可逆的，为了提高乙酰苯胺的产率，一般加入过量的乙酸，同时利用分馏柱将反应中生成的水从反应体系中移去，从而使平衡右移。

由于苯胺易氧化，加入少量锌粉，防止苯胺在反应过程中氧化。

【实验目的】

1. 学习以乙酸和苯胺为原料合成乙酰苯胺的原理及方法。
2. 掌握分馏操作及利用重结晶提纯固体有机物的操作方法。

【实验原理】

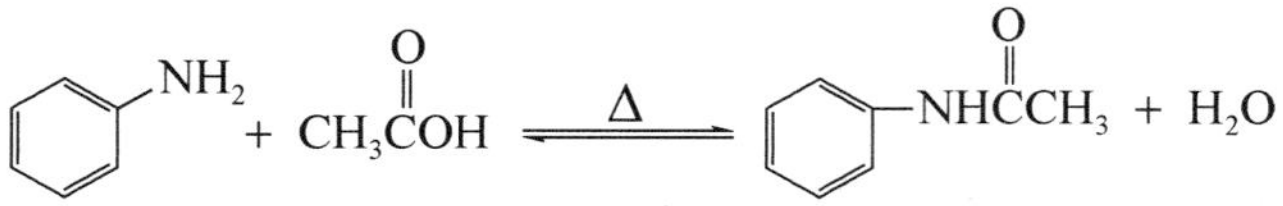

【仪器与试剂】

1. 主要仪器 25mL 圆底烧瓶；韦氏分馏柱；接液管；25mL 锥形瓶；150℃温度计；布氏漏斗；50mL 抽滤瓶。

2. 试剂　苯胺 5mL；冰乙酸 8.5mL；锌粉 0.1g；活性炭适量。

【主要原料及产物的物理常数】

相关数据见表 4-14。

表 4-14　制备乙酰苯胺的主要原料及产物的物理常数

化合物	相对分子质量	熔点 m.p.(℃)	沸点 b.p.(℃)	密度 (g/cm^3)	折射率 (n_D^{20})	溶解度(g/100mL)		
						水	乙醇	乙醚
苯胺	93.128	−6.3	184.0	1.0200	1.5863	3.4^{20}	易溶	易溶
冰乙酸	60.050	16	117.9	1.0490	1.3530	混溶	易溶	溶解
乙酰苯胺	135.160	114	305.0	1.2190	1.5860	0.56^{25}	36.9^{20}	溶解

【实验内容】

1. 粗乙酰苯胺的制备　在 25mL 圆底烧瓶中，加入 5mL(5.1g，0.055mol)新蒸的苯胺和 8.5mL(8.9g，0.15mol)冰乙酸，再加 0.1g 锌粉。按图 4-3 安装好装置。缓缓加热至反应物沸腾，调节加热速度，使分馏柱温度控制在 105℃左右，40～60min 后，反应所生成的水(含少量乙酸)基本被蒸出。当温度计的读数不断下降或上、下波动时(有时反应器中出现白雾)，则反应达到终点，即可停止加热。

2. 粗乙酰苯胺的分离与纯化　在烧杯中加入 100mL 冷水，将反应液趁热以细流倒入水中，边倒边不断搅拌，此时有细粒状固体析出。冷却后抽滤，并用少量冷水洗涤固体，得到白色或淡黄色的乙酰苯胺粗品。

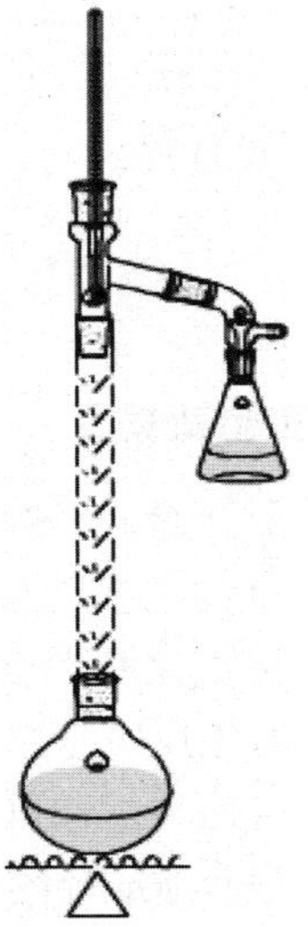

图 4-3　乙酰苯胺的制备装置

3. 粗乙酰苯胺的精制　粗产品加入 100mL 水，加热至沸腾。观察是否有未溶解的油状物，如果有则补加水，直到油状物全溶。稍冷后，加入少量活性炭，并煮沸 3～5min。期间将布氏漏斗和抽滤瓶在水浴中加热，趁热过滤除去活性炭。滤液倒入一热的烧杯中，自然冷却至室温，对析出的晶体进行抽滤、洗涤、烘干，得白色片状结晶，产量约 4g，产率 53.8%。

【结果与处理】

1. 称量乙酰苯胺的产量，计算并分析产率。
2. 必要时，再次对乙酰苯胺重结晶，测定其熔点并与文献值比较。

【操作与安全】

1. 反应所用玻璃仪器必须干燥。

2. 久置的苯胺因为氧化而颜色较深，最好使用新蒸馏过的苯胺。

3. 冰乙酸在室温较低时凝结成冰状固体（凝固点 16.6℃），可将试剂瓶置于热水浴中加热熔化后量取。

4. 锌粉的作用是防止苯胺氧化，只要少量即可。加得过多，会在后处理过程中出现不溶于水的氢氧化锌。

5. 反应时分馏温度不能太高，以免大量乙酸蒸出而降低产率。

6. 重结晶过程中，晶体可能无法析出，可用玻璃棒摩擦液面下的容器内壁或加入晶种促使晶体析出。

7. 苯胺有毒，能经皮肤被吸收，使用时要小心，取用时应在通风橱中进行。

8. 本实验约需 7h。

【思考与讨论】

1. 为什么要使用分馏柱来除去反应过程中所生成的水？

2. 反应温度为什么控制在 105℃？过高或过低有何不妥？

3. 试计算反应完全时的理论出水量，为何实际收集的液体量远多于理论出水量？

实验 22　甲基橙的制备

【实验背景】

偶氮化合物是指偶氮基(—N═N—)与两个烃基相连接而形成的一类化合物。这类化合物主要通过重氮盐与酚类或者芳胺类化合物经偶合反应而制得，反应过程包括重氮化和偶合两个步骤。

重氮化反应是由芳香族伯胺在冷的强酸性介质中与亚硝酸作用，生成重氮盐的反应。芳伯胺常称重氮组分，亚硝酸为重氮化试剂，因亚硝酸不稳定，通常使用亚硝酸钠与盐酸或硫酸反应，生成的亚硝酸立即与芳伯胺反应，可避免亚硝酸的分解。

$$Ar—NH_2 + HCl + NaNO_2 \xrightarrow{0\sim5℃} Ar—\overset{+}{N}_2Cl^- + NaCl + H_2O$$

重氮化反应最常用的酸是盐酸和硫酸，　也可使用过氯酸和氟硼酸等无机酸，酸的物质的量一般为芳伯胺的 2.5 倍，其目的是防止生成的重氮盐与未反应的芳伯胺发生偶合反应。大多数重氮盐很不稳定，脂肪族重氮盐生成后迅速自发分解，放出氮气和高度活泼的碳正离子；芳香族重氮盐由于与苯环形成共轭体系，在低温 0～5℃时可以稳定存在，反应时须严格控制反应温度。干燥的重氮盐受热或震动时，易爆炸，所以制成的重氮盐溶液不宜长时间存放，也不需分离，直接在水溶液中进行下一步的反应。重氮化反应还要注意控制亚硝酸钠的用量，因过量的亚硝酸会使重氮盐氧化而降低反应产率。该反应可用淀粉-碘化钾试纸检验。

重氮盐可作为有机合成中间体来制备多种有机化合物，在工业上和实验室制备中都具有重要的应用价值。其反应可分为两类：一类是放出氮气的取代反应，在一定的条件下，芳香族重氮基可以被氢原子、卤素、羟基、氰基等原子或基团取代，生成相应的芳香族化合物；另一类是保留氮的还原反应和偶合反应：

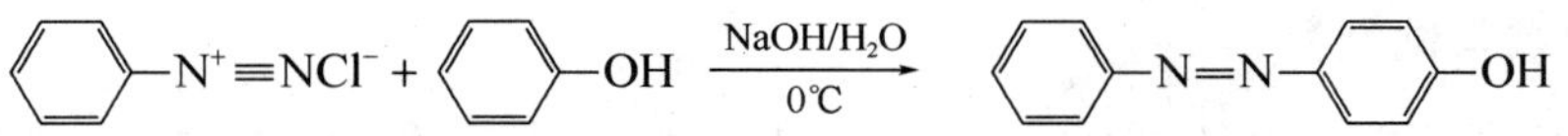

偶合反应是重氮盐与活泼的芳香族化合物，如酚类或芳胺之间进行的亲电取代反应。该反应受溶液的 pH 影响很大，酚的偶合反应需要在中性或弱碱性介质(pH=7～9)中进行，这样可使弱酸性的酚成为更活泼的酚氧基负离子，以利于与重氮盐发生偶合反应。

重氮盐与芳胺的偶合反应，通常在中性或弱酸性介质(pH=4～7)中进行，如 pH 过高，重氮盐容易变成重氮酸盐；pH 过低，游离芳胺则容易转变为铵盐，二者都会降低反应物的浓度。只有溶液在某一 pH 范围内可使得两种反应物都达到足够的浓度，可通过添加缓冲试剂乙酸钠来调节。

$$Ar-\overset{+}{N}_2Cl^- + H_2O \rightleftharpoons Ar-N=N-O^- + H^+ + HCl$$

$$Ar-NH_2 + H^+ \rightleftharpoons Ar-\overset{+}{N}H_3$$

偶氮类化合物是一种重要的有机染料，可用于各类纤维的染色和印花，并用于皮革、纸张、肥皂、蜡烛、木材、麦秆、羽毛等的染色及油漆、油墨、塑料、橡胶、食品等的着色。此外，偶氮化合物也常用作指示剂、新型光信息存储材料、聚合反应的引发剂等。

【实验目的】

1. 学习重氮化反应及偶合反应的原理。
2. 掌握低温反应的操作技术；巩固重结晶操作。

【实验原理】

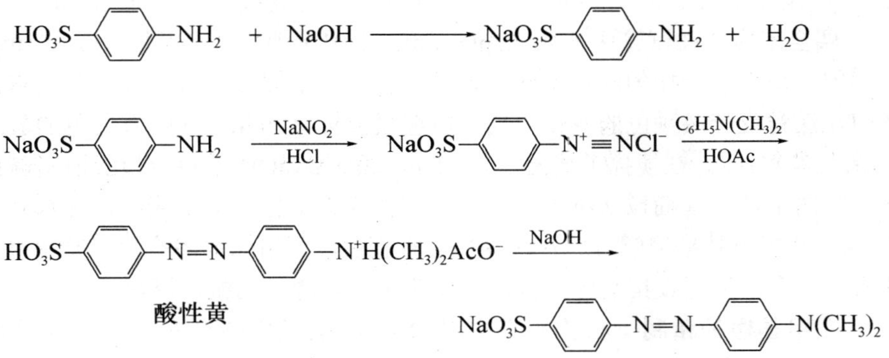

甲基橙

对氨基苯磺酸是两性化合物，酸性强于碱性，能形成酸性内盐，因此可与碱作用成盐。但不能与酸作用成盐，所以不溶于酸。故在酸性溶液中进行重氮化反应时，先使其形成对氨基苯磺酸的钠盐，以增加其水溶性。

【仪器与试剂】

1. 主要仪器 循环水真空泵；100mL 烧杯；10mL 和 50mL 量筒；布氏漏斗；抽滤瓶。

2. 试剂 对氨基苯磺酸 2.1g；*N,N*-二甲基苯胺 1.2g；亚硝酸钠 0.8g；浓盐酸；氢氧化钠；乙醇；乙醚；冰乙酸适量。

【主要原料及产物的物理常数】

相关数据详见表 4-15。

表 4-15 制备甲基橙的主要原料及产物的物理常数

化合物	相对分子质量	熔点 m.p.(℃)	沸点 b.p.(℃)	密度 (g/cm^3)	折射率 (n_D^{20})	溶解度(g/100mL)		
						水	乙醇	乙醚
对氨基苯磺酸	173.2	288	500	1.485	—	0.1^{20}	不溶	不溶
N,N-二甲苯胺	121.18	2.45	194	0.955 7	1.5582	微溶	混溶	混溶
甲基橙	327.33	300	—	$0.987^{25/4}$	—	微溶	不溶	不溶

【实验内容】

1. 重氮盐的制备 在 50mL 烧杯中加入 5%NaOH 溶液 10mL，再称取 2.1g (0.01mol) 对氨基苯磺酸晶体加入其中，微热使之溶解。另取一 50mL 烧杯，加入 6mL 水并将 0.8g(0.11mol)亚硝酸钠溶解于其中。将此溶液加入到第一个烧杯中，用冰盐浴冷至 0～5℃，在不断搅拌和冰盐浴冷却下，将该溶液慢慢滴加到盛有 3mL 浓盐酸和 10mL 水的 50mL 烧杯中，控制反应温度≤5℃，并注意搅拌均匀防止局部过热。滴加完后用碘化钾-淀粉试纸检验是否有过量的 HNO_2 存在。然后在冰盐浴中放置 15min，以保证反应完全。得到的对氨基苯磺酸重氮盐为细颗粒状白色沉淀。

2. 偶合反应 在试管中加入 1.2g(1.3mL，0.01mol)*N,N*-二甲基苯胺和 1mL 乙酸，振摇，使之混合摇匀。在不断搅拌下，将此溶液慢慢滴入上述冷却的重氮盐溶液中，注意反应液颜色的变化。加完后继续搅拌 10min，此时有红色的酸式甲基橙(酸性黄)沉淀。在搅拌下慢慢加入 25mL 的 5%NaOH 溶液至反应液呈碱性，此时粗制的甲基橙呈细粒状沉淀析出，反应物变为橙色。将反应物在沸水浴上加热 5min，使粗甲基橙溶解。放置，冷却至室温后，再用冰水浴冷却，促使甲基橙晶体析出完全。抽滤收集晶体，依次用少量水、乙醇、乙醚洗涤后压干。

3. 粗甲基橙的精制 将粗甲基橙用 0.4%的氢氧化钠水溶液(每克粗产品需 15～20mL)进行重结晶。纯品为橙黄色的小叶片状晶体。产量约 2.6g，产率 79.4%。

【结果与处理】

1. 称量粗甲基橙的产量，计算并分析产率。

2. 必要时，对粗甲基橙进行重结晶，测定其熔点并与文献值比较。

3. 取少量产品溶于水中，分别加入几滴盐酸或硫酸，再用稀氢氧化钠中和，观察溶液的颜色变化。

【操作与安全】

1. 如果淀粉-碘化钾试纸不显蓝色，则需补加少量亚硝酸钠溶液。但亚硝酸过量也会引起一系列副反应发生，必要时可用少量尿素除去。

2. 重氮化反应过程中，保持低温(≤5℃)和搅拌很重要，否则会影响产率。

3. 如果反应过程中有未反应的 *N,N*-二甲基苯胺乙酸盐，加入氢氧化钠后，有难溶于水的 *N,N*-二甲基苯胺析出，影响产物的纯度。

4. 粗产品为碱性，温度高时易使其变质，导致颜色变深，可在 65～75℃烘干；湿的甲基橙在空气中受光照后颜色也会变深，所以一般得到紫红色产物。

5. 用乙醚和乙醇洗涤的目的是使产品迅速干燥。

6. *N,N*-二甲基苯胺久置后易被氧化，应重新蒸馏后使用。但 *N,N*-二甲基苯胺有毒，重蒸应在通风橱内进行。

7. 甲基橙在酸性和碱性介质中变色的原理如下：

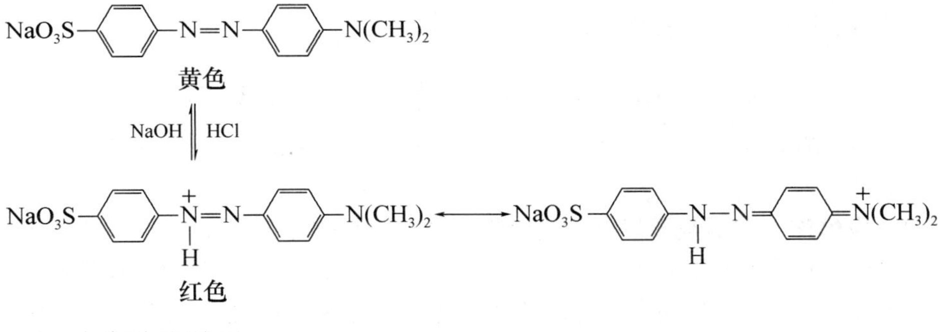

8. 本实验约需 5h。

【思考与讨论】

1. 重氮化反应为什么要在低温下进行？

2. 本实验在制备重氮盐时，为什么要把对氨基苯磺酸变为钠盐？如直接与盐酸混合，是否可以？

3. *N,N*-二甲基苯胺与重氮盐偶合的部位为什么总是在氨基的对位上？

实验 23　发酵法制备乙醇

【实验背景】

乙醇(酒精)是一种具有广泛用途的重要工业原料。因其性质较为活泼，所以是有机合成的重要原料，可用于制乙醚、乙醛、乙酸等。

乙醇具有广泛的溶解性，即能溶解许多无机物，又能溶解许多有机物，是重要的有机溶剂，可用于溶解植物中的色素或药用成分；也可溶解树脂、制作涂料等。在有机合成及制药工业中，常用乙醇作为反应溶剂，使参加反应的有机物和无机物均能溶解，增大两者的接触面积，提高反应速率。例如，在油脂的皂化反应中，加入乙醇既能溶解氢氧化钠，又能溶解油脂，使它们在均相(同一溶剂的溶液)中充分接触，加快反应速率，提高反应限度。

医药上，乙醇常用作消毒剂和防腐剂。一般使用 95%的乙醇用于器械消毒；70%～75%的乙醇用于杀菌。例如，75%的乙醇在常温下(25℃)1min 内可以杀死大肠杆菌、金黄色葡萄球菌、白色念珠菌、铜绿假单胞菌等；更低浓度的乙醇用于降低体温，促进局部血液循环等。但是研究表明，乙醇不能杀死细菌芽孢，也不能杀死肝炎病毒(如乙肝病毒)。故乙醇只能用于一般消毒，达不到灭菌标准！

在食品工业中，乙醇还广泛用作饮料和食品添加剂，如酒和含酒饮料，但饮用时不能超量，以免引起酒精中毒，青少年尤其不宜饮用含乙醇的饮料。由于乙醇良好的溶解性，中医也常用它来送服中药，以溶解中药中大部分的有机成分。

工业上制备乙醇一般采用乙烯直接水化法或淀粉发酵法。

1. 乙烯水化法 乙烯直接水化法，就是在加热、加压和酸催化剂的存在下，将乙烯与水直接反应来生产乙醇：

$$CH_2=CH_2+H-OH\xrightarrow[300℃/7MPa]{H_3PO_4}CH_3CH_2OH$$

原料乙烯可大量取自石油裂解气，成本低，产量大，可节约大量粮食，因此发展很快。

2. 发酵法 发酵是天然有机化合物借助于生物催化剂(酶)进行化学变化的过程。在日常生活和工业生产中有着广泛的应用。例如，酿酒就是将糖和淀粉经过发酵转化成醇的一种最为古老的化学技艺之一。此外，发酵也存在于面包、腌菜、抗生素、茶和咖啡的生产过程及许多其他的生化反应中。

发酵法制备乙醇就是在酿酒的基础上发展起来的，在相当长的历史时期内，曾是工业生产乙醇的唯一方法。其生产原料是含淀粉的农产品，如谷类、薯类或野生植物果实等；也可使用制糖厂的废糖蜜或者含纤维素的木屑、植物茎秆等。这些物质须经一定的预处理后，再经水解、发酵就可制得乙醇。蔗糖的发酵是在一系列称之为酒化酶的物质作用下转化成乙醇和二氧化碳的。酒化酶是一个复合物，有高度的选择性，但是对温度、pH 的变化及各种特效抑制剂等因素是不稳定的。

蔗糖发酵的过程是：蔗糖先水解为葡萄糖和果糖的磷酸酯，后者在酶的作用下再断裂为 2、3 个碎片，这些磷酸酯碎片最终转化成丙酮酸，后者再脱羧生成乙醛，最后阶段乙醛还原为乙醇。这些化学变化的每一步都需要一种特效的酶催化，并且都是厌氧反应。如果在酿酒过程中有氧存在，乙醇就会被氧化成乙酸，得到的是一个有酸味的酒。乙醇的生物合成过程如下：

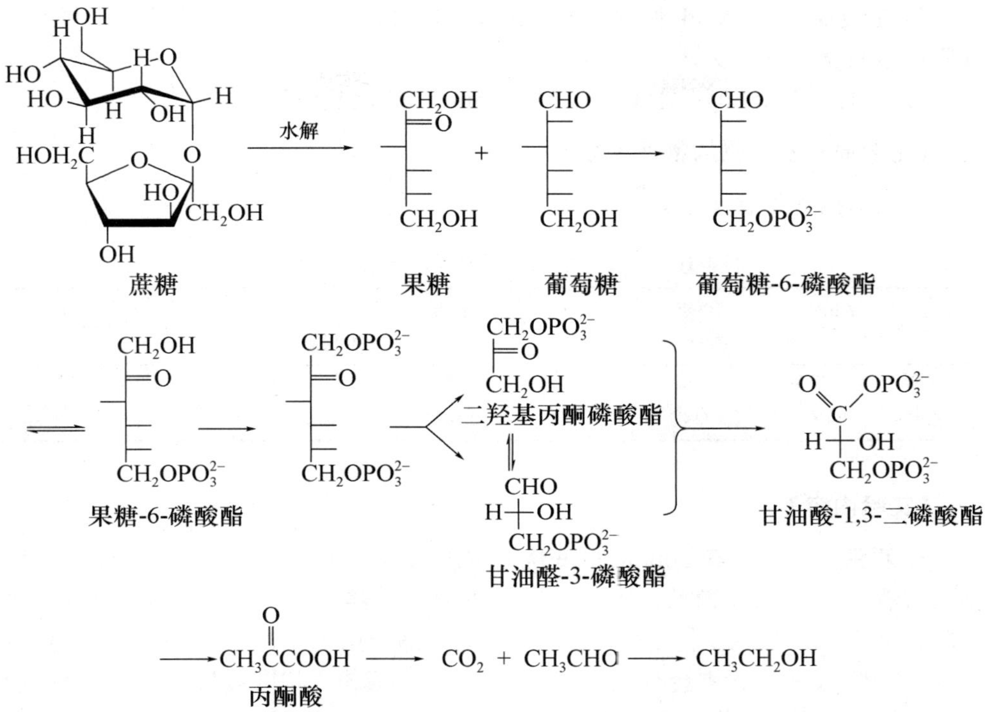

发酵液中乙醇的质量分数为 6%～10%，经精馏可得 95%的工业乙醇。由于共沸物的形成，进一步的蒸馏是不能再提高乙醇的质量分数的，如要得到更纯的绝对无水乙醇(99.95%)，必须要采用特殊的操作。

蔗糖的发酵反应除生成乙醇外，还会产生一些其他杂质，主要成分是有机醇和酯，称为杂醇油，生成的杂醇油的种类取决于发酵所用的原料。杂醇油的存在会使每一种酒产品产生它独特的风味，但它们大多是有毒的，一般是由 C_3～C_5 醇(例如)丙醇、异戊醇、异丁醇、叔戊醇等)组成的混合物。它们是由存在于原料和酵母中的蛋白质所生成的一些氨基酸转化而成的。

【实验目的】

1. 学习发酵法制备乙醇的原理及技术。

2. 巩固分馏操作技术。

【实验原理】

蔗糖的发酵可用以下反应式表示：

$$C_{12}H_{22}O_{11} + H_2O \xrightarrow[30\sim37℃]{\text{转化酶}} C_6H_{12}O_6 + C_6H_{12}O_6 \xrightarrow[30\sim37℃]{\text{酒化酶}} 4C_2H_5OH + 4CO_2$$

蔗糖　　　　　　**葡萄糖**　**果糖**

【仪器与试剂】

1. 主要仪器 500mL 圆底烧瓶；10mL 及 100mL 量筒；韦氏分馏柱；直形冷凝管；接液管；蒸馏支管；酒精比重计。

2. 试剂 蔗糖 60g；巴斯德盐溶液 35mL；浓硫酸适量。

【主要原料及产物的物理常数】

相关数据详见表 4-16。

表 4-16 制备乙醇的主要原料及产物的物理常数

化合物	相对分子质量	熔点 m.p.(℃)	沸点 b.p.(℃)	密度 (g/cm³)	折射率 (n_D^{20})	溶解度(g/100mL)		
						水	乙醇	乙醚
蔗糖	342.30	186.0	—	1.580 5	—	溶解	微溶	微溶
乙醇	46.07	–114.7	78.4	0.789 3	1.362 2	混溶	混溶	混溶

【实验内容】

1. 糖液的发酵 在 500mL 圆底烧瓶中加入 60g 蔗糖、300mL 水、35mL 巴斯德盐溶液和 3～4 滴浓硫酸，加入沸石，加热使糖溶解并煮沸 3～5min。将糖液放置冷却至 45℃，加入少量干酵母菌种，摇匀。瓶口用棉花塞好。在室温下放置发酵 4～7 日。发酵过程中会有大量气泡放出，并生成粉末状碳酸盐沉淀。发酵完后液面平静，不再有气泡放出。这时打开棉花塞可以闻到酒和面包混杂的香味。

2. 乙醇的分馏 发酵完成后，小心地将圆底烧瓶内的液体通过一团棉花倾滗到 500mL 的圆底烧瓶中，装好分馏装置，加入一粒沸石，进行分馏。收集 60mL 馏出液(每 10mL 记录温度一次)，弃去瓶内残余物。用酒精比重计测出乙醇含量，计算产率。

将馏出液转入 100mL 圆底烧瓶中，用相同的分馏装置，再进行分馏，分别收集 78～82℃和 82～95℃的馏分。

【结果与处理】

1. 用酒精比重计测出第一次馏出液中的乙醇含量，计算并分析产率。
2. 分别量取第二次分馏得到的两份馏出液的体积，计算回收率。

【操作与安全】

1. 巴斯德盐溶液由 2.0g 磷酸钙、0.2g 硫酸镁和 10g 酒石酸铵溶于 860mL 水配制而成。它用来提供微生物繁殖所需的养分。
2. 加硫酸是因在酸性条件下，有利于酵母发酵产生乙醇，还可抑制细菌的生长，达到防止其他杂菌入侵的作用。
3. 酵母可以用市售浓缩甜酒药 1.5g；也可用面包干酵母 0.3g。
4. 待分馏的发酵后液体如有过多沉积物，蒸馏时易发生暴沸，从而使蒸馏难以进行。故应在分馏前过滤除去。

5. 本实验的分离纯化过程约需 5h。

【思考与讨论】

1. 本实验采用分馏方法得到的乙醇产品，理论上乙醇的含量最高可达到多少？为什么？

2. 加酵母前为什么要将糖液放置冷却至 45℃，温度过高或过低有何影响？

实验 24 苯并咪唑的制备

【实验背景】

苯并咪唑是一种具有多种用途的杂环化合物。在高性能复合材料、电子化学品、金属防腐蚀、感光材料、生物和医药等诸多领域显示出独特的性能。在工业方面可作为环氧树脂的新型固化剂、催化剂及用于某些金属的表面处理等。苯并咪唑类化合物还有润滑的作用，如苯并三氮唑、烷基取代咪唑啉是人们熟知的润滑油防锈剂、抗氧化剂，有些衍生物还具有良好的抗压抗磨性能。苯并咪唑的聚合物由于在高温条件下具有优异的机械性能和介电常数，同时由于聚苯并咪唑的不可燃烧性和防雾性能，因而聚苯并咪唑树脂广泛用于纤维和织物的制造。

苯并咪唑具有多种生理活性，在抗真菌、镇痛消炎、抗风湿、驱虫等方面有极为重要的药用价值，可用于动、植物病毒的防治，人体疾病和肿瘤的防治。在制药工业中，苯并咪唑类化合物经常作为药物中间体而出现，例如，可用于生产抗癌药物、抗真菌药物和低血糖治疗药，也可用于制备治疗生理紊乱的药物、模拟天然超氧化物歧化酶(SOD)的活性部位、研究酶的生物活性等。有些苯并咪唑衍生物还具有抑制中枢神经兴奋、抗惊厥、抑制单胺氧化酶、抗血小板聚集及抗癌等作用。近年来，苯并咪唑衍生物作为配体应用于放射性药物及抗炎药物的研究异常活跃。此外，许多烷基苯并咪唑类化合物具有抗维生素 B_{12} 的活性，其中一些还具有抗病毒性质。

【实验目的】

1. 学习杂环化合物的合成原理及方法。

2. 巩固重结晶操作技术。

【实验原理】

通过邻苯二胺与羧酸及其衍生物的缩合反应合成苯并咪唑及其衍生物是一个传统的合成路线，也是目前苯并咪唑类化合物制备的最通用方法。此方法合成分为两步，第一步为 *N*-酰基化反应，第二步为氨基与羰基的加成环合及脱水反应，其反应过程如下：

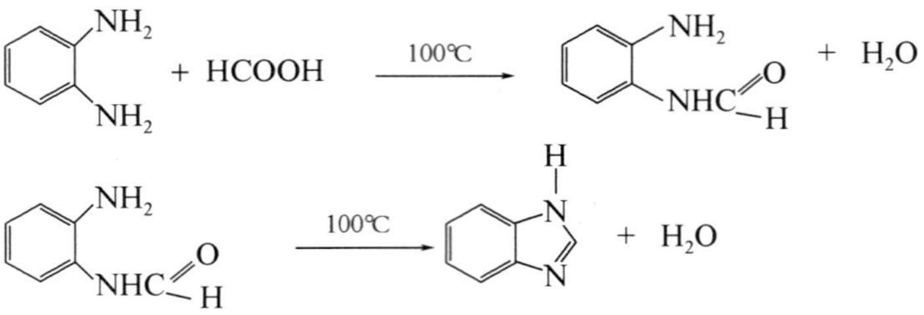

【仪器与试剂】

1. 主要仪器 50mL三颈瓶；10mL量筒；磁力搅拌器；球形冷凝管；150℃温度计；布氏漏斗；抽滤瓶。

2. 试剂 邻苯二胺5.4g；90%甲酸溶液3mL；10%氢氧化钠溶液适量；石蕊试纸。

【主要原料及产物的物理常数】

相关数据见表4-17。

表4-17 制备苯并咪唑的主要原料及产物的物理常数

化合物	相对分子质量	熔点 m.p.(℃)	沸点 b.p.(℃)	密度 (g/cm^3)	折射率 (n_D^{20})	溶解度(g/100mL)		
						水	乙醇	乙醚
邻苯二胺	108.14	102～104	256～258	1.031	—	微溶	溶解	溶解
甲酸	46.03	8.4	100.8	1.220	1.371 4	混溶	混溶	混溶
苯并咪唑	118.14	171～174	>360	1.242	—	微溶	溶解	微溶

【实验内容】

在装有搅拌、回流冷凝管、温度计的50mL三颈瓶中，加入5.4g(0.05mol)邻苯二胺和3mL(3.7g，0.08mol)90%的甲酸，搅拌下加热到100℃反应1～2h。冷至室温，搅拌下滴加10%的氢氧化钠溶液，直到刚呈碱性为止，用石蕊试纸检测变色。搅拌均匀后抽滤，10mL冷水洗涤三颈瓶后洗涤滤饼得到粗产物。将粗产物加入到500mL烧瓶中，加70mL沸水和0.3g活性炭，煮沸15min，趁热过滤，冷却后析出固体，抽滤并用10mL冷水洗涤，真空干燥，得到白色固体5g，产率84.7%。

【结果与处理】

1. 称量苯并咪唑的产量，计算并分析产率。
2. 必要时，对苯并咪唑进行重结晶，测定其熔点并与文献值比较。

【操作与安全】

1. 苯二胺有毒，具刺激性。吸入、摄入或经皮肤吸收对身体有害。对眼睛、黏膜、呼吸道有刺激作用。

2. 反应温度控制在 100～105℃，过高会使邻苯二胺氧化。

3. 反应完成后，需加入 10%的氢氧化钠溶液 8～15mL，pH = 9。

4. 本实验约需 6h。

【思考与讨论】

1. 实验过程中加入 10%氢氧化钠溶液的作用是什么？

2. 查阅文献和资料，撰写一篇关于苯并咪唑类药物的结构类型、主要用途、制备方法及结构鉴定的综述性文章或专题介绍。

实验 25　(*S*)-(+)-3-羟基丁酸乙酯的生物催化合成

【实验背景】

手性酯类化合物具有特定官能团，是合成手性药物、手性农用化学品及香精、香料等物质的重要中间体。3-羟基丁酸乙酯(EHB)是一种重要的有机中间体，可用来制备多种医药产品，也可通过酯交换缩聚制成聚-3-羟基丁酸乙酯，用于合成医用材料和光学材料等。光学纯(*S*)-3-羟基丁酸乙酯是制备多种手性化合物的关键中间体，如可用于合成薰衣草醇、食菌甲诱醇、核球壳菌、格哈菌素、卡包霉素和灰绿霉素等。而(*R*)-3-羟基丁酸乙酯则是合成手性药物，如内酰胺酶抑制剂、*L*-肉碱和碳青酶烯类抗生素等的重要中间体。

生物催化(biocatalysts)是指利用酶或有机体(细胞、细胞器等)作为催化剂实现化学转化的过程，又称生物转化(biotransformation)。它是生物有机合成的重要组成部分，尤其是生物催化的手性合成，可以利用酶或有机体作为催化剂，将无手性或潜手性化合物转变为手性产物。在手性化合物合成中发挥着重要作用，特别适用于医药、食品、农药、化妆品及香料等精细化工产品的合成制备。生物催化中常用的有机体主要是微生物，其本质是利用微生物细胞内的酶催化非天然有机化合物的生物转化，也称微生物生物转化(microbial biotransformation)。

生物催化剂有很多类型，包括游离的或固定化形式的酶、微生物细胞，固定化形式使用的微生物、植物及动物细胞等。生物催化反应具有高度的化学、区域和立体选择性，酶还是一种高效催化剂，能加速化学反应的速度，可以在温和的条件(如室温、中性或接近中性 pH)下进行反应，这样的反应条件将会减少产物的分解、异构化、消旋和重排反应，因而极少或根本不生成副产物，收率高。生物催化过程一般无污染或污染较少、能耗相对较低，是一种环境友好的合成方法，因此，生物有机合成又被称为“绿色合成”(green synthesis)，它将会为绿色化学工业做出贡献。

【实验目的】

1. 学习生物催化合成手性化合物的合成原理及方法。

2. 熟悉酶催化合成(*S*)-3-羟基丁酸乙酯的操作技术。

3. 熟练掌握蒸馏及萃取等基本操作技能。

【实验原理】

利用面包酵母使乙酰乙酸乙酯中的羰基还原成羟基，生成光学活性的(*S*)-3-羟基丁酸乙酯，反应过程中只得到一种对映异构体。

(*S*)-(+)-EHB

【仪器与试剂】

1. 主要仪器 1000mL 三颈瓶；250mL 圆底烧瓶；分液漏斗；计泡器；(G4，100mL)玻璃沙芯漏斗；直形冷凝管；蒸馏支管；100℃温度计；克氏蒸馏头；真空接液管；恒温水浴槽；真空系统；旋光仪。

2. 试剂 面包酵母 50g；蔗糖 125g；乙酰乙酸乙酯 10g；硅藻土 20g；饱和食盐水 100mL；乙醚 300mL；无水硫酸镁适量。

【主要原料及产物的物理常数】

相关数据见表 4-18。

表 4-18 制备(*S*)-(+)-3-羟基丁酸乙酯的主要原料及产物的物理常数

化合物	相对分子质量	熔点 m.p.(℃)	沸点 b.p.(℃)	密度 (g/cm³)	折射率 (n_D^{20})	溶解度(g/100mL)		
						水	乙醇	乙醚
乙酰乙酸乙酯	130.1	−45	181	1.0282	1.419 4	11.6^{20}	溶解	溶解
3-羟基丁酸乙酯	132.16	—	170	1.0170	1.419 5	混溶	混溶	混溶

【实验内容】

在 1000mL 的三颈瓶上安装一个计泡器、温度计和机械搅拌器，向烧瓶中加入 50g 面包酵母，另将 75g 的蔗糖溶解在 400mL 新鲜的自来水中配成溶液，并将其温热到 30℃，然后加入到三颈瓶中，再将瓶内混合液体于 25～30℃下缓慢搅拌 60min 后，再向瓶内加入 5g(0.038mol)乙酰乙酸乙酯，同时强烈搅拌悬浮液达到每秒放出两个气泡，加毕，在室温下慢慢搅拌 24h 后，再向三颈瓶中加入温热到 40℃的新配蔗糖溶液(50g 蔗糖溶于 250mL 新鲜的自来水中)，放置 60min(每秒放出两个气泡)，随后再向瓶内加入 5g 乙酰乙酸乙酯，再在室温下慢慢搅拌 48h 后，停止培养。向反应液中加入 20g 硅藻土，以玻璃沙芯漏斗过滤，滤液用 100mL 饱和食盐水洗涤，再用 100mL 乙醚萃取 3 次，合并醚层，用无水硫酸镁干燥后。蒸馏，先回收乙醚，残液再减压蒸馏，收集 71～73℃(1.599kPa)的馏分。

(*S*)-3-羟基丁酸乙酯纯度检验：取 1mL 馏分，溶于 10mL 乙酸乙酯中，震荡 5min 后移入旋光管中并补加乙酸乙酯至充满，充分混合后放入旋光仪中测定其旋光度。

【结果与处理】

1. 称量(*S*)-3-羟基丁酸乙酯的产量，计算并分析产率。
2. 量取(*S*)-3-羟基丁酸乙酯的体积，计算并分析密度。
3. 按下式计算(*S*)-3-羟基丁酸乙酯的光学纯度。

$$\text{光学纯度}(OP)=\frac{\text{样品的 }[\alpha]}{\text{纯物质的 }[\alpha]}\times 100\%$$

【操作与安全】

1. 产物的对映体过量值约为：(*S*)-对映体 95%，(*R*)-对映体 5%。
2. 手性化合物的对映体纯度，文献中多用对映体过量值(ee)来表示，其计算公式为：$ee=([R]-[S])/([R]+[S])\times 100\%$，式中，$[R]$、$[S]$分别为两种对映异构体的浓度。*ee* 通常要用手性 HPLC 进行测定，如果实验条件有限，也可以用精确度略低的光学纯度替代。
3. 使用乙醚应注意安全。
4. 合成反应结束后的分离纯化过程约需 4h。

【思考与讨论】

1. 实验过程中加入饱和食盐水洗涤的目的是什么？
2. 3-羟基丁酸乙酯比乙酰乙酸乙酯更容易水解，为什么？

第五章　天然有机化合物的分离与提取

天然产物广泛存在于自然界中，数量庞大，种类繁多。相当多的天然产物的提取物表现出各种各样的生理活性，成为许多药物的重要来源，如抗癌药物喜树碱、紫杉醇，抗疟药物青蒿素及奎宁类生物碱等。我国有着独特而丰富的天然中药资源，许多中药的有效成分具有疗效显著、副作用小、结构新颖的特点，因而成为人类新药设计的结构模型。而天然产物的分离与提取、结构分析与鉴定、全合成、活性与构效关系的研究等方面，也是有机化学的重要组成部分，随着现代色谱和波谱技术的不断发展，天然产物的提取、分离及鉴定会变得更为有效和方便。

实验 26　红辣椒中辣椒红色素的提取

【实验目的】

1. 学习天然物质的分离提纯方法。
2. 掌握辣椒红色素的提取原理及实验方法。
3. 掌握索氏提取器的操作技术。

【实验原理】

成熟红辣椒果实中含有多种色泽鲜艳的天然色素。其主要成分为辣椒红色素，占辣椒果皮质量的 0.2%～0.5%。辣椒红色素为深红色油溶性液体，具有颜色鲜艳，着色力强，耐光、热、酸、碱，且不受金属离子影响、无毒副作用等特点，被作为着色剂，广泛应用于各类食品、饮料和医药品的着色，也可应用于化妆品的生产。辣椒红色素是四萜类橙红色素，结构与胡萝卜素类似，最主要的成分是辣椒红素、辣椒玉红素及β-胡萝卜素。前两者是辣椒呈深红色的主要物质，而显现黄色的组分是β-胡萝卜素和玉米黄质。辣椒红素及辣椒玉红素结构如下：

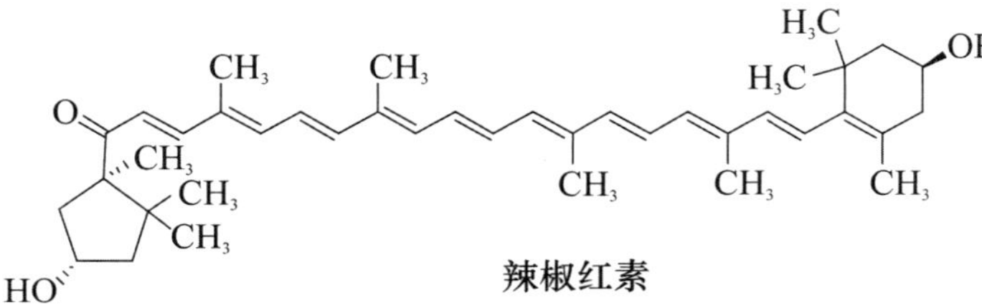

辣椒红素

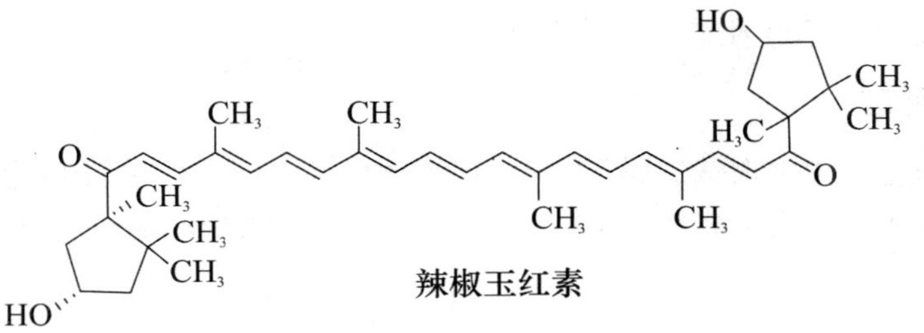

辣椒玉红素

用溶剂提取固体混合物中的可溶部分时，往往由于溶解平衡而不能提取完全。利用索氏提取器可以避免这种现象的发生，提高提取效率。索氏提取器的原理及操作参见第二章第六节。

【仪器与试剂】

1. 主要仪器　50mL 圆底烧瓶；索氏提取器；蒸馏支管；直形冷凝管；接液管；50mL 锥形瓶；滤纸；剪刀。

2. 试剂　红辣椒粉 1g；二氯甲烷 25mL。

【实验内容】

在圆底烧瓶内加入 1～2 粒沸石，再将 1g 干红辣椒粉用滤纸包好，放入索氏提取器内，按图 2-13 所示，安装好装置。量取 25mL 二氯甲烷，从回流冷凝管上口加入，溶剂经虹吸管吸入烧瓶。

开通冷凝水，水浴加热圆底烧瓶，索氏提取器开始工作。反复提取至虹吸管内流下的液体无颜色(大约需时 40min)。

停止加热后，将索氏提取器拆除，改为蒸馏装置，重新添加新沸石，再次加热蒸馏烧瓶，当瓶内液体浓缩至约 5mL 时，停止加热，残留液置棕色瓶中保存。

【操作与安全】

1. 滤纸包上下开口处要用细线扎紧，防止固体混合物漏出，影响分离效果。

2. 提取过程中注意调节温度，一定要保证圆底烧瓶中的溶剂不要出现蒸干现象，防止溶质在瓶壁上结垢或炭化。如果溶剂不够，可以先撤去热源，瓶内液体稍冷后，向索氏提取器中缓慢补充适量溶剂。

3. 一般溶剂用量是虹吸两次的体积。

【思考与讨论】

1. 提取物中主要有哪些成分？如何进一步将它们分离开来？

2. 索氏提取器比普通加热回流提取有什么优越性？

实验 27　从茶叶中分离咖啡因

【实验目的】

1. 学习提取生物碱的基本原理及实验方法。

2. 熟练掌握萃取及重结晶操作技术。

【实验原理】

咖啡因是一种生物碱，属于嘌呤的衍生物，存在于咖啡和茶叶等植物中，也可由人工合成。其化学名称为1,3,7-三甲基-2,6-二氧嘌呤，结构式如下：

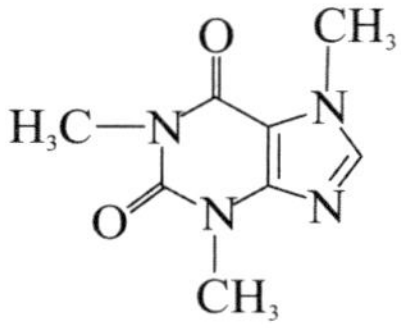

咖啡因对中枢神经有兴奋作用，临床上用作循环衰竭和呼吸衰竭的解救，可作利尿剂，也是许多非抑制镇痛药(如APC)的成分之一。

茶叶中含有多种生物碱，但以咖啡因为主，占1%～5%。此外，茶叶中还含有茶丹宁、某些类黄酮色素、叶绿素、纤维素、氨基酸、蛋白质、类脂、维生素及矿物质等多种化学成分。咖啡因为针状白色晶体，有苦味，能溶于热水，具有微弱的碱性，与酸作用生成较稳定的盐。所以，可以用热水将咖啡因提取出来，而茶丹宁、某些类黄酮色素、叶绿素等也都会同时从茶叶中被提取出来。水溶性的茶丹宁实际上是酯类化合物，由没食子酸与葡萄糖游离的羟基结合而成，在热水中茶丹宁部分水解生成没食子酸。

茶丹宁、没食子酸及茶叶中的其他有机酸可将碱性的咖啡因中和成不溶性的盐，使获得纯的咖啡因变得困难。因此，要先将碳酸钙加入到茶叶中，使碳酸钙与茶丹宁反应生成不溶性的钙盐，这样咖啡因就可以作为可溶性生物碱留在溶液中。由于咖啡因溶于二氯甲烷，可以用二氯甲烷从水溶液中提取游离的生物碱(提取液中同时含有叶绿素)。将提取液蒸馏以除去二氯甲烷，留下咖啡因和叶绿素粉末状残渣。利用叶绿素易溶于丙酮的性质，用丙酮将咖啡因重结晶，即可达到提纯目的。

【仪器与试剂】

1. 主要仪器 500mL圆底烧瓶；回流冷凝管；500mL抽滤瓶；布氏漏斗；500mL分液漏斗；50mL及100mL蒸馏烧瓶；直形冷凝管；蒸馏支管；接液管；100℃温度计；锥形瓶。

2. 试剂 红茶叶30g；碳酸钙30g；二氯甲烷75mL；丙酮适量；石油醚(60～90℃)少量。

【实验内容】

1. 咖啡因的提取 把30g红茶叶和30g粉末碳酸钙放入500mL圆底烧瓶中，加水250mL，用电热套加热使瓶内液体微沸，并保持温和回流25min。回流毕，趁热抽滤，滤液用冰水冷却。然后用二氯甲烷萃取滤液，每次25mL，萃取三次。

如果出现乳化现象，可将二氯甲烷萃取液通过小的棉团，以除去固体物质和部分去除乳化。

将二氯甲烷萃取液置于 100mL 蒸馏烧瓶中，在水浴上蒸去二氯甲烷(回收于指定的容器中，不要倒入水槽)。瓶内残渣为咖啡因粗品，称重。

2. 咖啡因粗品的纯化　在上述粗咖啡因中先加入少量丙酮，水浴加热，之后再逐滴加入丙酮至固体恰好全溶。然后在丙酮溶液中滴加少量石油醚(60～90℃)至溶液恰好混浊。冷却析晶，抽滤，收集结晶，干燥后称重。

【结果与处理】

1. 对粗咖啡因进行称量，计算干茶叶中粗咖啡因的百分含量。
2. 称量并记录纯咖啡因的质量，计算并分析收率。
3. 必要时，测定咖啡因的熔点，以检验其纯度，文献值为 236℃。

【操作与安全】

1. 咖啡因难溶于石油醚，故重结晶时加入石油醚可加速其结晶。
2. 二氯甲烷有毒，使用时要防止吸入蒸气、摄入或皮肤接触。
3. 丙酮有毒，使用时应防止吸入或摄入，同时防止明火接触。

【思考与讨论】

1. 本实验中，加入生石灰的目的是什么？
2. 要提高收率和产品纯度应注意哪些问题？
3. 咖啡因受热易升华，可用升华的方法提纯，请查阅文献拟出实验方案。

实验 28　菠菜叶色素的柱色谱分离

【实验目的】

1. 通过菠菜叶色素的柱色谱分离实验，学习天然物质的提取方法。
2. 了解吸附柱色谱原理，掌握氧化铝吸附柱色谱的操作技术。

【实验原理】

绿色植物的茎和叶中均含有多种天然色素，常见的有胡萝卜素、叶绿素和叶黄素等。植物中的胡萝卜素是具有长链结构的共轭多烯，有 3 种异构体，α-、β-和 γ-胡萝卜素，但以 β-异构体含量较多，也最为重要，它可在生物体内经酶催化氧化成为维生素 A，因此也称为维生素 A 原，它可在食品工业中作为色素使用。

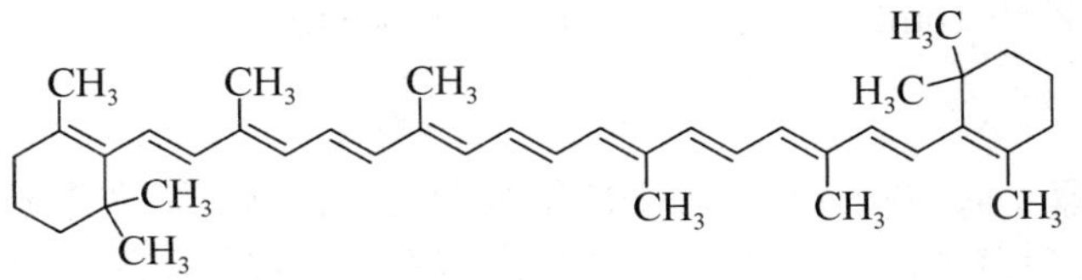

β-胡萝卜素

叶绿素是植物光合作用所必需的催化剂，是吡咯衍生物与金属镁的络合物，有两个异构体：叶绿素 a 和叶绿素 b，在植物中，叶绿素 a 的含量是叶绿素 b 的三倍，叶绿素分子中虽然含有一些极性基团，但大的烃基结构使它易溶于醚及石油醚等一些非极性溶剂中。

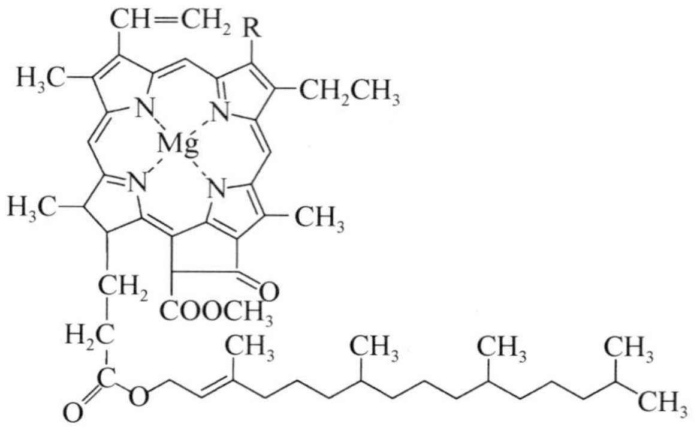

$R=CH_3$叶绿素a
R=CHO叶绿素b

叶黄素最早是从蛋黄中分离得到，在菠菜中其含量是胡萝卜素的两倍，叶黄素在石油醚中的溶解度较小而易溶于醇。

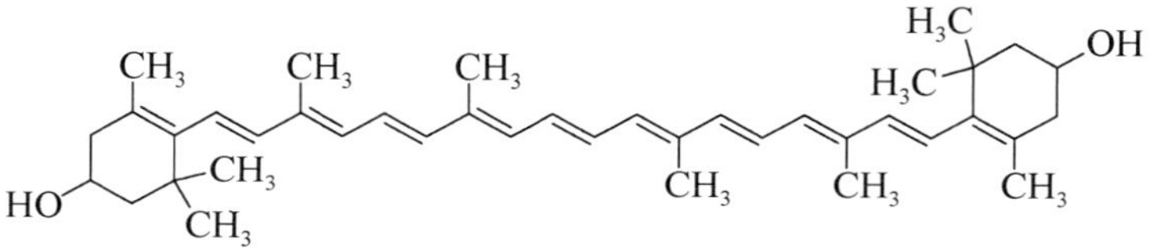

叶黄素

本实验从绿叶植物菠菜中提取以上色素，用氧化铝吸附柱色谱分离。当菠菜色素的浓缩液在色谱柱上流过时，混合物中的组分按吸附剂对它们所发生的吸附能力大小的顺序，在色谱柱上形成一个色带或色区。用洗脱剂冲洗柱身，整个色谱过程反复发生吸附、解吸、再吸附、再解析，可将已分开的组分从柱上洗出，吸附能力最弱的非极性组分最先随洗脱剂流出，分别收集各组分后，逐一用薄层色谱法加以检测和鉴定。

【仪器与试剂】

1. 主要仪器　研钵；布氏漏斗；抽滤瓶；分液漏斗；(2×20cm)色谱柱；100mL 圆底烧瓶；蒸馏支管；接液管；直形冷凝管；100mL 锥形瓶；玻璃漏斗；(100×100mm)层析缸；(3×10cm)硅胶羧甲基纤维素钠板 5 片。

2. 试剂　干菠菜叶 20g；(150～160 目)中性氧化铝 20g；(60～90℃)石油醚 300mL；丙酮 80mL；乙醇 10mL；正丁醇 30mL；甲醇 40mL。

【实验内容】

1. 菠菜色素的提取　取 20g 洗净并晾干的新鲜菠菜叶，剪碎后置于研钵内，加入 20mL 甲醇后一起研磨 5min，用布氏漏斗抽滤后弃去滤液。糊状滤渣转入研钵，用体积比为 3 : 2 的石油醚-甲醇混合液 40mL，分两次在研钵内研磨、萃取并抽滤之后，将两次滤液合并，在分液漏斗中用 20mL 水分两次洗涤滤液，弃去甲醇-水层，石油醚层用无水硫酸钠干燥后滤入圆底烧瓶中，在水浴上蒸去大部分石油醚至瓶内剩余 1mL 左右残液。

2. 菠菜色素的柱色谱分离

(1) 装柱：将洁净干燥的色谱柱垂直固定在铁架台上，下面放一洁净且干燥的 100mL 锥形瓶，用于接收洗脱剂，关闭柱下端活塞，先自柱口加入 15cm 高的石油醚，再将一小团石油醚润湿并挤去气泡的脱脂棉装入柱底铺平，盖好石英沙，取 20g 中性氧化铝，经干燥而洁净的粗颈玻璃漏斗缓慢而连续地加入到柱中，同时打开活塞，控制石油醚以 1 滴/秒的速度流出，期间不时用带橡皮塞的玻璃棒轻轻敲击柱身，使氧化铝沉降均匀、紧密，没有裂缝和气泡。加毕，关闭活塞，静置色谱柱。当氧化铝不再沉降时，用石英砂盖在氧化铝的顶部。再次打开活塞，继续放出石油醚至柱顶液面保持在石英砂上 1～2mm 处为止。

(2) 上样：迅速用滴管加入步骤制得的菠菜色素溶液，除 1～2 滴留作薄层色谱之用外，其余部分全部加入色谱柱中。开启活塞使柱顶液面降至石英砂之上约 1mm 时，关闭活塞。用干净滴管吸取数滴石油醚沿内壁加入柱中，将染在柱壁之上的微量色素洗下。再次打开活塞放出液体，重复冲洗操作 2～3 次。

(3) 洗脱：用体积比 9:1 的石油醚-丙酮混合溶剂进行洗脱，当第一个橙黄色色带(胡萝卜素)开始流出时更换接收瓶。待第一色带被完全洗下，滴出之洗脱液清澈无色时，停止石油醚的加入，等液面降至石英沙处时，换用体积比为 7： 3 的石油醚-丙酮混合溶剂洗脱，用另一 100mL 锥形瓶收集第二个棕黄色的色带(叶黄素)。最后用体积比为 3 : 1 : 1 的正丁醇-乙醇-水混合溶剂洗脱蓝绿色的第三和黄绿色的第四色带。

3. 菠菜色素中各组分的 TLC 分析　取几块预先铺制并活化后的羟甲基纤维素钠硅胶板，每块板上点两个样点，一边是色素提取液，一边是柱色谱分离得到的四个组分，用体积比为 8 : 2 的石油醚-丙酮混合溶剂展开，观察并用铅笔标记斑点的位置。

实验完毕，将四种组分分别倒入回收瓶内，吸附剂倒入指定的容器内，将色谱柱洗净后垂直固定在铁架台上晾干。

【结果与处理】

1. 计算薄层板上各斑点的比移值，并按 R_f 由大到小的次序将胡萝卜素、叶黄素、叶绿素等组分排列出来。

2. 各样点的 R_f 参考值：β-胡萝卜素 R_f= 0.75；叶黄素 R_f=0.7；叶绿素 a R_f=0.67；叶绿素 b R_f= 0.5；菠菜色素提取液的薄层板上可能还会看到一个未知色素的斑点 R_f= 0.2。

3. 观察四个色带的样点是否单一，如果出现多个斑点，计算斑点的个数并分析判断分离得到的各组分的纯度。

【操作与安全】

1. 菠菜叶研磨过程中，溶剂要少量多次加入，以免研磨时四处飞溅。

2. 色素洗涤操作时，动作要轻柔，以免形成乳浊液。

3. 装柱前，色谱柱要先用洗液清洗，再分别用水和蒸馏水清洗后干燥。

4. 叶黄素在石油醚中的溶解度较小，因而在菠菜色素的提取液中含量较少，柱色谱时不易分得到黄色带，薄层色谱中的样点也可能很淡，不易观察。

5. 可用分液漏斗在柱顶“自动”添加洗脱剂，将分液漏斗尾部插入柱上端洗脱剂的液面下，打开分液漏斗的活塞，顶塞封闭。洗脱剂液面下降至分液漏斗尾部以下时，洗脱剂自动滴出，使柱内液面上升，当淹没分液漏斗尾部时，滴加停止或变缓慢。

6. 装柱和加样时，一定要注意保持柱顶部的平整，否则易形成色带倾斜，影响分离效果。

7. 氧化铝最好一次加完，如分数次添加，会沉积为数层，分离时易被误认为一个色层。

8. 装柱时，如发现柱中已形成气泡，应设法排除，如不能排除，应倒出重装。

9. 第一色带约用洗脱剂 50mL，第二色带约用 200mL，第三和第四色带约用 50mL。

【思考与讨论】

1. 柱色谱操作中要使分离效果好该注意些什么？

2. 为什么不同的溶质要用不同的溶剂洗脱？

3. 试比较叶黄素、叶绿素的极性，为什么胡萝卜素在柱色谱中洗脱速度最快？

实验 29 头发蛋白中部分氨基酸的分离和鉴定

【实验目的】

1. 学习头发蛋白中混合氨基酸的提取操作，掌握回流加热、脱色、过滤等基本实验技术。

2. 了解纸色谱的原理，掌握圆形纸色谱的操作技术及比移值的计算方法。

【实验原理】

人和动物的毛发是天然的角蛋白，由多种氨基酸组成，并以半胱氨酸含量最高，约占各种氨基酸总量的 18%。半胱氨酸在蛋白质中常以二硫键结合在一起而成为胱氨酸。两者均具有促进毛发生长和防止皮肤老化的作用，临床上可用于肝炎、膀胱炎、秃发、放射性损伤和白细胞减少症的治疗，同时也是某些药物中毒的特效解毒剂。

毛发经盐酸水解后可制得混合氨基酸溶液，因蛋白质和多肽呈缩二脲显色反应，但氨基酸不显色，故可利用缩二脲反应检查毛发水解是否完全。

圆形纸色谱是纸色谱的一种，用一张圆形滤纸，将样品点在距圆心一定距离的同心圆的圆周上，向滤纸中心插一纸芯，通过滤纸的毛细作用使溶剂沿滤纸向四周展开，当溶剂从纸上流过时可达到连续的液-液萃取目的，从而使样品中各组分分离开来。

R_f值是物质的物理常数之一。取决于被分离条件下，物质在两相间的分配系数和两相间的体积比。影响R_f值的因素很多，在进行纸色谱操作时，必须严格控制条件，否则R_f值不易重现。

在圆形纸色谱中，色谱图谱显色后表现为弧形色带。R_f值最大的样品，其弧形色带距原点最远，最小的则距原点最近，其余的按序介于两者之间。

本实验采用标准样品和待分离样品在同一张滤纸上进行纸色谱，在相同的条件下，比较其R_f值，从而对头发中部分含量较大的氨基酸进行分离和鉴定。

【仪器和试剂】

1. 主要仪器 100mL 圆底烧瓶；电热套；回流冷凝管；玻璃漏斗；100mL 锥形瓶；显色试剂喷瓶；电吹风；内径 1mm 的毛细管；培养皿；铅笔；圆形滤纸。

2. 试剂 浓盐酸；0.1mol/L 的半胱氨酸；胱氨酸；谷氨酸；酪氨酸标准品的水溶液、正丁醇 4mL；冰乙酸 1mL；2%茚三酮的 95%乙醇溶液；5%硫酸铜溶液。

【实验内容】

1. 头发的水解 准确称取洁净毛发 0.5g 放入 100mL 圆底烧瓶内，加入浓盐酸与等体积水配成的 19%盐酸溶液 20mL，装上回流冷凝管并加入沸石，电热套加热回流 60min 后，撤去热源，拆下冷凝管，立即向瓶内加入 0.5g 活性炭，将圆底烧瓶充分振摇后，再将水解液滤入小锥形瓶内，得无色或稍带淡黄色的液体，取几滴水解液用硫酸铜和氢氧化钠进行缩二脲反应检查水解是否完全，无蓝紫色说明蛋白质已经完全水解。否则，可补加 3～5mL 19%盐酸，再次回流 15min 后再进行检验，直至完全水解。得到混合氨基酸溶液。

2. 混合氨基酸的纸色谱分离与鉴定 取圆形滤纸一张，直径要比用作色谱展开槽的培养皿大 2cm 左右，用圆规以 1cm 为半径自滤纸圆心处画一圆(滤纸不可折叠)。将此圆之圆周分成五等分，并在滤纸边缘上对应于每一等分处用铅笔标上“半胱、胱、谷、酪、混”字样。

(1) 点样：分别将 4 种氨基酸标准品配成 0.1mol/L 的标准溶液，将滤纸平放在洁净而干燥的培养皿上，在圆周上每一等分的中部，并对应于所标字样，分别用干净毛细管小心点上半胱氨酸、胱氨酸、谷氨酸、酪氨酸和混合氨基酸样品溶液。点样时，毛细管口应平整，管中液体要尽量少些，与纸面接触的时间尽量短些，每种氨基酸重复点样两次，头发水解液要重复点样三次，但样点的直径不得超过 5mm，每一支毛细管只能蘸取一种溶液，然后将滤纸在空气中自然晾干(必要时可用电吹风吹干)。

取一长 2cm，宽 1cm 的同质料滤纸条，将其一端剪成条状，然后卷起来即得纸芯(图 5-1A)。在圆形滤纸的圆心处穿一小孔，其大小恰好能使纸芯从滤纸无字的一面插入，既不过松，也不过紧，用剪刀剪去纸芯多余部分，使纸芯上端尽量与滤纸面相齐，下面则刚好接触培养皿底。

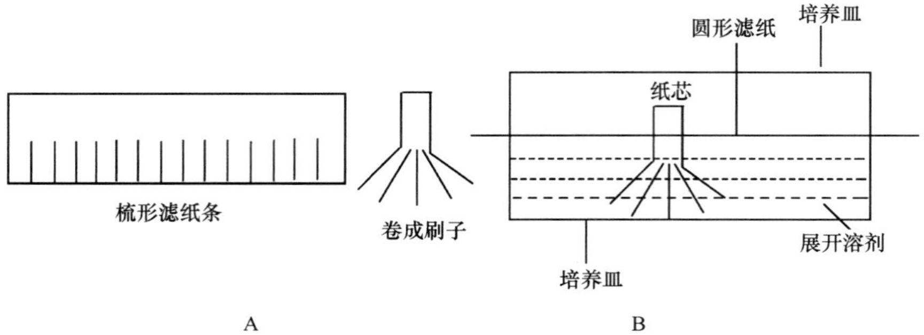

图 5-1 氨基酸圆形纸色谱操作示意图

A. 纸芯的制作 B. 展开操作

(2) 展开：将正丁醇、冰乙酸和水按 4 : 1 : 5 的体积比混合后取上层清液作为展开剂，然后量取 10mL 展开剂并经玻璃棒缓缓倒入培养皿中(皿中央液深约 2mm)。勿使展开剂沾到培养皿的边沿上，然后将装好纸芯的滤纸放置在培养皿上，在其上迅速用同样大小之培养皿严密覆盖(图 5-1B)。为维持温度恒定，在展开时不能在培养皿旁做加热操作。

当溶剂展开至接近培养皿边缘时，取出滤纸，拨下纸芯，用铅笔迅速画下溶剂“前沿”的位置，再用电吹风吹干滤纸。将培养皿中的展开剂经漏斗倒入回收瓶内。

(3) 显色：显色试剂喷瓶内装入含 2%茚三酮的 95%乙醇溶液至半满，均匀地将其喷在滤纸上，再用电吹风将滤纸烘干到显出各氨基酸的弧形色带来(图 5-2)。用铅笔标记各弧形斑纹中心。

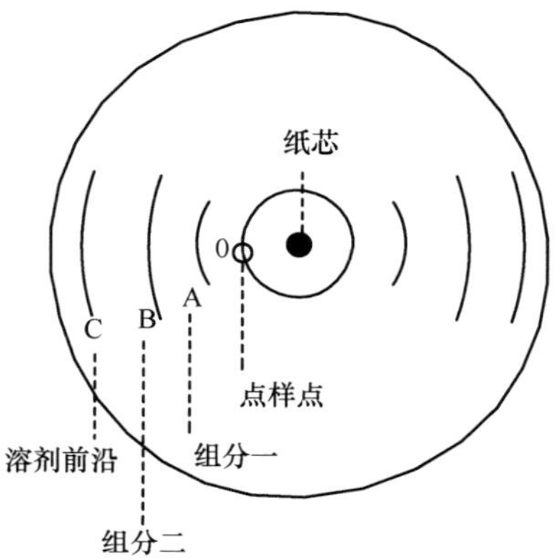

图 5-2 氨基酸圆形纸色谱图

【结果与处理】

1. 计算圆形滤纸上各斑纹的 R_f 值并进行比较，确定混合氨基酸中的相应成分。

2. 观察并指出头发蛋白中含有几种氨基酸。

【操作与安全】

1. 实验前毛发要用洗衣粉洗涤脱脂，清水漂净，晾干，剪碎备用(由学生自己提前准备)。

2. 正丁醇易燃并有一定毒性，使用现场禁明火和吸烟，勿吸入蒸气或触及皮肤。

3. 操作时，尽量不要用手过多触摸滤纸，因手汗上有少许氨基酸，会干扰检测。

4. 用茚三酮试剂喷射时，务必使滤纸湿透但又无液滴滴下。在 105℃左右加热 5～10min 便可显色。

【思考与讨论】

1. 做好氨基酸的纸色谱应注意什么问题？

2. 点样时，毛细管口不平整，会有何后果？

3. 胱氨酸具有构型异构体，写出其构型异构体的结构式。本实验分离得到的是哪种构型异构体，还是构型异构体的混合物？

4. 用纸色谱法分析混合物时，如何确定各组分在滤纸上的位置？

第六章　有机化合物的性质与鉴定

未知有机物的鉴别及结构确证，是有机化学实验的一个重要组成部分，鉴定技术分为色谱法、波谱技术及化学鉴定法等，这些方法是相辅相成的，每一种方法均不能作为一个特定化合物的绝对鉴定，它们在鉴定过程中交替使用，相互配合，才能准确地对一个特定的化合物进行测定。

本部分仅介绍有机定性分析法对未知物的确认与鉴定，它是每个化学工作者必须具备的基本知识和操作技巧，具有操作简便，反应迅速的特点。

实验 30　有机化合物的元素定性分析

【实验目的】

1. 学习有机化合物元素定性分析的原理。
2. 掌握钠熔法分解样品的操作。
3. 掌握有机物中几种重要元素的鉴定方法。

【实验试剂】

金属钠；浓硝酸；四氯化碳；5mol/L 盐酸溶液；5mol/L 硝酸溶液；0.1mol/L 新制氯水；10%乙酸溶液；2%乙酸铅溶液；5%硫酸亚铁溶液；3mol/L 硫酸溶液；1%$FeCl_3$ 溶液；5%硝酸银溶液。

【实验原理与步骤】

元素定性分析的目的在于鉴别某一有机物的组成元素，并在此基础上进行元素定量分析或官能团鉴别。如果元素定性分析的实验结果表明，被分析的样品中不含硫元素，则含硫官能团的鉴别实验就不必进行了。

有机化合物中常见的组成元素为碳、氢、氧、氮、硫、卤素及磷等。由于绝大多数有机化合物分子中都含有碳元素和氢元素，因此，如果用其他实验方法已探知待分析的样品是有机化合物时，可不必鉴定其中是否含有碳元素及氢元素。化合物分子中氧元素的分析和鉴定，比较复杂和困难，通常只能通过官能团鉴定反应或根据定量分析结果来判断其是否存在。

1. 钠熔法

(1) 实验原理：在有机化合物分子中，各个组成原子之间大多以共价键相结合，因此很难在水溶液中解离成相应的离子。所以，对有机化合物进行元素定性分析实验时，必须先使有机物分解破坏并转化成简单的无机离子化合物，然后利用无机定性分析的方法对其进行鉴定。分解有机物的方法有很多，最常用的为钠熔法：将待分析的有机化合物与金属钠混合共熔，从而使有机物中的氮、硫、卤素等元素转变为氰化钠、硫氰化钠、卤化钠等可溶于水的无机化合物，再利用元素鉴定实验分别鉴定与各元素相对应的无机离子。

$$\text{有机物(含C,H,N,S,P)} + Na \xrightarrow{\text{共熔}} NaCN + NaCNS + Na_2S + NaX + NaOH + Na_3P$$

(2) 操作步骤：取 1 支 1cm×10cm 干燥的硬质小试管，加入一粒切去外皮的绿豆大小的金属钠[1]，用酒精灯小火加热小试管的底部，金属钠开始融化并有白色蒸气升起，当蒸汽在试管内升至 0.5cm 的高度时，移去酒精灯，迅速加入 3 滴液体样品或 10～20mg 固体样品，加样时注意：样品应直落管底，勿使其沾在试管壁上。此时可观察到样品与金属钠发生猛烈作用，冒出大量的烟，甚至出现火花(并无危险)。待反应稍缓后，再用小火对着试管底部继续加热，并逐渐加大火焰，维持强热 2min，此时可见到试管底部发红，趁试管底部红热时将其浸入盛有约 10mL 蒸馏水的小烧杯内，这时，试管底部会当即破裂。如果试管不破裂，可稍用力将试管底部压碎，用玻璃棒捣碎大块残渣。再将小烧杯加热至其中的混合液体微沸 2min，过滤，滤渣用 1mL 蒸馏水分两次洗涤，得到的滤液(待鉴定试液)应为无色或淡黄色[2]，备用。

2. 元素鉴定

(1) 硫元素的鉴定

1) 实验原理：硫化钠与乙酸铅反应，生成黑褐色的硫化铅沉淀，表明有硫元素存在。

$$Na_2S + Pb(OAc)_2 \longrightarrow PbS\downarrow + 2NOAc$$

2) 实验操作：在试管中加入 1mL 上述待鉴定试液，再加入 10%乙酸溶液使之呈酸性(试纸检验)，之后滴入 2 滴 2%乙酸铅溶液，观察实验现象。如果观察到的沉淀为白色或灰色，为碱式乙酸铅，表明试液酸化不足，须补加适量乙酸后，再次观察。

(2) 氮元素的鉴定

1) 实验原理：碱性条件下，CN^-与硫酸亚铁反应，生成黄绿色的亚铁氰化钠，酸化后与高铁离子反应，形成亚铁氰化铁(普鲁士蓝)蓝色沉淀，表明试液中有氮元素存在。

$$2NaCN + FeSO_4 \longrightarrow Fe(CN)_2 + NaSO_4$$

$$Fe(CN)_2 + NaCN \longrightarrow Na_4[Fe(CN)_6]$$

$$3Na_4[Fe(CN)_6] + 2Fe_2(SO_4)_3 \xrightarrow{H^+} \underset{\text{普鲁士蓝}}{Fe_4[Fe(CN)_6]_3}\downarrow + 6Na_2SO_4$$

2) 实验操作：取 2mL 待鉴定试液加入试管中，再滴入 5 滴新鲜配制的 5%硫酸亚铁溶液和 5 滴 10%氢氧化钠溶液，使试液呈显著碱性(pH=13)，加热至试管内混合液微沸，如果试液中含有硫元素，则会有黑色硫化亚铁沉淀析出(不必过滤)。待试管冷却后，再向其中加入 3mol/L 硫酸溶液 1 滴，使产生的硫化亚铁、氢氧化亚铁沉淀刚好溶解[3]，此时混合液呈酸性，但加入的硫酸勿过量(可用石蕊试纸检验)。观察实验现象。如果样品分解不完全，待鉴定试液中 CN^-含量过少，则混合液仅显浅蓝色或绿色，可将混合液放置 15min 后，再进行观察。

(3) 硫元素和氮元素同时鉴定

1) 实验原理：当硫元素和氮元素的分别鉴定结果均为阴性时，并不能确证样品分子中不存在以上两种元素，因为在样品分解实验时，有可能因金属钠用量较少，产生 NaCNS 所致，因此必须进行硫元素和氮元素的同时鉴定实验。反之，可不必进行本试验。有时硫元素和氮元素的单独检验结果均为阳性，但本试验却有可能为阴性，是因为 NaCNS 被过量的金属钠分解为 Na_2S 和 NaCN 所致。

$$3NaCNS + FeCl_3 \longrightarrow Fe(CNS)_3 + 3NaCl$$

2) 实验操作：在试管中加入 1mL 待鉴定试液，以 5mol/L 盐酸溶液酸化，再加入一滴 1%$FeCl_3$ 溶液，如有血红色出现，表明有 CNS^-存在。

(4) 卤素的鉴定

1) 实验原理：卤素的鉴定有两种方法。

A. 铜丝火焰燃烧法(Beilstein test)：含有氯、溴或碘元素的有机物，在铜丝上灼烧时可产生易挥发的卤化铜，而卤化铜燃烧时会产生绿色火焰。这是一个很灵敏的实验，即使是微量的卤化物都可产生明显的绿色火焰，故极少量的其他物质就有可能造成误判，所以实验结果必须与卤化银沉淀法的实验结果相互参比验证后，才可下肯定结论。由于氟化铜在产生火焰的温度下不易挥发，因而其火焰不会显色，故此法不能用于鉴定含氟有机物。

B. 卤化银沉淀法：卤化钠可与硝酸银反应生成白色或黄色的卤化银沉淀，由于氟化银溶于水。所以，此法只可检验样品中是否存在氯、溴或碘元素。

$$NaX + AgNO_3 \longrightarrow AgX\downarrow + NaNO_3$$

如果样品中含有硫元素或氮元素，待鉴定试液中的氰化钠或硫化钠就会干扰试验结果。

$$2Ag + S^{2-} \longrightarrow Ag_2S\downarrow \text{灰黑色}$$

$$Ag^+ + CN^- \longrightarrow AgCN\downarrow \text{白色}$$

所以在进行本试验前，应先在待鉴定试液中加入硝酸并在通风橱中加热，使氰化钠或硫化钠生成可挥发的氰化氢或硫化氢而除去。

$$NaCN + HNO_3 \longrightarrow HCN\uparrow + NaNO_3$$

$$Na_2S + 2HNO_3 \longrightarrow H_2S\uparrow + 2NaNO_3$$

2) 实验操作：

A. 铜丝火焰燃烧法：将铜丝一端弯成直径 5mm 的圆圈，置于火焰上灼烧至火焰不显绿色，铜丝冷却后，在其上放置少量样品，再次将其放在火焰边缘上灼烧。观察实验现象并记录之。

B. 卤化银沉淀法：取 1mL 待鉴定试液加入到试管中，再加入 5mol/L 硝酸溶液使混合液呈酸性(石蕊试纸检验)，在通风橱[5]中加热至试管内的混合液微沸 5min(如无氮元素、硫元素存在，可不必加热)。混合液放冷后，再向试管中加入 5%硝酸银溶液 5 滴，观察实验现象并记录之。如果试管内仅出现浑浊，则可能是试剂中的杂质或者是有未赶尽的 HCN、H_2S。为准确起见，应重复以上操作一次，才能下结论。

(5) 碘元素和溴元素的分别鉴定

1) 实验原理：在卤化钠分子中，卤原子的活性为氯原子＞溴原子＞碘原子。所以氯(Cl_2)可以取代溴化钠或碘化钠分子中的 Br^-或 I^-，生成的溴(Br_2)及碘(I_2)在四氯化碳溶剂中分别呈现棕色及紫色。

如果样品中 Br^-和 I^-同时存在，则碘首先被氯取代出来，四氯化碳溶液呈现紫色。当氯过量时，碘被进一步氧化成碘酸，四氯化碳溶液中的紫色褪去，溴的棕色出现。

$$2NaI + Cl_2 \longrightarrow 2NaCl + I_2(CCl_4) \text{ 紫色}$$

$$I_2 + 5Cl_2 + 6H_2O \longrightarrow 2HIO_3 + 10HCl \text{ 紫色褪去}$$

$$2NaBr + Cl_2 \longrightarrow 2NaCl + Br_2(CCl_4) \text{ 棕色}$$

2) 实验操作：取 2mL 待鉴定试液加入到试管中，再滴加 5mol/L 硝酸溶液使混合液呈中性。如果前述试验时发现样品中含有氮元素或硫元素，则要按上法除去 HCN 或 H_2S 后，再向试管中加入 0.5mL 四氯化碳，最后逐滴加入 0.1mol/L 的新制氯水[5]，边加边振摇试管。观察实验现象并记录之。如果待鉴定试液中溴和碘同时存在[6]，在四氯化碳层出现紫色后可继续滴加氯水，边加边振摇，再次观察有何实验现象？

(6) 氯元素的鉴定

1) 实验原理：氯元素单独存在时，可借助氯化银沉淀的生成检出。如果与溴元素或碘元素共存时，则需用浓硝酸将溴化钠或碘化钠分别氧化成溴或碘，再用四氯化碳萃取待鉴定试液，当溴和碘被除去后，再用硝酸银检验氯元素的存在。

$$2NaI + 2HNO_3 \longrightarrow 2NO_2\uparrow + I_2 + 2NaOH$$

$$2NaBr + 2HNO_3 \longrightarrow 2NO_2\uparrow + Br_2 + 2NaOH$$

$$NaCl+AgNO_2 \longrightarrow AgCl\downarrow +NaNO_3$$

2) 实验操作：向试管中加入 1mL 待鉴定试液(如果试液中含有氮元素或硫元素，则应先除去)，再加入 3 滴浓硝酸，振荡试管后，再向试管中加入四氯化碳 0.5mL，不断振摇试管后，将有机层用滴管吸去。之后，第二次向试管中加入 0.5mL 四氯化碳，反复萃取，直至四氯化碳层变为无色，将上层的水溶液用滴管吸到另一个干净的试管中，再加入 1～2 滴 5%硝酸银溶液，观察实验现象，如有白色沉淀生成，说明什么？

【实验注释】

[1] 金属钠有强烈腐蚀性，取用时不能用手接触，应先用钳子夹出浸在烃类，如煤油中的金属钠，用滤纸拭干表面的烃类物质，再用小刀切去外表氧化层(氧化钠、氢氧化钠)使之呈金属光泽后使用，切下的外表皮、钠屑及剩下的金属钠仍需放回原瓶，切勿随意丢弃，以防发生火灾。

[2] 正常滤液的颜色应为无色或淡黄色，如果呈现棕色，表明样品分解不彻底。究其原因可能是金属钠的用量不足，或因样品黏附在试管壁上而未作用完全，此时应重新分解样品。

[3] 二价铁在碱性溶液中易被空气氧化成三价铁，因此本实验可以不用添加硫酸铁或氯化铁。

[4] 硫化氢与氰化氢均为毒性极强的气体，操作时应在通风橱中煮沸并使其充分逸出。也可将浸有氢氧化钠溶液的滤纸片盖在试管口上煮沸，使试管中逸出的有害气体，被氢氧化钠吸收而除去。

[5] 氯气有毒且具有强烈的刺激性，取用时应在通风橱中进行。

[6] 如果溴和碘同时存在，且碘的含量较多时，常会导致溴不易被检出。这时可用滴管吸去碘的四氯化碳溶液，然后再向试管中加入纯净的四氯化碳溶剂，振荡试管后，如果仍然有碘的紫色出现，可再次重复上述操作直至碘被完全萃取除去，四氯化碳层不再显色时，再逐滴加入新配制的氯水，如果四氯化碳层有棕色出现，表明存在溴。

【思考与讨论】

1. 试比较无机定性分析与有机定性分析的异同？
2. 钠熔法操作时，如使用的试管不干燥，会对实验有何影响？

实验 31 烃的化学性质

【实验目的】

1. 加深对烃类物质主要化学性质的理解。
2. 掌握试管反应的基本操作技能。

【实验试剂】

液体石蜡；松节油；苯；甲苯；浓硫酸；浓硝酸；饱和溴水；3%溴的四氯化碳溶液；3mol/L 硫酸溶液；0.5%高锰酸钾溶液。

【实验原理与步骤】

1. 烷烃的性质

(1) 实验原理：烷烃属于饱和烃，一般较稳定；但在特定条件下，可发生取代反应等。液状石蜡是相对分子质量较大的烷烃混合物($C_{18}H_{38}$～$C_{22}H_{46}$)，可作为烷烃的代表来检验烷烃的主要化学性质。

(2) 操作步骤

1) 与溴作用：取两支干燥小试管，各加入 10 滴液体石蜡及 5 滴溴的四氯化碳溶液，将其中 1 支试管放入柜内黑暗处，另 1 支试管放在日光下，10～20min 后[1]，比较两支试管，记录溴的颜色是否褪去或变浅，并作出合理的解释。

2) 与高锰酸钾作用：在 1 支试管中加入 1mL 液体石蜡、10 滴 0.5%高锰酸钾溶液及 3mol/L 硫酸溶液 2 滴，将试管充分摇匀后，观察高锰酸钾颜色是否褪去，记下结果并解释。

2. 烯烃的性质

(1) 实验原理：烯烃是含有碳碳双键的不饱和烃，其官能团为双键，主要发生加成反应和氧化反应。

松节油的主要成分为 α-蒎烯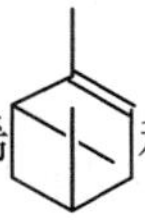和 β-蒎烯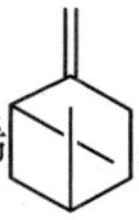，分子中含有双键，属于不饱和环状烯烃，可作为烯烃的代表来检验烯烃的主要化学性质。

(2) 操作步骤

1) 与溴作用：在试管中加入 10 滴松节油，然后逐滴加入 3%溴的四氯化碳溶液，边滴加边振荡试管，观察现象并记录之。

2) 与高锰酸钾作用：取 10 滴松节油，加 10 滴 0.5%高锰酸钾溶液和 5 滴 3mol/L 硫酸溶液，将试管充分振摇均匀，观察颜色变化，并与液体石蜡和高锰酸钾反应作比较。

3. 芳香烃的性质

(1) 实验原理：大多数芳香烃是含有苯环的烃，它们表现出特殊的化学性质，即在通常情况下不易被氧化，难以发生加成反应，易于发生亲电取代反应，这是芳香性族化合物的通性。

苯环难于被氧化。但其连有的侧链则可被强氧化剂所氧化，故苯的同系物，如甲苯、乙苯等较苯易被氧化，在酸性高锰酸钾或酸性重铬酸钾等试剂的作用下发生反应，生成的产物均为苯甲酸。

(2) 操作步骤

1) 苯的硝化反应：取 1 支干燥的大试管，先加入 1mL 浓硫酸，然后慢慢滴入 1mL 浓硝酸，边滴加边振摇试管，同时用冷水浴冷却。另取 1mL 苯，慢慢滴入此混合酸中，每加 2～3 滴即给予试管充分的振荡，如果因放热过多导致温度太高(烫手)时，可用冷水浴冷却试管[2]；当苯全部加完后，继续振荡试管 5min，然后将试管内的液体倒入盛有 20mL 水的小烧杯中，观察其现象并小心嗅其气味[3]。

2) 甲苯的磺化反应：在 1 支干燥的大试管中，加入 10 滴甲苯，然后小心滴入 1mL 浓硫酸，此时，管内的液体分为两层。将此试管小心振摇均匀后，置于沸水浴中加热，并不时取出试管振摇，以利于反应的发生。当甲苯与浓硫酸不再分层而成均一状态时，表明反应已完成。取出试管，放入冷水浴中冷却后，将管内的反应液倒入盛有 5mL 水的试管中，观察反应液是否溶于水，如果反应不完全，则剩余的甲苯不溶于水。

3) 芳香烃氧化作用的比较

在两支试管中各加入 10 滴 0.5%的高锰酸钾和 10 滴 3mol/L 硫酸溶液，充分振摇试管使试液混合均匀，然后分别加入苯、甲苯各 10 滴，将两支试管在水浴中加热并不时振摇。5min 后，静置试管并观察现象，说明原因。

【实验注释】

[1] 如果光线不够强，可延长放置时间。

[2] 硝化温度超过 60℃时，会导致硝酸分解，部分苯也会挥发逸去。

[3] 硝基苯是一种淡黄色油状液体，比水重，沉于烧杯底部，具有杏仁气味，有毒，不可久嗅。实验完毕要把硝基苯倒入指定的回收瓶中，以防污染。

【思考与讨论】

1. 烷烃和烯烃都可与溴的四氯化碳溶液反应，它们的反应条件及机制是否一样，有何区别？

2. 有 A、B、C 三个瓶子，分别装有石油醚(主要成分为戊烷及己烷)、环己烯和苯乙炔，如何用化学方法鉴别每个瓶子中所装的物质？

实验 32 醇、酚、醚的化学性质

【实验目的】

1. 加深对醇类及酚类物质主要化学性质的理解。

2. 掌握乙醚纯度的检查方法。

【实验试剂】

正丁醇；仲丁醇；叔丁醇；卢卡斯试剂；无水乙醇；金属钠；液状苯酚；饱和溴水；纯乙醚；不纯乙醚；红色石蕊试纸；95%乙醇溶液；5%硫酸铜溶液；10%

氢氧化钠溶液；0.5%高锰酸钾溶液；3mol/L 硫酸溶液；2%苯酚水溶液；2%间苯二酚溶液；2%邻苯二酚溶液；2%1，2,3-苯三酚溶液；1%三氯化铁溶液；1%碘化钾溶液。

【实验原理与步骤】

1. 醇的性质

(1) 实验原理：醇类化合物的官能团为羟基，其化学性质较为活泼，如能与金属钠作用生成醇钠并放出氢气；可与无机酸和有机酸反应生成酯等。

醇类还可发生氧化反应，其中伯醇被氧化剂所氧化，生成醛或羧酸，仲醇则被氧化成酮，叔醇在一般情况下不被氧化。

醇类与卤化氢可以发生亲核取代反应，生成卤代烃。例如，醇与卢卡斯试剂(浓盐酸+无水氯化锌)反应，生成不溶于水的氯代烃，且不同结构类型的醇，反应速率不同，一般叔醇最快、仲醇次之，伯醇最慢。因此，常利用此原理鉴别以上三种不同结构类型的醇，这种鉴别方法称为卢卡斯实验，适用于区别含 3～6 个碳原子的醇类，因这些醇类一般情况下，均溶于卢卡斯试剂，而碳原子数大于 6 个以上的醇类则不溶，故不能用此法检验，而含有 1～2 个碳原子的醇，则因产物的挥发性，也不适宜用此法鉴别。

多元醇具有很弱的酸性，可与许多金属氢氧化物生成类似盐的化合物，其中甘油和氢氧化铜作用生成甘油铜，是一种溶于水的深蓝色配合物。

(2) 操作步骤

1) 与金属钠的作用：在 1 支干燥试管中加入 1mL 无水乙醇，小心投入绿豆大小的新切金属钠一块，观察实验现象并记录之[1]。当金属钠全部反应完毕后[2]，将反应液从试管内倾入蒸发皿中，并在水浴上加热蒸发皿使多余的乙醇挥发，观察蒸发皿内有无固体析出(是什么)？用 0.5mL 水将固体溶解，以红色石蕊试纸检验，观察实验现象并给予合理解释。

2) 氧化反应：在4支小试管中，分别加入1mL0.5%高锰酸钾溶液和2滴3mol/L硫酸溶液，将各试管内的液体振摇均匀后，各自加入 5 滴样品，比较各试管中产生的实验现象。

样品：蒸馏水(作对照用)；正丁醇；仲丁醇；叔丁醇。

3) 卢卡斯实验：在 4 支干燥的小试管中，分别加入 2 滴样品和 12 滴卢卡斯试剂，小心振荡试管后，于室温(最好保持在 26～27℃)下静置，观察试管内的变化(注意最初 5min 和 1h 后)。必要时，也可将试管放在热水浴中温热数分钟，记下混合液变浑浊和出现分层的时间。

样品：正丁醇；仲丁醇；叔丁醇；苄醇。

4) 与氢氧化铜的作用：在 2 支小试管中各自加入 10 滴 5%硫酸铜溶液，再加入 5 滴 10%氢氧化钠溶液至氢氧化铜完全沉淀出来，最后分别滴加样品 3 滴，边滴加边振摇试管，观察实验现象并记录。

样品：乙醇、甘油。

2 .酚类的性质

(1) 实验原理　酚类的结构中也含有羟基，但与醇类不同的是，酚羟基直接与芳环相连，而酚羟基与芳环之间的相互影响，使酚类的化学性质与醇类有很大的区别。

酚类的酸性比醇类强。表现在酚类除与金属钠反应外，还可与氢氧化钠溶液反应，生成水溶性的酚钠。因此，虽然苯酚难溶于水中，但经酸碱反应形成苯酚钠后，得到澄清的苯酚钠水溶液，如果在此溶液中加入强酸，苯酚复又析出，混合液变为浑浊。

与一般醇类不同的是，酚类物质大都能与三氯化铁溶液产生特有的颜色反应。这也是烯醇类物质 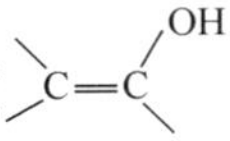 的特性，此类化合物遇三氯化铁溶液也能发生类似的颜色反应，生成有色配合物。

酚羟基可以使苯环活化，故与苯相比酚类化合物较易发生亲电取代反应。例如，苯酚在室温下与溴水反应，可生成白色的2,4,6-三溴苯酚沉淀。

酚类比醇类更易被氧化，但过程复杂，产物大多为混合物。

(2) 操作步骤

1) 苯酚的酸性：在小试管中加入 2 滴液状苯酚及 5 滴蒸馏水，将试管充分振摇后得到一种乳浊液，说明苯酚难溶于水，再向其中滴入 2 滴 10%氢氧化钠溶液，此时，乳浊液会变澄清(为什么？)，最后向此澄清液中加入 3mol/L 硫酸溶液至其呈酸性，观察混合液有何变化？

2) 与三氯化铁的反应：在 5 支小试管中先分别加入 10 滴样品，再依次滴加 1 滴 1%三氯化铁溶液[3]，即有颜色反应，观察并记录各试管中的颜色变化情况。

样品：乙醇；2%苯酚；2%间苯二酚；2%邻苯二酚；2%1,2,3-苯三酚。

3) 与溴水反应：取 2%苯酚溶液 1mL 加入到小试管中，再逐滴加入饱和溴水，加滴加边振荡，观察有何实验现象？

4) 与高锰酸钾作用：试管中加入 2%苯酚溶液 1mL，然后滴入 2～3 滴 0.5%高锰酸钾溶液，将试管充分振摇后，观察实验现象并记录之。

3. 度检验

(1) 实验原理：乙醚如果长时间与空气接触或光照，会缓慢发生自动氧化反应，生成不易挥发的过氧化物，有爆炸性，因此久置的乙醚在使用前要对过氧化物的存在与否进行检查。由于过氧化物可将碘化钾中的 I^-氧化为 I_2，而生成的碘溶于乙醚当中，所以乙醚层就会呈现出黄色。

(2) 操作步骤：取 2 支试管，分别加入 2 滴 3mol/L 硫酸溶液和 20 滴 1%碘化钾溶液，然后在其中的 1 支试管中加入 20 滴纯乙醚[4]；另 1 支试管中加入 20 滴不纯乙醚，充分振摇试管，如果乙醚层变成黄色或棕黄色时，则表示有过氧化物存在。

【实验注释】

[1] 此反应并不是醇类独有的反应，凡含有活泼氢原子的分子都有此反应。所以作为醇类的定性实验有一定的限制。

[2] 如果加入试管中的金属钠过量，会导致反应停止后，金属钠仍残留在反应液中，此时必须补加无水乙醇至金属钠因反应完毕而全部消失，然后才能进行下一步的操作，以防火灾发生。

[3] 三氯化铁不宜加入过多，否则会对产物颜色产生干扰，影响实验现象的观察。

[4] 乙醚为低沸点易挥发液体，一级易燃品，操作时要保证实验室内无明火。

【思考与讨论】

1. 在乙醇与金属钠反应的实验中，要求使用无水乙醇，但在醇的氧化实验时，则可使用95%的乙醇，为什么？

2. 取用金属钠的操作应注意什么？

实验 33　醛和酮的化学性质

【实验目的】

1. 通过实验进一步加深对醛和酮主要化学性质的理解。

2. 掌握区别醛和酮的化学方法。

【实验试剂】

乙醛；苯甲醛；苯乙酮；丙酮；异丙醇；浓硫酸；2,4-二硝基苯肼试剂；40%甲醛溶液；5%硝酸银溶液；稀氨水；5%及 10%氢氧化钠溶液；饱和亚硫酸氢钠溶液；碘溶液；Fehling 试剂；Schiff 试剂(品红-亚硫酸试剂)；6mol/L 盐酸溶液；10%碳酸钠溶液。

【实验原理与步骤】

1. 实验原理　醛和酮分子中都含有羰基，属于羰基化合物，两者因结构上的相似，所以在化学性质上表现出一些共性反应，但醛分子中的羰基分别与一个烃基及一个氢原子相结合，而酮分子的羰基则与两个烃基相连，所以结构上的差异又使醛和酮在化学反应性上各有其特殊性。

醛和酮均能与羰基试剂发生缩合反应，生成亚胺类物质，这些生成物多为白色或有色晶体，在酸性或碱性条件下可分解成原来的醛和酮，实验中可利用此性质分离提纯或鉴别醛和酮，如醛或酮分别与 2,4-二硝基苯肼试剂作用，生成醛或酮的 2,4-二硝基苯腙沉淀。

醛和酮还可与许多亲核试剂，如氢氰酸、亚硫酸氢钠、醇等发生亲核加成反应，但芳香族甲基酮类因空间位阻之故，与亚硫酸氢钠反应速率甚慢或不起作用。

具有 $CH_3COR(H)$结构或易被次碘酸钠氧化成该结构的化合物(例如，

$\underset{\displaystyle OH}{CH_3-\underset{|}{C}HR(H)}$)，均可与次碘酸钠反应，生成黄色的、具有特殊气味的碘仿沉淀，易于识别。

醛可被碱性弱氧化剂如Tollens(吐伦)试剂和Fehling(斐林)试剂所氧化，Tollens试剂中的Ag^+被还原成金属银并附在洁净的试管壁上形成明亮的银镜。而Fehling试剂中的Cu^{2+}被还原成砖红色的Cu_2O沉淀。醛还可与Schiff(希夫)试剂反应，生成紫红色物质，而酮不发生上述反应。

2. 操作步骤

(1) 与2,4-二硝基苯肼试剂反应：在4支试管中分别加入1mL 2,4-二硝基苯肼试剂[1]，再依次滴入1滴样品，观察并记录沉淀的生成速度及颜色。

样品：乙醛；丙酮；苯甲醛；苯乙酮。

(2) 与亚硫酸氢钠加成：在3支干燥试管中，各自加入10滴样品，再分别加入1滴饱和亚硫酸氢钠溶液，充分振摇试管，观察实验现象[2]。在生成的结晶中分别加入5滴6mol/L盐酸溶液，再次振摇试管，观察实验现象并予以记录。

样品：丙酮；苯甲醛；苯乙酮。

(3) 与次碘酸钠溶液反应——碘仿反应：在4支试管中各自加入5滴样品，再分别加入1mL碘溶液，然后依次滴加5%氢氧化钠溶液至碘的颜色刚刚褪去为止[3]，观察实验现象。如果未能观察到沉淀产生，可将试管放在60℃的热水浴中加热数分钟，然后放置冷却，再次观察实验现象。对观察到的结果进行比较分析。

样品：甲醛；乙醛；丙醛；异丙醇。

(4) 与Tollens试剂反应——银镜反应：在3支洁净试管中[4]，各自加入10滴5%硝酸银溶液和1滴5%氢氧化钠溶液，在对试管进行充分振摇的情况下，向其中逐滴加入稀氨水，直至所有氧化银沉淀刚好溶解为止，这时得到的澄清液体即为Tollens试剂(银氨溶液)[5]。然后向各个试管中分别加入样品1滴，此时不要振摇试管，并将其放在50～60℃的温水浴中加热，观察是否有银镜生成[6]，如果没有观察到银镜生成，可补加1滴稀氨水后，再行观察。

样品：乙醛；丙酮；苯甲醛。

(5) 与Fehling试剂反应：在4支试管中各自加入10滴Fehling试剂甲溶液和10滴Fehling试剂乙溶液，充分振摇试管使其中的溶液混合均匀，即得Fehling试剂[7]，然后分别向4支试管中加入5滴样品，再将试管置于沸水浴中加热，观察实验现象[8]。

样品：甲醛、乙醛、苯甲醛、苯乙酮。

(6) 与Schiff试剂反应：在4支试管中各自加入10滴Schiff试剂[9]，再分别加入1滴样品，观察混合液的颜色变化[10]。然后依次向试管中逐滴加入浓硫酸数滴，观察试管内液体的颜色是否褪去？

样品：甲醛；乙醛；苯甲醛；丙酮。

【实验注释】

[1] 2,4-二硝基苯肼有毒，使用时切勿使其与皮肤接触，如不慎触及可立即用

5%的乙酸溶液冲洗皮肤，之后再用肥皂清洗。

[2] 如果无结晶析出，可将试管浸于冰水浴中 5min，然后充分振摇，即有亚硫酸氢钠加成物析出。

[3] 加入氢氧化钠溶液的量切勿过多，加热时间亦不可过久，否则会使生成的碘仿消失，造成误判。

$$CHI_3 + 4NaOH \longrightarrow HCOONa + 3NaI + H_2O$$

[4] 反应所用的试管壁必须十分洁净，否则，银镜反应过程中，还原生成的银呈黑色细粒状，无法出现银镜。

[5] Tollens 试剂放置后，会析出具有爆炸性的、黑色的氮化银(Ag_3N)，故该试剂要在使用时临时配制。且配制时，加入的氨水不能过量太多，否则会有受热后易爆炸的雷酸银(Ag—N≡C)生成，而试剂本身的灵敏性也会降低。

[6] 为防止具有爆炸性的物质生成，实验完毕后应立即倾去试管上层的水溶液，将沉淀用少许硝酸分解。

[7] Fehling 试剂为酒石酸钾钠和氢氧化铜组成的配合物，稳定性差，放置过久反应性降低，所以，必须使用时临时配制。

[8] Fehling 试剂为深蓝色液体，与醛一起加热后溶液颜色由蓝色变为绿色再到黄色，最后出现砖红色沉淀(Cu_2O)。但对甲醛来说，因其氧化产物甲酸仍具还原性，可使 Cu_2O 继续还原成金属铜，因此会出现暗红色的铜镜。酮虽然不会发生此类反应，但 Fehling 试剂本身经长时间加热亦会有少量氧化亚铜沉淀生成，不应作为阳性反应。

[9] Schiff 试剂不宜见光、受热或呈碱性，否则会变回原有的桃红色，造成误判。

[10] 醛与 Schiff 试剂反应会生成紫红色物质，其颜色与试剂本身所现的桃红色有别。而有些酮(如丙酮)和不饱和化合物能与亚硫酸反应，使试剂恢复原有的桃红色，但不应作为阳性反应。

【思考与讨论】

1. 如何区别脂肪醛与芳香醛？
2. 如何鉴别下列物质：2-己酮、2-己醇、3-己酮？

实验 34 羧酸的化学性质

【实验目的】

1. 通过实验加深对羧酸主要化学性质的理解。
2. 学习脱羧反应装置与操作。

【实验试剂】

苯甲酸；草酸；甲酸；冰乙酸；无水乙醇；浓硫酸；浓盐酸；5%甲酸溶液；

5%乙酸溶液；5%及10%草酸溶液；10%氢氧化钠溶液；饱和石灰水；10%碳酸钠溶液；0.5%高锰酸钾溶液；3mol/L硫酸溶液；pH试纸。

【实验原理与步骤】

1. 实验原理　羧酸的官能团是羧基，一般具有弱酸性。一元羧酸的酸性比碳酸略强，而二元羧酸的酸性比含同数碳原子的一元羧酸的酸性略强。例如，

甲酸　pK_a=3.76 ；冰乙酸　pK_a=4.78；草酸　pK_a=1.23。

中级或高级的脂肪酸及芳香酸一般均难溶于水中，但却因与某些碱反应成盐而溶于碱溶液中，生成的羧酸盐如果与强酸反应，则羧酸可以被强酸从其盐中置换出来。

甲酸和草酸的结构较为特别，因而具有较强的还原性，可与某些氧化剂反应。

羧酸和醇在硫酸催化下可发生酯化反应，生成酯和水，多数酯具有果香味。

饱和的一元脂肪酸可以发生脱羧反应，但反应不易进行，条件较为苛刻，一般要与强碱在高温时共熔才能反应。但二元羧酸中，如两个羧基直接相连或仅相隔一个碳原子时，受羧基吸电子诱导效应的影响，脱羧反应易于发生。例如，

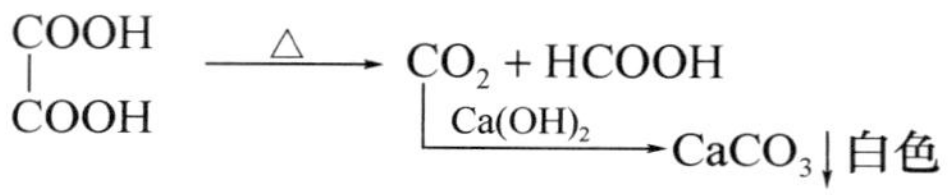

2. 操作步骤

(1) 羧酸的酸性：将pH试纸置于洁净的表面皿上，用洁净的细玻璃棒分别蘸取少量的5%甲酸、5%乙酸及5%草酸，依次点在pH试纸上，观察、记录并比较各样品的pH？

(2) 羧酸与碱的反应及羧酸盐与强酸的反应：取1支试管，先向其中加入绿豆大小的苯甲酸固体，再加入2mL蒸馏水，充分振荡试管，观察苯甲酸固体能否全部溶解？然后向试管内逐滴加入10%氢氧化钠溶液，边滴加边振摇试管，直至苯甲酸固体全部溶解为止，得到澄清的混合液。向该液体中滴加浓盐酸，并不时振摇试管，不久可见固体重新析出，为什么？

(3) 某些羧酸的还原性：在4支试管中各自加入10滴0.5%高锰酸钾溶液和5滴3mol/L硫酸溶液，然后分别加入2滴样品，观察颜色的变化，必要时，也可将试管置于热水浴中加热，观察并记录实验现象。

样品：蒸馏水(作对照用)；甲酸；冰乙酸；10%草酸溶液。

(4) 酯化反应：先取10滴冰乙酸于干燥的试管中，再向其中加入1mL无水乙醇及5滴浓硫酸，将试管充分振荡后，放入60～70℃的热水浴中加热2～3min[1]，待试液冷却后，用10%碳酸钠溶液中和余酸，观察试管内的实验现象并嗅其气味。

(5) 脱羧反应：如图6-1所示。在1支干燥的大试管中，加入1g草酸(约半角匙)，先用带有导气管的塞子将试管口塞紧，再将此试管以稍向管口方向倾斜的方

式固定在铁架台上，将导气管的一端插入另一盛有饱和石灰水的试管或烧杯中，石灰水的体积占容器容积的一半。最后用酒精灯对试管底部加强热，当有连续气泡产生并使石灰水中析出白色沉淀时，停止加热[2]。观察现象并解释之。

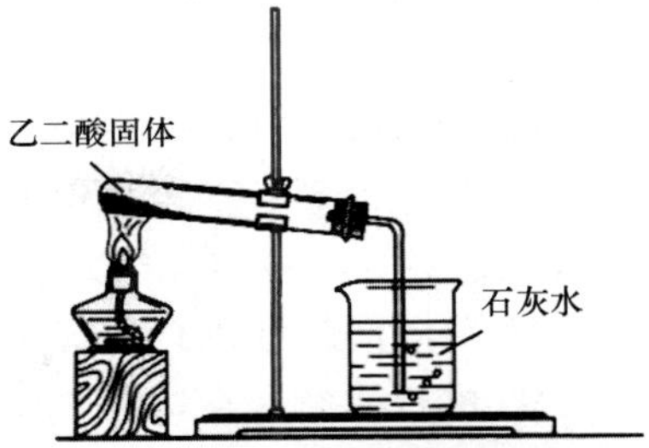

图 6-1 草酸脱羧反应装置

【实验注释】

[1] 酯化反应时，水浴温度不可过高，水浴时间也不应太长，注意勿使试管内的液体沸腾。

[2] 脱羧反应结束后，应先移去盛有石灰水的容器，再移去热源，可以防止石灰水倒吸入热的试管中，使试管炸裂。

【思考与讨论】

1. 甲酸是否可以发生银镜反应？草酸呢？为什么？

2. 酯化反应时为什么要控制水浴温度为 60～70℃？过高或过低对反应有什么影响？

实验 35 羧酸衍生物和取代羧酸的化学性质

【实验目的】

1. 通过实验加深对羧酸衍生物主要化学性质的认识。

2. 巩固取代羧酸的主要化学性质。

【实验试剂】

乙酐；乙酸乙酯；乙酰胺；无水乙醇；浓硫酸；苯胺；乙酰乙酸乙酯；新制饱和溴水；95%乙醇；饱和碳酸钠溶液；3mol/L 硫酸溶液；6mol/L 氢氧化钠溶液；0.1%水杨酸溶液；0.1%三氯化铁溶液；红色石蕊试纸；蓝色石蕊试纸。

【实验原理与步骤】

1. 羧酸衍生物的水解反应

(1) 实验原理：羧酸衍生物与水作用，生成羧酸的反应，被称为羧酸衍生物的水解。其反应速率为：酰卤＞酸酐＞酯＞酰胺。而酯和酰胺的水解要在催化剂的存在下才可进行，催化剂可以是酸也可以是碱。

(2) 操作步骤

1) 酸酐的水解：在盛有 1mL 蒸馏水的试管中，加入 3 滴乙酐，由于乙酐不溶于水，可观察到乙酐呈珠粒状沉于管底，将此试管略微加热，乙酐水解，试管口可嗅到乙酸的气味。

2) 酯的水解：试管中加入 1mL 乙酸乙酯及 1mL 蒸馏水，接着加入 1mL 3mol/L

硫酸溶液，将试管放入 70～80℃的热水浴中并不时充分振摇，留意是否有乙酸的气味？

3) 酰胺的水解：

A. 碱性水解：在试管中加入黄豆大小的乙酰胺固体(约 0.5g)和 1.5mL 6mol/L 氢氧化钠溶液，将混合液小火煮沸，小心地在试管口嗅一嗅[1]，是否有氨的气味(为什么)？将湿润的红色石蕊试纸盖在试管口上，观察并记录现象。

B. 酸性水解：在试管中加入同上用量的乙酰胺固体和 1.5mL 3mol/L 硫酸溶液，将混合液小火煮沸，管口是否有乙酸的气味(为什么)？将湿润的蓝色石蕊试纸盖在试管口上，观察并记录现象。

2. 羧酸衍生物的醇解反应

(1) 实验原理：羧酸衍生物与醇作用，生成酯和羧酸的反应，被称为羧酸衍生物的醇解。不同的羧酸衍生物醇解活性与其水解活性相同。

(2) 实验步骤：在干燥的试管中先加入 2mL 无水乙醇及 1mL 乙酐，振摇试管使混合液混合均匀后，再滴加 1 滴浓硫酸[2]，再次充分振摇试管。这时可以观察到反应混合物逐渐发热，甚至沸腾。待混合液冷却后，缓缓加入饱和碳酸钠溶液，同时轻轻振荡试管，加毕，静置试管片刻，可观察到试管中的液体分为两层(为什么)？并在试管口可嗅到乙酸乙酯的香味。

3. 羧酸衍生物的氨解反应

(1) 实验原理：羧酸衍生物与氨(胺)作用，生成酰胺和羧酸的反应，被称为羧酸衍生物的氨解。不同的羧酸衍生物氨解活性与其水解活性相同。

(2) 操作步骤：滴 1 滴苯胺于表面皿上，在其上再滴加 2 滴乙酐，观察并记录现象，将两者用玻璃棒搅拌之后，现象如何？在表面皿上略加少许水，又有何现象？

4. 酚酸与三氯化铁的颜色反应

(1) 实验原理：最常见也是最简单的酚酸为水杨酸，其分子中含有酚羟基，因而具有酚的性质，即遇三氯化铁溶液发生反应，生成有色物质。

(2) 操作步骤：在 1 支试管中，加入 10 滴 0.1%水杨酸溶液，再滴加 1 滴 1%三氯化铁溶液，观察并记录现象。

5. 烯醇-酮式互变异构现象

(1) 实验原理：乙酰乙酸乙酯(丁酮酸乙酯)分子中存在着酮式与烯醇式的互变异构现象，常温下两者可以互相转变，并达到动态平衡，其中烯醇式结构的含量可达 7%，因而可与三氯化铁溶液反应生成一种紫红色的配合物。

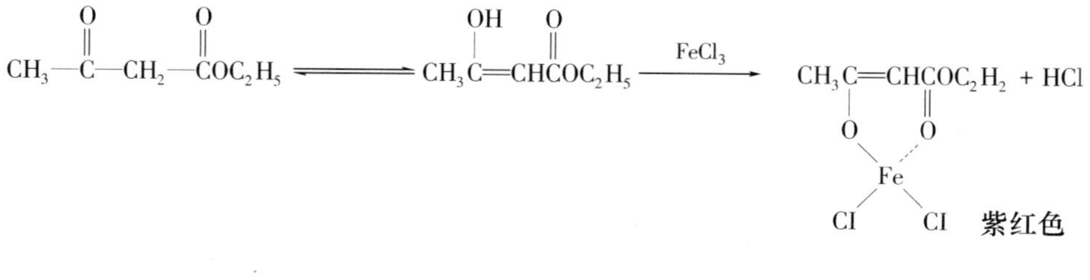

紫红色

当在此溶液中加入溴水后，由于溴可以和烯醇式结构发生加成反应，进而脱去溴化氢，使烯醇式转变为酮式的溴代衍生物。

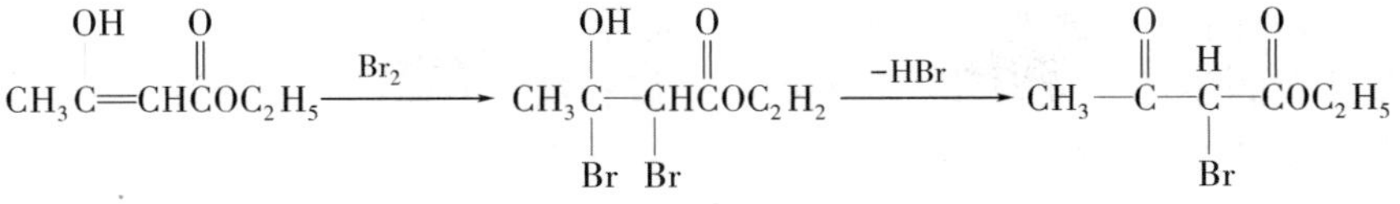

紫红色褪去

随着烯醇式含量的不断下降，原来与三氯化铁反应所显的颜色就会跟着消失。为了恢复已被破坏的动态平衡状态，溶液中又有一部分酮式结构转变为烯醇式结构，并和原已存在于反应液中的三氯化铁作用，因而溶液再次显示出紫红色，证明乙酰乙酸乙酯在常温下是酮式结构与烯醇式结构的互变平衡产物。

(2) 操作步骤：在试管中加入 2 滴乙酰乙酸乙酯和 2mL 乙醇，待其充分混合后，加入 1 滴 1%三氯化铁溶液，此时反应液显色，再向试管中滴加新制的饱和溴水(不要振摇)至反应液褪色。将此试管放置片刻，可以看到反应液重又出现颜色，说明什么问题？

【实验注释】

[1] 氨有强烈的刺激性气味，有一定毒性，对人体呼吸道有刺激和腐蚀作用，不可多嗅。

[2] 浓硫酸及乙酸酐均有较强的腐蚀性，取用时须小心。如果不慎溅在皮肤上，应立即用大量水冲洗。

【思考与讨论】

1. 水杨酸是否与溴水反应？写出其反应方程式。

2. 乙酐的醇解反应为什么要用干燥的试管和无水乙醇？为什么反应结束后要加入饱和碳酸钠溶液？

实验 36 糖的化学性质

【实验目的】

1. 通过实验加深对糖类主要化学性质的理解。
2. 学习显微镜的操作。

【实验试剂】

碘试液；浓硫酸；5%葡萄糖溶液；5%果糖溶液；5%蔗糖溶液；5%乳糖溶液；5%麦芽糖溶液；2%淀粉溶液；5%硝酸银溶液；5%氢氧化钠溶液；稀氨水；Benedict 试剂；苯肼试剂；1mol/L 硫酸溶液；Molish 试剂；Seliwanoff 试剂。

【实验原理与步骤】

1. 糖的还原性

(1) 实验原理：糖类通常分为单糖、低聚糖及多聚糖三类。单糖可根据分子中羰基位置的不同，分为醛糖和酮糖。单糖和某些双糖具有还原性，能被碱性弱氧化剂，如 Tollens 试剂、Fehling 试剂及 Benedict(本尼迪特)试剂所氧化，故称为还原糖。部分双糖及多糖无还原性，因而不发生上述反应，所以称为非还原糖。

$$\text{还原糖} + 2Cu(OH)_2 \xrightarrow{\triangle} Cu_2O\downarrow + 2H_2O + \text{复杂的氧化产物}$$

(2) 操作步骤

1) 与 Tollens 试剂反应：在 5 支干净的试管中各自加入 1 滴 5%氢氧化钠溶液，然后，边振摇试管边滴加稀氨水至所有的氢氧化银沉淀刚好溶解为止，制得 Tollens 试剂，然后，再向 5 支试管中分别加入 3 滴样品，并将试管放入 60℃的热水浴中温热，观察有无银镜生成。

样品：5%葡萄糖溶液；5%果糖溶液；5%乳糖溶液；5%蔗糖溶液[1]；2%淀粉溶液。

2) 与 Benedict 试剂反应：在 5 支试管中分别加入 10 滴 Benedict 试剂[2]和 5 滴样品，将试管置于热水浴中加热 3min，取出放冷后，观察并记录现象。

样品：5%葡萄糖溶液；5%果糖溶液；5%蔗糖溶液；5%乳糖溶液；2%淀粉溶液。

2. 糖脎的生成

(1) 实验原理：单糖及一些具有半缩醛羟基的双糖(如麦芽糖、乳糖等)可与苯肼试剂反应，生成不溶于水的黄色结晶糖脎。不同类型的糖，生成糖脎的速度不同；糖脎的晶形及熔点也不相同，实验室常利用以上特征来鉴别不同类型的糖。

(2) 操作步骤：在 4 支试管中分别加入 1mL 样品，再分别加入 0.5mL 苯肼试剂，用少量棉花塞住试管口后[3]，将 4 支试管放入沸水浴中加热 20min，并不时加以振荡，待反应液冷却后，生成的结晶为糖脎。

在显微镜下仔细观察每种糖脎的晶形，并画出结晶的形状。

样品：5%葡萄糖溶液；5%果糖溶液；5%乳糖溶液；5%麦芽糖溶液。

3. 糖的颜色反应

(1) 实验原理　糖类有些颜色反应可用于鉴别。例如，糖类可在浓硫酸或浓盐酸作用下脱水生成呋喃甲醛或呋喃甲醛的衍生物，这些生成物均可与酚类化合物缩合，生成有色物质。又如，与 α-萘酚反应生成紫色物质，该反应被称为 Molish(莫利许)反应。它可作为鉴别糖类的一种定性反应。但是除糖类以外，亦有其他化合物，如丙酮、甲酸、草酸等也有该反应发生。因此，阳性反应并不一定能证明有糖类物质存在。

果糖与间苯二酚的盐酸溶液一起加热片刻，生成鲜红色缩合物，此颜色反应被称为 Seliwanoff(西里瓦诺夫)实验。该反应可用于果糖与葡萄糖的区分。

(2) 操作步骤

1) Molish 实验：在 4 支试管中分别加入 1mL 样品，然后加入 2 滴 Molish 试剂，振摇试管使两者混合均匀，随后，将试管倾斜，沿管壁徐徐注入浓硫酸约 1mL，这时硫酸与糖溶液清楚地分成两层，保持试管静止不动，观察两层液面间的紫色环出现，如果几分钟内未观察到颜色出现，可将试管在热水浴中温热后，再次观察并记录实验现象。

样品：5%葡萄糖溶液；5%蔗糖溶液；5%果糖溶液；2%淀粉溶液。

2) Seliwanoff 实验：在 4 支试管中分别加入 1mL Seliwanoff 试剂，然后再各自加入 5 滴样品，振摇试管使反应液混合均匀后，将 4 支试管均置于沸水浴中加热 2min，观察并记录所得结果[4]。

样品：蒸馏水(作对照用)；5%葡萄糖溶液；5%果糖溶液；5%蔗糖溶液。

4. 蔗糖的水解

(1) 实验原理：蔗糖是最常见的双糖，因分子结构中无游离的半缩醛羟基存在，因而不能被碱性弱氧化剂所氧化，所以属于非还原性双糖。但蔗糖在酸或酶的催化下可发生水解反应，生成等分子的葡萄糖和果糖，所以蔗糖的水解液具有还原性。

(2) 操作步骤：在 1 支试管中加入 20 滴 5%蔗糖溶液和 3 滴 1mol/L 硫酸溶液，将试管振摇后，置于沸水浴中加热 5～10min，随后将试管放置冷却后，再加入 5%氢氧化钠溶液至混合液呈弱碱性(用红色石蕊试纸检验)，最后加入 10 滴 Benedict 试剂，再次将试管振摇后，放入沸水浴中加热 3～4min，观察并记录实验结果。

5. 淀粉的性质

(1) 实验原理：淀粉是最重要的多糖，不溶于水、没有甜味也无还原性。淀粉溶液遇碘呈现出蓝色，将此蓝色溶液加热，会导致颜色褪去，溶液冷却后，蓝色复又出现。

(2) 操作步骤

1) 在 1 支试管中，加入 6 滴 2%淀粉溶液，再加 1 滴碘试液，观察实验现象，将该溶液加热，有何现象?试管放冷之后，混合液又有什么变化？

2) 取 2mL 2%淀粉溶液，加入到 1 支大试管中，再加 6 滴 1mol/L 硫酸溶液，然后将试管置于沸水浴中煮沸 10～15min，之后取出试管并将其冷却。再用碳酸钠溶液中和反应液，然后取 1mL 反应液于小试管中，加入 5 滴 Benedict 试剂，将小试管放在沸水浴中煮沸 4～5min，观察并记录实验结果。

【实验注释】

[1] 实验所用的蔗糖必须非常纯净，如果含有还原糖，则会出现阳性反应。

[2] Benedict 试剂的反应原理与 Fehling 试剂相同，试剂内含有硫酸铜、碳酸钠和枸橼酸钠，可稳定存放，不需临用时才配制，它与还原糖作用较 Fehling 试剂更为灵敏，受尿酸的干扰程度较 Fehling 试剂小。

[3] 苯肼毒性较大，用棉花塞住试管口以减少苯肼蒸气逸出的机会，如果不

慎被苯肼试剂触及皮肤时，应先用稀乙酸淋洗，然后再用水清洗皮肤。

[4] 有时蔗糖亦呈阳性反应，这是因为在实验条件下，蔗糖被部分水解生成果糖。如果实验时，加热煮沸的时间过长，则葡萄糖和麦芽糖均会呈现出阳性反应，一般认为，这是由于葡萄糖在盐酸催化下转变为果糖所致。因此，反应时，葡萄糖和盐酸的浓度不要超过 12%，加热时间不得超过 20min。

【思考与讨论】

1. 何为还原糖？还原性双糖在结构上有何特征？
2. 葡萄糖和果糖生成的糖脎是否相同，为什么？

实验 37　胺和尿素的化学性质

【实验目的】

1. 通过实验加深对胺类主要化学性质的理解。
2. 验证尿素主要化学性质和缩二脲反应。

【实验试剂】

甲胺；苯胺；浓盐酸；*N*-甲基苯胺；*N*,*N*-二甲基苯胺；尿素；新制饱和溴水；2mol/L 盐酸溶液；10%氢氧化钠溶液；10%亚硝酸钠溶液；β-萘酚碱溶液；1%重铬酸钾溶液；20%尿素溶液；1%硫酸铜溶液；pH 试纸。

【实验原理与步骤】

1. 胺类的一般性质

(1) 实验原理：胺类是一类具有碱性的物质，因而可与强酸反应生成盐，铵盐的水溶性增大。不同结构的胺类碱性不同，其碱性由强到弱的顺序为：脂肪胺＞氨＞芳香胺。

胺类还可与亚硝酸反应，不同结构的胺类反应后，生成的产物不同，可用于鉴别。

芳香族伯胺在低温下(≤5℃)与亚硝酸作用，生成相对稳定的重氮盐，称为重氮化反应，重氮盐的性质很不稳定，干燥时易爆炸，其水溶液在加热时，也会发生分解，放出氮气而生成酚，所以重氮化反应常在低温下及水溶液中进行。

重氮盐在中性或弱酸性溶液中，可与芳香胺反应；或在弱碱性溶液中与酚反应，均可生成有鲜艳颜色的偶氮化合物，该反应被称为偶联反应，常用于偶氮化合物的合成。

(2) 操作步骤

1) 胺的碱性：取 2 支试管，分别加入甲胺和苯胺各 2 滴，再加入 1mL 蒸馏水，将 2 支试管振摇后，分别用玻璃棒蘸取甲胺和苯胺的水溶液，以 pH 试纸检验之，观察、记录并比较它们的碱性强弱。

上述苯胺水溶液因苯胺未完全溶解而成乳浊状，加振摇试管边向其中滴加

2mol/L 盐酸溶液，可以得到一种澄清液体，为什么？再向试管中滴加 10%氢氧化钠溶液，并充分振摇试管，观察有何实验现象？为什么？

2) 与亚硝酸反应

A. 伯胺与亚硝酸反应：先在试管中加入 5 滴甲胺，再分别加入 0.5mL 浓盐酸和 0.5mL 水，振摇试管后用冰水浴冷却。另取 1 支试管，加入 10 滴 10%亚硝酸钠溶液后，置于冰水浴中冷却几分钟，然后将亚硝酸钠溶液倒入装有甲胺的试管中，轻轻振摇试管，观察并记录实验现象。

B. 仲胺与亚硝酸反应：在 1 支试管中加入 5 滴 *N*-甲基苯胺、10 滴浓盐酸及 10 滴水，将试管振摇后，以冰水浴冷却。另取 10 滴亚硝酸钠溶液于另一试管中，同样置于冰水浴中冷却片刻，然后将其加入到第一支试管中，轻轻振摇试管，观察并记录实验现象[1]。

C. 叔胺与亚硝酸反应：先在试管中加入 5 滴 *N,N*-二甲基苯胺[2]，再加入 10 滴浓盐酸及 10 滴水，将试管振摇后，用冰水浴冷却。另取 10 滴亚硝酸钠溶液，也用冰水浴冷却后，加入到第一支试管中，轻轻振摇试管，观察并记录实验现象。取 0.5mL 反应液至另一试管中，再加入 10%氢氧化钠溶液至反应液变色，观察并记录实验现象。

3) 重氮化反应和偶联反应：取 5 滴苯胺于试管中，再加入 10 滴水，将试管用冰水浴冷却。取 10%亚硝酸钠溶液 1mL 于另一试管中，同样置于冰水浴中冷却 2min，然后将其缓缓倒入苯胺溶液中，同时将置于冰水浴中的试管轻轻振摇，最后再加 2 滴β-萘酚碱溶液，观察并记录实验现象。

2. 芳胺的特性

(1) 实验原理：芳胺具有芳香性，可与许多亲电试剂发生取代反应，而且反应速率较苯快。例如，室温下，苯胺与可溴水迅速反应，立即生成 2,4,6-三溴苯胺白色沉淀。此外，苯胺也极易被氧化，生成复杂产物，如果用重铬酸钾氧化，则有可能生成对苯醌或苯胺黑。

(2) 操作步骤

1) 溴代反应：取 1 滴苯胺置于试管中，加入 1mL 水，振摇试管后，再向其中滴加新制饱和溴水，观察并记录实验现象。

2) 氧化反应：于蒸发皿上滴 1 滴苯胺，再向其上加入 2mol/L 盐酸溶液和饱和重铬酸钾溶液各 2 滴，用玻璃棒将反应液搅拌均匀，观察并记录实验现象。

3. 尿素的性质

(1) 实验原理：尿素可发生水解反应，一般要在酸或碱的催化下进行，在碱溶液中，尿素水解生成碳酸钠并放出氨气。

$$H_2N-\overset{\overset{\displaystyle O}{\|}}{C}-NH_2 + 2NaOH \xrightarrow{\Delta} NaO-\overset{\overset{\displaystyle O}{\|}}{C}-ONa + NH_3\uparrow$$

将尿素固体加热至其熔点以上时，两分子尿素之间会脱去一分子氨而生成

$H_2N-\overset{\overset{O}{\|}}{C}-NH-\overset{\overset{O}{\|}}{C}-NH_2$(缩二脲)。凡分子中含有两个或两个以上肽键的化合物，可在碱性溶液中与铜盐反应，生成紫红色物质。此反应被称为缩二脲反应，可用于尿素、多肽、蛋白质等多种物质的鉴别。

(2) 操作步骤

1) 尿素的水解：在 1 支试管中，加入 10 滴 10%氢氧化钠溶液，再加 15 滴 20%尿素溶液，振摇试管使反应液混合均匀后，小心地将试管内液体加热至沸，嗅其气味，并将湿润的红色石蕊试纸盖在试管口观察颜色变化。

2) 缩二脲的生成及缩二脲反应：取 1 支干燥试管，加入 0.3g 尿素(约 1/4 角匙)，小心地对试管内的固体加热，先看到尿素融化，继而嗅到有氨的气味放出，也可用湿的红色石蕊试纸放在试管口检验。继续加热至试管内容物逐渐凝固，此时有缩二脲生成。待试管稍放冷后，向其中加入 2mL 10%氢氧化钠溶液及 2mL 水，小心地用玻璃棒搅拌，尽量使缩二脲溶解完全，从此试管中倾少许上层清液于另一试管中，再向第二支试管中滴加 3 滴 1%硫酸铜溶液，观察并记录实验现象。

【实验注释】

[1] 许多亚硝基化合物有致癌作用，应避免直接接触，反应液要水解处理后再弃去。

[2] *N*,*N*-二甲基苯胺为剧毒品，具有血液毒性、神经毒性和致癌性，使用时应避免直接接触。

【思考与讨论】

1. 哪些试剂可以用来区别伯、仲、叔胺？
2. 检查重氮化反应的终点可用什么方法？过量的亚硝酸应如何破坏？

实验 38 氨基酸和蛋白质的化学性质

【实验目的】

1. 通过实验加深对氨基酸和蛋白质主要化学性质的认识。
2. 掌握鉴别氨基酸和蛋白质的方法。

【实验试剂】

硫酸铵；浓硝酸；浓盐酸；浓硫酸；清蛋白溶液；饱和硫酸铜溶液；10%氢氧化钠溶液；3mol/L 盐酸溶液；5%蛋白质-氯化钠溶液；0.5%甘氨酸溶液；0.1%茚三酮-乙醇溶液；5%硫酸铜溶液；饱和硫酸铵溶液；1%硫酸铜溶液；2%硝酸银溶液；0.5%乙酸铅溶液；1%乙酸溶液；饱和苦味酸溶液。

【实验原理和操作】

1. 氨基酸和蛋白质的两性电离

(1) 实验原理 氨基酸是双官能团化合物，分子中同时含有氨基和羧基，因而既可溶于酸溶液中也可溶于碱溶液中，表现出两性化合物的特性并具有等电点。由于氨基酸是组成蛋白质的基础，所以蛋白质也有两性电离及等电点的特性。蛋白氨基酸均为α-氨基酸。

(2) 操作步骤

1) 氨基酸的两性电离：在盛有 2mL 蒸馏水的试管中加入 0.1g 酪氨酸，在充分振荡试管的情况下逐滴加入 1mL 10%氢氧化钠溶液，观察并记录实验现象。随后再逐滴加入 3mol/L 盐酸溶液，至试管内溶液刚显酸性(蓝色石蕊试纸刚变红)，充分振荡试管 1min，观察并记录实验现象。最后再滴加 10 滴以上 3mol/L 盐酸溶液，观察并记录实验现象。

2) 蛋白质的两性电离：在 1 支试管中加入 5 滴 5%蛋白质溶液，边振荡试管边逐滴加入浓盐酸，当酸加入过量时，观察溶液有何变化并记录之。吸取该溶液 1mL 置于另一试管中，向第二支试管中逐滴加入 10%氢氧化钠溶液，注意观察在过量碱的存在时，溶液中有何变化。

2. 氨基酸和蛋白质的颜色反应

(1) 实验原理：蛋白氨基酸(除脯氨酸和羟脯氨酸外)和蛋白质均可与水合茚三酮发生反应，生成紫蓝色物质，该反应十分灵敏，一般在 pH=5～7 的溶液中进行为宜。具体过程如下。

首先，氨基酸被茚三酮氧化成 CO_2，NH_3 和醛，而茚三酮则被还原成还原型茚三酮。

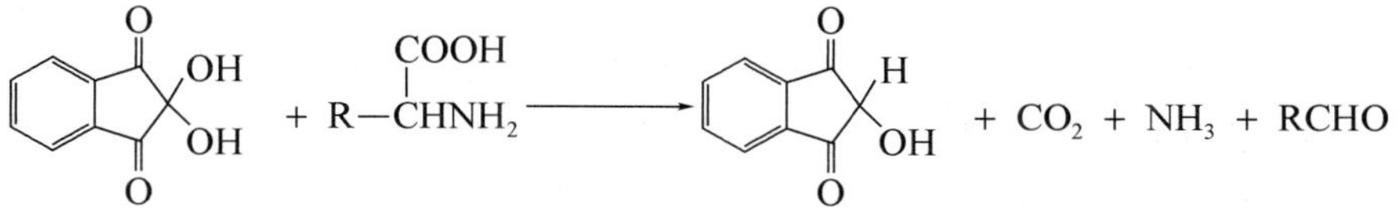

其后，还原型茚三酮与另一个茚三酮分子及 NH_3 发生缩合，生成有色物质。

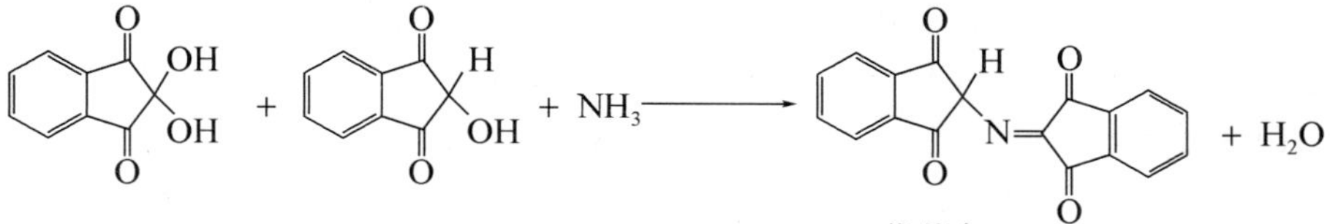

紫蓝色

蛋白质分子中含有多个肽键，所以也会有缩二脲反应发生。除了蛋白质、多肽、尿素等一些含有两个及以上肽键的物质外，一些即含有一个肽键同时又分别含有—CS—NH_2、—CH_2NH_2、$\mathrm{R\underset{|}{C}HNH_2}$ 、—CHOH—CH_2NH_2 等基团的物质，以及含有$\mathrm{H_2N-\overset{O}{\overset{\|}{C}}-\overset{O}{\overset{\|}{C}}-NH_2}$结构的物质也都会发生缩二脲反应。因此，能发生缩二脲反应的物质不一定都是蛋白质。

蛋白质分子中如果含有苯环(如酪氨酸及色氨酸)则可与硝酸发生反应，结果是在苯环上引入硝基，生成的物质呈黄色。皮肤接触到硝酸产生黄色也是这个原因。在碱性溶液中，上述生成的硝基化合物可转变成橙黄色，可能是出现了显色较深的基团。蛋白质分子中酪氨酸含有的苯环与硝酸等的反应式如下：

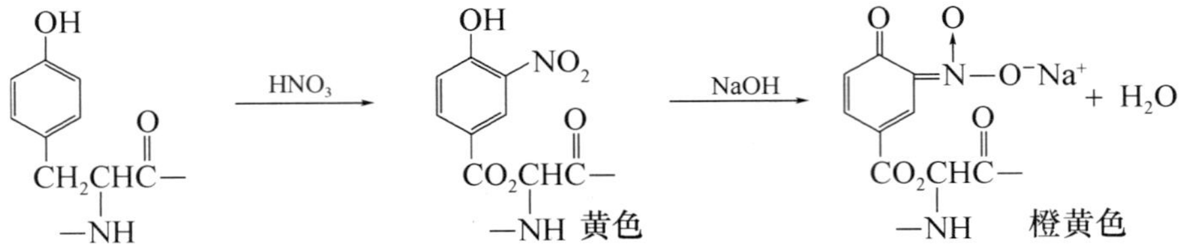

(2) 操作步骤

1) 茚三酮反应：在两支试管中各自加入 4 滴 0.5%甘氨酸溶液和蛋白质溶液，再分别加入 2 滴 0.1%茚三酮-乙醇溶液，将试管充分振摇并使反应液混合均匀后，置于沸水浴中加热 1～2min，观察并记录实验现象。

2) 缩二脲反应：在 1 支试管中加入 10 滴蛋白质溶液和 20 滴 10%氢氧化钠溶液，充分振摇试管后，再加 5 滴 5%硫酸铜溶液[1]，边滴加边振摇试管，观察并记录有何现象产生。

3) 黄蛋白反应：在 1 支试管中，加入 4 滴蛋白质溶液和 2 滴浓硝酸，由于强酸的作用，使蛋白质出现白色沉淀。将试管放入沸水浴中加热，当沉淀变成黄色时，取出试管冷却后，再向其中逐滴加入 10%氢氧化钠溶液至反应液呈碱性，观察颜色的变化并记录之。

3. 蛋白质的可逆沉淀反应——盐析作用

(1) 实验原理：蛋白质溶液的稳定性是有条件的、相对的，当蛋白质分子所带的电荷被中和或蛋白质分子的水化膜被破坏时，蛋白质就会在溶液中凝集并以沉淀的形式析出，这种现象被称为蛋白质的沉淀反应，如果造成沉淀的因素被去除后，蛋白质沉淀可再次溶解于原溶剂中，因此，这种沉淀反应就被称为可逆沉淀反应。

向蛋白质溶液中加入强电解质使之沉淀的现象称为盐析。这时，分子内部结构未发生显著变化，蛋白质化学性质未变，当盐的浓度降低时，沉淀仍然可以溶解。

(2) 操作步骤

1) 在 1 支试管中，加入 5mL 蛋白质-氯化钠溶液和 5mL 饱和硫酸铵溶液，充分振荡试管使溶液混合均匀，将试管静置 10min，观察蛋白质沉淀是否析出？过滤除去沉淀，然后，在滤液中逐渐加入固体硫酸铵，边加边振摇试管，直至溶液饱和(需硫酸铵 1～2g)，此时，蛋白质沉淀析出[2]。

2) 在另 1 支试管中，加入 10 滴浑浊的清蛋白质溶液，再加入 3mL 蒸馏水，充分振摇试管使溶液混合均匀，观察清蛋白沉淀是否溶解。

4. 蛋白质的不可逆沉淀反应

(1) 实验原理：沉淀反应中，如蛋白质分子内部的结构，特别是空间结构遭到破坏，该蛋白质将失去天然蛋白质原有的性质，这时沉淀就无法溶解于原溶剂中，此种沉淀反应被称为蛋白质的不可逆沉淀反应。也称蛋白质的变性，造成蛋白质变性的因素有物理的(如加热、震荡、超声波等)，也有化学的(如过量酸或碱及有机溶剂、苦味酸等)。它们都能使蛋白质发生不可逆的沉淀反应。

(2) 操作步骤

1) 重金属沉淀蛋白质

A. 在 3 支试管中，分别加入 1mL 蛋白质溶液，再将 1%硫酸铜溶液、2%硝酸银溶液及 0.5%乙酸铅溶液各 2 滴分别加入到 3 支试管中，观察沉淀的产生。随后再向这 3 支试管中分别逐滴补加上述三种溶液，同时边滴加边振摇试管，观察加入过量硫酸铜及乙酸铅的试管与加入过量硝酸银的试管有何不同[3]。

B. 在另 1 支试管中，加入 10 滴硝酸银的蛋白质溶液，再加入 3mL 蒸馏水，充分振摇试管使内容物混合均匀，观察硝酸银蛋白质的沉淀是否溶解？

2) 加热沉淀蛋白质：在 1 支试管中，加入 2mL 蛋白质溶液，之后，将试管放入沸水浴中加热 5～10min，此时，蛋白质凝固成白色絮状沉淀，且沉淀不再溶于水。

3) 苦味酸沉淀蛋白质：在 1 支试管中，加入 1mL 蛋白质溶液及 5 滴 1%乙酸溶液，振摇试管使内容物混合均匀后，加入 10 滴饱和苦味酸溶液，充分振摇试管，观察并记录有何实验现象产生？

4) 无机酸沉淀蛋白质：在 3 支试管中，各自加入 6 滴蛋白质溶液，将浓盐酸、浓硫酸和浓硝酸各 4 滴分别滴入 3 个试管中，保持试管静止，观察各试管中是否出现白色沉淀，再分别向 3 个试管中补加浓盐酸、浓硫酸和浓硝酸各 5 滴，振摇试管使内容物混合均匀后，观察并记录加过量酸的试管中有何不同实验现象产生？

【实验注释】

1. 缩硫酸铜溶液不可过量，否则在碱性溶液中，硫酸铜会生成氢氧化铜沉淀，遮蔽缩二脲反应所产生的紫红色。

2. 盐析时，不同蛋白质所需盐的浓度不同，可据此进行蛋白质的分级盐析。

3. 重金属盐沉淀蛋白质的作用是不可逆的，但因沉淀粒子上吸附有离子，可溶于过量的沉淀剂中，故使用乙酸铅或硫酸铜沉淀蛋白质时，重金属盐不可过量，否则，会引起沉淀的再溶解。

【思考与讨论】

1. 氨基酸和二肽是否能够发生缩二脲反应，为什么？

2. 民间常用鸡蛋清作为铅或汞中毒的解毒剂，为什么？

第七章 综合性实验

在完成一定量的基础有机合成实验训练后，通过综合性实验可以把有机物的多步制备、分离提纯、鉴定和结构表征等多项内容结合在一起，对基础性实验进一步进行延伸，并由学生独立完成。有助于学生对有机化学实验的内容和操作技术进行全面的了解和掌握；对化学反应研究过程进行全面认识。培养和训练学生对有机化学实验基本内容的综合运用能力，为以后的高等有机合成实验及研究性实验奠定基础。

实验 39 香豆素-3-羧酸的制备

【实验背景】

香豆素及其衍生物是广泛存在于自然界中的一种物质，是一些植物精油(例如，薰衣草、桂皮等)中的成分。由于香豆素及其衍生物具有一定的香气，因而是一种用途极广的重要香料，在化妆品、饮料、食品、香烟、橡胶制品及塑料制品中作为增香剂。大量的研究发现，此类化合物同时具有抗微生物、抗糖尿、抗肿瘤等重要的生物活性，在制药行业中表现出重要的作用。

从结构上来看，香豆素是顺式邻羟基肉桂酸(香豆酸)的内酯，也是一类重要的有机杂环化合物。到目前为止，已发现的香豆素类衍生物有 800 多种。

香豆素-3-羧酸可用 Perkin(柏琴)和 Knoevenagel(克脑文格尔)法制备，后者反应条件较温和，收率较高。

用水杨醛与丙二酸二乙酯在哌啶的催化下经 Knoevenagel 反应，得到的中间产物脱醇内酯化后，生成中间体香豆素-3-甲酸乙酯，将其分离后，加碱水解，酯基及内酯环同时水解，加盐酸酸化后再次闭环内酯化成目标化合物香豆素-3-羧酸。

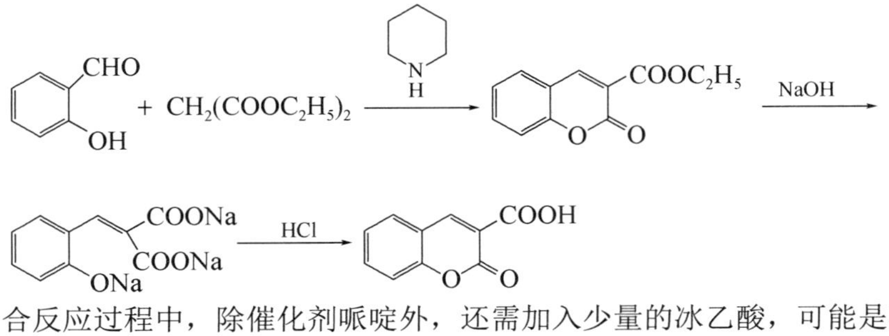

缩合反应过程中，除催化剂哌啶外，还需加入少量的冰乙酸，可能是在乙酸的催化下，水杨醛先与哌啶形成亚胺基化合物，亚胺再与丙二酸酯的碳负离子发生加成反应。

实验 39-1　中间体香豆素-3-甲酸乙酯的制备

【实验目的】

1. 学习用 Knoevenagel 法制备苯并吡喃酮类杂环化合物的原理及方法。

2. 熟练掌握加热回流的操作技术。

【实验原理】

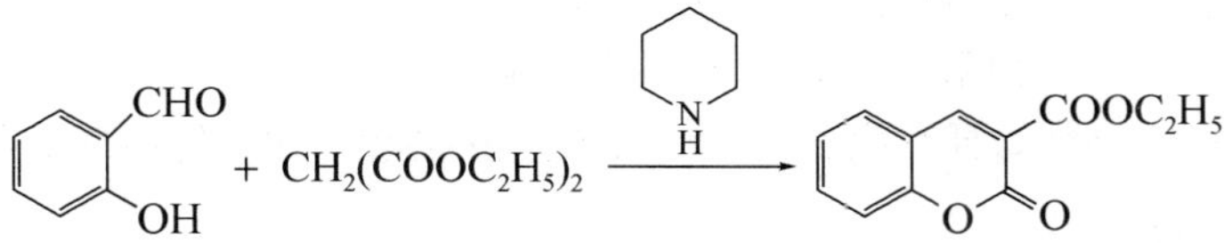

【仪器与试剂】

1. 主要仪器　50mL 圆底烧瓶；回流冷凝管；干燥管；100mL 电热套。

2. 试剂　水杨醛 4.2mL；丙二酸二乙酯 6.8mL；无水乙醇 25mL；哌啶 0.5mL；冰乙酸；无水氯化钙适量。

【主要原料及产物的物理常数】

相关数据见表 7-1。

表 7-1　制备香豆素-3-甲酸乙酯的主要原料及产物的物理常数

化合物	相对分子质量	熔点 m.p.(℃)	沸点 b.p.(℃)	密度 (g/cm^3)	折射率 (n_D^{20})	溶解度(g/100mL)		
						水	乙醇	乙醚
香豆素-3-甲酸乙酯	218.2	92～94	378	1.2890	—	不溶	溶解	溶解
水杨醛	122.12	1～2	196～197	1.1670	1.5735	微溶	溶解	溶解
丙二酸二乙酯	160.17	−50	198～199	1.0550	1.4143	2	混溶	混溶
哌啶	85.15	−7～−9	106	0.8622	1.4534	混溶	溶解	溶解

【实验内容】

在 50mL 干燥的圆底烧瓶中，依次加入 4.2mL(4.9g，0.04mol)水杨醛、6.8mL(7.2g，0.045mol)丙二酸二乙酯、0.5mL 哌啶、25mL 无水乙醇、1～2 滴冰乙酸和沸石，装上回流冷凝管，并在冷凝管顶部装一氯化钙干燥管。水浴加热回流 2h 后，撤去热源，拆下干燥管，自冷凝管顶部注入 35mL 水，待反应混合液冷后，将反应瓶放入冰水浴中继续冷却，析晶完全后抽滤，取冰水浴冷却过的 50%乙醇溶液 10mL，分 2 次洗涤晶体，将粗产品在红外灯下烘干，产量 7g(产率 78.7%)。

【结果与处理】

1. 称量香豆素-3-甲酸乙酯粗品的产量，计算并分析产率。

2. 必要时，对香豆素-3-甲酸乙酯粗品进行重结晶，测定其熔点并与文献值比较。

【操作与安全】

1. 香豆素-3-甲酸乙酯的制备需要绝对无水，注意保证仪器及试剂均无水。

2. 50%乙醇的作用是洗去粗产物中的黄色杂质，冰过的乙醇可减少酯在其中的溶解。

3. 反应时回流温度大约在 80℃，过高会有副反应发生。

4. 香豆素-3-甲酸乙酯粗品可用 25%的乙醇重结晶。

5. 水杨醛有毒，口服有害，注意不要误服。

6. 哌啶高度易燃，具有腐蚀性，吸入或皮肤接触有害。使用现场不得有明火。

【思考与讨论】

1. 本实验反应原料的投料比是多少？反应介质和催化剂为何？

2. 试写出水杨醛制香豆素-3-甲酸乙酯的反应机制？

实验 39-2　目标产物香豆素-3-羧酸的制备

【实验目的】

1. 学习酯水解法制备羧酸的原理和方法。

2. 熟练掌握加热回流和重结晶的操作技术。

【实验原理】

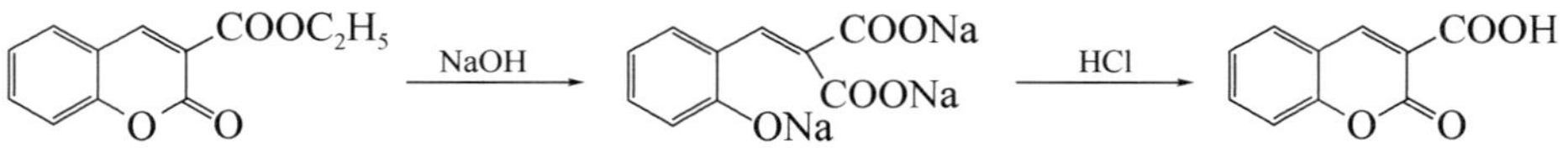

【仪器与试剂】

1. 主要仪器　100mL 圆底烧瓶；回流冷凝管；布氏漏斗；抽滤瓶；10mL 及 50mL 量筒；100mL 电热套。

2. 原料与试剂　粗香豆素甲酸乙酯 4g；95%乙醇 20mL；浓盐酸 15mL；氢氧化钠 3g。

【主要原料及产物的物理常数】

相关数据见表 7-2。

表 7-2　制备香豆素-3-羧酸的主要原料及产物的物理常数

化合物	相对分子质量	熔点 m.p.(℃)	沸点 b.p.(℃)	密度 (g/cm^3)	折射率 (n_D^{20})	溶解度(g/100mL)		
						水	乙醇	乙醚
香豆素-3-羧酸	190.18	190(分解)	—	0.808	—	1.3^{37}	易溶	易溶
氢氧化钠	40.01	318.4	1390	2.130	—	混溶	易溶	不溶

【实验内容】

在 100mL 圆底烧瓶中，加入 4g(约 0.018mol)粗香豆素甲酸乙酯、3g 氢氧化钠、20mL 乙醇、10mL 水和沸石。装上球形冷凝管，水浴加热回流，当瓶内固体全部消失后再继续回流 15min。在 250mL 的烧杯中加入 15mL 浓盐酸和 50mL 水混合成稀盐酸，在搅拌下将反应混合液趁热倒入其中，即有大量白色晶体析出，进一步用冰水浴冷却使析晶完全，抽滤，少量冰水洗涤晶体 2 次，抽干，红外灯下干燥后得粗产物 3g(产率 87.6%)。粗产品可用水重结晶。

【结果与处理】

1. 称量香豆素-3-羧酸纯品的产量，计算并分析产率。

2. 测定香豆素-3-羧酸纯品的熔点，通过与文献值比较分析其质量。

【操作与安全】

1. 如果香豆素-3-甲酸乙酯长时间加热回流仍不溶时，可再加多一点氢氧化钠。

2. 香豆素-3-羧酸有毒，口服有害，注意不要误服。

【思考与讨论】

1. 羧酸盐在酸化得到羧酸沉淀析出的操作中应如何避免酸的损失，提高酸的产量。

2. 查阅文献和资料撰写一篇关于香豆素类药物的结构类型、主要用途、制备方法及结构鉴定的综述性文章或专题介绍。

实验 40　外消旋苦杏仁酸的制备与拆分

苦杏仁酸化学名为α-羟基苯乙酸，又名苯乙醇酸、扁桃酸、苯羟乙酸，是制备尿路杀菌剂扁桃酸乌洛托品、末梢血管扩张剂环扁桃酸、滴眼药羟苄唑及托品类解痉剂等药物的重要中间体。

苦杏仁酸是一种手性分子，有 *R*-(–)-苦杏仁酸和 *S*-(+)-苦杏仁酸两种构型，其单一对映异构体在药效上存在较大差异。例如，*R*-(–)-苦杏仁酸用于头孢菌类系列抗生素中，作为羟苄四唑头孢菌素的侧链修饰剂，*S*-(+)-苦杏仁酸是合成用于治疗尿急、尿频和尿失禁药物 *S*-奥昔布宁的前体原料。在有机合成中，苦杏仁酸的单一对映异构体，可作为拆分试剂用于胺及醇类手性化合物的拆分，可作为不对称还原反应、Diels-Alder 反应的手性模板，也可作为手性反应的起始物。

一般的化学方法合成得到的是外消旋苦杏仁酸，需要进行拆分才能获得单一对映异构体。外消旋体的拆分，最早是在 1848 年，Louis Pasteur 首次利用物理方法，将外消旋酒石酸盐的晶体拆分成左旋体及右旋体，从而导致对映异构现象被发现。随着研究工作的不断推进，目前，人们已掌握了多种外消旋体拆分法，如晶种结晶法、选择吸附法、化学法及生物催化(酶催化)法等，其中，化学法是最为常用的方法，其原理是利用化学反应把对映异构体变为非对映异构体，再利用非对映异构体间不同的物理性质进行分离，最后去掉拆分剂，就可以得到纯的旋光化合物，从而达到拆分的目的。苦杏仁酸可以用旋光性的碱，如麻黄碱作为拆分剂，利用化学法进行拆分。

实验 40-1 苦杏仁酸的合成

【实验目的】

1. 掌握相转移催化剂 TEBA 的制备技术。

2. 学习相转移催化合成苦杏仁酸的基本原理及操作技术。

【实验原理】

本实验通过卡宾反应及相转移催化剂，将苯甲醛、氯仿和氢氧化钠在同一反应器中进行混合，直接生成外消旋体苦杏仁酸。

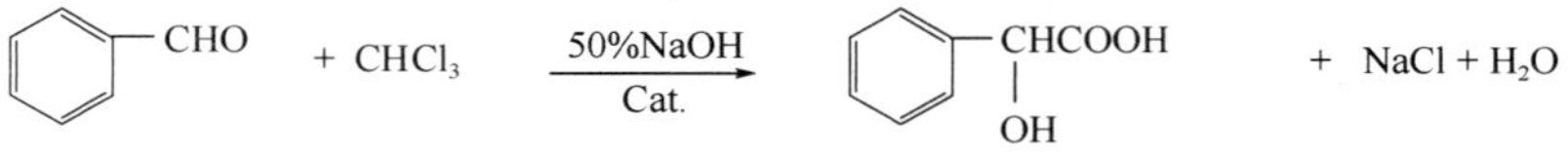

卡宾(Carbene)是通式为 R_2C：的中性活性中间体的总称。卡宾结构中有一对非键电子，碳原子与两个原子或基团以σ键相结合。由于碳原子周围只有 6 个外层电子，所以卡宾具有很强的亲电性，最简单的卡宾是亚甲基：CH_2，最常见的取代卡宾是二卤卡宾：CX_2。

二卤卡宾的制备可通过α-消除反应，将三卤甲烷在强碱的作用下，生成三卤甲基碳负离子，接着碳负离子脱去一个卤素负离子，生成二卤卡宾，例如，

$$HCCl_3 + NaOH \rightleftharpoons :\bar{C}Cl_3 + H_2O + Na^+$$

$$:\bar{C}Cl_3 \rightleftharpoons :CCl_2 + Cl^-$$

卡宾最典型的反应是与双键发生加成反应，生成三元环状化合物。如果将二氯卡宾与苯甲醛的羰基加成，再经重排及水解可生成外消旋体苦杏仁酸。反应过程如下：

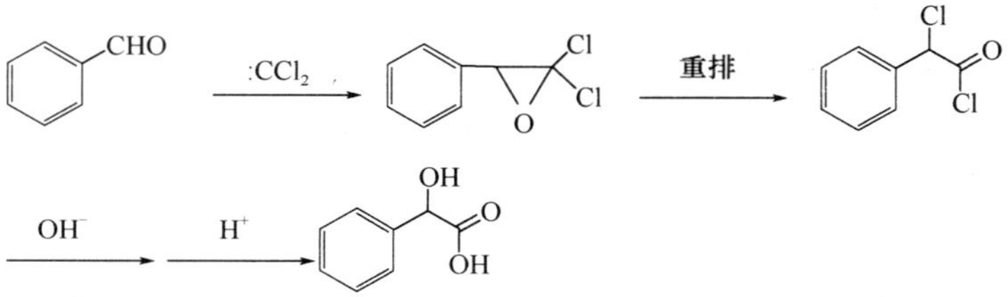

利用二卤卡宾合成三元环状化合物的传统方法是：由叔丁醇钾与氯仿在无水叔丁醇中反应，但该反应耗时较长且必须在无水条件下进行，随着采用相转移催化反应技术的不断成熟，使该反应在相转移催化剂，例如，氯化苄基三乙基铵(TEBA)的催化下，由氢氧化钠水溶液代替叔丁醇钾，反应时间明显缩短，收率较高。

许多有机反应需要在水溶性的无机试剂及不溶于水的有机化合物之间进行，

这种非均相反应通常具有速度慢、收率低，有时甚至难以发生的特点。而相转移催化技术的使用可以成功解决以上诸多弊端，是一种先进的合成方法。

【仪器与试剂】

1. 主要仪器　100mL 圆底烧瓶；回流冷凝管；100mL 三颈瓶；二口接管；滴液漏斗；分液漏斗；电动搅拌器；100℃温度计。

2. 试剂　氯化苄 5.5mL；1，2-二氯乙烷 19mL；三乙胺 7mL；苯甲醛 6.8mL；氯仿 12mL；50%氢氧化钠溶液 18mL；乙醚 70mL；浓盐酸；50%硫酸溶液；甲苯；无水硫酸钠适量。

【主要原料及产物的物理常数】

相关数据见表 7-3。

表 7-3　制备苦杏仁酸的主要原料及产物的物理常数

化合物	相对分子质量	熔点 m.p.(℃)	沸点 b.p.(℃)	密度 (g/cm^3)	折射率 (n_D^{20})	溶解度(g/100 mL)		
						水	乙醇	乙醚
氯化苄	126.58	−39.2	179.4	1.1000	1.5392	不溶	溶解	溶解
三乙胺	101.19	−114.8	89.5	0.7300	33.5600	溶解	溶解	溶解
苯甲醛	106.12	−26	178	1.0415	1.5456	不溶	溶解	溶解
苦杏仁酸	152.15	120～122	321.8	1.3216	1.5204	易溶	溶解	溶解

【实验内容】

(1) 相转移催化剂 TEBA 的制备：在 100mL 圆底烧瓶中，分别加入 5.5mL(6.4g，0.05mol)氯化苄、19mL 1,2-二氯乙烷和 7mL(0.05mol)三乙胺，加热回流 2～3h。冷却后，析出针状结晶，抽滤，用少许 1,2-二氯乙烷洗涤晶体，烘干后称重(约 10g)。

(2) 外消旋苦杏仁酸的制备：在装有搅拌器、滴液漏斗、温度计和球形冷凝器的 100mL 三颈瓶中，加入 6.8mL 苯甲醛、0.9g TEBA 和 12mL 氯仿。开动搅拌并缓慢开始加热，待反应温度升到 55～66℃时，缓慢地滴加 50%氢氧化钠溶液 18mL，控制滴加速度，同时维持反应温度在 55～66℃，加毕，在此温度下继续搅拌 1h。

当反应混合物冷却至室温后，停止搅拌，并将其倒入 140mL 水中，用乙醚萃取二次，每次 15mL。水层用 50%硫酸酸化至 pH=1～2，再用乙醚萃取两次，每次 20mL，将四次乙醚萃取液合并，用无水硫酸钠干燥，在常压下将乙醚蒸去，得粗产物，称重(6～7g)。粗产品用甲苯进行重结晶，得到纯净的外消旋苦杏仁酸白色结晶，产量 4～5g。

【结果与处理】

1. 称量外消旋苦杏仁酸的产量，计算并分析产率。

2. 测定外消旋苦杏仁酸的熔点并与文献值比较后分析其质量。

【操作与安全】

1. 相转移催化剂 TEBA 易吸潮，应保存在装有无水氯化钙及石蜡的干燥器中备用。

2. 反应过程中，如果投入氢氧化钠过多，会使反应温度过高，从而导致反应副产物增多。

3. 该反应为相转移催化，反应过程中应维持较快的搅拌速度，以利于加速反应。

【思考与讨论】

1. 试写出外消旋苦杏仁酸制备的反应机制？

2. 本实验中为什么要保持充分搅拌？

3. 查阅相关文献，指出本实验还可以使用哪些催化剂？

实验 40-2 外消旋苦杏仁酸的拆分

【实验目的】

1. 学习酸性外消旋体拆分的原理及实验方法。

2. 熟练掌握萃取、重结晶等基础实验操作技术。

【实验原理】

外消旋苦杏仁酸由等量的 *S*-(+)-苦杏仁酸及 *R*-(–)-苦杏仁酸组成，二者具有相同的物理性质，仅旋光方向相反。因此，不能用结晶、蒸馏或色谱等常规的物理方法进行分离。化学法拆分外消旋体的原则是将对映异构体变成非对映异构体，再利用后者在溶解度、沸点以及色谱吸附特性等物理性质方面的不同，进行分离。外消旋苦杏仁酸为有机酸，可利用天然光学纯的(–)-麻黄碱(麻黄素)作为拆分剂，两者反应后生成非对映异构体的盐。利用两种非对映异构体的盐在无水乙醇中的溶解度不同，以分步结晶的方法将两者拆开，再用盐酸处理已拆分的盐，苦杏仁酸重新游离出来，得到较纯的 *S*-(+)-苦杏仁酸及 *R*-(–)-苦杏仁酸。拆分过程流程如图 7-1。

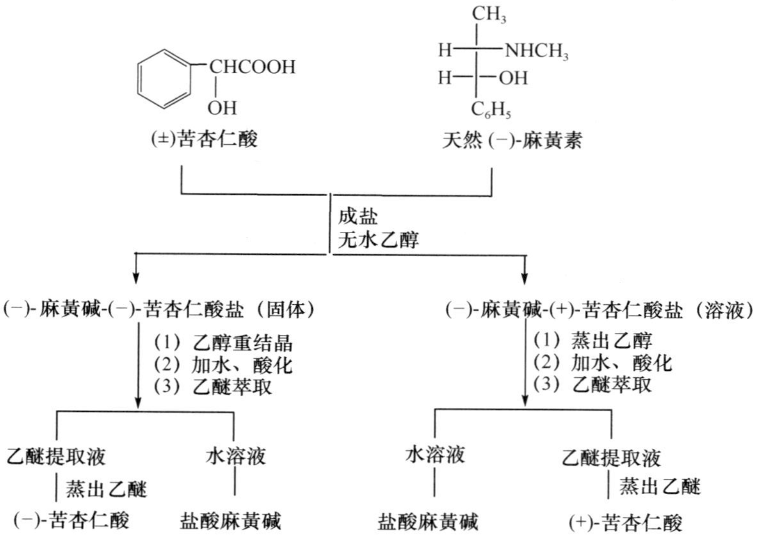

图 7-1 外消旋苦杏仁酸的拆分过程流程图

拆分效果的检验参见实验 25。

【仪器与试剂】

1. 主要仪器　50mL 锥形瓶；100mL 圆底烧瓶；回流冷凝管；直形冷凝管；蒸馏支管；接液管；100℃温度计；布氏漏斗；抽滤瓶；分液漏斗；干燥管。

2. 试剂　麻黄素盐酸盐 1.62g；外消旋苦杏仁酸 1.52g；无水乙醇 55mL；乙醚 50mL；氢氧化钠 0.5g；无水硫酸钠；浓盐酸适量；刚果红试纸。

【主要原料及产物的物理常数】

相关数据详见表 7-4。

表 7-4　拆分外消旋苦杏仁酸的主要原料及产物的物理常数

化合物	相对分子质量	熔点 m.p.(℃)	沸点 b.p.(℃)	密度 (g/cm^3)	折射率 (n_D^{20})	溶解度(g/100 mL)		
						水	乙醇	乙醚
麻黄碱	165.23	34	225	1.124	—	溶解	易溶	溶解
氢氧化钠	39.997	318.4	1390	2.13	—	易溶	易溶	不溶

【实验内容】

(1) 天然(–)-麻黄素的提取：在 50mL 锥形瓶中将麻黄素盐酸盐 1.62g 用水溶解，加入氢氧化钠(麻黄素盐酸盐 : NaOH : H_2O=4 : 1 : 5)，搅拌瓶内反应物，(–)-麻黄素即游离出来，用 10mL 乙醚萃取两次，合并醚萃取液并用无水硫酸钠干燥。在 100mL 圆底烧瓶中蒸馏除去乙醚，得到的固体物质即(–)-麻黄素。向其中加入 10mL 无水乙醇配成(–)-麻黄素无水乙醇溶液备用。

(2) 外消旋苦杏仁酸的拆分：将外消旋苦杏仁酸 1.52g 用 5mL 无水乙醇溶解于圆底烧瓶中，缓慢地加入麻黄素乙醇溶液。在水浴上隔绝潮气加热回流 2h，然后冷却至室温后冰浴冷却析晶，抽滤，保存滤液，固体粗产物用 40mL 无水乙醇重结晶，得到(–)-麻黄素-(–)-苦杏仁酸盐白色粒状晶体。

将白色固体加入到烧杯中，加入约 10mL 水使之溶解，然后在搅拌下滴加浓盐酸，使溶液呈酸性(刚果红试纸变蓝)。用乙醚萃取两次，每次 10mL，合并醚萃取液并用无水硫酸钠干燥。之后水浴加热蒸馏，在除去大部分乙醚后，将残留物倒在表面皿上，空气干燥得到 *R*-(–)-苦杏仁酸白色结晶。萃取后的水溶液倒入回收瓶中，以便回收麻黄素。

将保存的滤液加入到圆底烧瓶中蒸馏，除去大部分乙醇后，再用水泵将溶剂抽干。在残留固体物中加入 20mL 水使之溶解。之后在搅拌下滴加浓盐酸至刚果红试纸变蓝，此时如果有油状黏稠物出现，可抽滤除去，溶液每次用 10mL 乙醚萃取两次，合并醚萃取液并用无水硫酸钠干燥，水浴加热蒸馏回收乙醚，待大部分乙醚蒸出后，将残留物倒在表面皿上，空气干燥得到 *S*-(+)-苦杏仁酸。

(3) 表征测定：测定外消旋(±)苦杏仁酸、*R*-(–)-苦杏仁酸和 *S*-(+)-苦杏仁酸的熔点和旋光度。

【结果与处理】

1. 根据 *R*-(−)-苦杏仁酸和 *S*-(+)-苦杏仁酸的旋光度，分别计算两者的比旋光度并与文献值(±158°，H_2O)进行比较。

2. 分别计算并分析拆分后苦杏仁酸一对对映异构体的光学纯度(*op*)。

【操作与安全】

1. 外消旋苦杏仁酸的拆分过程中应防潮。

2. *S*-(+)-苦杏仁酸分离较困难，一般难以得到纯品。拆分过程需要时间也较长。学生实验也可以只分离对映异构体之一，即(−)-苦杏仁酸。

3. 前面蒸馏回收的乙醚可用于下一步的萃取，可以节约溶剂。

4. (−)-麻黄素回收操作：将萃取后的水溶液在蒸馏瓶中蒸去大部分水，剩余的液体倒入烧杯中，浓缩至一定体积后，再冷却析晶，抽滤后干燥，即得。

【思考与讨论】

1. 麻黄素在本实验中的主要作用是什么？

2. 写出苦杏仁酸的化学结构，思考在操作中应如何避免损失，提高拆分和分离效果。

3. 查阅文献和资料撰写一篇关于苦杏仁酸应用于对映异构体拆分的综述性文章或专题介绍。

实验 41　昆虫信息素——2-庚酮的制备

天然的 2-庚酮存在于某些植物体中，例如，丁香油、肉桂油中，是一种有刺鼻的水果香味和轻微药香味的液体。2-庚酮是一种昆虫信息素，存在于成年工蜂的颚腺中，并已被证明是蜜蜂的警戒信息素(在工蜂的螯刺毒汁中还存在着另一种告警信息素乙酸异戊酯)。若将 2-庚酮的液状石蜡溶液浸涂在软木塞上，并将软木塞放在蜂箱的入口处，蜜蜂就会如临大敌般地俯冲到软木塞上，但若软木塞上只涂有液状石蜡，蜜蜂却视若无事，行为如常。信息素的特点是含量很少，但生理作用极为显著，可用于防治农作物病虫害，具有用量少、活性高、不污染环境、不对天敌产生危害的特点，是绿色杀虫剂，所以合成信息素对于防治害虫意义重大。

2-庚酮的合成方法通常是由乙酰乙酸乙酯与正溴丁烷经烷基化反应制成正丁基乙酰乙酸乙酯，再经酮式分解而成。合成过程中的关键试剂乙酰乙酸乙酯是无色至淡黄色的澄清液体，有刺激性和麻醉性，是制药工业和有机合成工业中的重要合成中间体。

乙酰乙酸乙酯分子中的活泼α-H 易与金属钠、乙醇钠等强碱作用形成乙酰乙酸乙酯的钠化物，并可与卤代烃发生亲核取代反应，生成一烃基或二烃基取代的乙酰乙酸乙酯。

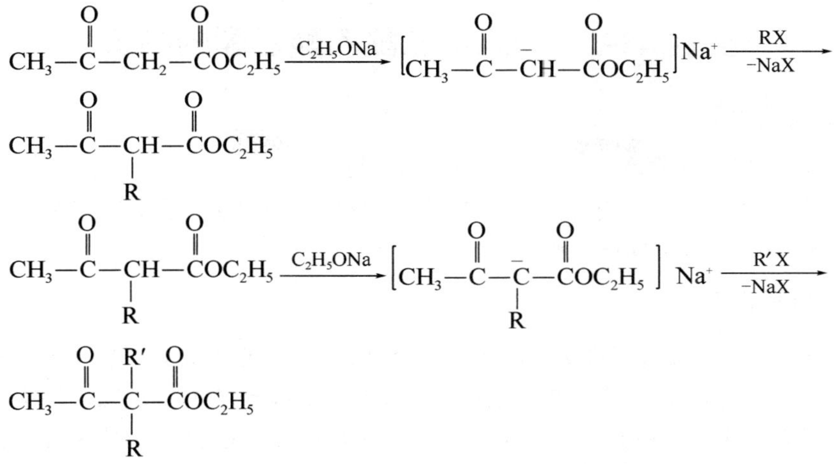

烃基取代的乙酰乙酸乙酯用冷的、稀的碱溶液处理后酸化，再经加热脱羧，发生酮式分解，可得烃基取代的丙酮；如果在醇溶液中与浓碱一起加热，则发生酸式分解反应生成烃基取代的乙酸。

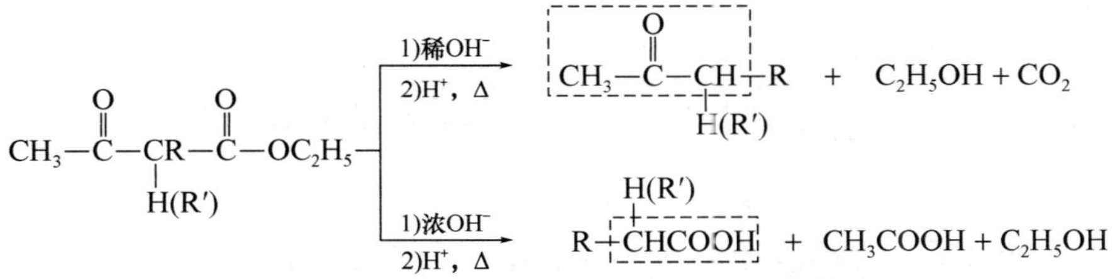

除此之外，乙酰乙酸乙酯的钠化物还可与酰卤发生酰基化反应，再经酮式或酸式分解，可得到β-二羰基化合物或β-酮酸。所以，乙酰乙酸乙酯是有机合成中的重要试剂。

本实验以简单易得的原料乙醇、乙酸和正丁醇来合成 2 -庚酮，其合成路线用反应式表示如下：

$$n\text{-}C_4H_9OH+HBr \longrightarrow n\text{-}C_4H_9Br+H_2O$$

$$CH_3COOH+CH_3CH_2OH \underset{110\sim120℃}{\overset{H^+}{\rightleftharpoons}} CH_3COOCH_2CH_3+H_2O$$

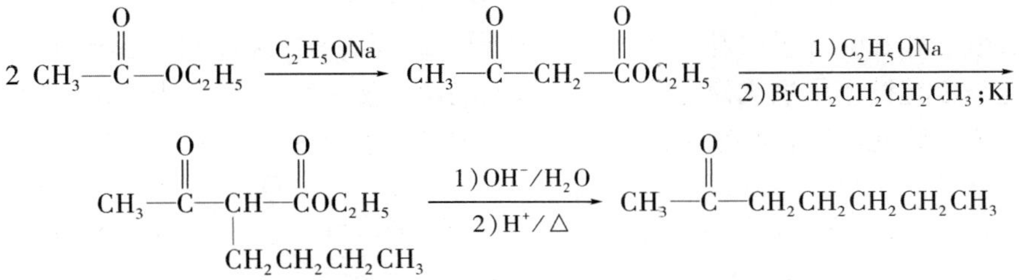

首先由乙酸和乙醇在酸的催化下进行酯化反应制备乙酸乙酯(实验 18)；接着乙酸乙酯经 Claisen(克莱森)酯缩合反应得到乙酰乙酸乙酯；然后在醇钠的作用下，将乙酰乙酸乙酯与正溴丁烷(由正丁醇与溴化氢反应制得，实验 13)进行烷基化反应，得到正丁基乙酰乙酸乙酯，最后经酮式分解获得目标化合物 2-庚酮。

实验 41-1 中间体乙酰乙酸乙酯的制备

【实验目的】

1. 学习 Claisen 酯缩合反应的机制和应用。

2. 学习使用金属钠的操作要点，巩固无水操作及分液漏斗使用等基本操作技术。

3. 熟悉减压蒸馏操作。

【实验原理】

乙酰乙酸乙酯是由乙酸乙酯在醇钠的催化下，通过 Claisen 酯缩合反应制备的。除酯外，含有 α-氢的酮与酯之间也可进行 Claisen 酯缩合反应，该类反应在有机和药物合成工业中具有重要应用价值，是形成 C—C 键的重要手段，主要用于制备 β-羰基酸酯、1,3-二酮、1,3-二酯等物质。

由乙酸乙酯制备乙酰乙酸乙酯的反应中，虽然使用金属钠作缩合试剂，但真正的催化剂是金属钠与乙酸乙酯中残留的少量乙醇作用而产生的乙醇钠。反应过程如下：

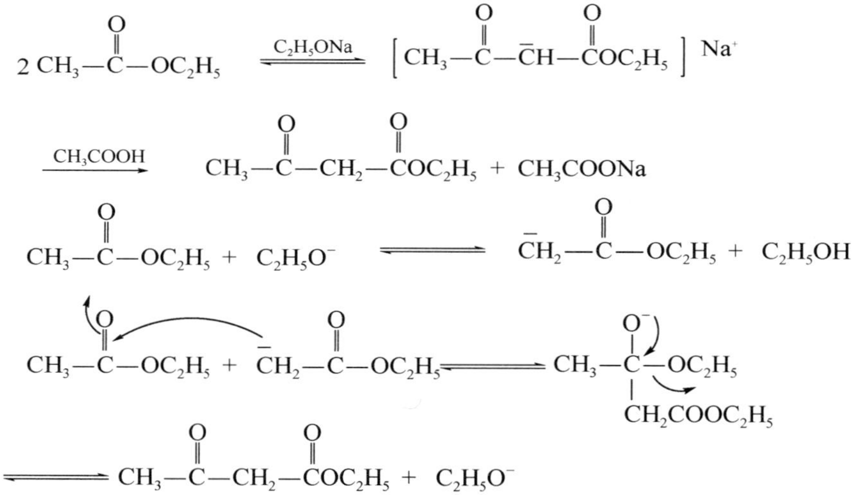

乙酰乙酸乙酯分子中，位于两个羰基碳原子之间的α-H 酸性较醇强(pK_a=10.65)，可迅速与乙醇钠作用生成稳定的乙酰乙酸乙酯盐，使反应平衡向着产物方向移动，直至完成。因此，产物必须用乙酸酸化后，才能得到游离的乙酰乙酸乙酯。

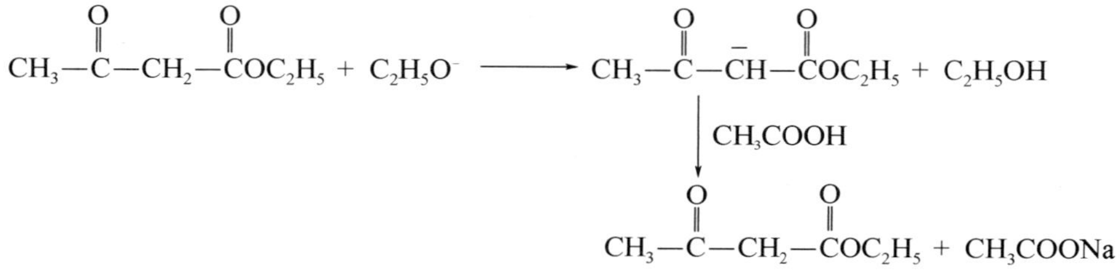

【仪器与试剂】

1. 主要仪器　25mL 及 50mL 圆底烧瓶；球形冷凝管；直形冷凝管；干燥管；蒸馏支管；克式蒸馏头；分液漏斗；真空接液管；200℃温度计；真空系统。

2. 试剂　金属钠 1.3g；乙酸乙酯 14mL；邻二甲苯 10mL；50%乙酸溶液 8mL；饱和氯化钠溶液；无水硫酸钠适量。

【主要原料及产物的物理常数】

相关数据见表 7-5。

表 7-5　制备乙酰乙酸乙酯的主要原料及产物的物理常数

化合物	相对分子质量	熔点 m.p.(℃)	沸点 b.p.(℃)	密度 (g/cm³)	折射率 (n_D^{20})	溶解度(g/100mL)		
						水	乙醇	乙醚
邻二甲苯	106.17	−25.2	144～145	$0.8808^{20/4}$	1.5054^{20}	0.017	混溶	混溶
乙酰乙酸乙酯	130.15	−45	180.8	$1.0213^{25/4}$	1.4174^{20}	2.9	混溶	溶解

【实验内容】

1. 粗乙酰乙酸乙酯的制备

(1) 熔钠和摇钠：在干燥的 50mL 圆底烧瓶中加入 1.3g(0.055mol)金属钠和 10mL 邻二甲苯，装上回流冷凝管，在石棉网上小心加热圆底烧瓶使钠熔融。拆去冷凝管，用橡皮塞塞紧圆底烧瓶，再用干抹布包住瓶颈，快速而有力地来回振摇，得细粒状钠珠。

(2) 缩合和酸化：将圆底烧瓶放置片刻，钠珠即沉于瓶底，取下橡皮塞，将邻二甲苯小心的倾入到回收瓶中(切勿倒入水槽或废物缸，以免着火)。迅速向圆底烧瓶中加入 14mL(13g，0.19mol)乙酸乙酯，重新装上回流冷凝管，并在其顶端装一氯化钙干燥管。反应随即开始，并有氢气泡逸出。如果反应不能发生或反应速率很慢时，可用热水浴稍加热。待激烈反应过后，置反应瓶于石棉网上小火加热，保持反应液处于微沸状态，直至金属钠几乎全部作用完为止。此时生成的乙酰乙酸乙酯钠盐为橘红色透明溶液(有时析出黄白色沉淀)。待反应物稍冷后，边振摇圆底烧瓶边加入 50%的乙酸溶液(约需 8mL)，开始时有固体析出，继续加酸并振摇，固体会逐渐溶解，最后得澄清的液体，这时反应液呈弱酸性(pH=6)。应避免加入过多的乙酸，使乙酰乙酸乙酯在水中的溶解度增大或增加其副反应而降低产量。

2. 粗乙酰乙酸乙酯的盐析与干燥　将反应液转移到分液漏斗中，加入等体积的饱和氯化钠溶液，用力振摇漏斗片刻。静置后，分出上层红色的有机层，用无水硫酸钠干燥。

3. 粗乙酰乙酸乙酯的蒸馏和减压蒸馏　将已干燥好的粗产物滤入 50mL 圆底烧瓶中，用少量乙酸乙酯洗涤干燥剂，一并转入圆底烧瓶中。先在沸水浴上蒸馏，收集未反应的乙酸乙酯，然后将剩余的液体移入 25mL 圆底烧瓶中，用减压蒸馏装置进行减压蒸馏，开始时应缓慢加热，待残留的低沸点物质蒸出后，再升高温度，收集乙酰乙酸乙酯。产量约 3g(产率 42.5%)。

【结果与处理】

1. 称量乙酰乙酸乙酯的产量，计算并分析产率。

2. 测量乙酰乙酸乙酯的体积，计算并分析密度。

3. 测定乙酰乙酸乙酯折射率，并与文献值比较分析其质量。

【操作与安全】

1. 反应所用的仪器要事先洗净干燥，乙酸乙酯要绝对干燥，内中还应含有1%～2%的乙醇。乙酸乙酯精制方法如下：将待纯化的乙酸乙酯以饱和氯化钙溶液洗涤2～3次，再用适量焙烧过的无水碳酸钾干燥，水浴上蒸馏，收集76～78℃馏分。

2. 金属钠性质活泼，遇水即燃烧爆炸，对皮肤也有腐蚀性，使用时应小心，严格防止钠接触水或皮肤。

3. 钠的称量和切片要快，以免被空气中的水汽侵蚀或被氧化。多余的钠片应及时放入装有烃溶剂(通常为二甲苯)的瓶中。

4. 摇钠为本实验关键步骤，钠珠的大小决定着反应速率。钠珠应呈小米状细粒，越细越好，否则，应重新熔融再摇。摇钠时切勿对着人摇，也勿靠近实验桌摇，以防意外。

5. 用乙酸中和反应液时，应在不断振摇圆底烧瓶的情况下小心加入，防止未作用完的金属钠与水和乙酸发生激烈反应。如果反应液已呈弱酸性，但尚有少量固体未完全溶解时，可加少量水使其溶解。

6. 酸化时，乙酸用量过大，溶液酸度过高，会促进副产物“去水乙酸”的生成，该副产物常溶解于酯中，随着酯的不断蒸出，“去水乙酸”会以棕黄色固体的形式析出。

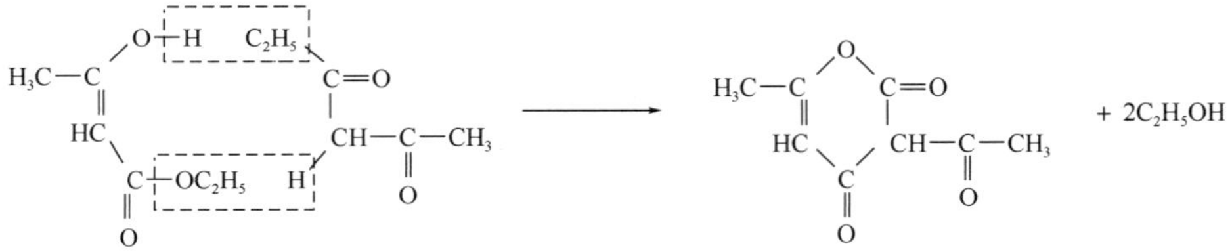

烯醇式　　酮式　　去水乙酸

7. 由于乙酰乙酸乙酯常压蒸馏时也极易分解为“去水乙酸”。因此乙酰乙酸乙酯的精制应采用减压蒸馏法，且压力越低越好。压力与沸点的关系见表7-6。

表7-6　乙酰乙酸乙酯压力与沸点的关系

压力(kPa)	101	10.67	6.00	5.33	3.99	2.40	1.87	1.67
沸点(℃)	181	100	94	92	88	79	74	71

【思考与讨论】

1. 本实验使用的缩合剂是什么？它与乙酸乙酯的摩尔比如何，计算产率时要以何者为基准？

2. 实验过程中，加入 50%乙酸和饱和氯化钠溶液各有何作用？

3. 取二支试管，分别加入 3 滴产品，再用 2mL 水溶解之，然后分别向其中加入 1 滴 1%的三氯化铁溶液及 10 滴新配制的 2,4-二硝基苯肼试剂，各有什么现象出现？为什么？

实验 41-2 中间体正丁基乙酰乙酸乙酯的制备

【实验目的】

1. 学习乙酰乙酸乙酯的钠代、烃基取代的原理及实验操作。

2. 熟悉绝对无水乙醇的制备。

3. 巩固常压蒸馏、减压蒸馏、萃取等基本操作。

【实验原理】

主反应：

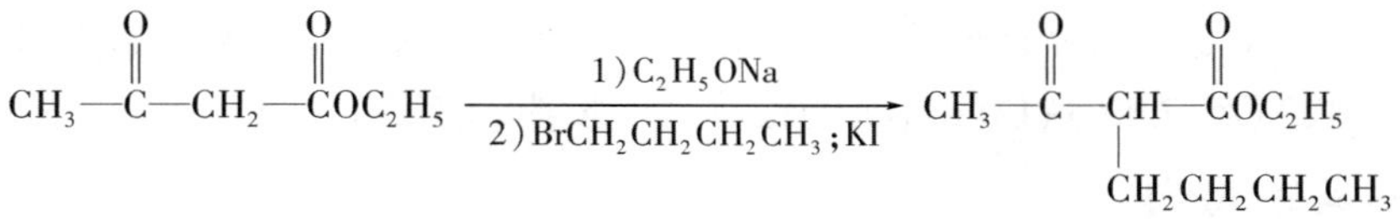

副反应：

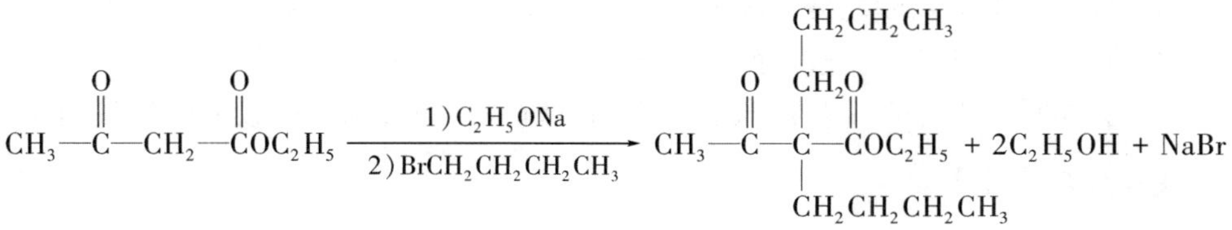

【仪器与试剂】

1. 主要仪器 50mL 三颈瓶；25mL 及 50mL 圆底烧瓶；恒温磁力搅拌器；球形冷凝管；直形冷凝管；滴液漏斗；干燥管；分液漏斗；蒸馏支管；克式蒸馏头；真空接液管；25mL 及 50mL 锥形瓶；真空系统。

2. 试剂 乙酰乙酸乙酯 3.9mL；绝对无水乙醇 20mL；金属钠 0.8g；正溴丁烷 3.5mL；浓盐酸 0.3mL；碘化钾固体；无水硫酸钠适量。

【主要原料及产物的物理常数】

相关数据见表 7-7。

表 7-7 制备正丁基乙酰乙酸乙酯的主要原料及产物的物理常数

化合物	相对分子质量	熔点 m.p.(℃)	沸点 b.p.(℃)	密度 g/cm^3	折射率 n_D^{20}	溶解度(g/100mL)		
						水	乙醇	乙醚
乙酰乙酸乙酯	130.15	−45	180.8	$1.0213^{25/4}$	1.4174	微溶	溶解	易溶
正溴丁烷	137.02	−112.4	101.6	$1.2686^{25/4}$	1.4374^{25}	不溶	混溶	混溶
正丁基乙酰乙酸乙酯	186.25	—	221.5	0.95	1.4320	不溶	溶解	溶解

【实验内容】

在干燥的 50mL 三颈瓶中，加入 15mL 绝对无水乙醇，分别装上滴液漏斗和球形冷凝管，在冷凝管上口装上无水氯化钙干燥管，塞住三颈瓶的另一口，将 0.8g(0.035mol)金属钠碎片分批加入反应瓶中，加入的速度以维持反应不间断进行为宜，同时保持反应液呈微沸状态。待金属钠全部作用完全后(约 20min)，加入 0.3g 碘化钾粉末及搅拌子，开动磁力搅拌器，室温下滴加 3.9mL(3.98g，0.03mol)乙酰乙酸乙酯，加完后继续搅拌、回流 10min。然后，慢慢滴加 3.5mL(4.47g，0.033mol)正溴丁烷，约 15min 加完，将反应液徐徐回流 3～4h。此时，反应液呈橘红色，并有白色沉淀析出。为测定反应是否完成，可取 1 滴反应液点在湿润的红色石蕊试纸上，如果呈红色，说明反应已完成。

待反应混合物冷至室温后，滤入 50mL 圆底烧瓶中，以除去溴化钠晶体，用 5mL 绝对无水乙醇分两次洗涤晶体。简单蒸馏除去过量乙醇。然后，将反应混合物冷至室温，加入 10mL 水和 0.3mL 浓盐酸后，转移至分液漏斗中，分去水层。有机层每次用 5mL 水洗涤两次，无水硫酸钠干燥。滤除干燥剂后，减压蒸馏，收集 107～112℃/1.73kPa (13mmHg)的馏分，产量约 3g。

【结果与处理】

1. 称量正丁基乙酰乙酸乙酯的产量，计算并分析产率。
2. 测量正丁基乙酰乙酸乙酯的体积，计算并分析密度。
3. 必要时，测定正丁基乙酰乙酸乙酯折射率，与文献值比较后分析其质量。

【操作与安全】

1. 有金属钠参与反应，仪器和药品均须进行无水处理，同时注意安全。

2. 实验须用绝对无水乙醇(制备方法参见附录)，若有极少量的水，将会使正丁基乙酰乙酸乙酯的产率降低。

3. 由于溴化钠的生成，会出现剧烈的崩沸现象。采用搅拌装置可避免这种现象。

【思考与讨论】

1. 在正丁基乙酰乙酸乙酯的制备反应中，为什么要加入碘化钾？
2. 本实验在加入酸水解前的各步反应中要特别注意哪些问题?
3. 在 2-庚酮的制备过程中，如何减少或避免二正丁基丙酮的生成？

实验 41-3 目标化合物 2-庚酮的制备

【实验目的】

1. 学习乙酰乙酸乙酯酮式分解的原理及实验操作。
2. 巩固常压蒸馏、水蒸气蒸馏、萃取等基本操作技能。

【实验原理】

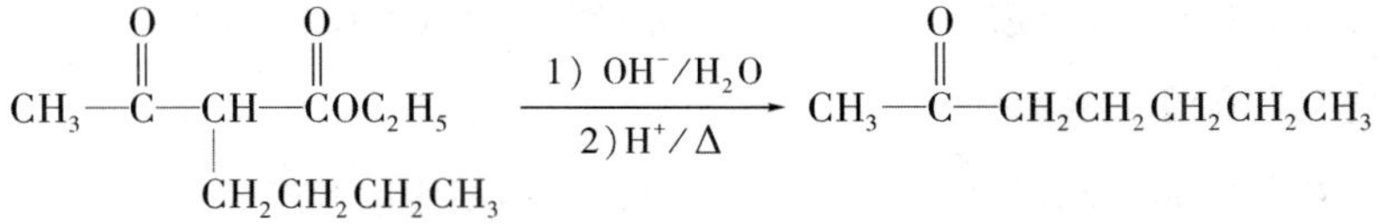

【仪器与试剂】

1. 主要仪器　恒温磁力搅拌器；25mL 圆底烧瓶；球形冷凝管；直形冷凝管；蒸馏支管；接液管；分液漏斗。

2. 试剂　正丁基乙酰乙酸乙酯 3g；5%氢氧化钠水溶液 12.5mL；50%硫酸 4.6mL；二氯甲烷 10mL；40%的氯化钙水溶液 4mL；无水硫酸镁适量。

【主要原料及产物的物理常数】

相关数据见表 7-8。

表 7-8　正丁基乙酰乙酸乙酯酮式分解反应的主要原料及产物的物理常数

化合物	相对分子质量	熔点 m.p.(℃)	沸点 b.p.(℃)	密度 (g/cm^3)	折射率 (n_D^{20})	溶解度(g/100mL)		
						水	乙醇	乙醚
2-庚酮	114.19	−35	151	$0.8197^{15/4}$	1.4116^{15}	微溶	混溶	混溶
98%硫酸	98.08	10	338	1.836	1.4288	混溶	混溶	溶解

【实验内容】

在 25mL 圆底烧瓶中加入 12.5mL 5%氢氧化钠水溶液和 3g 正丁基乙酰乙酸乙酯，装上回流冷凝管，安装磁力搅拌装置，将反应液室温剧烈搅拌 4h。然后，在搅拌下慢慢滴加 4.6mL 50%硫酸，此时，有二氧化碳气泡放出。当二氧化碳气泡不再逸出时，改成水蒸气蒸馏装置，进行简易的水蒸气蒸馏，使产物和水一起蒸出，直至无油状物馏出为止，约蒸出 15mL 馏出液。在馏出液中溶解颗粒状氢氧化钠，直至红色石蕊试纸刚呈碱性为止。在分液漏斗中将馏出液分出下层水层，得到酮层。水层用二氯甲烷萃取两次，每次 5mL，合并萃取液及酮层，在水浴上蒸馏回收二氯甲烷，残留液为粗 2-庚酮。将其用 40%的氯化钙水溶液洗涤两次，每次 2mL，分出油层用无水硫酸镁干燥。蒸馏精制，收集 148～152℃或 135～142℃/81.3kPa (610mmHg)的馏分，产品为无色透明液体，产量约为 1.2g，产率 35%。

【结果与处理】

1. 称量 2-庚酮的产量，计算并分析产率。

2. 测量 2-庚酮的体积，计算并分析密度。

3. 测定 2-庚酮的折射率，并与文献值比较后分析其质量。

【操作与安全】

1. 滴加 50%硫酸时，会激烈地放出二氧化碳，应注意控制滴加速度，不宜过快，以防止冲料。

2. 二氯甲烷有毒，使用时应防止吸入蒸气、摄入或皮肤接触。

【思考与讨论】

1. 如果得到的产品产率偏低，请分析可能的原因有哪些？

2. 本实验中可能有哪些副反应，实验中是如何避免这些副反应的？

实验 42 局部麻醉剂——苯佐卡因的制备

局部麻醉剂是外科手术中所必需的止痛剂。最早的局部麻醉药是从南美的古柯植物中提取出的古柯生物碱(可卡因)，但它具有容易成瘾和毒性大等缺点。自从人们确定了古柯碱的结构和药理作用之后，目前已合成出数以千计的有效替代品，苯佐卡因和普鲁卡因就是其中的两个。局部麻醉药物均有以下共同的结构特征：分子的一端是苯甲酰基，另一端则是仲胺或叔胺，两个结构单元之间相隔不同原子数的烷氧基(或胺基)。苯甲酰基通常与烷氧基结合形成芳香酸酯，该结构片段与麻醉剂在人体内的解毒有着密切的关系；而氨基能形成溶于水的盐酸盐以便于制成注射液。

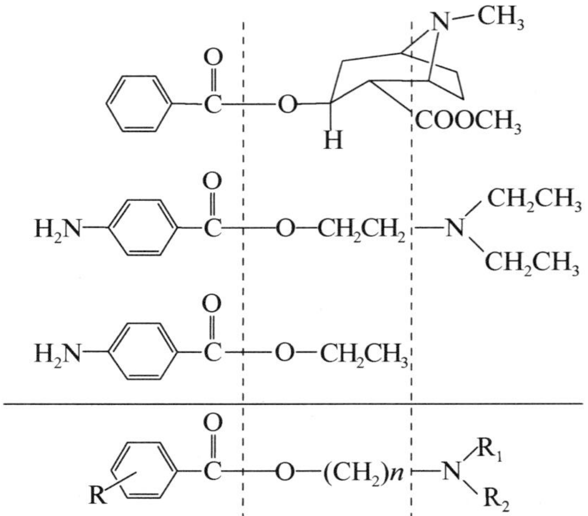

苯佐卡因(BenzocaineAnesthesin)，化学名称为对氨基苯甲酸乙酯，是局部麻醉药物中结构最为简单的一种，能麻痹感觉神经的末梢，麻醉力不强，但作用持久，吸收缓慢且毒性小。其常配制成软膏或栓剂，主要外用于皮肤病止痒，创口、烧伤、黏膜溃疡和痔疮等的止痛，有时也制成散剂供内服，作胃部镇静及止痛之用。

苯佐卡因有多种合成路线，工业合成有两种途径：一是以对甲基苯胺为原料经酰化、氧化、水解及酯化等步骤合成。

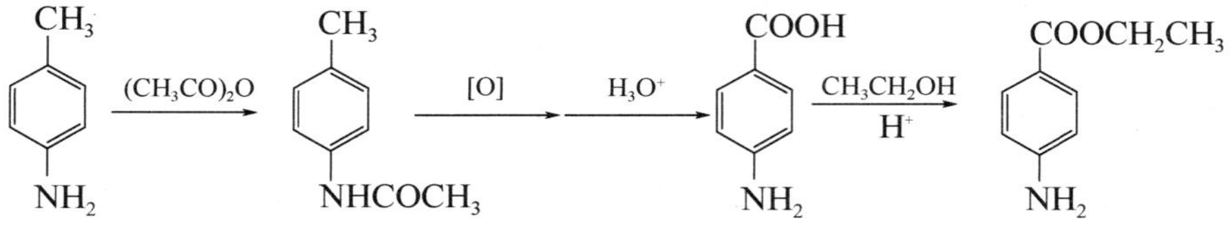

目前上述途径已逐渐淘汰，现在使用较多的是第二种途径，以对硝基甲苯为原料，经氧化、酯化、还原制得苯佐卡因：

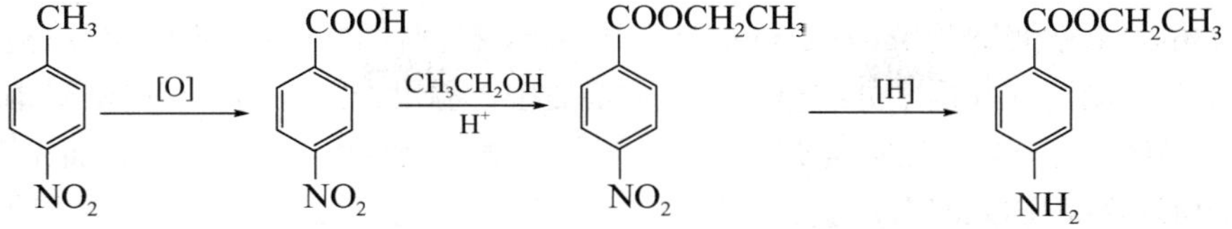

本实验选择第二种途径合成苯佐卡因，该方法是一条经济合理的路线，具有操作方便、产率高的优点。

实验 42-1 对硝基苯甲酸的制备

【实验目的】

1. 学习对硝基苯甲酸的制备原理及实验操作。

2. 巩固回流、水蒸气蒸馏、萃取等基本操作技能。

【实验原理】

在酸催化下，用氧化剂重铬酸钠将苯环上的甲基氧化成羧基。

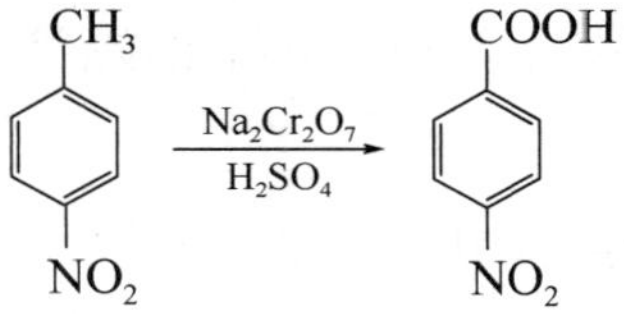

反应为非均相反应，同时又使用大量的浓硫酸，所以必须采用电动搅拌装置，以保证产品的质量及产量。生成的粗产品为酸性固体物质，可通过加碱使之形成羧酸盐而溶于水溶液中，待不溶性杂质氢氧化铬过滤除去后，再经酸化使产品析出的方法纯化。

【仪器与试剂】

1. 主要仪器 100mL 三颈瓶；回流冷凝管；直形冷凝管；50mL 滴液漏斗；电动搅拌器；蒸馏弯管；接液管；布氏漏斗；抽滤瓶。

2. 试剂 对硝基甲苯 3g；重铬酸钠($Na_2Cr_2O_7 \cdot 2H_2O$)9g；浓硫酸 13mL；5%硫酸溶液 12mL；5%氢氧化钠溶液；乙醇适量。

【主要原料与产物的物理常数】

相关数据见表 7-9。

表 7-9 制备对硝基苯甲酸的主要原料与产物的物理常数

化合物	相对分子质量	熔点 m.p.(℃)	沸点 b.p.(℃)	密度 (g/cm^3)	折射率 (n_D^{20})	溶解度(g/100mL)		
						水	乙醇	乙醚
对硝基甲苯	137.14	52	238	1.392	–	不溶	混溶	混溶
对硝基苯甲酸	167.12	242.8	359.1	1.58	–	溶于热水	9	2

【实验内容】

在装有搅拌器、回流冷凝管和滴液漏斗的 100mL 三颈烧瓶中加入 18mL 水、9g(0.03mol)重铬酸钠及 3g(0.022mol)对硝基甲苯，搅拌使之混合。将 13mL 浓硫酸加入到干燥的滴液漏斗内，并缓慢滴入三颈烧瓶中，温度开始升高，对硝基甲苯逐渐溶解，氧化反应开始。控制滴加浓硫酸的速度，使反应温和进行。硫酸滴加完毕后，使反应液稍冷，加入沸石，缓和沸腾回流半小时，此时反应液呈黑色。待反应物冷却后，在搅拌下加入 30mL 冰水，立即有沉淀析出。将反应装置改成简单水蒸气蒸馏装置，除去未反应的对硝基甲苯，残留物即为混有铬盐的对硝基苯甲酸。将其冷却、抽滤，晶体用 15mL 水洗涤，最后抽干。为了彻底除去铬盐，可将粗制物与 15mL 5%的硫酸混合，于沸水浴上加热 10min，待反应液冷却后收集沉淀。将沉淀物溶于 25mL 5%氢氧化钠水溶液中，滤去不溶的氢氧化铬(滤液若颜色较深可用少量活性炭进行脱色)。滤液冷却后，在搅拌下慢慢地倒入装有 30mL 15%的硫酸溶液的烧杯中(硫酸的量要比氢氧化钠用量略多些)，对硝基苯甲酸随即析出。抽滤，滤饼依次用少量稀硫酸、水洗涤，抽干，干燥，得约 3g 黄色固体，即为对硝基苯甲酸。

【结果与处理】

1. 称量对硝基苯甲酸的产量，计算并分析产率。

2. 测定对硝基苯甲酸的熔点，与文献值比较后分析其质量。

【操作与安全】

1. 反应过程中，回流冷凝管中可能有白色针状的对硝基甲苯析出。这时可适当关小冷凝水，使其溶解滴下。

2. 除去铬盐的操作中，滤去氢氧化铬的滤液应缓慢地加入到硫酸溶液中，不能将硫酸反加至滤液中，否则生成的沉淀会因包含一些钠盐而影响产品的纯度。中和时应使溶液呈强酸性，否则需补加少量的酸。

3. 产品重结晶时，可用适量乙醇溶解，滤去不溶物。滤液中滴加适量水，直至析出晶体为止。再温热使之溶解，放置冷却后有晶体析出，过滤。滤得的晶体用蒸气浴于 100～110℃进行干燥。

【思考与讨论】

1. 反应完成后为何要加入 30mL 冰水？析出的沉淀是什么物质？

2. 粗产品与 15mL 5%硫酸混合后进行沸水浴的目的是什么？

3. 实验中如何除去粗产品中的铬盐？

4. 为何最后将脱色后的滤液倒入 15%硫酸中？硫酸为何不能反加至溶液中？

实验 42-2　对氨基苯甲酸的制备

【实验目的】

1. 学习对氨基苯甲酸的制备原理及实验操作。

2. 巩固回流、重结晶等基本操作技能。

【实验原理】

在酸性介质中以锡粉为还原剂将硝基还原为氨基。锡粉的作用是提供电子，盐酸作为供质子剂提供反应所需要的质子。生成的产物在酸性介质中，以盐酸盐的形式溶于水溶液中，锡粉被氧化后生成的四氯化锡也溶于水中，可加浓氨水使反应液呈碱性，此时 $SnCl_4$ 生成 SnO_2 沉淀被过滤除去，而对氨基苯甲酸则以羧酸铵盐的形式溶于水溶液中。

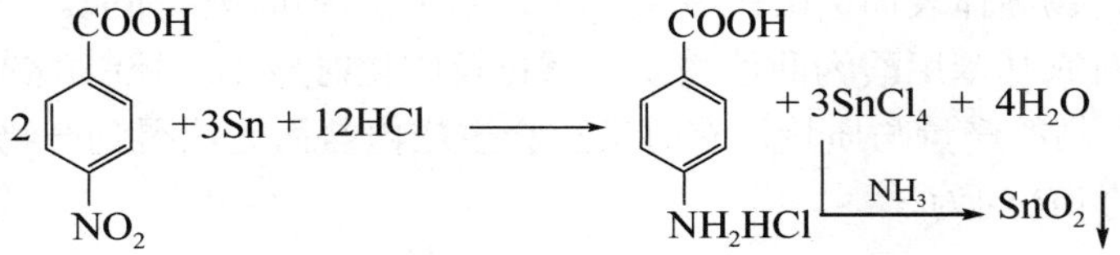

最后用冰乙酸中和滤液，则对氨基苯甲酸结晶析出。

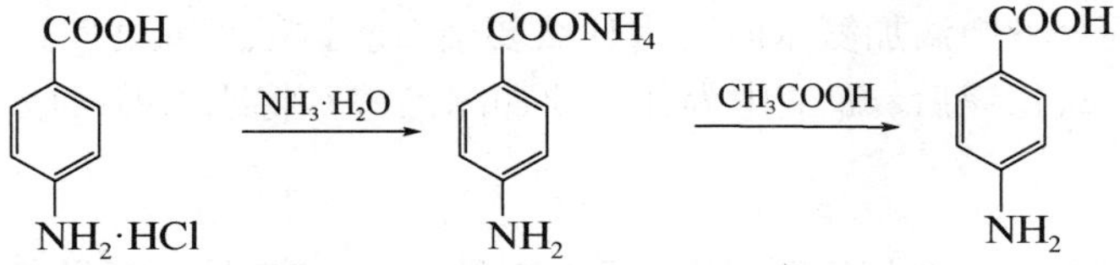

【仪器与试剂】

1. 主要仪器 50mL 圆底烧瓶、回流冷凝管、150mL 烧杯；蒸发皿。

2. 试剂 对硝基苯甲酸 2g、锡粉 7.2g、浓盐酸 20mL、浓氨水、冰乙酸。

【主要原料与产物的物理常数】

相关数据见表 7-10。

表 7-10 制备对氨基苯甲酸的主要原料与产物的物理常数

化合物	相对分子质量	熔点 m.p. (℃)	沸点 b.p. (℃)	密度 (g/cm^3)	折射率 (n_D^{20})	溶解度(g/100mL)		
						水	乙醇	乙醚
对氨基苯甲酸	137.14	187	—	1.374	1.4288	0.59	12	2
锡粉	118.71	231.928	2602	7.265	—	—	—	—

【实验内容】

在 50mL 圆底烧瓶中加入 2g(0.012mol)对硝基苯甲酸，7.2g(0.061mol)锡粉及 20mL 浓盐酸，安装回流冷凝管，用小火缓和加热并间断振摇反应装置，反应约 1.5h 后。放置冷却反应液，然后将上层液体倾入烧杯中，剩余的锡粉用少量水洗涤，洗涤液与烧杯中液体合并在一起。向 150mL 烧杯中的液体里滴加浓氨水，直至反应液呈碱性(石蕊试纸检验)。过滤除去生成的二氧化锡，用少量水洗涤滤渣。收集滤液在适当大小的蒸发皿中，滴加冰乙酸于滤液中使之呈微酸性，于通风橱内，将蒸发皿放在水浴上加热浓缩使结晶析出。干燥后称量，产品约 1.3g。

【结果与处理】

1. 称量对氨基苯甲酸的产量，计算并分析产率。

2. 测定对氨基苯甲酸的熔点，与文献值比较后分析其质量。

【操作与安全】

1. 反应装置中可加装电动或磁力搅拌器，以提高反应效果。

2. 二氧化锡固体表面会吸附少量产物，用水洗涤可减少损失。

3. 由于对氨基苯甲酸为两性物质，碱化及酸化时应小心控制酸或碱的用量，否则将影响产品的产量与质量，有时甚至会生成内盐而无法得到产物。滴加完乙酸后，溶液的 pH 约为 5。

【思考与讨论】

1. 在向混合液中滴加氨水时，为什么要使石蕊试纸呈碱性？

2. 滤去二氧化锡后，滤液中为什么要加冰乙酸？将冰乙酸换成无机强酸可以吗？为什么？

实验 42-3　对氨基苯甲酸乙酯——苯佐卡因的制备

【实验目的】

1. 学习苯佐卡因的制备原理及实验操作。

2. 巩固回流、重结晶等基本操作技能。

【实验原理】

对氨基苯甲酸在硫酸的催化下与乙醇酯化，生成苯佐卡因。反应时，使用过量无水乙醇及过量硫酸，以促使可逆平衡右移，生成的产物会与过量的硫酸形成盐而溶于水溶液中，所以酯化反应结束后要加入碳酸钠中和反应液，即可得到苯佐卡因结晶。

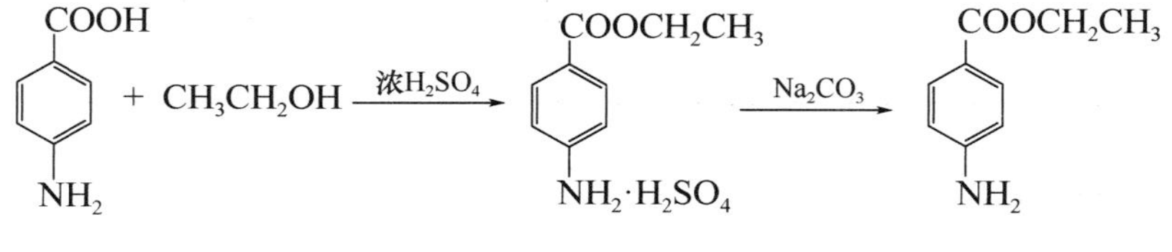

【仪器与试剂】

1. 主要仪器　50mL 圆底烧瓶；回流冷凝管；直形冷凝管；蒸馏支管；接液管；100℃温度计；50mL 锥形瓶、150mL 烧杯；分液漏斗。

2. 试剂　对氨基苯甲酸 1g；无水乙醇 13mL；浓硫酸 1.5mL；乙醚 30mL；10%碳酸钠溶液；无水硫酸钠适量。

【主要原料与产物的物理常数】

相关数据见表 7-11。

表 7-11 制备苯佐卡因的主要原料与产物的物理常数

化合物	相对分子质量	熔点 m.p. (℃)	沸点 b.p. (℃)	密度 (g/cm^3)	折射率 (n_D^{20})	溶解度(g/100mL)		
						水	乙醇	乙醚
对氨基苯甲酸乙酯	165.19	88～90	172	1.17	—	难溶	20	25
乙醇	46.02	−114	78.3	0.7894	1.3611	混溶	—	混溶

【实验内容】

在 50mL 圆底烧瓶中，加入 1g(0.0073 mol)对氨基苯甲酸和 13mL(约 0.22mol)无水乙醇，振摇烧瓶使大部分固体溶解。将烧瓶置于冰浴中冷却，缓慢加入 1.5mL 浓硫酸，立即产生大量沉淀。将反应混合物在水浴上回流 1h，期间沉淀会逐渐溶解。待反应混合物冷却后，将其转入 150mL 烧杯中，分批加入 10%碳酸钠溶液中和，可观察到有气体逸出，并产生泡沫，直至加入碳酸钠溶液后无明显气体释放，继续加入碳酸钠溶液至溶液 pH 为 9 左右。将混合液转移到分液漏斗中，并用少量乙醚洗涤烧杯后并入分液漏斗中。向分液漏斗中加入 20mL 乙醚，振摇后分出醚层，以无水硫酸镁干燥。滤去干燥剂后在水浴上蒸去乙醚和大部分乙醇，至残余油状物约 1mL 为止，冷却即得到固体。粗品用乙醇-水重结晶，产量约 0.5g。

【结果与处理】

1. 称量苯佐卡因的产量，计算并分析产率。

2. 测定苯佐卡因的熔点，与文献值比较后分析其质量。

【操作与安全】

1. 用碳酸钠溶液中和反应液的过程中会产生少量固体，这部分固体要一并转移到分液漏斗中。

2. 用乙醚萃取时要及时放气，以免液体冲出。

【思考与讨论】

1. 实验过程中加入浓硫酸以后，产生的沉淀是什么物质？试解释之。

2. 酯化反应结束后，为什么要用碳酸钠溶液而不用氢氧化钠溶液进行中和？为什么要使溶液 pH 为 9 左右？中和时生成的少量固体是什么？

3. 如何由对氨基苯甲酸为原料合成普鲁卡因？

实验 43 青蒿素的提取、纯化与鉴定

青蒿素是从菊科植物黄花蒿(Artemisia annual，药青蒿)中分离得到的一个具有抗疟活性的天然化合物，结构上属于倍半萜内酯的过氧化物，结构式如下：

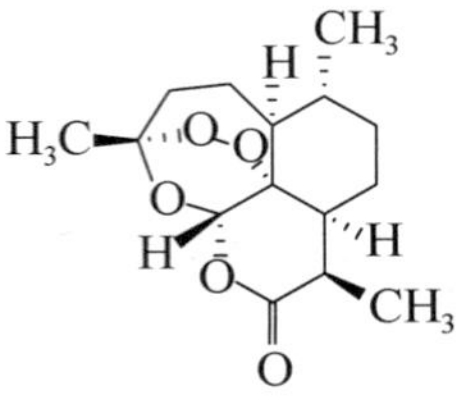

黄花蒿在我国作为抗疟中药已有两千多年的历史，青蒿素是我国科学工作者在20世纪70年代首次从黄花蒿中分离出来的抗疟有效成分。大量的药理研究及临床应用证实，青蒿素对抗氯喹的恶性疟和脑性疟有特效，而使用包含青蒿素衍生物在内的青蒿素联合疗法是现今全球范围内治疗恶性疟原虫疟疾的标准方法，被WHO称为“世界上目前唯一有效的疟疾治疗药物”。抗疟特效药复方青蒿素是我国唯一的一个得到国际承认的具有自主知识产权的抗疟新药，也是第一个以新药制剂出口的化学药品，具有结构独特，抗疟机制特别且高效低毒的特点，目前已成为全球治疗疟疾的主力特效药物品种。而青蒿素的发现更成为全世界抗疟研究史上的重大突破，为此，诺贝尔奖评审委员会将2015年的诺贝尔生理医学奖颁发给我国科学家屠呦呦，以表彰她在青蒿素的发现过程中所起的关键作用及在发现青蒿素治疗疟疾的新疗法中作出的突出贡献。

除了抗疟活性外，青蒿素还具有抗肿瘤、免疫调节、抗真菌等多种药理活性，而且使用其来治疗癌症已成为近来的研究课题之一。

黄花蒿分布在全国各地，是中国的传统中草药。青蒿为黄花蒿的干燥地上部分。目前青蒿素主要是直接从青蒿中提取，研究发现，青蒿的叶片及花表面的腺毛是青蒿素的主要合成及储存部位，青蒿的不同生长时期及不同部位的青蒿素含量不同，也与产地和生长环境相关。

青蒿素的提取方法有传统的溶剂提取法，也有近现代发展起来的超声波提取法、微波萃取技术、超临界流体萃取技术及快速溶剂萃取技术等新方法。传统的溶剂提取法具有工艺成熟、易于工业化操作的特点。

实验43-1　青蒿素的提取

【实验目的】

1. 学习青蒿素提取的原理和方法。

2. 熟悉从青蒿中提取青蒿素的方法。

3. 掌握减压蒸馏、结晶等基本操作。

【实验原理】

溶剂提取法是天然产物提取中最普遍的方法，它是根据提取成分的溶解性能，选用合适的溶剂和方法来提取。其作用原理是溶剂穿透入药材粉末的细胞膜，溶解溶质，形成细胞内外溶质的浓度差，将溶质渗出细胞膜，达到提取目的。

有机物溶剂选择的原则是相似相溶原理。青蒿素属于倍半萜内酯的过氧化物，不溶于水，易溶于丙酮、乙酸乙酯、三氯甲烷，在乙醇、乙醚中溶解，微溶于冷石油醚、苯，并且对热不稳定，易受潮、热及还原性质的影响而分解。因此，可采用低沸点的溶剂，如二氯甲烷、氯仿、乙醚、丙酮和石油醚(30～60℃)，通过传统的溶剂提取法进行提取。

传统的溶剂提取法包括冷浸提取、回流提取、索氏提取、温浸提取等，本实验利用回流提取法，以石油醚(30～60℃)为提取介质，萃取青蒿叶粗粉中的青蒿素，再通过蒸馏的方法回收石油醚，最后获得青蒿素粗品。

【仪器与试剂】

1. 主要仪器 (150mL、500mL、1000mL)圆底烧瓶；500mL 抽滤瓶；布氏漏斗；蒸馏支管；直形冷凝管；球形冷凝管；克氏蒸馏头；真空接液管；(500mL；1000mL)锥形瓶；恒温水浴槽；真空系统。

2. 实验药材及试剂 青蒿叶粗粉 40g；石油醚(30～60℃)约 800mL；70%乙醇 60mL；活性炭适量。

【主要原料及产物的物理常数】

相关数据见表 7-12。

表 7-12 提取青蒿素的主要试剂的物理常数

化合物	相对分子质量	熔点 m.p. (℃)	沸点 b.p. (℃)	密度 (g/cm^3)	折射率 (n_D^{20})	溶解度(g/100mL)		
						水	乙醇	乙醚
石油醚	195.33	−73	30～90	0.77	1.428	不溶	混溶	易溶
乙醇	46.07	−114.1	78.3	0.79	1.362	混溶	易溶	易溶

【实验内容】

1. 青蒿素粗品的提取 称取青蒿素粗粉 40g，装入 1000mL 圆底烧瓶中，再加入 400mL 的石油醚(固液比为 1:10)，在圆底烧瓶上安装回流冷凝管，用恒温电热套于 50℃恒温回流提取 2h。趁热过滤，将滤液保存在锥形瓶中，滤渣装入 1000mL 圆底烧瓶中，加入固液比为 1:8 的石油醚(约 300mL)继续在相同的温度下回流提取 1h，热过滤，合并两次滤液，滤液颜色为深绿色。

2. 青蒿素粗品的析出 将提取液置于 1000mL 锥形瓶中，加入原料重量的 4%(1.6g)左右活性炭脱色，小火加热并搅拌 30min，放置澄清后，过滤，滤液减压回收乙醇(温度在 60℃)适量(20～30mL)，将溶液放置，冷却析晶，抽滤，获得青蒿素粗品。母液浓缩出现浑浊为止，静置，冷却，待结晶析出，过滤，又可得一部分青蒿素粗品。两部分粗品合并，减重法称量青蒿素粗品的质量，待用。

【操作与安全】

1. 青蒿素对热不稳定，在回流提取的时候注意控制温度，不宜加热过快，防止因温度过高而导致青蒿素被破坏，此外，石油醚为低沸点易燃液体，应避免着火。

2. 活性炭脱色时，应注意防止爆沸。

【思考与讨论】

1. 简要写出青蒿素提取的流程图？
2. 青蒿素的提取应注意哪些问题？
3. 该实验有什么优点，是否有可以改进的地方，是否还有其他提取分离青蒿素的方法？

实验 43-2　青蒿素的纯化及鉴定

【实验目的】

1. 学习青蒿素纯化、鉴定的原理及方法。
2. 巩固柱色谱、薄层色谱、减压蒸馏等基本实验操作。

【实验原理】

色谱分离法是纯化有机化合物的一种最常用的手段，特别是中药化学成分的分离，其最大的优点在于分离效能高、快速简便。色谱分离法分为吸附色谱法、凝胶过滤色谱法、离子交换色谱法、大孔树脂色谱法、分配色谱法，其中以吸附色谱法最为常用。

一般情况下，吸附柱色谱主要用以分离混合物及精制化合物，可以分离克数量级的物质；而薄层色谱主要用来分离及鉴定化合物，适合分离毫克数量级的物质，两者常相辅进行。因此，青蒿素的纯化采用硅胶吸附柱色谱，其纯度检查和鉴定使用薄层色谱。除此之外，青蒿素的鉴定及纯度检查还可采用熔点测定法和光谱分析技术(例如红外光谱、质谱等)。

【仪器与试剂】

1. 主要仪器　(1.2cm×20cm)色谱柱；(100×100mm)层析缸；500mL 烧杯、100℃温度计；蒸发皿；(15mL 及 50mL)锥形瓶；布氏漏斗；抽滤瓶；(50mL 及 150mL)圆底烧瓶；蒸馏支管；克氏蒸馏头；球形冷凝管；真空接液管；直形冷凝管；真空系统；电吹风；硅胶羧甲基纤维素钠板(3cm×10cm)8 片；显色试剂喷瓶。

2. 试剂　柱层析硅胶(200～300 目)80g；石油醚(60～90℃)300mL；乙酸乙酯100mL；95%乙醇；5%香草醛-浓硫酸显色剂；青蒿素标准品适量。

【主要原料及产物的物理常数】

相关数据见表 7-13。

表 7-13　鉴定及纯化青蒿素的主要原料及产物的物理常数

化合物	相对分子质量	熔点 m.p. (℃)	沸点 b.p. (℃)	密度 (g/cm^3)	折射率 (n_D^{20})	溶解度(g/100mL)		
						水	乙醇	乙醚
香草醛	152.15	82	285	1.056	—	微溶	混溶	混溶
青蒿素	282.33	156	389.9	1.240	75	不溶	易溶	易溶

【实验内容】

1. 青蒿素的纯化

(1) 装柱：称取200～300目柱层析硅胶50g于500mL烧杯中，用100mL石油醚溶解，并用玻璃棒不断搅拌硅胶，排出硅胶内部的气泡，待气泡排尽后，通过一个粗颈玻璃漏斗将其均匀的装入洁净、干燥的玻璃色谱柱内，同时用洗耳球轻轻拍打柱身，使硅胶填充均匀，紧密，即得。

(2) 上样：将实验43-1提取出的青蒿素粗品装入15mL锥形瓶中，用2mL左右乙酸乙酯溶解，分批倒入3g上述硅胶上，用玻璃棒搅拌均匀，再用0.5mL乙酸乙酯洗涤锥形瓶，将洗涤液也倒入到硅胶上，再次拌匀，使样品充分吸附在硅胶上。待乙酸乙酯完全挥发后(硅胶成流沙状)，将吸附了样品的硅胶均匀的添加到色谱柱上，最后盖上滤纸片和石英砂。

(3) 洗脱剂配制及洗脱：准确配置石油醚-乙酸乙酯(85:15，体积比)混合液作为洗脱剂。将洗脱剂加入到色谱柱中，从洗脱剂下来50mL之后，开始用15mL锥形瓶收集流分，每瓶流分体积为10mL，洗脱期间用薄层板点板跟踪，直至青蒿素全部洗脱下来。

(4) 回收溶剂与结晶：用薄层板点板合并相同流分，用减压蒸馏法回收溶剂，得到约3mL浓缩液，将圆底烧瓶放置一段时间(约24h)，得到无色针状结晶，将其抽滤，于100℃下烘干，即得青蒿素纯品。

2. 青蒿素的鉴定和纯度检查　以95%的乙醇为溶剂分别配制0.5%的青蒿素标准品、青蒿素纯品及青蒿素粗品的乙醇溶液作为样品，将上述3个样品点在一块硅胶羧甲基纤维素钠板上，以石油醚-乙酸乙酯(8:2 体积比)为展开剂，5%香草醛-浓硫酸为显色剂，对纯化后的青蒿素进行薄层色谱鉴定及纯度检查。

【结果与处理】

1. 计算纯品青蒿素的 R_f 值及青蒿素粗品斑点的个数，通过与标准样对比，鉴别青蒿素并分析判断青蒿素的纯度。

2. 测定青蒿素纯品的熔点，并与文献值进行比较。

3. 将实验结果及产品检验结果列于表7-14。

表7-14　青蒿素的提取、纯化与鉴定实验结果

品名	性状	质量(g)	回收率(%)	熔点(℃)	R_f 值

【操作与安全】

1. 上样要点　①将样品溶于少量洗脱剂中制成体积小，浓度高的样品；②上样时，样品应沿着内壁缓缓加入，始终保持吸附剂上面表面平整；③上样量为吸附剂的1/60～1/30。

2. 青蒿素样量较少，浓缩时要注意避免丢失及污染。

3. 用 5%香草醛-浓硫酸显色时，可以观察到开始为黄色斑点，加热后为紫红色斑点 R_f=0.66。

4. 本实验所用的全部溶剂均为易燃易爆品，因此在实验过程中注意禁止使用明火，并保证实验室内有良好的通风条件。

【思考与讨论】

1. 简要写出青蒿素提取、纯化的流程图?

2. 青蒿素的纯化应注意哪些问题?

3. 湿法装柱中色谱硅胶量和样品的比例一般是多少，干法上样过程中，拌样品应达到什么程度是合理的?

4. 如何确定所接收的流分是同一成分?

第八章　设计性及研究性实验

设计性实验是指由教师指定合成的目标化合物，提供相应的实验条件，由学生自行设计实验方案并加以完成的实验。设计性实验可以使学生了解有机化学发展的前沿，锻炼和培养学生查阅文献及从前人研究工作的基础上提取所需知识的能力。可以训练学生的综合实验技能，培养学生独立思考，动手能力，分析、解决问题的能力，也可以培养学生创新精神和团队协作精神。

设计性实验的要求相对较高，需要学生在实验前广泛查阅文献，了解前人的工作及研究进展，在文献综述的基础上进行实验路线的设计。而实验方案的设计也非常重要，应注意可操作性，优先选择原料易得、操作方便、兼顾环境友好等方面的实验路线。

研究性实验是以课题为载体，以掌握解决问题的方法为主线，由学生在掌握大量文献资料的基础上，选择合理的合成路线，制订完善的实验方案，实施实验并在实验中解决具体问题，优化实验条件，最终得到一个具有一定价值的结果。

研究性实验涉及有机化学反应的研究方法，有机化学反应产物的研究，有机化学反应的控制(如反应时间及反应物的用量控制)及有机化学实验条件的研究等方面。这些都是繁杂的工作，尤其是反应条件的优化，要先通过资料的查阅，再参照相似的反应，设计合理的实验参数，经过反复实践、比较和筛选才能最终确定。通过研究性实验可以综合训练基本的实验技能，科学研究的思维方法和动手能力，培养学生的创新意识。

实验 44　多组分混合物的分离

【实验背景】

人们在工业生产及日常生活中接触到的物质很多是混合物，如从地下油田开采出来的石油、从动植物体内提取出来的天然物质、化工反应的产物等。为了适应不同的需要，如要从混合物中获得具有使用价值的一种或几种产品，就必须把混合物中的几种物质分离出来，得到较为纯净的物质，这就是混合物的分离。在对有机化合物的研究和工业生产过程中，多组分混合物的分离和纯化是有机合成中一个极其重要的环节，它对生产的成本和产品的质量起到了关键甚至决定性的作用。在许多加工工业，如化工、炼油、医药等行业，必须对中间体和产物进行分离和提纯，才能使加工过程进行下去，并得到符合使用要求的产品。

分离混合物常用的方法有：溶解、过滤、结晶、重结晶、升华、萃取及蒸馏等常规操作，也可以使用色谱分离分析法。具体选用何种方法，应根据混合物的成分及其相关性质而定。分析混合物各组分的特点，利用有机物物理、化学性质上的差异进行分离。根据沸点不同，可采取分馏或蒸馏的方法；根据溶解性不同，可采取萃取、结晶、重结晶或过滤的方法。有时，也可采用水洗、酸洗或碱洗的方法来进行有机物的分离、提纯。此外，色谱分离分析法是分离、提纯和鉴定有机化合物的重要方法，近年来也得到广泛的应用，具体参见第二章。

【实验操作举例】

实验室有 20mL 由甲苯、苯胺、苯甲醚组成的混合物，请拟定合理的分离方案及具体的操作步骤，将其逐一分离，得到 3 个相对纯净的化合物。

(1) 将混合液加入到分液漏斗中，用 2mol/L HCl 30mL 分两次进行萃取，上层油层保留，合并水层。

(2) 将水层转入分液漏斗中，再加入 6mol/L NaOH 20mL，振摇后静置，待溶液分层后，分液，取上层油层，再用 10mL 水洗涤后，分出油层，无水碳酸钾干燥后，蒸馏，得到苯胺。量取其体积，计算苯胺在混合物中的体积百分含量。

(3) 将方法(1)中获得的油层加入到分液漏斗中，分别用饱和碳酸氢钠溶液及水各 10mL 洗涤，以除去盐酸，再用无水氯化钙干燥后，蒸馏，收集 110～112℃馏分，得到甲苯。之后提高温度，收集 152～154℃的馏分，得到苯甲醚。分别量取二者的体积并计算含量。

上述分离过程的流程如图 8-1。

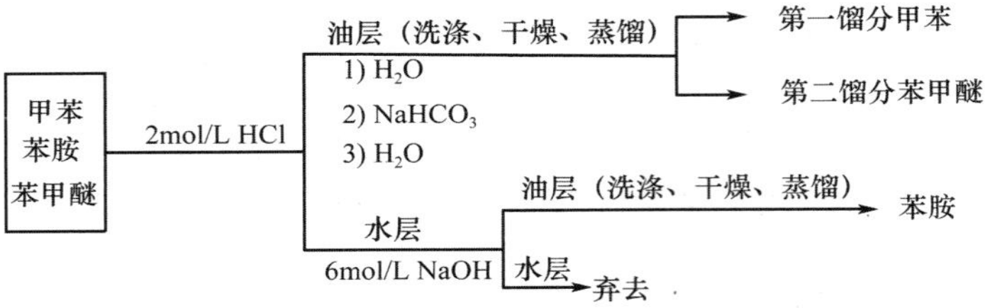

图 8-1　甲苯、苯胺、苯甲醚混合物分离过程流程图

【实验设计要求】

1. 查阅相关资料，总结用于分离提纯各类有机化合物的化学性质，写出反应方程式。学习多组分有机混合物的各类分离提纯手段，调研各类有机化合物的分离提纯方案及具体操作方法。

2. 实验室有待分离纯化的混合物 4 组，每组 25g，分别为如下几种。

(1) 苯甲醛、苯酚、苯甲酸。

(2) 萘、β-萘酚、对甲苯胺。

(3) 肉桂酸、联苯、对氯苯胺。

(4) 乙酸乙酯、苯酚、苯甲酸、苯胺。

请任选一组混合物。运用所学知识独立设计多组分混合物的分离纯化方案，包括详尽具体的操作步骤及检测方法。

3. 分离方案要求合理可行，实验操作简便，试剂经济环保，区分度好。实验前，应通过集体讨论分析各个实验方案的优缺点并进行可行性论证，预测实验中可能出现的问题并提出相应的解决方案。

4. 结合实验室条件，确定合理的分离提纯方案并进行实验。实验结束，给出结论，确认分离所得产物是否符合要求，分别计算各组分含量及混合物的总回收率。提交多组分混合物的分离实验报告。

【参考文献】

葛树丰，韩淑英，吕明泉.1988.三组分混合物的分离与提纯.大学化学，3(1)：16

郭洪尹.1995.有机化合物鉴别、分离或提纯方法的选择.龙岩学院学报，13(3)：85

刘新泳.2011.实验室有机化合物制备与分离纯化技术.北京：人民卫生出版社

刘扬.2012.中药有效成分分析的新方法新技术研究.复旦大学

武旭芳，吴宁远，王来兵.2013.用物理化学法分离提纯物质的几种方法.内蒙古科技与经济，(3)：78-89

Banda R，Jeon H，Lee M.2012.Solvent extraction separation of Pr and Nd from chloride solution containing La using Cyanex 272 and its mixture with other extractants. Separation & Purification Technology，98(39)：481-487

Wu D，Jiang X，Wu S.2010.Direct purification of tanshinones from Salvia miltiorrhiza Bunge by high-speed counter-current chromatography without presaturation of the two-phase solvent mixture.Journal of Separation Science，33(1)：67-73

实验 45　未知有机化合物的鉴别

【实验背景】

未知有机化合物的鉴别及结构确证，是从事食品、卫生检疫及检验工作者经常会遇到的问题。鉴定有机化合物可以使用各种各样的技术，如色谱法、波谱技术及化学鉴定法等，其中波谱法是现代化学研究有机化合物结构的一个重要手段，如红外光谱、核磁共振、质谱、紫外光谱被广泛应用于有机化合物的结构鉴定。但在这些物理仪器出现之前，有机化合物的鉴别主要是通过测定化合物的物理常数、溶解性、进行官能团特征反应的试验及将官能团化合物转化成具有特征物理常数的衍生物，再进行相关测试等实验操作来完成的。

所以，使用化学分析方法鉴别未知有机化合物是一种经典而重要的方法，

尤其是官能团的定性实验，具有操作简便、费时少、反应快，可立即知道结果的特点，可以和波谱实验结果一起进行综合分析，对化合物的鉴定是非常有用的。官能团的定性实验是根据有机化合物分子中各官能团所具有的不同性质，通过与某些试剂作用并产生明显的反应现象(如颜色变化、有气体产生、有沉淀生成或反应过程中沉淀溶解、产物分层等)来确定其分子中含有何种类型的官能团，或据此与其他有机化合物区分开来。定性实验要求反应具有特征性、对某一官能团有专一性、干扰小、方法简便、可靠、反应迅速、现象明显等特点。由于有机反应大多为分子反应，分子中直接发生反应变化的部分一般都局限在官能团上，具有同一官能团的不同化合物由于受到分子中其他部分的影响不同，反应性也不可能完全相同，因此在

有机定性试验中，例外的情况也是存在的。此外，有机定性试验中也还存在一些干扰因素，可使用几种试验方法检验同一官能团的操作方式去排除干扰。

本实验中所指的未知有机化合物，是指在文献中有过记载，但对鉴定者来说在分析之前是未知的物质。

【实验操作举例】

实验者拿到一个未知有机化合物时，应先对样品的来源、效用、组成、含量、物态、气味、外观、颜色等一系列物性及化性有一个粗略的估计，然后进一步窥全貌，定方案并观察在分析过程中出现的一些情况，逐步完善分析手段。一般来说有机化合物的系统鉴定，须经如下步骤。

初步检验

(1) 物理性状：观察样品的外观、晶形(显微观测)、颜色、气味、黏度、pH等。观察固体样品的结晶情况、液体样品的澄清度及分层现象，有助于判断样品纯度之高低。有些样品(如偶氮、醌类等用作染料的化合物)会出现各种颜色，有些样品氧化后也会有特有的颜色；有机化合物多有特殊气味，部分还有明显的特征气味，熟悉这些颜色和气味，对于识别它们还是很有帮助的。

(2) 燃烧和灼烧试验：用刮刀取样作燃烧和灼烧实验。观察试样是否燃烧，火焰是否冒烟。大多数有机化合物都能燃烧，但没有与碳原子直接相连的氢原子是燃烧不起来的，如四氯化碳、尿素等。

通过初步鉴定，可以了解样品是否为有机化合物；是否为纯净物；是否含有杂原子等，这些都可作为推断化合物结构的依据。

(3) 物理常数的测定：通常测定的物理常数包括熔点、沸点、相对密度、折光率、相对分子质量、比旋光度等，它们均与样品的结构有关，是鉴别有机化合物的重要依据。尤其是一些不易起反应的惰性化合物，常根据物理常数查找有关文献，最后确定结构。

如果未知样品是个混合物，先要进行分离提纯，得到纯净的样品后再进行下一步的鉴定实验。

(4) 元素定性分析：可确定该样品的组成元素。

(5) 溶解度分组试验：根据有机化合物极性大小不同，采用极性与非极性溶剂同时进行，将样品(固体样品 0.1g，液体样品 1 滴)在 1mL 水、95%乙醇、乙醚、氯仿、5%氢氧化钠、5%碳酸氢钠、5%盐酸、浓硫酸中的溶解行为分成 8 组，以缩小鉴定范围，简化实验过程。

有机化合物的溶解性随结构而异，通过溶解度实验可以知道，样品是否含有官能团，如果有，是酸性、碱性还是中性；是否含有多官能团及样品相对分子质量的大小。

(6) 官能团定性分析实验：通过官能团的定性分析，再结合上述实验结果进行分析、总结之后，就可确定样品中含有哪类官能团或排除某些官能团的存在，从而推测未知物的结构。

(7) 查阅文献：结合上述初步的推测结果，再根据样品的物理常数，查出所测熔点、沸点(已校正)±5℃内的化合物，它们被认为是样品的可能的化合物。

(8) 确证结构：通过对所有试验结果进行分析和总结，并对文献中查到的化合物仔细甄别，最后剩下的几种化合物，应做样品的衍生物制备实验。选择制备衍生物时应考虑：衍生物在常温下是固体，熔点在 50～200℃；反应速率快且副反应少，产物易于纯化；衍生物的物理性质与样品有较大差别。

如果制得衍生物的熔点数值与其中某一可能化合物相应衍生物的熔点数值很接近，即可确定样品为该化合物了。

未知物的鉴别操作流程如图 8-2。

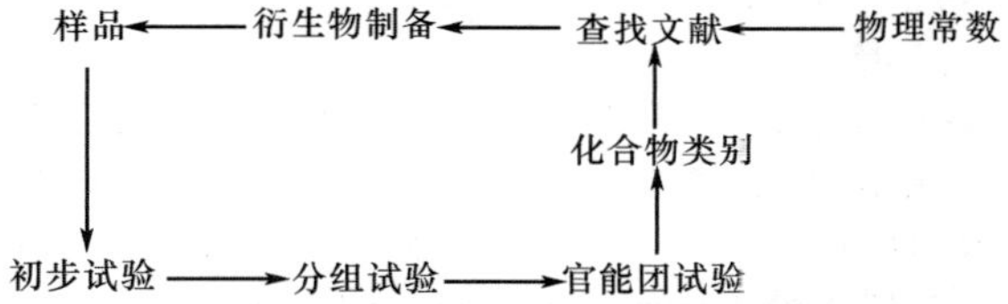

图 8-2　未知有机化合物的鉴别操作流程图

实际工作中，对未知物的系统鉴别可灵活变通。例如，从样品的来源或特有的性质，可大致推测出它可能是哪几类化合物，从而缩小分析范围，使分析工作大大简化。很多时候，有机实验室只需要对一些已知范围的有机化合物进行简单的未知物鉴别，这时可利用一些简单而现象显著的反应，设计系统的方法来鉴别它们。

例如，纯净的未知物 A 和 B 可能是乙醇、叔丁醇、苯酚、β-萘酚中的两个，如果要鉴别 A，则第一步：先取未知样品 A $\xrightarrow{FeCl_3溶液}$ 如果无紫色出现。提示 A 可能是乙醇或叔丁醇；第二步：另取样品 A $\xrightarrow{ZnCl_2\text{-}HCl}$ 如果立即有浑浊出现，则 A 可确证为叔丁醇。

【实验设计要求】

1. 查阅相关资料，总结各类有机化合物的化学性质及各种官能团的检验原理及方法，写出有机化合物分子中各类官能团的特征反应方程式、反应现象及鉴别实验操作流程。

2. 实验室有待鉴定的纯净未知化合物共 4 组，每组有 6 种有机化合物。分别以 1、2、3、4、5、6；Ⅰ、Ⅱ、Ⅲ、Ⅳ、Ⅴ、Ⅵ；A、B、C、D、E、F；甲、乙、丙、丁、戊、己标记。

已知以上 6 组未知物是由液状石蜡、松节油、苯、甲苯、无水乙醇、异丙醇、叔丁醇、苯酚、水杨酸、甲醛、乙醛、苯甲醛、丙酮、苯乙酮、乙酸、草酸、苯甲酸、甲胺、苯胺、乙酰乙酸乙酯、葡萄糖、淀粉，共 22 种化合物中各选 6 种组成。请应用所学的知识独立设计样品的官能团化学鉴别方案并完成未知有机化合物的定性鉴别。

3. 鉴别方案要求合理可行，实验操作简便。试剂要求无毒、经济环保 、实验现象明显、可操作性强，区分度好。实验前，通过集体讨论对鉴别方案进行可行性论证，预测实验中可能出现的问题并提出相应的解决方案。

4. 每次任选一组未知物。固体样品用具塞称量瓶称量每份 2g，液体样品用具塞刻度试管每份量取 10mL，贴好标签，实验结束后再次称量剩余未知样品，确定样品消耗量与回收率。

5. 实验结束后，当场给出样品鉴别结论，提交定性鉴别实验报告。

【参考文献】

罗必新.2007.用现代波谱方法分析鉴定有机化合物的结构.吉林师范大学学报.自然科学版.28(2)：63-65

宁永成.2014.有机化合物结构鉴定与有机波谱学.第 3 版.北京：科学出版社

孙宾宾，冯东东，陈洁.2011.有机化学实验室常见未知试剂的鉴别综述[J]. 陕西国防工业职业技术学院学报，(3)：42-45

邢其毅.裴伟伟.徐瑞秋，等. 2005.基础有机化学.第 3 版.北京：高等教育出版社

姚秋丽，王安俊，向广艳.2014.关于“常见有机化合物鉴别”实验的改进研究.广东化工，20：163-169

Blinov K A，Carlson D，Elyashberg M E，et al.2003.Computer-assisted structure elucidation of natural products with limited 2D NMR data：application of the struceluc system. Magnetic Resonance in Chemistry，41(5)：359-372

Williams DH.Fleming I.1995.Spectroscopicmethods in Organic Chemistry.Fifth Ed.Singapore：McGraw -Hill Book Co

实验 46 经典的解热镇痛药——阿司匹林的制备

【实验背景】

阿司匹林又名乙酰水杨酸，是一种历史悠久的解热镇痛药，广泛用于治疗发热、头痛、牙痛和风湿关节痛等，还能抑制血小板聚集，具有抗血栓的作用，临床上用于预防和治疗心脑血管疾病。

阿司匹林最常用的合成方法是以水杨酸和乙酸酐为原料，在催化剂作用下，发生酰化反应。催化剂常用浓硫酸，其作用主要是破坏水杨酸分子中羧基与酚羟基间的氢键，使酰化反应易于完成。除浓硫酸以外，多种有机、无机酸碱对该反应都具有催化作用，如浓磷酸、对甲苯磺酸、硫酸氢钠、维生素 C、乙酸钠、吡啶和苯甲酸钠等。催化剂不同，反应产率会有所差异。

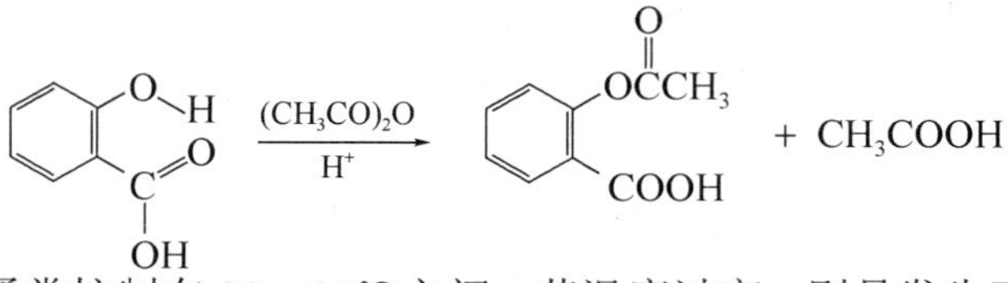

反应温度通常控制在 80～85℃之间。若温度过高，则易发生副反应生成高聚物。将阿司匹林制成钠盐，因高聚物不溶于水，过滤即可将其分离。

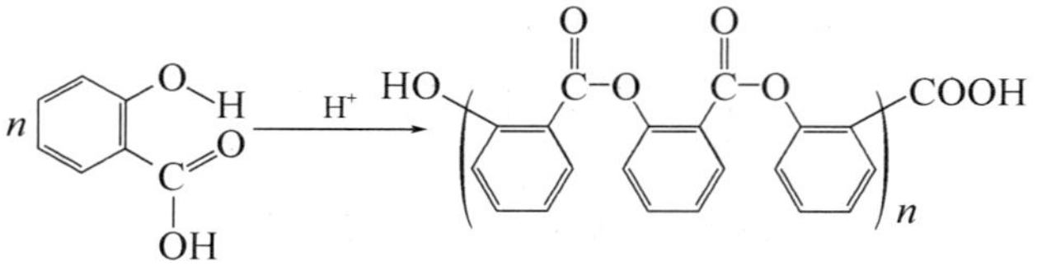

【实验操作举例】

将 2.0g 水杨酸和 5mL 乙酸酐加到 50mL 干燥的锥形瓶中，然后加 5 滴浓磷酸，磁力搅拌并水浴加热。待水杨酸溶解后，保持反应温度在 80℃左右(或水浴温度 85℃左右)，维持 10min。冷至约 40℃，在不断搅拌下加入 20mL 水，将过量的乙酸酐分解。待析出结晶后，用冰水冷却使结晶完全。抽气过滤，用少量冰水洗涤两次，抽干水分，即得阿司匹林粗品。

将粗阿司匹林转移到 100mL 烧杯中，不断搅拌下加入 25mL 饱和碳酸氢钠溶液，至不再有二氧化碳放出，抽滤除去少量高聚物。将滤液倒入烧杯中，加入 10mL 18% 盐酸溶液，冰水浴冷却，使阿司匹林晶体完全析出。抽滤收集结晶，用冰水洗涤两次，抽干水分，于红外灯下烘干并称重。粗产物可用水和乙醇混合溶剂进行重结晶。

【实验设计要求】

1. 查阅相关文献，总结阿司匹林的用途及合成方法；目前常用催化剂的类型和具体种类，写出酰化反应酸催化及碱催化的机制。

2. 根据文献资料设计适合本校实验室的合成路线及实验方案，制备阿司匹林。

3. 实验前要查阅文献制订详尽的实验步骤，包括选择合适的起始原料、试剂及催化剂，原料物质的量配比，产物的提纯步骤、溶剂的选择方法及纯度分析方法。预测实验中可能出现的问题，并提出相应的解决办法。

4. 选择四种合适的催化剂(最好是两种酸性催化剂和两种碱性催化剂)，按实验方案分组进行实验，考查并比较不同催化剂的催化性能。用合适的方法分析产物的纯度。

5. 总结实验结果，按一般科学论文格式撰写总结论文。

【参考文献】

郭有钢，刘伟伟，贺国超，等.2014.合成阿司匹林的催化剂研究进展. 广东化工，41(20)：83-84

林沛和.2006.吡啶催化合成乙酰水杨酸的研究. 化工中间体，(9)：18-19

林文权.2011.改性水滑石催化合成乙酰水杨酸的应用研究.浙江工业大学

文瑞明，刘长辉，游沛清，等.2009.阿司匹林合成的研究进展.长沙大学学报，23(5)：30-33

CAO Xiao-hua，ZHOU De-zhi，YE Xing-lin，et al.2015.Preparation，characterization of $AlH_3P_2W_{18}O_{62}\cdot nH_2O$ / MCM-41 and its catalytic performance for aspirin synthesis. Fine Chemicals，32(11)：1271-1277

SU H，Sun K，Yao Z，et al.2014.Raman spectrum online monitoring in aspirin synthesis process. Asian Journal of Chemistry，26(2)，467

实验 47　离子液体的制备及在有机合成中的应用

【实验背景】

离子液体是指在室温或接近室温下呈现液态的、完全由阴阳离子所组成的盐，也称为低温熔融盐。一般而言，离子化合物熔融成液体需要很高的温度才能克服离子键的束缚，如 NaCl 的熔点为 803℃。由于通常的离子化合物都是固体，所以在以往的印象中离子液体必然与高温相联系，但高温状态下物质的活性大，易分解，很少可以用做反应和分离的溶剂。室温离子液体(room temperature ionic liquids)的出现，引起了各国学者的极大关注。离子液体作为离子化合物，其熔点较低的主要原因是由于其结构中某些取代基的不对称性，使离子不能规则地堆积成晶体所致。所以，从这个意义上说离子液体是非水非质子溶剂。它一般由有机阳离子和无机阴离子组成，常见的阳离子有咪唑盐离子、吡咯盐离子、季铵盐离子和季鏻盐离子等，阴离子有卤素离子、四氟硼酸根离子、六氟磷酸根离子等。近年来，新型的离子液体也在不断地涌现。

与传统有机溶剂和电解质相比，离子液体具有一系列突出的优点。例如，在宽广的温度范围内(–100～200ºC)处于液体状态；几乎无蒸气压，在使用、储藏中不会蒸发散失，可以循环使用，消除了挥发性有机化合物的环境污染问题；无可燃性，无着火点；有较高的热稳定性和化学稳定性，400ºC 以上仍很稳定；电导率高，在 10^{-2}～10^{-3} 数量级，分解电压(电化学窗口)大，达 4V 多，可作为许多物质电化学研究的电解液；热容量大。由于这些溶剂通过阴阳离子的设计可调节其对无机物、水、有机物及聚合物的溶解性，且其酸度可调至超酸，所以也称之为“设计者溶剂”。离子液体对大量无机和有机物质都表现出良好的溶解能力，既可作溶剂又可作催化剂，在该液体中化学反应的热力学和动力学与在普通溶剂中有所不同。用离子液体作为化学反应的溶剂具有下列特点。首先为反应提供了不同的分子环境，有可能改变反应机制，使催化剂活性及稳定性更好，反应的转化率和选择性更高；离子液体种类很多，可以自行设计，选择余地大；可将催化剂溶于离子液体中，与离子液体一起循环使用，兼有均相催化效率高，多相催化易分离的优点；产物的分离可用倾析、萃取、蒸馏等方法，因离子液体几乎没有可测量的蒸气压，易于分离；离子液体有憎水的，也有亲水的，因此根据需要反应体系可以设计为一相，两相乃至多相。

由于离子液体的这些特殊性质和表现，所以，离子液体被广泛认为是一种较为理想的绿色溶剂，与超临界 CO_2 和双水相一起构成三大绿色溶剂，具有广阔的应用前景。

离子液体的制备主要是通过酸碱中和或季铵化反应一步合成，此法操作较为简便、副产物少、产品易于纯化。对于阳离子 X 型的离子液体，也可通过季铵化反应先制成含目标阳离子的卤盐，再用目标阴离子置换出卤离子得到目标产物。水洗后，再用有机溶剂将目标产物提取出来，真空脱去溶剂即可。

【实验操作举例】

溴化 1-丁基-3-甲基咪唑的制备：在 500mL 圆底烧瓶中，先加入 23.2g(0.283 mol) *N*-甲基咪唑和 200mL 三氯乙烷，在强烈的搅拌下，先升温至 65℃，而后逐滴滴加 39g(0.285mol)新蒸馏的正溴丁烷，滴加时间应超过 1h。滴加完毕后，在 80℃左右，再回流 2h，反应物先浑浊后变为金黄色黏稠的液体，趁热用分液漏斗分离，以 100mL 三氯乙烷洗两次。在 70℃下用旋转蒸发仪减压蒸馏 1h，最后放入真空干燥箱，在 70℃干燥 3h，得 39.4g 黏稠的液体，产率为 64%。

【实验设计要求】

1. 查阅相关文献资料，总结离子液体的特点、发展动态及在有机合成中的应用，特别是二烷基类咪唑型离子液体的制备及其在有机反应中的应用研究。

2. 根据文献，选择合适的方法，制备二种含咪唑基的离子液体并进行表征，例如，

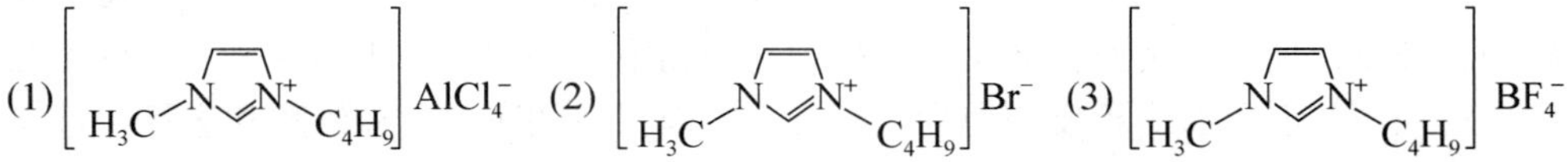

3. 选择一个合适的模型反应，如酯化反应、傅-克酰基化应等，将合成的离子液体用于其中，进行考查，并与传统有机溶剂进行比较。

4. 在模型反应中，研究离子液体的用量、原料物质的量配比、反应温度及反应时间等因素对反应转化率和选择性的影响，优化反应条件。

5. 选择合适的分析方法(气相色谱、高压液相色谱、化学分析法等)，对产物进行分离、纯化及表征。

6. 总结实验研究结果，按一般科学论文格式撰写总结论文。

【参考文献】

汤尧旭，毛炜坤，马娜，等.2010.咪唑类离子液体的二氧化硫吸附性能. 环境科学，31(11)：2582-2586

尹万香，李润生，杨骏.2010.咪唑类离子液体中合成 β-烯胺酮的研究. 化学研究与应用，22(11)：1366-1370

赵卫星，姜红波，张来新.2010.咪唑类离子液体的制备与合成. 贵州化工，35(4)：8-15

Park S，Kazlauskas R J.2001.Improved preparation and Use of room-temperature ionic liquids in lipase-catalyzed enantio- and regioselective acylations. Journal of Organic Chemistry，66(25)：8395-8401

Tian Y，Wang X，Wang J.2008.Densities and viscosities of 1-butyl-3-methylimidazolium tetrafluoroborate + molecular solvent binary Mixtures. Journal of Chemical & Engineering Data，53(9). 2056-2059

实验 48　药物中间体 3-(2,5-二甲基苯氧基)-1-氯丙烷的制备及反应过程跟踪

【研究背景】

3-(2,5-二甲基苯氧基)-1-卤代丙烷是降血脂药物吉非贝齐(gemfibrozil)的重要中间体，也是在有机合成中极为有用的 ω-卤代烷基芳基醚之一。

3-(2,5-二甲基苯氧基)-1-卤代丙烷传统的制备方法是采用经典的 Williamson(威廉姆逊)醚制备法，以 2,5-二甲基苯酚为原料，加入 NaOH 溶液制成

酚钠后，与 1-氯-3-溴丙烷发生亲核取代反应。在此反应条件下，反应物 2,5-二甲基苯酚钠与 1-氯-3-溴丙烷分别位于水相及有机相中，因此，收率较低，通常在 50%以下；反应时间长，沸水浴中搅拌反应 4h 后，用薄层色谱跟踪反应终点时，至少有四个斑点，即使延长反应时间也难以使原料酚的斑点消失，由于副反应多，产品的纯化十分困难，整个操作过程较为繁琐。

相转移催化技术是 20 世纪 60 年代发展起来的并在有机合成中得到广泛应用的一种创新技术。它通过加入催化剂量的第三种物质(相转移催化剂)或采用具有特殊性质的反应物，使某一反应物从一相转移到另一相中，并与后一相中的另一种反应物发生反应，从而使非均相反应变为均相反应，确保并加速了反应的顺利进行。近年来，随着相转移反应研究的不断深入，相转移催化技术在许多有机反应中得到应用，尤其是在无机亲核试剂与有机底物的亲核取代反应过程中，成功地解决了经典方法制备该类化合物的诸多弊端。3-(2,5-二甲基苯氧基)-1-氯丙烷的制备反应中常用的相转移催化剂为鎓盐类，以季铵盐为主，使用不同的催化剂，反应的产率会有所差异。

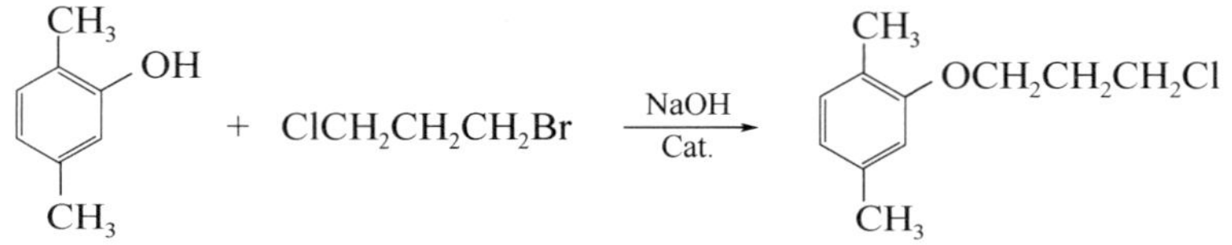

【研究内容】

1. 查阅相关文献，总结 3-(2,5-二甲基苯氧基)-1-卤代丙烷的用途及合成方法；目前合成该化合物所选用的相转移催化剂的研究进展。

2. 根据文献，选择 3 种以上不同的相转移催化剂，以 3-(2,5-二甲基苯氧基)-1-氯丙烷的产率为目标，对 3 种相转移催化剂进行比较研究。催化剂的选择参考如下要求。

(1) 能提高反应速率，提高反应的专一性。

(2) 价廉易获得、非毒性、易回收，可循环使用。

(3) 反应在无溶剂条件下进行，操作简便，能源消耗低。

(4) 产品容易分离、提纯。

该反应中常用的相转移催化剂有新洁尔灭、2-羟基丙基硫酸四丁基铵盐(TBASHP)、氯化四丁基铵(TBAC)、氯化苄基三乙基铵(TEBA)等。

3. 根据文献资料结合本校实验室条件，设计出以 2,5-二甲基苯酚及 1-氯-3-溴丙烷为原料，制备 3-(2,5-二甲基苯氧基)-1-氯丙烷的实验方案。合理的实验方案包括以下内容。

(1) 合适的原料配比及用量。具体的催化剂用量及反应温度等参数。

(2) 详尽的操作步骤、产物的分离提纯方案及粗产物的纯化方案。

(3) 对粗产物进行 TLC 定性分析的具体方案(展开剂、吸附剂、显色方法)。

4. 用 TLC 跟踪反应，观察反应过程中，反应混合物组成变化，确定反应时间。

5. 实验前，通过集体讨论对实验方案进行可行性论证，预测实验中可能出现的问题并提出相应的解决方案。

6. 总结实验研究结果，按一般科学论文格式撰写总结论文。

【参考文献】

莫芬珠，丁亚玲.1995.相转移反应合成 3-(2，5-二甲基苯氧基)-1-卤代丙烷. 中国药科大学学报，(6)：382

王晓伟.1990.吉非罗齐合成路线图解. 中国医药工业杂志，(4)：188-189

杨芝萍.2002.1-(2，5-二甲苯氧基)-3-溴丙烷合成反应的研究. 内蒙古师范大学学报：自然科学汉文版，31(1)：53-55

张传新，刘振中，陈恒昌.1996.固—液相转移催化法合成 3-(2，5-二甲基苯氧基)丙基氯. 化学试剂，18(4)：247-248

钟平，尹承烈.1992.2，5-二甲苯酚的 O-烷基化反应. 北京师范大学学报：自然科学版，(3)：379-382

实验 49 乙酸异戊酯制备的实验条件研究

【研究背景】

酯类是重要的有机精细化学品，通常是由有机酸与醇经过酯化反应获得。酯化反应为可逆反应，其特点是速度慢、产率不高。为了加快可逆反应速度，通常采用添加催化剂和加热的方法。酯化反应常用的催化剂有：浓硫酸、磷酸等质子酸，也可用固体超强酸及沸石分子筛等。

影响酯化反应的因素主要有反应物的结构、配料比、催化剂、反应温度等，它们都会影响反应平衡、反应速率和转化率。

为了使可逆反应向生成物方向进行，提高产量，通常采用增加某一种反应物用量或减少生成物的量两种方法来实现。选择使用过量的酸还是过量的醇，则取决于原料来源难易，产物分离纯化和过量物料分离回收的难易程度。过量多少则取决于具体反应和具体物料的特点。

酯化反应减少生成物的量一般都是利用形成低沸点共沸物来进行。如果所生成酯的沸点较高，可向反应体系中加入能与水形成共沸物的第三组分(带水剂)，把水带出反应体系。常用的带水剂有苯、甲苯、环己烷、二氯乙烷、氯仿、四氯化碳等，它们与水的共沸点低于 100℃，且容易与水分层。

【研究内容】

1. 查阅相关文献资料。总结酯化反应的特点、羧酸酯合成的一般方法及催化剂的应用研究进展。

2. 查阅乙酸、异戊醇及乙酸异戊酯的理化常数及共沸混合物的形成。

3. 参考实验 20，对乙酸异戊酯的合成条件进行研究，确定乙酸异戊酯最适宜的合成条件。研究内容包括以下几点。

(1) 确定最合理的乙酸异戊酯的合成路线及评价酯化反应优劣的指标(产率、转化率等)。

(2) 确定乙酸异戊酯最适宜的反应装置(普通回流装置、带分水器的回流装置)、带水剂(苯、甲苯等)及用量。

(3) 从异戊醇与乙酸的配料比，反应温度、反应时间及催化剂用量等方面确定乙酸异戊酯较优的实验条件。

(4) 乙酸异戊酯的表征及含量分析(沸点、折射率、红外光谱、元素分析等)。

4. 查阅文献选择几种不同类型的催化剂(如硫酸、磷酸、固体超强酸及沸石分子筛等)，对其催化合成乙酸异戊酯的酯化活性进行比较研究。

5. 总结实验研究结果，撰写总结论文。

【参考文献】

康世民，常杰，范娟.2014.一步合成磺化固体酸催化剂及其在酯化反应中的应用研究(英文). Chinese Journal of Chemical Engineering，22(4)：392-397

刘爽，刘冬莲，张宁.2013.活性炭负载磷钨酸催化合成乙酸异戊酯的研究.化学研究与应用，25(12)：1749-1752

刘钰，袁旭宏，叶余原，等.2014.由复合催化剂催化合成乙酸异戊酯的研究.化学工程师，28(6)：4-6

王宏社.2013.二氧化硅负载高氯酸催化合成乙酸异戊酯. 化学工程师，27(3)：17-19

战永复.1990.酯化催化剂的研究.化学世界，(6)：258-260

周勇.2001.微波辐射相转移催化合成乙酸异戊酯.化学试剂，23(2)：113-114

第九章　高等有机合成实验技术

随着科学技术的不断发展，有机合成化学的内容越来越丰富，新的反应及方法层出不穷，进而也促进了合成技术的改进，新的合成技术不断涌现，如超声波、激光、电、微波及新型催化剂的应用，这些新技术具有节约能源，提高产率，减少三废的特点。这些新技术和新策略在有机合成研究领域和工业生产中发挥着越来越重要的作用，是对传统有机化学实验的一大突破，有力地推动了有机化学实验的向前发展。

此外，生命科学领域的发展对有机合成化学也产生了极大的影响，近年来利用微生物、生物酶或其他生物活性物质，如抗体进行催化和选择性合成已十分活跃，并成为现代有机合成的一个新的方向。

第一节　反应装置与设备

一、真空系统

真空系统是有机合成实验常用的系统，通常用水泵或油泵进行抽气减压而达成。真空状态下气体的稀薄程度由真空度表示。气压越低真空度越高。国际上将真空范围划分成四个区域，粗真空(10^5～10^3Pa)、低真空(10^3～10^{-1}Pa)、高真空(10^{-3}～10^{-6}Pa)、超高真空($<10^{-6}$Pa)。一般有机实验室主要应用在粗真空及低真空层。后者必须用油泵进行抽气减压才能达到。真空系统由真空泵、安全瓶、捕集器和测压计等部件组成。

1. 减压部分　油泵也叫真空油泵，常用的型号较多，有机化学实验室一般使用旋片式油泵。其效能取决于泵的结构和油的质量(油的蒸气压越低越好)。

油泵结构比较精密，使用时要采取保护措施，真空度越高，操作要求越严。为了保护泵和油，使用时应注意以下几点。

(1) 油泵应放在清洁、干燥的地方，防潮、防腐蚀，并定期检查、定期清洗和换油。

(2) 油泵使用前要先检查真空泵加油量是否合适，电动机的旋转方向是否与皮带轮的方向一致。

(3) 油泵的进气口处应与保护系统相连。

(4) 防止玻璃屑或其他异物进入泵内。

(5) 停机时，要先关闭通向真空系统的阀门，并打开放气阀，以免泵油倒吸到真空系统中，然后再关闭电机电源。

2. 保护及测压装置部分 油泵减压时，应在馏液接收器与油泵之间装上安全瓶和测压计，同时，为防止易挥发的有机溶剂、酸性气体和水蒸气进入油泵，污染泵油，腐蚀机件，降低油泵减压效能，还要安装保护系统(冷却阱和吸收塔)。

安全瓶的作用是：防止系统内压力突然发生变化时泵油倒吸入接收瓶中造成产品污染；防止蒸馏时因突然发生的暴沸或冲料现象，使反应物料进入真空系统；瓶上的两通活塞在减压开始时调节系统内压力，使之稳定在所需的真空度上；也可在停止抽气时缓缓放进空气解除真空。

安全瓶之后安装冷却阱并将其置于盛有冷却剂(如冰-水、冰-盐、干冰、液氮等)的广口保温瓶中，用以除去易挥发的有机溶剂和水蒸气。安装时注意不要接反进、出气口。

吸收塔又称干燥塔，安装在测压计和油泵之间(图 9-1)，一般设 2～4 个，分别装无水氯化钙、硅胶(吸收经过冷却阱后残余的水蒸气)、粒状氢氧化钠或浓硫酸(吸收酸性气体和水蒸气或碱性气体和水蒸气)、石蜡片(吸收烃类气体)。使用时可按实验的具体情况加以组装。目前，实验室中，可以使用高效冷却剂代替干燥塔，因为高效冷却剂可以将各种对油泵有害的气体冷凝并停留在冷却阱中，因而可省去装置中的干燥塔，简化装置。

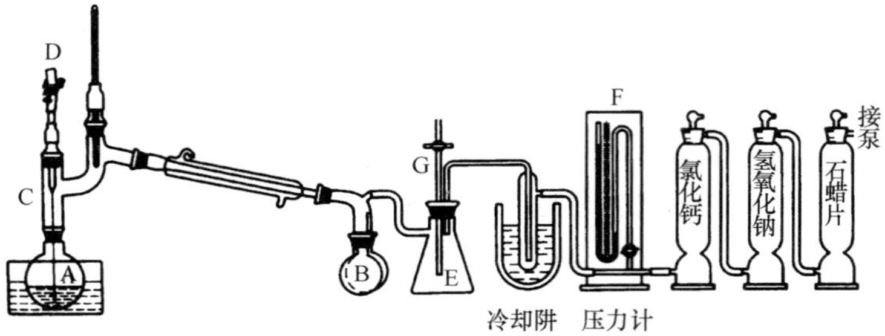

图 9-1 油泵减压蒸馏装置

测压计通常采用水银测压计，用来测量减压系统的压力。实验室常用的水银测压计主要是 U 形测压计，分为封闭式和开口式两种，图 9-2 为封闭式水银测压计，两臂水银柱液面高度之差即为蒸馏系统的真空度，其特点是轻巧，读数方便，但如有残留空气及有水或其他杂质时，会使测量的准确度受到影响。需用开口式水银测压计来校正。测定时，将管后木座上移动标尺的零点调整到右臂的汞柱顶端线上，这时左臂的汞柱顶端线所指示的刻度即为系统的真空度。开口式水银测压计较笨重，读数方式不太方便，但较准确。所用的玻璃管长度要超过 760mm，其两臂水银柱高度之差为即时大气压与系统中的压力之差，因此系统内的真空度(实际压力)应为即时大气压(以 mmHg 表示)减去这一差值。

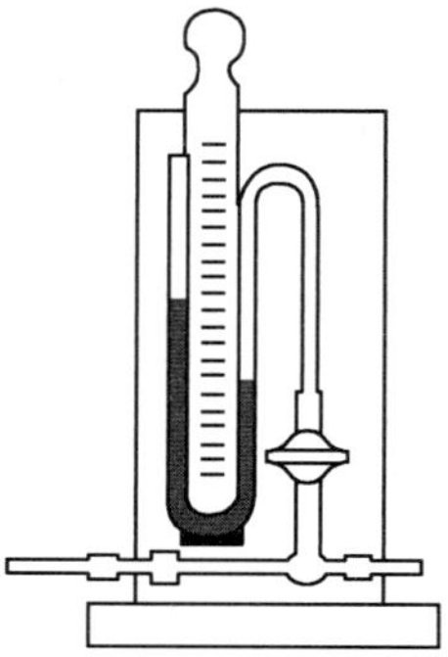

图 9-2 封闭式水银压力计

安装时整个真空系统必须保持密封不漏气。在不固定地点使用油泵减压的真空系统时，也可将其安装在一特制小车上，便于移动，称为油泵车(图 9-3)。

如需要同时提供多个真空接口时，可将真空系统连接到单排管或双排管上，如图 9-4。

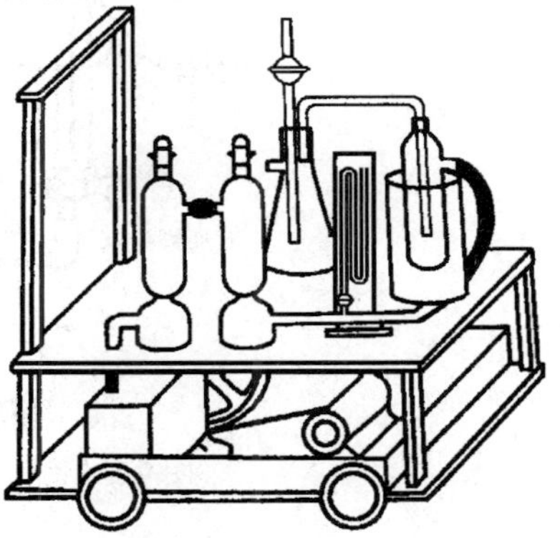

图 9-3　油泵及其保护系统

二、惰性气体保护系统

有机化学合成的过程中，很多反应的原料、产物或反应中间体对空气中的氧及水汽非常敏感，如反应在空气中进行，则有可能使收率降低，产物色泽加深，后处理困难，有时甚至得不到产物。对空气、水汽敏感的化学物质，种类很多且具有高度的反应活性，所以有着特殊的使用价值，巧妙地利用它们，是十分必要的。

对空气、水汽敏感的化学反应，通常要在惰性气体的保护下进行。常用的惰性气体有氮气、氩气和氦气。其中氮气价廉易得，密度与空气相近，大多数有机金属试剂在其中均较稳定，因而最为常用。一般来说，氮气含量达 99.998%的氮气即可保护大多数空气、水汽敏感化合物，如特别敏感的化学物质，需要更加纯粹的氮气，并在反应前用氮气净化系统。

某些情况下，一些化学物质会受到氮气的影响，因此要使用较为昂贵的氩气或氦气了，因氩气比空气重，所以它对这些敏感化合物的保护作用比氮气好。

惰性气体保护系统由惰性气体源、减压阀、调节阀、双排管等部件组成。双排管通常是固定在通风橱内的固定铁架台上的，可同时提供多个真空接口和惰性气体保护接口的特殊装置(图 9-4)。

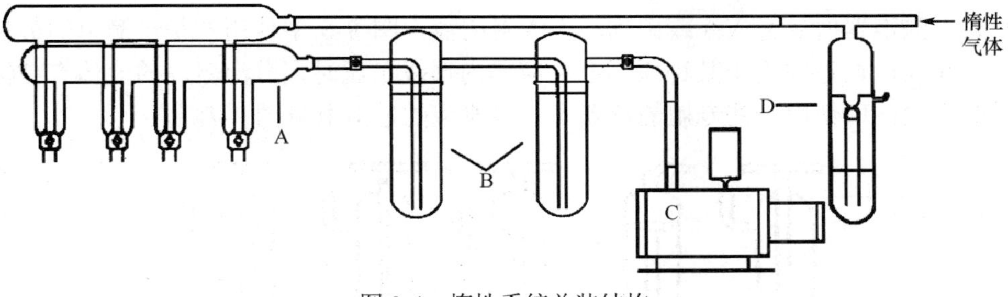

图 9-4　惰性系统总装结构

A. 双排管；B. 冷却阱；C. 真空泵；D. 鼓泡器

选择真空和惰性气体保护由旋动双排管上的双通螺旋塞实现。

1. 惰性气体保护条件下的反应装置　使用双排管装置进行惰性气体保护条件下的反应时，可在普通的磨口仪中进行，最简单的装置见图 9-5。

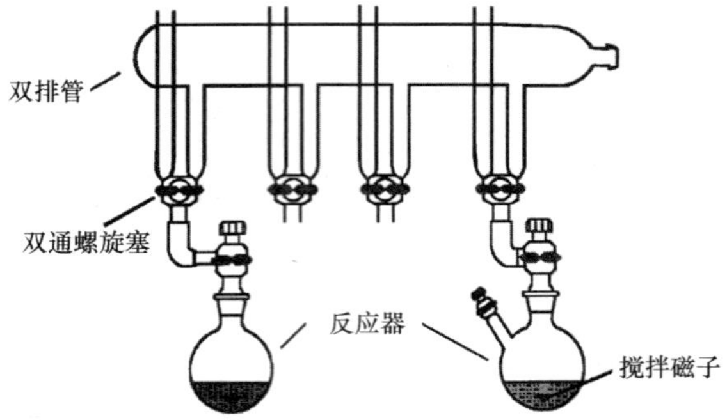

图 9-5　惰性气体保护条件下的基本反应装置

复杂一些的装置见图 9-6。这是最基本的反应装置，所需的附件有：鼓泡器、罩有隔膜的进口及注射器和针头。

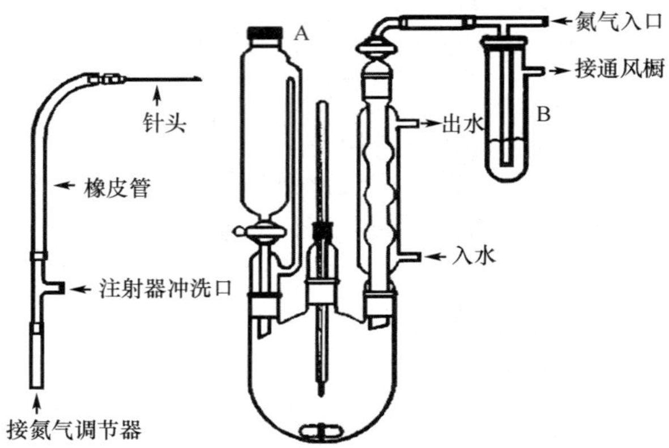

图 9-6　由普通仪器组成的基本反应装置

A. 罩有隔膜的进口；B. 鼓泡器

鼓泡器的作用是保护反应装置中的惰气环境，使反应器和大气之间形成气体密封。鼓泡器内要充入汞或矿物油作为封闭液。图 9-6 中使用的是最简单的鼓泡器，在反应过程中由于某种原因在反应器内形成负压时，鼓泡器内的液体有被倒吸的危险，可使用一些专用的仪器。一些典型的鼓泡器见图 9-7。

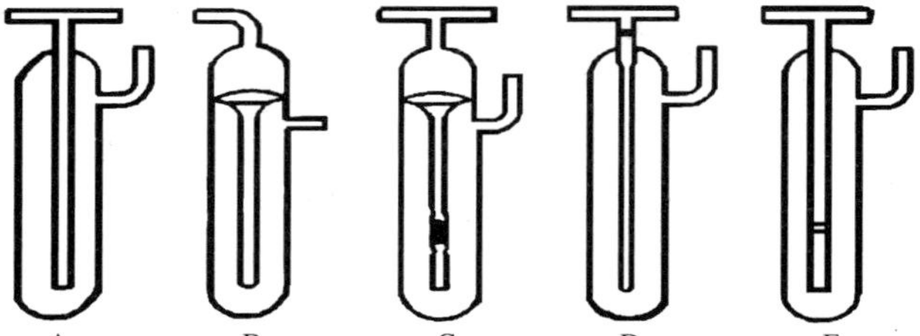

图 9-7　几种典型的鼓泡器

A. T 形管鼓泡器；B. 有缓冲区的鼓泡器；C. 带止逆阀的 T 形管鼓泡器；D. 带球芯止逆阀的 T 形管鼓泡器；E. 带砂芯滤板的鼓泡器

图 9-7A 和 B 是 T 型管鼓泡器，它们可防倒吸，缺点是长时间反应时，耗气量较大。图 9-7C～E 是带有止逆阀的鼓泡器，它们既可避免空气渗入反应体系还可防倒吸及解除反应器内过量的压力。从鼓泡器中逸出的气体要导入通风橱。如使用汞作鼓泡器内的封闭液时，还要先将废气通过洗涤器将可能夹带的汞蒸气除去，才可导入通风橱。

注射器和针头主要用于向反应器中添加液体和充氮气。如经常要在惰性气体保护条件下进行反应时，最好使用经过改良的特制玻璃仪器，见图 9-8。

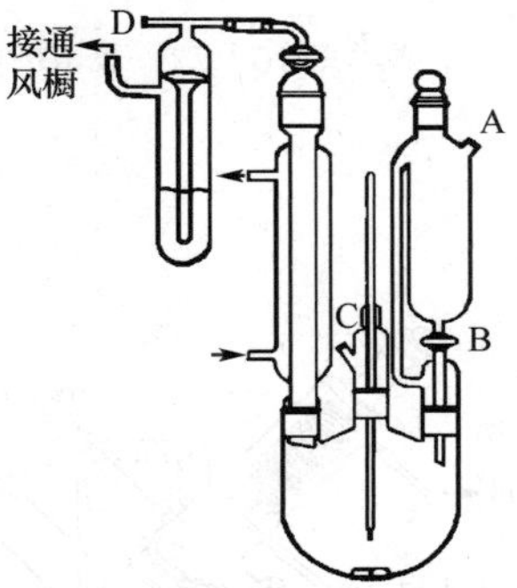

图 9-8 使用改良玻璃仪器的基本反应装置

A. 加料隔膜侧臂；B. 旋塞；C. 带隔膜侧臂进口的应接器；D. 氮气进口

2. 惰性气体保护条件下的反应操作 反应开始前先将所有仪器洗净烘干后趁热安装，再连接到双排管上，仪器磨口处不用涂抹润滑油，即使要涂抹的话，也应少而薄。反应结束后，用沾有氯仿的湿纸巾擦除以免污染产品。反应操作步骤如下。

(1) 仪器安装完毕，检查所有磨口接头，均应用橡皮筋或弹簧夹严密紧固，以免漏气。

(2) 打开双排管上的双通螺旋塞抽真空，此时如仪器不够干燥，也可用酒精灯加热仪器约 5min，切换螺旋塞至惰性气体使之缓缓通入反应器，当反应器冷至室温时停止。如没有双排管，可准备一条中等厚度的橡胶管，一边与氮气瓶和减压阀相连，另一边接一个注射针头，中间再装一个罩有隔膜的 T 形管，以供氮气冲洗针筒之用。将氮气针头插入反应器 A 中(图 9-6)，用氮气冲洗反应器至反应器冷至室温。拔出氮气针头。

(3) 取下反应器迅速加入固体原料，再次接入氮气冲洗，结束后，拔出氮气针头，通过 B(图 9-6)插入鼓泡器，使整个反应装置维持静态的氮气正压力，防止负压出现导致倒吸。液体原料的添加，可使用注射器通过薄膜 A 进行。在一些特制仪器中用氮气冲洗仪器、添加原料和取样监控反应都可通过加料隔膜侧臂完成(图 9-8A 和 C)。

(4) 反应过程中，要经常检查体系密闭性和气路通畅，切忌不知道气路情况就匆忙动手。

除反应外，稀有气体保护条件下的其他操作也有其特殊性，使用一些特制的装置，如手套箱可用于操作一些晶体。还有一种Schlenk型玻璃仪器，可用于敏感性固体或液体产物的转移、过滤、重结晶等操作(图 9-9)。

Schlenk型玻璃仪器有一个共同的特点，就是具有一支带旋塞的侧臂，能通过这支侧臂抽空或充以惰气。将这类仪器与传统的磨口仪器组合，可以对多种空气敏感化学物质进行操作。

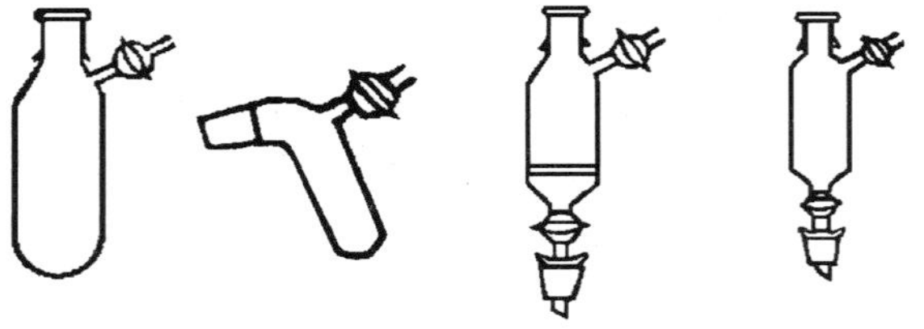

图 9-9 煦兰克管型玻璃仪器

A. 煦兰克管(反应器、滤液接收器)；B. 固体容器；C. 煦兰克型砂芯漏斗；D. 煦兰克型滴液漏斗

三、真空旋转蒸发仪

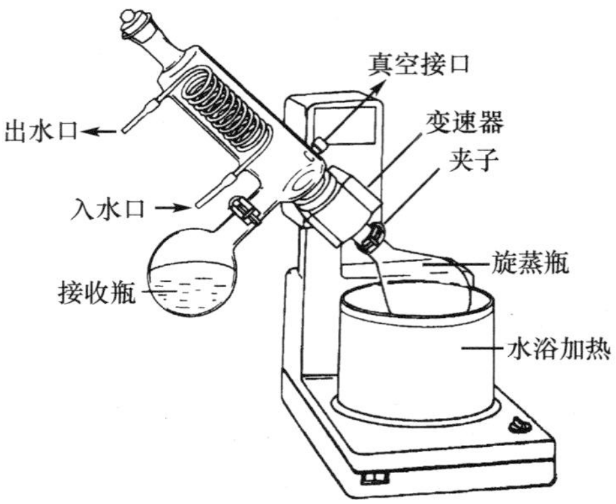

图 9-10 旋转蒸发器

真空旋转蒸发仪是有机合成实验室使用最多的仪器之一。它是一个由电动带动的可旋转的蒸发器(圆底烧瓶、梨形烧瓶等)和一个可连接真空系统的冷凝接收系统组成，见图 9-10。该仪器具有高效的冷凝器，即可在常压下也可在减压的条件下工作，可一次加料也可分批加入待蒸发液。当其工作时，蒸发器保持一定角度边旋转边在水浴上加热，使待蒸发的溶液附在烧瓶内壁扩散成一层薄膜，增加了蒸发表面积，尤其在减压条件下，待蒸发的溶液可迅速挥发，从而大大缩短浓缩时间。所以，真空旋转蒸发仪主要用于浓缩溶液、除去或回收溶剂，特别是大体积的溶剂用普通蒸馏的方法回收时，需要长时间加热，可能会引起有机化合物的分解，而真空旋转蒸发仪特别适用于较大体积低沸点溶剂的迅速蒸发。

真空旋转蒸发仪操作要点如下。

1. 先注水(纯水)入加热槽，自来水要放置 1～2 天再用。接通电源，水浴温度不高于 45℃，不得无水干烧。

2. 接通冷凝水，将装有适量溶剂(体积不超旋蒸瓶容积的 1/2，旋蒸 CH_2Cl_2 等密度大的溶剂不得超 1/3)的旋蒸瓶套在旋转杆的接口上，夹上保护夹，如在减压下操作，先打开真空泵，关闭旋转蒸发仪的放气阀。为防止旋蒸瓶中的液体在加热时暴沸冲出，可在旋蒸瓶与旋转杆的接口之间装上一个缓冲瓶。

3. 调整主机的高度，手动调节，转动机柱上的升降手轮，顺时针为上升。如为电动调节，先按升键再按降键，达到合适位置手离键即停。将旋蒸瓶浸入水浴中。

4. 调整主机的角度，松开主机和机柱连接螺丝，主机即可在 0～45°任意倾斜。根据溶剂密度合理调整旋蒸瓶的入水深度，为求重力和浮力平衡，降低转轴损坏率，并在旋蒸过程中随时调整。

5. 打开电机开关，调节旋钮使旋蒸瓶以合理的转速转动。

6. 打开加热开关，温控设定温度，自动加热开始。

7. 结束操作时，先停止旋转，关闭电热开关，将旋蒸瓶提出加热槽并旋紧升降杆，打开旋转蒸发仪的放气阀，关泵，连通大气后取下旋蒸瓶，在这期间手不能离开旋蒸瓶。

8. 如旋蒸瓶取不下来，可用木槌或橡胶锤沿着旋转蒸发仪转轴方向轻轻敲击旋蒸瓶口，不可用其他硬物敲打，以及上下晃动，防止损坏旋蒸转轴。为防止旋蒸瓶与接口处因加热粘连而取不下来，可在接口处缠绕一两圈防水胶带。

四、其 他 设 备

1. 真空恒温干燥箱　这是实验室常用的一种干燥设备，主要用于干燥一些样品量较大的低熔点、高温易分解或对空气敏感的固体物质。使用时与真空系统连接，将盛有待干燥物质的表面皿或烧杯放入干燥箱，关闭并拧紧上盖。打开真空油泵抽气，同时插上真空干燥器的电源调节好控温旋钮进行加热，干燥结束后，先停止加热，关闭真空干燥器的活塞，接着关闭油泵，待干燥箱冷却后，缓缓打开真空干燥箱的活塞，取出样品称重后转移至样品瓶中，贴上标签，放在指定的位置即可。

2. 真空恒温干燥器　这是一种干燥效率较高的设备，也称干燥枪。其主要用于干燥少量样品，尤其是除去样品中的结晶水或结晶醇效果很好(图 9-11)。

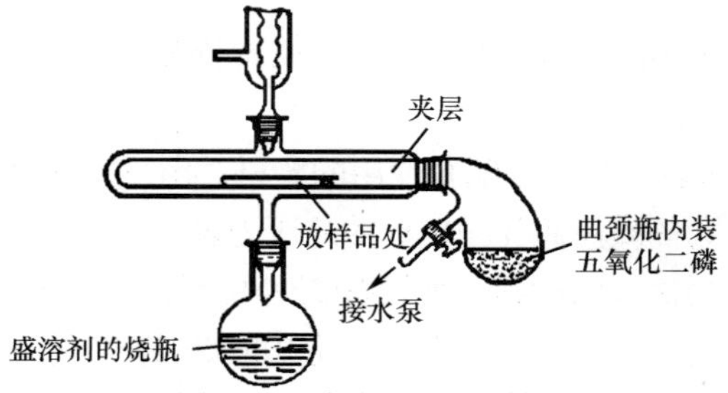

图 9-11　真空恒温干燥器

使用时，先将装有待干燥样品的小船放入干燥枪的夹层内，接好盛有五氧化二磷的曲颈瓶，用水泵抽气减压。当抽到水泵所能达到的最高真空度时，停止抽气，关闭曲颈瓶上的活塞，对盛有溶剂的烧瓶进行加热并使溶剂回流，这时溶剂的蒸气充满夹层外部，样品在夹层内以一定温度和减压下进行干燥，在此过程中，应隔一定时间再行抽气一次。烧瓶内的溶剂应根据待干燥样品的性质进行选择，溶剂的沸点不得超过待干燥样品的熔点。

3. 钢瓶　这是一种在加压下储存或运送气体的容器，也叫高压气瓶。材质一般为铸钢或低合金钢等。在钢瓶中氢气、氮气、氧气及空气等呈压缩气状态，而二氧化碳、氨、氯及石油气等在钢瓶中以液化状态存在，乙炔钢瓶内装有多孔性物质木炭或活性炭及丙酮，在压力下乙炔气体溶于其中。为防止各种钢瓶混用，在全国范围内统一规定了瓶身、横条及标字的颜色，见表 9-1。

表 9-1 几种常见钢瓶的标色

气体类别	瓶身颜色	横条颜色	标字颜色
空气	黑	棕	白
氮气	黑		黄
二氧化碳	黑		黄
氢气	深绿	红	红
氧气	天蓝		黑
氯	草绿	白	白
氨	黄		黑
其他一切可燃气体	红		白
其他一切不可燃气体	黑		黑

钢瓶在保管及使用时应注意以下几点。

(1) 钢瓶应入置在阴凉、干燥、远离热源的地方。使用时如直立放置应有支架或用铁丝固定住，以防摔倒；水平放置时，应垫稳，防滚动。还要防止油和其他有机物污染钢瓶。

(2) 搬运钢瓶时，要轻拿轻放，防止摔倒或剧烈振动，并将瓶帽旋上，套上橡皮圈。

(3) 一般装有氢气和乙炔等可燃性气体的气门螺丝是反向的，装有氮气和氧气等不燃或助燃性气体的钢瓶气门是正向的。

(4) 钢瓶中的气体不可全部用完，要留有 0.5%表压以上的气体，以防重新灌气时发生危险。

(5) 钢瓶一般三年进行一次试压检验，未定期检验的、外表锈蚀严重的或漏气的钢瓶不得使用。

4. 减压表 减压表是与钢瓶配套使用的器材，由三个部分组成：指示钢瓶压力的总压力表、控制压力的减压阀和减压后的分压力表。使用时，先把减压表与钢瓶连接好，然后将减压表的调压阀旋到关闭状态(最松位置)。打开钢瓶上的阀门(注意此时操作者应站在减压表的另一侧，以防被意外脱出的减压表击伤)，瓶内气体总压可由总压力表显示出来，用肥皂水涂抹到各接头上，观察有无气泡出现，如钢瓶与减压表连接处漏气，可加垫圈使之密封，如不漏气，可缓慢旋紧调压阀门，使瓶内气体缓缓送入系统。用毕，应先关紧钢瓶上的阀门，排空系统的气体，待总压力表与分压力表匀指向零时，再旋松调压阀门。特别注意，氧气钢瓶和减压表绝对不能涂油。

5. 微波反应器 微波技术应用于有机合成反应，是近现代发展起来的一种高新技术。微波的波长位于 0.1mm 到 1m 的范围内，是一种波长极短的电磁波，其频率范围 300MHz～300kMHz。当微波与物质分子相互作用时，造成分子极化、取向、摩擦、碰撞、吸收微波能，进而产生热效应。这就是微波加热，是将微波作为一种能源来加以利用。由于微波反应是物体吸收微波的能量后自身发热，可以使从物质内部到外部同时加热，所以微波反应速度比常规方法要快数十甚至数千倍，并且能合成出常规方法难以生成的物质，因此，被广泛地应用于材料、制药、化工及其他相关领域的科研和教学活动中。

微波反应器的种类很多，对家用微波炉进行一定的改造，就是一台简单的微波反应器，如 BXS12-SXL9-1 型微波反应器，如图 9-12 所示。这种敞口的反应体系是开放的，与大气相连通。可以进行回流、滴液及分水等操作，一般适用于高沸点的溶剂体系。对于低沸点的溶剂体系，可采用密闭的微波反应器。

该仪器除了进行微波合成外，还可用于微波萃取反应，可提高萃取效率。

6. 超声波合成/萃取仪 该仪器是应用现代超声波技术，并结合智能的低温恒温系统作为物理手段的新型超声波合成及萃取装置。可利用超声波的空化作用和超声波的次级效应，破坏分子结构，改善反应活性，分散粉碎粒子，使其线度进一步缩小，有利于反应的发生。超声波合成/萃取仪既可以用作超声波催化合成，也可以用作超声波萃取，具有提取时间短、产率高、无需加热、可在低温下提取，有利于保护有效成分等优点。

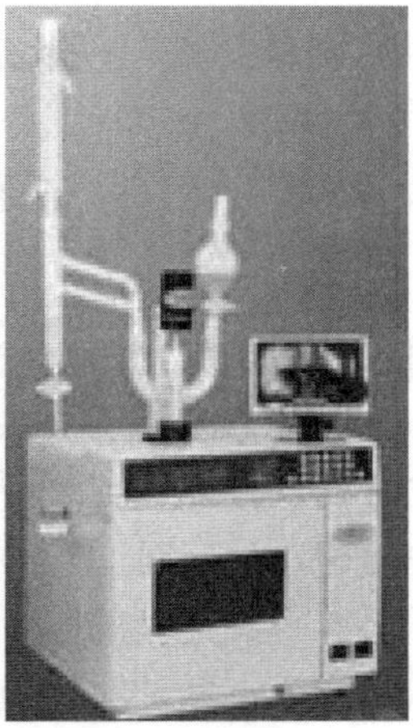

图 9-12 BXS12-SXL9-1 型微波反应器

图 9-13 是 XH-2008D 型智能温控低温超声波催化合成/萃取仪。主要由大功率超声波发生系统、加热系统、压缩机制冷系统、测温控温系统及搅拌系统等组成。

7. 三用紫外分析仪 该仪器可同时发出长波紫外线、短波紫外线及可见光三种波长的光辐射(图 9-14)。并且无需暗室便可对电泳凝胶进行紫外观察和照相，还可在配备了蛋白检测仪的情况下，对蛋白进行观察和照相。该仪器适用于核磁电泳、荧光的分析及检测、聚合酶反应的产物检测、DNA 指纹图谱分析等。它也是限制性片段长度多态性研究、随即扩增的多态性 DNA 产物分析的理想仪器。此外，在药物生产和研究过程中，它也可用来检查激素、生物碱、维生素等各种能产生荧光药品的质量，特别适宜作 TLC 及纸层析的斑点检测。

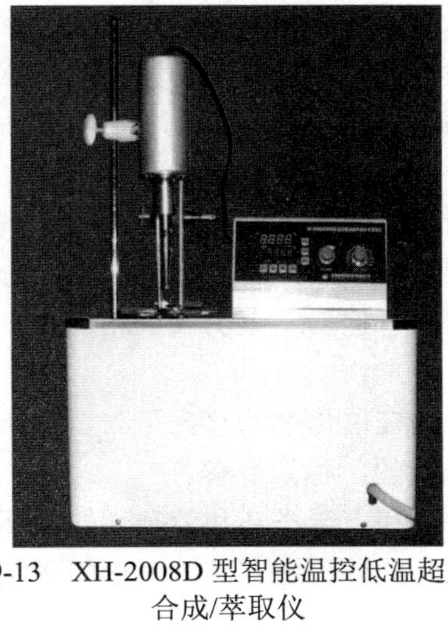

图 9-13 XH-2008D 型智能温控低温超声波合成/萃取仪

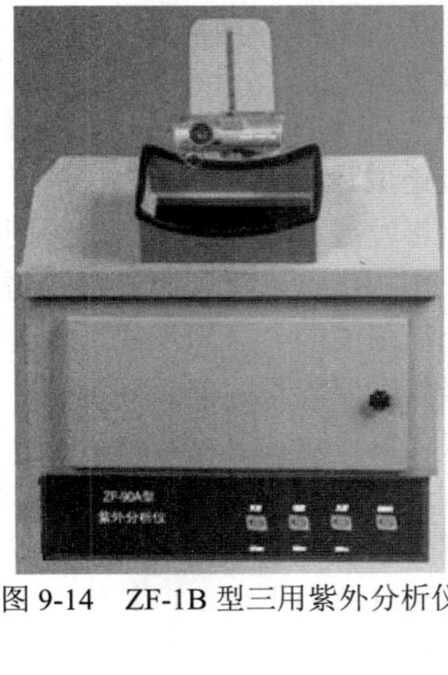

图 9-14 ZF-1B 型三用紫外分析仪

第二节 有机实验室特殊操作

一、催 化 氢 化

催化氢化是有机合成单元操作的重要项目之一，在近代有机合成中有着广泛的应用。在药物的合成中也占有重要的地位。

这种方法是用气态氢在催化剂，如镍、钯、铂、铜、铑等的存在下，与有机化合物进行加成或还原反应，从而制备新的化合物。催化氢化的方法具有反应条件温和、反应时间较短、收率高的特点，特别是制备一些用其他方法难以制备或者根本不能得到的化合物，具有一定的优越性。由于反应进行的简单而清洁，所以生产成本低，对环境污染少，从而受到人们普遍的关注。但氢化反应也有一定的缺陷，例如需要特殊的设备，氢气的储存和使用都有一定的危险性，不能在普通的实验室进行，使用者也必须严格掌握和遵守技术操作条件和要领。

近二、三十年迅速发展起来的过渡金属配合物催化氢化的研究也十分迅猛，给催化氢化反应带来了根本性的改变。

1. 催化氢化的基本概念和应用范围 催化氢化所使用的催化剂主要是过渡金属及其化合物，如氧化物、氢氧化物和络合物等，一般可分成两类，一类是固体催化剂，其不溶于反应介质，是一种多相催化剂，反应时不与反应物处于同一相，如雷尼镍(Raner nickel)和贵金属钯、铂、钌、铑及其化合物；另一类是溶在反应介质中的催化剂，称为均相催化剂，如以氯化三(三苯基膦)铑$[RhCl(PPh_3)_3]$和氯化羰基双(三苯基膦)铱$[IrCl(CO)(Ph_3P)_2]$为代表的过渡金属配合物。

多相催化剂具有反应条件温和、收率高、生产成本低，环境污染少的特点，可制备一些用其他方法难以制备或者根本不能得到的化合物。是使用历史最久，工业生产上应用最为广泛的，但也存在选择性不高，尤其是立体选择性不强，反应方向不易控制的缺点。与多相催化剂相比均相催化剂虽然催化活性较低，但选择性高，反应条件温和，改进后可用于不对称氢化，具有一定的优越性。其缺点是催化剂不易回收，热稳定性差，易被氧化而失去活性，处理不当还会对环境造成污染。

近年发展起来一种均相催化剂固相化的新型催化剂，它兼具固相催化剂和均相催化剂的优点，又规避了两者的缺点，是将过渡金属配合物作为活性组分置于载体上而形成的，虽然形式上与固相催化剂相同，但实质上仍属均相催化剂，是一类极具发展前景的催化剂。

催化氢化包含氢化和氢解两个概念，化合物在催化剂的存在下与氢元素反应只拆散π键的称为氢化。如在反应过程中拆散σ键的，称为氢解。

催化氢化，最先是用于碳碳双键及三键的饱和，芳香环和芳杂环的脂环化，这也是到目前为止很难用其他方法直接代替的。此外，还有碳氧双键即羰基化合物的还原。

氢解包括：羧基、酯基氢解成相应的伯醇；环氧化合物的生成醇类；酰胺、硝基、亚硝基氢解成相应的胺；取代苄醇、苄醚、苄酯类脱苄基反应；亚胺类氢解成仲胺；偶氮、重氮化合物氢解成胺类及脱卤化等。

2. 氢化设备 实验室及工业生产中使用的氢化设备主要包括：氢化器(用于常压及低压氢化)和高压釜(用于中压和高压氢化)、产生高压的设备(装有高压液化氢气的钢瓶，压力在 13.73MPa 以下)及压气机(反应压力超过 13.73MPa 时使用)、测量与调节仪器、抽气排空设备(真空泵)及辅助部件组成。其中最主要的是氢化器或高压釜，氢化器多为玻璃制造，与其他附属设施一起组成一套庞大的系统，占用的体积很大，需要用贵金属作催化剂，且氢化的范围不够广，因而用得较少。

有机实验室中，主要是使用高压釜进行氢化，其容积从 100～2000mL 不等，釜体由高强度耐腐蚀的镍铬不锈钢组成，一般工作压力为 9.8～29MPa，实际耐压能力是工作压力的 2～3 倍。其也可以适用于一般的高压氢化反应。

高压釜有三个关键部分：密封部分、压力表及阀门部分和振摇或搅拌部分。

密封部分和压力表及阀门部分的接头是否严密．是保证高压釜不漏气的关键部分，而漏气是高压氢化最麻烦的问题。高压釜筒身与盖子之间可以有衬垫也可不用衬垫，最好的衬垫是紫铜衬垫，不起化学作用．使用寿命长，但不易自制替换。用得最为广泛的是铅衬垫及软合金衬垫，可随时替换，密封效果也不错，但易造成催化剂中毒。将高压釜的筒身与盖子接触的地方磨成圆弧面与锥面或球面与平面等线接触密封形式，依靠接触面的高精度和高光洁度，可以不用衬垫达到高压密封的目的。但要注意在使用时磨口处一定不能有坚硬的微粒，如催化剂或沙土等，以防损坏磨口造成高压釜漏气。

高压釜的压力表和阀门是连接在一起的，装在高压釜的盖上或高压釜的筒身上，普遍的氢压表内部是铜做的，但要求氢化反应时反应体系中不能有氨存在，如有则需换成钢制的耐氨压力表。一般的氢化高压釜要安装两个阀门，一个用来灌氢，另一个是为排除高压釜内空气时放氢用的。

振摇和搅拌部分是高压釜的重要组成部分，一般是在釜内装一电磁搅拌器，通过它可进行上下往复的搅拌，具有结构简单，搅拌效率高，密封性好的特点，最适宜进行气液反应。

3. 高压氢化的操作

(1) 氢化反应时，如果高压釜长期未使用，须先行检验是否漏气。将高压釜密封并灌氢到反应所需的压力后，放置几分钟，观察压力表的读数是否下降，如正常，可将高压釜完全浸入水中(压力表除外)，放置 2～3min。如有气泡放出，可将釜内的氢气放出，检查漏气处并予以排除，并再次灌氢检查。如高压釜过大不便浸入水中时，可在各接头处涂肥皂水，观察有无气泡。

(2) 氢化的反应从灌氢起到反应完毕放去残余氢气止，都要在有良好通风的防火防爆室内进行。

(3) 在进行氢化反应前，还应按反应方程式计算出该反应所需吸收氢的摩尔数，现根据下式近似地算出吸氢量：

$$\Delta P = n \times \frac{22414}{V} \times \frac{273 + t}{273}$$

式中，ΔP 为高压釜内氢化开始及氢化终了时氢的压力差；n 为反应所需要的氢的摩尔数；V 为高压釜的体积减去反应液所占体积后的实际空间，以 mL 计；t 为氢化室的温度。

注意：读取压力表读数时，须待高压釜内温度降至室温 t 时，才能保证读数准确。

高压氢化的耗氢量虽然可以由上式算出，但只是一个近似的估算，因为影响因素众多，无法得到准确的数据，但这样粗略估计的数据对于了解氢化进程来说还是很有帮助的。

(4) 按要求打开高压釜盖，将釜盖放在支架上，将反应物及溶剂加入釜中，总液量不得超过高压釜容积的一半，按一定的方法加入催化剂，如先将催化剂加入到高压釜内用少量溶剂覆盖后再加入其他反应物料，防止催化剂自燃，雷尼镍决不能使之干燥，可按需要折算成湿雷尼镍的体积来使用。万一引起自燃，可用一块平板玻璃盖住釜口，隔绝空气使火焰熄灭。

(5) 按规定步骤将釜盖盖上，拧紧螺丝时要将成 180°角的两个螺丝作为一对，拧紧一对再换一对一起拧紧。全部拧完后，再按第一次的顺序一对一对地进一步拧紧。

(6) 在防火防爆室内，开启通风。将高压釜的进气阀和出气阀关闭，然后将高压氢气导管的接头拧在高压釜的进气阀上。打开放气阀，用真空泵排出高压釜内空气，关闭放气阀。由一个操作者将储氢钢瓶的阀门徐徐开启，注意各接头处是否有漏气声，如有则要立即关闭钢瓶阀门，找出漏气处予以排除后，再行开启，另一操作者同时将高压釜上的进气阀慢慢拧松，注意压力表上的读数。当压力达到 0.98～1.47MPa 时，将进气阀及贮氢钢瓶上的阀门关闭。观察压力表在几分钟内读数有无下降，如无，拧下高压导管接头，按(1)所述方法检查有无漏气现象，如无，可进行下一步操作。

(7) 将高压釜擦干并装在高压釜套内，插入测温用的热电偶或直角温度计，将高压釜接上冷却水，开启振摇或搅拌装置。如为电磁往复的搅拌器其工作电压应选择在 20V 左右，最大不得超过 25V，否则会引起电磁吸引线圈过热而烧坏。

刚开始振摇或搅拌时，压力表读数可能会减少 101.3～307kPa，并不一定是漏气或已经发生了氢化反应，可能是搅拌促使氢气充满高压釜及其管路的所有空间或者是氢气溶解所致。这一下降的读数不应算在反应的吸氢量内，起始读数应在此时算起。

(8) 接上电加热装置，调节电压进行加热，当高压釜温度与所需温度相距约 20℃时，可调低加热速度或暂时切断电源，以免过热。

(9) 氢化反应进行时，操作者不要留在防火防爆室，可通过小玻璃窗口观察反应情况，通过仪表观察反应的压力及温度的变化情况。

(10) 在高压釜不漏气和氢化反应正常进行的情况下，可以关闭通风。在氢化反应过程中听到漏气或其他异常响声时，应立即在防火防爆室外将电源切断，再视具体情况决定是否进入防火防爆室内排除故障。

(11) 当高压釜上的压力表读数与预先估算的吸氢量大致相符、且在一定时间内不再变化时，可认为氢化反应已经完成。停止加热和搅拌，使高压釜自行冷却至室温，不得对高压釜进行水冷或冰冷。

(12) 高压釜冷至室温后，开通风，缓缓拧开放气阀(不要全开)，使残余的氢气慢慢放出，直至高压釜内压力与外界相等为止。

(13) 将高压釜的螺丝按照拧紧的次序成对拧松，小心取下釜盖并置于支架上，特别注意要保护好密封面、搅拌和温度计套管等部件。从釜中取出反应物并滤去催化剂(注意催化剂的使用要求)。

(14) 清洗高压釜。先用反应溶剂充分洗涤，再用脱脂棉蘸乙醇擦干，尤其是釜体和釜盖的密封面要特别擦仔细，不得留有任何催化剂或固体颗粒。如数天内不做同一化合物，要将阀、接头及搅拌器在釜内的部分拆开进行同样的清洗、擦干操作，不得留有任何催化剂或固体颗粒。高压釜的非不锈钢部分在保存时要涂上凡士林。

4. 催化氢化操作时的安全问题 氢气是易燃性很强的气体，密度小，易从微孔漏出，扩散速度快，因而燃烧速度比一般的碳氢化合物快得多，如与空气混合时又具有极强的爆炸性。所以操作时首先要防止氢气的燃烧和氢气与空气的混合物爆炸。实验过程中高压储气瓶内压力高达 13.73～14.71MPa，在灌气和反应时可能会因某种原因漏气，高压釜由于制造上的缺陷或使用过程中的损耗，都有可能漏气或炸裂，氢化时充气和排空过程也要产生氢气与空气的混合物，这些都是造成事故的条件和隐患。其次是催化剂的使用，如新制的钯/炭、铂/炭及雷尼镍等催化剂溶有大量的氢，与空气接触或在醇的蒸气中会燃烧、爆炸；当催化剂使用量过大时，有时也会使反应失去控制，造成事故。

为防止上述情况发生，催化氢化操作时要注意以下几点。

(1) 高压釜应放置在通风良好的、能达到防火防爆要求的高压室内。

(2) 高压釜和氢气钢瓶不能放在同一室内，存放这两种器具的房间内要严禁烟火。

(3) 操作人员必须经过严格训练，并严格按照高压釜的操作规程进行操作，不得有任何疏忽和大意。

(4) 要经常检修高压釜及其附属设备。

(5) 严格执行催化剂的制备、储存、使用和处理的各项规定，对将要使用的催化剂，要先做小试进行活性检查，催化剂的用量不得随意加大。

(6) 任何情况下，都不能让氢气、氧气(空气)和催化剂同时存在，高压釜内未换气前不得搅拌。

二、微型化学实验技术

微型化学实验技术兴起于20世纪80年代，是近年来在国内外有迅猛发展的一种新颖的实验方法和技术。与常量实验相比，微型化学实验技术具有突出的优点，如实验仪器小，试剂用量少，相对成本低；三废少；反应时间短；占用空间少等。由于反应产生的有害气体量小，仅以湿润的棉花即可吸收除去，不需使用通风橱，可充分与薄层色谱、柱色谱等分离、纯化及鉴定有机化合物的重要方法相结合；还可充分利用现代仪器，如核磁共振、红外、紫外、气相与高压液相色谱，使有机化合物的合成与鉴定融为一体。因而其具有显著的经济效益和环保效益。

微量反应由于原料用量小，所以，在操作中如何避免原料的损失是最重要的，一般需要采用特殊的仪器和装置及操作方法。图9-15、图9-16是一些微量、半微量反应装置。

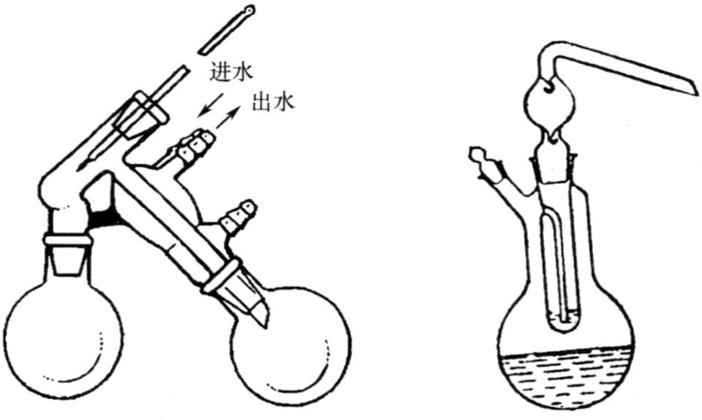

图9-15　蒸馏装置

A. 小量蒸馏装置；B. 半微量水蒸气蒸馏

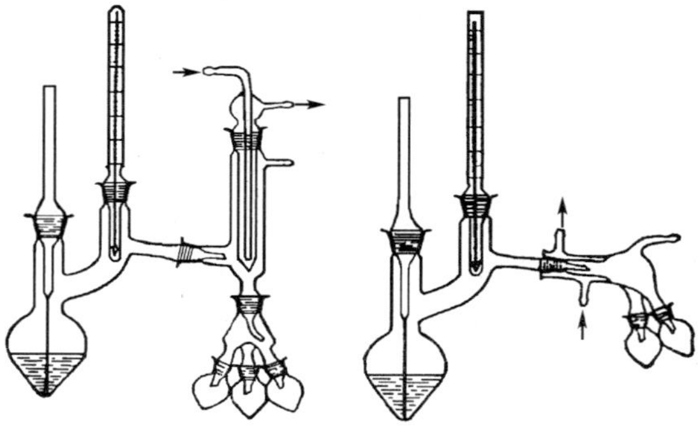

图9-16　小量减压蒸馏装置

微型反应原料的称量：固体原料直接在感量为0.1mg的扭力天平或电子天平上进行。液体原料可使用1～5mL的移液管量取(100μL以上)，100μL以下可用微量注射器量取。

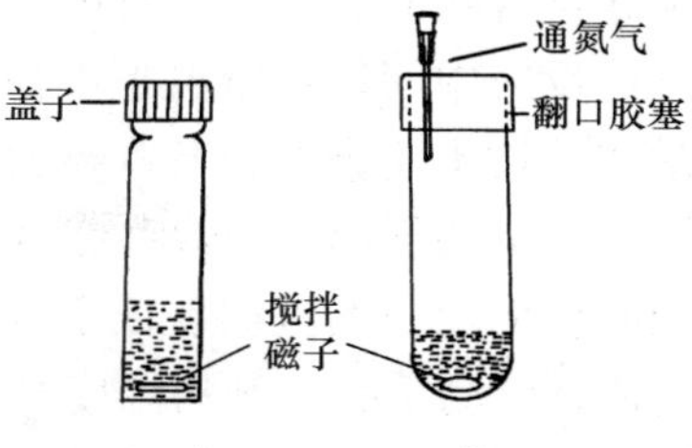

图 9-17 微量反应瓶
A. 室温下的微量反应容器；
B. 惰性气体下的微量反应容器

当微型反应在室温或低于室温的条件下进行时，可用常规仪器，也可用标准玻璃瓶或小试管来代替常规仪器，在标准玻璃瓶中加入搅拌磁子，盖上盖子，放到磁力搅拌器上反应。由于它是密封体系，所以对反应器内可能有压力增加或减少的反应不能使用，也只适用于室温下的反应(图 9-17A)。在低温或惰性气体下，可用 Pyrex 试管配一翻口橡胶塞作为反应容器(图 9-17B)。

微量物质的纯化，在标准玻璃瓶或小试管内进行的反应可直接在瓶内加入萃取剂，盖上玻璃瓶盖，摇匀混合物，打开塞子使体系内的压力释放，静置分层后，用滴管将产品层吸到另一个含有干燥剂的标准玻璃瓶中进行干燥。在滴管下部塞入少量棉花，将溶液移入其中，滤去干燥剂，挤压滴管乳胶头加压过滤。用普通方法蒸去溶剂，得到产品。

少于 500mg 的固体产品，如不与空气反应时可用玻璃钉漏斗或小砂芯漏斗过滤，进行重结晶，见图 9-18。

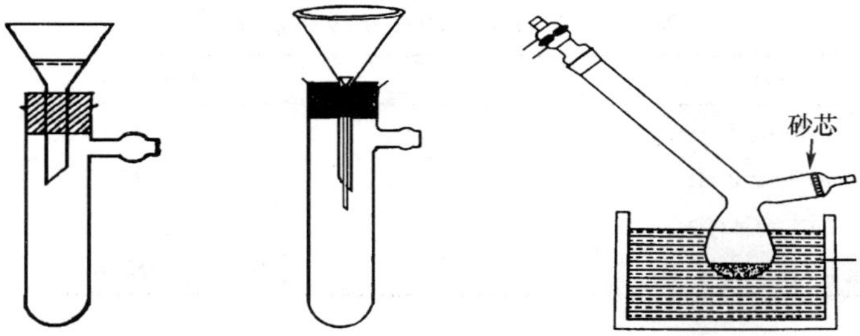

图 9-18 重结晶过滤装置
A. 砂芯漏斗过滤；B. 玻璃钉漏斗过滤；C. Y 形砂芯漏斗

对空气敏感的产品用 Y 形砂芯漏斗过滤(图 9-18C)，将产品溶在少量的溶剂中，通过 Y 形砂芯漏斗过滤到球部，在 Y 形砂芯漏斗上端盖上翻口胶塞后置于冷浴中，析晶完全后打开翻口胶塞，从冷浴中取出 Y 形砂芯漏斗并擦干。将漏斗转向下方，在惰性气体的压力下过滤，再用冷溶剂洗涤晶体，用惰性气体压干后取出晶体进行干燥。

微量反应是现代有机合成的发展方向，但目前在完成微量反应时还存在一些问题，如量取少量敏感试剂较为困难，对于绝对无水操作中不易除去反应中的痕量水等，仪器设计不够科学也会引起原料的损失，这些不足也会使微量反应的应用范围受到一定限制。

三、低 温 反 应

有机化学实验中，有许多反应需要在低温下进行，如负离子反应或一些有机金属化合物的反应，也有的反应因放出大量的热无法迅速移走而难以控制，还有一些反应中间体在室温下不稳定，也必须在低温下进行，因此制冷技术对有机化学实验技术的进展起着重要的作用。

常见的低温反应温度在 0～100℃范围。冷浴一般要带有一定的保温外套，反应时反应瓶内的液面要低于制冷剂的液面，请注意不要用手直接接触制冷剂，以免冻伤。测量制冷剂的温度时，当温度低于–38℃，不能使用水银温度计，因为水银在该温度下会凝固，须使用有机液体低温温度计。有敏感试剂的反应或微量反应时，为防止水蒸气冷凝进入反应物中，可采用注射式探针数显温度计，将探针通过橡皮塞插入反应器中，用完后再拔出来。

制冷剂的使用，要根据反应的温度要求来制作。最普遍的是水冷，可将反应物冷至却室温；冰或冰-水混合物可使反应物冷却至 0℃，更深度的制冷剂主要有以下三类。

1. 冰-盐浴 这是最简单的也是最便宜的制冷剂，根据盐的种类不同可制得 0～–40℃范围的冷浴(表 9-2)。通常将盐研细，加入碎冰中，为了便于更好的冷却控温，使反应器与制冷剂更好的接触，可用液体或半融化的制冷剂。

表 9-2 冰-盐浴的组成及冷却温度

冷却剂	冷却温度(℃)
NH_4Cl+碎冰(1:4)	–15
$NaNO_3$+碎冰(1:2)	–18
NaCl+碎冰(1:3)	–20～–22
$CaCl_2\cdot 6H_2O$+碎冰(1:1)	–20～–50

2. 干冰-溶剂浴 用球状或块状的固体干冰(CO_2)加入到有机溶剂中混合在一起即可，但干冰要过量。通常放在杜瓦瓶或其他绝热好的容器中。组成及冷却温度见表 9-3。

表 9-3 干冰-溶剂浴的组成及冷却温度

溶剂	冷却温度(℃)
乙二醇	–15
3-庚酮	–38
氯仿	–61
乙醇	–72
丙酮	–78
乙醚	–100

有时，也可用二氧化碳钢瓶自制干冰，将钢瓶倾斜放置，阀门在下，其上套一用布遮盖的紧密帆布袋，迅速打开阀门，瓶内气体因迅速膨胀冷却成干冰。

3. 液氮-有机溶剂浴 将液氮小心地加入到有机溶剂中，不断搅拌，使之成冰淇淋状，放在杜瓦瓶中可保持 12h。内容详见表 9-4。

表 9-4　液氮-有机溶剂浴的组成及冷却温度

溶剂	冷却温度(℃)	溶剂	冷却温度(℃)
苯甲醇	−15	环己烯	−104
正辛烷	−56	乙醇	−115
氯仿	−63	正戊烷	−131
乙酸乙酯	−84	异戊烷	−160
异丙醇	−89	液氮	−196

第三节　现代有机实验操作技术

20 世纪后期，有机合成化学发展很快，新试剂、新方法、新技术、新理念不断涌现。尤其是近二、三十年来，新材料和新药物的需求、人们环保意识的不断增强、资源的合理开发和利用及可持续发展战略的实施等问题的存在，为有机合成提出了更高的要求。目前的有机合成正向着高效、环保、高选择性、高收率的方向发展，并取得了显著的成效，现代有机合成技术包括有机电化学合成、有机光化学合成、有机声化学合成、等离子体有机合成、超临界有机合成、固态合成、固相合成、相转移催化等。

一、相转移催化合成技术

相转移催化技术是 20 世纪 70 年代发展起来的一种创新技术，最初用于亲核取代反应，后发展到在氧化、过氧化、还原、亲电取代等多种类型的反应中应用。因而在有机合成中发挥了重要的作用，尤其是在农药、香料、医药等领域有着广泛的应用，为制药工业和精细有机化工带来了可观的经济效益。

在有机化合物的合成过程中，经常会遇到易溶于水的无机化合物和不溶于水的有机物之间的反应，当两种反应物分处于两相中，反应物彼此之间不能很好地接触而造成反应速度慢、收率低，甚至难以进行。利用相转移催化技术能很好地解决这一问题。在反应体系中加入少量的“相转移催化剂”，可使分处两相中的反应物转移到同一相中，使反应得以顺利进行，这种反应称为相转移催化反应。

1. 相转移催化的基本原理　相转移催化主要用于液-液体系，也可用于液-固体系及液-固-液体系。1965 年，M. Makosza 等对季铵盐催化下的烷基化反应进行了系统研究，揭示了季铵盐作为相转移催化剂的催化原理。季铵盐具有亲脂性阳离子结构，在水相和有机相中都有一定溶解度。它可使水相中的反应物转移到有机相中，从而加速反应，提高反应效率。例如，卤代烷与氰化钠的亲核取代反应中，季铵盐的催化作用原理如图 9-19。

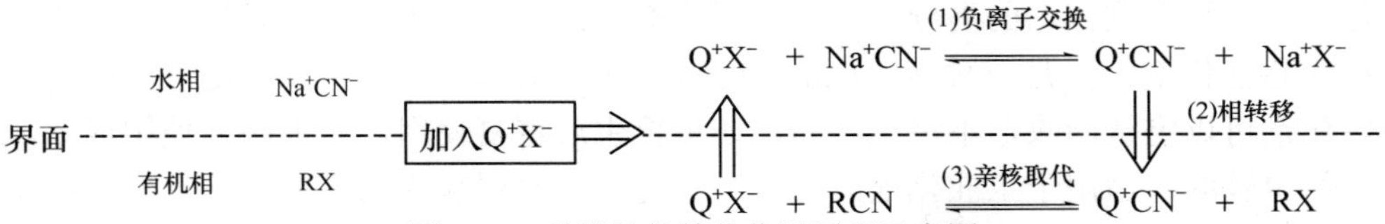

图 9-19　季铵盐的催化作用原理示意图

氰化钠只溶于水，而卤代烷只溶于有机相，Q^+X^-表示季铵盐，它既溶于水又溶于有机溶剂，在水相中氰化钠与 Q^+X^-接触，CN^-与季铵盐中的 X^-发生负离子交换反应，在水相中形成离子对 Q^+ CN^-。由于季铵盐中的烃基是油溶性的，因此这个离子对可以转移到有机相中。在有机相中，负离子 CN^-无溶剂化作用，并且 Q^+体积大，它们之间的相互作用比较弱，CN^-负离子可以看做是裸露的，因而与卤代烷发生亲核取代反应的反应活性大大提高，生成目标产物的同时也有 Q^+X^-生成，它可再次回到水相中完成了相转移催化循环。

2. 相转移催化剂 相转移催化剂有鎓盐、聚醚和高分子载体催化剂三类。鎓盐类包括季铵盐、季磷盐、季砷盐、叔硫盐等；聚醚类有冠醚、穴醚和开链聚醚。

季铵盐是开发得最早的相转移催化剂，具有价格便宜、毒性小的优点，也是三类相转移催化剂中应用最广泛的一种，如氯化苄基三乙基铵(TEBA)、氯化四正丁铵(TBAC)、氯化甲基三辛基铵(TCMAC)等。并不是所有的季铵盐都可以做相转移催化剂，为了使其在有机相中有一定的溶解度，一般要求季铵盐中要含有足够的碳原子数(以 12～25 个为宜)。

其他的鎓盐，如季磷盐、季锑盐等虽然催化效果不错，但制备困难，导致价格昂贵，或者毒性大等原因，应用受到限制。

聚醚中冠醚开发的较早，但毒性大，价格高，应用受到一定的限制。冠醚具有相转移催化作用是由于它对金属离子具有配合作用，自身同时又具有亲脂性。当冠醚的空穴与某些金属离子的大小相适应时，可以允许金属离子进入其空穴形成络合物。这一络合物又与无机阴离子形成配合离子对，从而使无机阴离子溶解在有机溶剂中，进而增强了无机试剂中的阴离子在有机溶剂中的反应活性，常用的冠醚有 15-冠-5、18-冠-6、二苯并-18-冠-6 等。

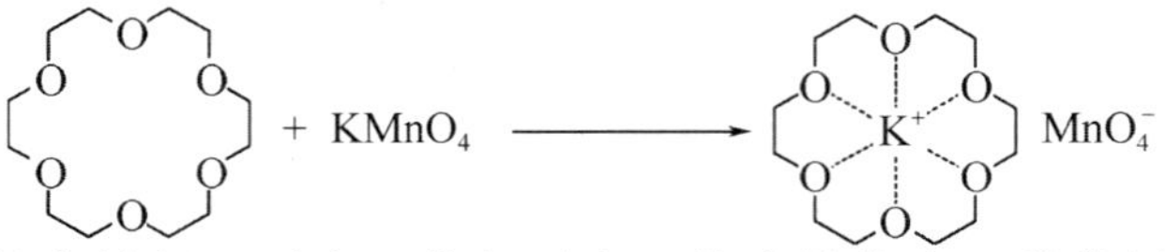

开链冠醚具有易得、无毒、蒸气压小、价廉的优点，其作用机制与冠醚类似，但它不受空穴大小的限制，与金属离子的配合能力较强，相转移催化效果较好。加上反应条件温和、操作简便和收率较高的特点，是冠醚理想的替代品，常见的有：相对分子质量在 400～600 聚乙二醇(PEG)、聚氧乙烯烷基酚、聚氧乙烯脂肪醇。

鎓盐类和聚醚类相转移催化剂普遍存在着价格贵、难回收的缺陷，为此，又发展出了固体相转移催化剂，如高分子载体催化剂，将鎓盐类或聚醚类相转移催化剂化学结合到固态的高分子载体上形成既不溶于水，也不溶于有机溶剂的固态相转移催化剂，它是一种液-固-液三相相转移催化剂，具有操作简便、反应后的催化剂可以定量回收，不污染产品，还可再生后重复使用，大大降低使用成本，能耗也较低，适用于工业化连续生产。它是一种发展较快的、应用前景较好的相转移催化剂。

二、有机声化学合成技术

通常来说，那些超过人耳听觉范围的、频率在 20 kHz 以上的声波称为超声波。研究发现，利用超声波能够加速和控制化学反应。因此，在 20 世纪 80 年代中期发展起来的这一高新技术，在与化学化工领域相互交叉渗透而发展出了一门新兴的边缘学科——超声化学。有机声化学合成所用的超声波频率一般为 20～80kHz。

超声波促进化学反应并非是声场与反应物在分子水平上的直接作用。由于用于声化学反应的超声波能量非常低，并不能将化学键断裂而引发反应。研究表明，在声化学反应中起关键作用的是声空化效应，它是指液体在超声波的作用下激活或产生空化泡及空化泡的振荡、生长、收缩及崩溃(爆裂)等一系列的动力学过程。

超声波作为一种机械波作用于液体时，波的周期性波动对液体产生压缩和稀疏作用，当超声强度达到足够大时，会使液体中产生大量的微小气泡或空穴，成为“空化泡”，它们同时受到强超声的作用，在经历超声的稀疏相和压缩相时，气泡会生长、收缩、再生长、再收缩，经过多次周期性振荡，最终以高速度崩裂。在这种周期性振荡或崩裂过程中，产生的激波在局部微小区域内有很大压强，在液体内形成极短时间(10^{-9}S)的高温(约 5000K)和高压(五百或上千个大气压)，成为高能环境，并伴有强大的冲击波和时速达 400km/h 的微射流，同时还伴有空穴的充、放电和发光现象，这一局部的高能环境可引起分子热解离、分子离子化和产生自由基等，引发或加快了一系列化学反应，为传统条件下难以实现或不可能实现的化学反应创造了一个极端的物理环境，打开了新的化学反应通道，也引发许多力学、热学、化学、生物等效应。超声波的次级效应，如机械振荡、乳化、扩散、击碎等都有利于反应物的全方位充分混合，比一般相转移催化和机械搅拌更能有效地促进反应顺利进行。

超声波促进化学反应主要有几个方面：加快反应速度，尤其是非均相反应，有显著的加速效应，其速率是常规反应的十几倍甚至是数百倍，并在大多数情况下可提高反应产率；降低苛刻的反应条件，减少甚至不用催化剂；简化实验操作，易于控制，多数情况下不需要搅拌，有些反应也不再需要严格的无水无氧操作；对有金属参与的反应，无论是反应物还是催化剂，超声波可除去金属表面的杂质、中间产物及产物等，从而一直暴露着清洁的反应表面，因而大大加速了这类化学反应；可以改变某些反应的机制、途径和选择性，使某些传统条件下难以发生或不能发生的反应得以进行。

近年来，超声化学在化学各领域内的应用研究非常活跃，并取得许多成果，为合成化学提供了新技术，为高聚物的化学改性和加工增添了新的途径。

声化学反应器是有机声化学合成技术的关键装置。随着声化学的发展，新型的声化学反应器不断出现，用于化学反应的主要类型有 4 种，分别是超声清洗槽式反应器、探头插入式反应器、杯式声变幅杆反应器和复合型反应器。超声清洗机的结构比较简单，主要用作清洗仪器，也可用于促进反应，是目前实验室最常用的。

三、固态反应

固态反应(干反应)实质上是指在一种无溶剂作用、非传统的化学环境下进行的反应。具体是将试剂负载于无机氧化物(三氧化二铝、硅胶或黏土)上，进行反应，有时甚至可以在开放式的器皿中进行反应，可以避免因反应失控所产生的危险，产物的提取可用简单的溶剂萃取法进行分离提纯，也可通过柱色谱进行分离纯化，某些产物甚至可以通过直接蒸馏获得。这种干反应可在固态时进行，也可在熔融态下进行，还可以和微波、超声波或可见光等非传统反应手段结合起来进行。

固态反应由于不使用溶剂，可简化后处理过程，也减少了可能对环境产生的污染，有时它比溶液反应更为有效，选择性更好，条件温和，因而吸引了无机、有机、材料及理论化学等多个学科的关注，一些固态反应已获得了工业上的应用。固态反应是现代有机合成新的研究方向之一，具有很大的发展潜力和广阔的应用空间。

实验 50 超声波辐射合成对硝基苯甲酸乙酯

【实验背景】

对硝基苯甲酸乙酯是一种强有效的杀菌剂，可用于防止皮革制品、软塞新产品和某些色料霉变，也是重要的化工及医药中间体，用于生产多种药物，如局部麻醉药苯佐卡因、丁卡因盐酸盐及镇咳药退嗽(苯佐那酯)等。目前工业上大多以浓硫酸做催化剂，由对硝基苯甲酸及乙醇通过酯化反应来制备对硝基苯甲酸乙酯。此法反应时间长，对环境有较大的污染。而高压微波合成法虽然可以克服这一方法的缺点，但是难以实现工业化生产。自从 20 世纪 20 年代，在美国普林斯顿大学化学实验室发现超声波有加速化学反应的作用至今，超声波在有机化学反应中的应用，几乎涉及有机化学的各个领域。而超声波作为一种新的能量形式用于有机化学反应的过程中，具有反应条件温和、反应时间短、方便及易于操作、产率高的特点，甚至可以使很多在正常条件下不能进行的反应得以顺利进行，是一种绿色的合成方法，值得倡导及推广。

【实验目的】

1. 了解超声波在有机合成中的应用。

2. 学习通过酯化反应，由对硝基苯甲酸及乙醇制备对硝基苯甲酸乙酯的原理及操作方法。

【实验原理】

在超声波辐射下，以一水合硫酸氢钠为催化剂，由对硝基苯甲酸与乙醇合成对硝基苯甲酸乙酯：

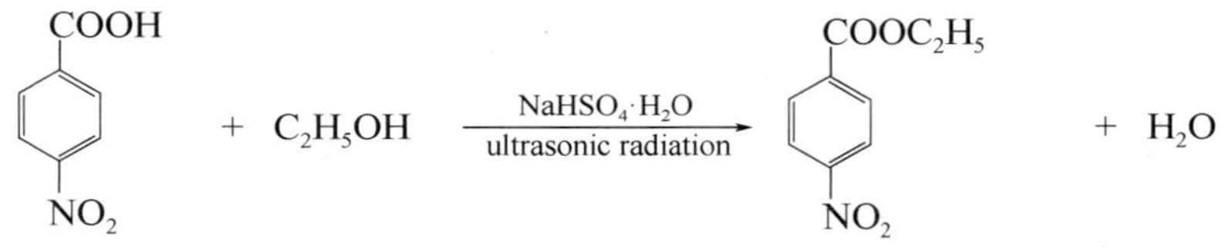

酯化反应多以价格低廉，催化活性高的浓硫酸为催化剂，但浓硫酸具有氧化性会造成反应复杂，副产物多，使后续处理过程复杂化，浓硫酸还对设备腐蚀严重，且有废酸排放污染环境。而硫酸氢钠酸性强，但无氧化性，因而副反应少，反应结束后大多形成固体，易于分离，并且可以重复利用，因此硫酸氢钠是一种具有较好应用价值的催化剂，可以在许多酯化反应中替代浓硫酸使用。

【仪器与试剂】

1. 主要仪器　水槽式超声波清洗仪；50mL 圆底烧瓶；回流冷凝管；布氏漏斗；抽滤瓶。

2. 试剂　对硝基苯甲酸 3g；一水合硫酸氢钠 1g；无水乙醇；饱和亚硫酸氢钠溶液；10%碳酸钠溶液；无水硫酸镁；浓盐酸适量。

【主要原料及产物的物理常数】

相关数据见表 9-5。

表 9-5　对硝基苯甲酸乙酯制备的主要原料及产物的物理常数

化合物	相对分子质量	熔点 m.p. (℃)	沸点 b.p. (℃)	密度 (g/cm^3)	折射率 (n_D^{20})	溶解度(g/100mL)		
						水	乙醇	乙醚
对硝基苯甲酸	167.12	239～241	—	1.61	—	溶于热水	混溶	溶解
对硝基苯甲酸乙酯	195.17	57	182	1.253	—	不溶	易溶	易溶

【实验内容】

在 50mL 的圆底烧瓶中，加入对硝基苯甲酸 2.0g(0.012mol)、一水合硫酸氢钠 1.0g 和无水乙醇 2.6mL(0.048mol)，充分振摇烧瓶使反应物混合均匀，装上回流冷凝管，将装置固定在超声波清洗槽中。使圆底烧瓶底部位于扬声器正上方 5cm 处，清洗槽中的水面应高于烧瓶中反应物液面 2cm。在 60℃下超声波辐射 60min(超声波功率 80W)，取出圆底烧瓶并冷却后，将反应混合物倒入烧杯中，再加入少量冷水，用 10%碳酸钠溶液调节反应混合物的 pH 为 7.5～8，用玻璃棒充分搅拌混合物，再放置冷却析晶，将混合物抽滤，固体用少量冷水洗涤两次，干燥后得黄色结晶。

【结果与处理】

1. 称量对硝基苯甲酸乙酯粗品的产量，计算并分析产率。

2. 必要时，以无水乙醇为溶剂对粗产品进行重结晶，测定其熔点，并与文献值进行比较。

【操作与安全】

1. 增加乙醇用量有利于酯化反应的可逆平衡右移，可提高产率。但是当醇与酸物质的量比大于 4:1 时，产品收率会略有下降，可能是乙醇用量过大而导致催化剂含量相对减少所致。

2. 向反应混合物中加入冷水时，应采用滴加的方式，且边滴加边搅拌，防止粗产品结块。

【思考与讨论】

1. 为什么要调节反应混合液的 pH 为 7.5～8？

2. 为什么超声波能加速化学反应？

实验 51　无溶剂条件下肉桂醛的 Cannizzaro 反应

【实验背景】

肉桂酸和肉桂醇，是药物及其他精细化工产品生产的重要原料和中间体，在有机合成中有着广泛的应用。肉桂酸是从肉桂皮或安息香中分离出的有机酸，有顺式和反式两种异构体，通常以反式异构体存在。主要用于香精香料、食品添加剂、农药、有机合成等方面，在医药工业上可用于合成治疗冠心病的重要药物乳酸可心定和心痛平，还可用于制备局部麻醉剂、杀菌剂、止血药等。肉桂酸的经典合成方法为 Perkin 法，利用苯甲醛和乙酸酐在乙酸钠的催化下进行的缩合反应，这也是世界上合成肉桂酸的主要方法。

天然的肉桂醇是以酯的形式存在于秘鲁香脂、肉桂叶、风信子油及苏合香脂等物质中。其常被用作定香剂，修饰剂。肉桂醇作为新型高效的定香剂，具有定香持久的特点，因其对人体完全无害，因此适用于各种食品和饮料。肉桂醇也是重要的医药原料，常用于心脑血管药(如脑益嗪等)的合成中。

肉桂醇的生产通常是以热的苛性碱溶液处理天然苏合香油、秘鲁香胶及肉桂油或由异丙烯基铝还原而制得，但这些常规的方法均存在合成步骤长、生产周期长、工业废水污染大等缺点。近年来由肉桂醛经催化氧化制备肉桂酸及选择性加氢制备肉桂醇的合成方法受到了人们的关注，但是加氢反应副产物较多，往往为苯甲醛、肉桂醇、苯丙醇的混合物，因而使该反应的应用受到影响。

无溶剂合成是一种环境友好的绿色过程。无溶剂的液态或固态有机反应，因其不使用有机溶剂，反应体系的微环境不同于溶液，这种新的分子环境，造成了反应部位的局部高浓度，有可能使反应的速度、选择性和转化率得到提高，同时避免了反应过程中溶剂对环境的污染，降低了成本，也使产物的分离提纯过程变得简洁。

【实验目的】

1. 了解无溶剂法在 Cannizzaro 反应中的应用。

2. 学习通过歧化反应由肉桂醛制备肉桂酸及肉桂醇的原理。

3. 巩固洗涤、蒸馏及重结晶等基本实验操作技能。

【实验原理】

不含 α-氢的醛，在浓的强碱作用下，发生自身氧化还原反应，一分子醛被氧化成酸，另一分子醛被还原为醇，这种反应被称为 Cannizzaro(康尼查罗)反应，也称歧化反应。

该反应的实质是亲核加成，由 OH^-对一个醛分子的羰基进行亲核进攻。反应时通常使用 50%的浓碱，且碱的摩尔数要比醛的摩尔数多一倍以上，否则反应不易完全，产物不易分离提纯。肉桂醛的康尼查罗反应如下：

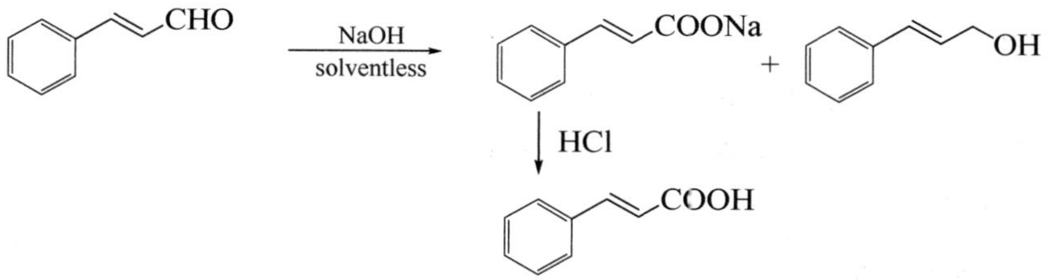

歧化反应进行时，通常需要剧烈震荡，且反应时间长，需要放置过夜。肉桂醛的无溶剂康尼查罗反应，可使实验时间大大缩短，碱的用量也明显减少，因此符合现代化学化工对洁净生产和绿色化学的要求。

【仪器与试剂】

1. 主要仪器 50mL 及 100mL 圆底烧瓶；50mL 锥形瓶；研钵；120mL 分液漏斗；100℃及 150℃温度计；直形冷凝管；接液管；蒸馏支管；克氏蒸馏头；真空接液管；恒温水浴槽；真空系统；布氏漏斗；抽滤瓶。

2. 试剂 肉桂醛(新蒸)3.78mL；氢氧化钠 1.8g；乙醚 45mL；饱和亚硫酸氢钠溶液 10mL；10%碳酸钠溶液 10mL；无水硫酸镁；2mol/L 盐酸溶液适量；硅胶羧甲基纤维素钠板(3cm×10cm)8 片。

【主要原料及产物的物理常数】

内容详见表 9-6。

表 9-6 肉桂醛康尼查罗反应的主要原料及产物的物理常数

化合物	相对分子质量	熔点 m.p.(℃)	沸点 b.p.(℃)	密度(g/cm^3)	折射率(n_D^{20})	溶解度(g/100mL)		
						水	乙醇	乙醚
肉桂醛	132.16	−7.5	251	1.050	1.6100	难溶	溶解	溶解
肉桂醇	134.18	31～35	258	1.044	1.5819	难溶	溶解	溶解
肉桂酸	148.16	135～136	300	1.248	1.5550	微溶	溶解	易溶

【实验内容】

将 3.78mL(30mmol)的新蒸肉桂醛和 1.8g(45mmol)的氢氧化钠分别加入到研钵中，温度控制在 30～33℃，研磨 5min，用薄层色谱跟踪反应。待肉桂醛转化完全后，将反应混合物转入锥形瓶中，并向其中加入 20mL 水，振摇锥形瓶使瓶内物质混合均匀，再将反应混合液转入分液漏斗中，用 45mL 乙醚分三次对其进行萃取，水层放入锥形瓶中待用。醚层合并，然后依次用饱和亚硫酸氢钠、10%碳酸钠溶液各 10mL 洗涤，最后以无水硫酸镁干燥。

干燥后的乙醚溶液，先蒸馏回收乙醚，然后再减压蒸馏，收集 118～120℃(2926Pa)的馏分，得到肉桂醇。萃取之后的水溶液，用 2mol/L 的盐酸溶液酸化至 pH≈2，充分冷却反应液，使肉桂酸晶体析出完全，抽滤，粗产物用水重结晶，得白色片状晶体。

【结果与处理】

1. 分别称量肉桂醇及肉桂酸的产量，计算并分析产率。

2. 测定肉桂酸的熔点并与文献值进行比较。

3. 测定并分析肉桂醇的折射率。

【操作与安全】

1. 肉桂醛的康尼查罗反应要使用强碱，但氢氧化钾碱性太强，副反应多，会使产物收率降低，而氢氧化钠对该反应具有最好的作用。

2. 传统歧化反应中使用的肉桂醛与氢氧化钠的物质的量比为 2:4，而在无溶剂条件下肉桂醛与氢氧化钠物质的量比为 2:3，碱的用量减少了 1/4，降低了成本。

3. 在本实验条件下，肉桂醛的转化率达到 95.3%，肉桂酸和肉桂醇的收率分别为：93.2%及 88.5%。

【思考与讨论】

1. 本实验的两种产物肉桂醇和肉桂酸是根据什么原理分离提纯的？

2. 乙醚的萃取液为什么要用饱和亚硫酸氢钠溶液洗涤？萃取后的水溶液是否需要用饱和亚硫酸氢钠溶液洗涤？为什么？

参考文献

丁长江. 2006. 有机化学实验. 北京：科学出版社

高占先. 2004. 有机化学实验. 第4版. 北京：高等教育出版社

关烨第，李翠娟，葛树丰. 2002. 有机化学实验. 第2版. 北京：北京大学出版社

胡春. 2009. 有机化学实验. 北京：中国医药科技出版社

兰州大学，复旦大学化学系有机教研室. 1994. 有机化学实验. 第2版. 北京：高等教育出版社

李明，刘永军，王书文，等. 2010. 有机化学实验. 北京：科学出版社

刘湘，刘士荣. 2007. 有机化学实验. 北京：化学工业出版社

龙盛京，李柱来，罗虹. 2011. 有机化学实验. 第2版，北京：人民卫生出版社

陆涛，陈继俊. 2006. 有机化学实验. 第2版. 北京：中国医药科技出版社

罗冬冬，周忠强. 2015. 有机化学实验. 北京：化学工业出版社

郗英欣，白艳红. 2014. 有机化学实验. 西安：西安交通大学出版社

熊洪录，周莹，于兵川. 2011. 有机化学实验. 北京：化学工业出版社

杨定乔，朱育林，龙玉华，等. 2010. 有机化学实验. 北京：化学工业出版社

姚映钦. 2011. 有机化学实验. 第3版. 武汉：武汉理工大学出版社

周志高，蒋鹏举. 2005. 有机化学实验. 北京：化学工业出版社

朱靖，肖咏梅，马丽. 2011. 有机化学实验. 北京：化学工业出版社

朱文，贾春满，陈红军. 2015. 有机化学实验. 北京：化学工业出版社

Daniel RP.2000.Experimental Organic Chemistry[M].New York：John Wiley & Sons，Inc.

附　录

附录 1　特殊试剂的配制

1. 饱和溴水溶液　将 15g 溴化钾溶解于 100mL 水中，加入 10g 溴，摇匀。

2. 卢卡斯(Lucas)试剂　将 34g 无水氯化锌在蒸发皿中强热熔融，稍冷后放入干燥器中冷至室温，取出捣碎，加入到 23mL 浓盐酸中(相对密度 1.187)。配制时须加以搅动，并把容器放在冰水浴中冷却，以防氯化氢逸出。配制好的试剂应放在玻璃瓶中保存，且在临用前现配。

3. 液体状苯酚　苯酚的熔点为 41℃，常温下一般凝固成固体，为便于取用，常在 100 份苯酚中溶解 8 份水(20℃)，配制成液状苯酚。

4. 2，4-二硝基苯肼试剂　取 2,4-二硝基苯肼 3g，溶于 15mL 浓硫酸中，将此酸性溶液在搅拌下缓缓加入 70mL 95%乙醇和 20mL 水的混合液中，必要时过滤，配好的试剂保存在棕色玻璃瓶中备用。

5. 苯肼试剂　取 50g 盐酸苯肼溶解于 500mL 蒸馏水中，如不溶可稍加热，冷却后加入 90g 乙酸钠，搅拌使其溶解，加入少量活性炭脱色，过滤备用。

6. Fehling 试剂　将 3.5g $CuSO_4 \cdot 5H_2O$ 溶于 100mL 水中，得淡蓝色 Fehling 试剂 A 溶液，如溶液浑浊，应过滤后使用。另取 $KNaC_4H_4O_6 \cdot 5H_2O$(酒石酸钾钠)17g 溶于 15～20mL 热水中，加入含有 5g NaOH 的水溶液 15～20mL 然后用水稀释至 100mL，得无色透明的 Fehling 试剂 B，用时取等体积两溶液混合。

7. Schiff 试剂　将 0.5g 碱性品红溶于 100mL 热蒸馏水中，搅拌使之充分溶解，待溶液冷却至 50℃时过滤，滤液再冷却到 25℃时加入 1mol/L 盐酸 10mL 和 1g 亚硫酸氢钠或 1.5g 偏重亚硫酸钠，置于暗处静置 24h 后，加 0.25～0.5g 活性炭摇荡 1min，过滤，得无色透明溶液，装入棕色瓶中塞紧瓶塞，保存在冰箱内(0～4℃)，使用前应预先恢复至室温后再用；如溶液呈粉红色则须重配，一般配完 2 天之内使用。

8. 碘溶液　取 2g 碘和 5g 碘化钾，加少量水研溶，再用蒸馏水稀释至 100mL。

9. 饱和亚硫酸氢钠　在每 100mL 40%$NaHSO_3$ 溶液中，加入不含醛的无水乙醇 25mL。如有少量亚硫酸氢钠析出，须滤去，此溶液不稳定，应在实验前随配随用。加无水乙醇的目的是促使亚硫酸氢钠加成物结晶析出。

10. Benedict 试剂　将 2g $CuSO_4 \cdot 5H_2O$ 溶于 20mL 热水中，放置冷却；另取 20g 枸橼酸钠和 11.5g 无水 Na_2CO_3 溶于 100mL 热水中，冷后在不断搅拌下，将硫酸铜溶液加入其中。如溶液浑浊须过滤，此溶液在放置时不易变质，使用也比斐林试剂方便。

11. Molish 试剂 将2.5g α-萘酚溶于50mL乙醇中，然后再用乙醇稀释至100mL。

12. Seliwanoff 试剂 取间苯二酚 0.05g 溶于 50mL 盐酸中，用水稀释到100mL。

13. β-萘酚碱溶液 将β-萘酚5g溶于100mL 10%NaOH溶液中，即得。

14. 1%淀粉 称取1g可溶性淀粉溶于5mL冷蒸馏水中，剧烈搅成稀浆状，然后倒入约94mL沸水中，得到近于透明的胶体溶液，冷至室温即可。

15. 0.1%茚三酮乙醇溶液 将0.1g茚三酮溶于124.9mL 95%乙醇中，此溶液要在使用前新配。

16. 碘化铋钾试剂 取0.85g次硝酸铋溶于10mL冰乙酸中，再加水稀释至40mL配成溶液A；另配制40%碘化钾水溶液B。使用时取两溶液各5mL混合，分别加冰乙酸20mL、水60mL，摇匀即可。

附录2 常用有机溶剂的纯化

1. 甲醇 市售工业甲醇中的杂质主要是水、丙酮、甲醛、乙醇等，含水量不超过0.5%～1%。精制甲醇含0.1%的水和0.02%的丙酮。如要制得无水甲醇，可将5g清洗干净的镁带、0.5g碘与50～75mL甲醇共热，至碘全部消失，镁带全部反应成甲醇镁，此时加入待纯化的甲醇1000mL左右，回流2～3h，隔绝空气条件下蒸馏，即可。如甲醇中的含水量≤0.1%，也可用4A分子筛干燥。注意甲醇有毒，处理时应避免吸入其蒸气。

2. 乙醇 市售无水乙醇一般只能达到99.5%的纯度，而纯度更高的绝对无水乙醇要进一步处理。用95.5%的乙醇制备含量达99.5%的无水乙醇的方法如下。

在500mL圆底烧瓶中，加入200mL 95.5%的乙醇及50g生石灰，水浴上加热回流2～3h，也可放置一周后，蒸馏得到无水乙醇。

一般的干燥剂干燥有机试剂后，在蒸馏前均应过滤除去。但氧化钙与乙醇中的水反应生成氢氧化钙，加热时不分解，故可留在瓶中一起蒸馏。

乙醇含量达99.95%的绝对无水乙醇的制备方法如下。

(1) 在100mL99.5%乙醇中，加入7g金属钠，待反应完毕，再加入27.5g邻苯二甲酸二乙酯或25g草酸二乙酯，回流2～3h，然后进行蒸馏。

金属钠虽可与乙醇中的水作用，生成氢气和氢氧化钠，但氢氧化钠又与乙醇发生平衡反应，因此只单独使用金属钠不能完全除去乙醇中的水，常须加入过量的高沸点酯(如邻苯二甲酸二乙酯)与生成的氢氧化钠作用，抑制上述反应，从而达到进一步脱水的目的。

(2) 在250mL干燥的圆底烧瓶中，加入0.6g干燥纯净的镁丝和10mL 99.5%的乙醇，安装回流冷凝管，冷凝管上口加装一支无水氯化钙干燥管。

在沸水浴上加热至微沸，移去热源，立刻加入几粒碘(注意此时不要振荡)，随即可见在碘粒附近发生了反应。若反应速率较慢，可稍加热，若不见反应发生，可补加几粒碘。当金属镁全部作用完毕后，再加入 100mL 99.5%乙醇和 1～2 粒沸石，水浴加热回流 1h 后，改成蒸馏装置，补加沸石后，水浴加热蒸馏，收集 78.5℃馏分，并储存在试剂瓶中，用橡胶塞或磨口塞封口。

由于乙醇具有非常强的吸湿性，所以在操作时，动作要迅速，尽量减少转移次数以防止空气中的水分进入，同时所用仪器必须事前干燥好。

3. 乙醚　普通乙醚常含 2%的乙醇和 0.5%的水，储存过久的乙醚含有少量的过氧化物。

(1) 过氧化物的检查和除去：在干净的试管中加入 2～3 滴浓硫酸，1mL 2%的碘化钾溶液(如碘化钾溶液已被空气氧化变黄，可用稀亚硫酸钠溶液滴到黄色消失)及 1～2 滴淀粉溶液。混匀后，加入等体积的乙醚一起振荡，有蓝色出现则表示有过氧化物存在。将 100mL 乙醚与 10mL 新配制的硫酸亚铁稀溶液(在 110mL 水中加入 6mL 浓硫酸，再加入 60g 硫酸亚铁)置于分液漏斗内充分振摇，重复数次，直到无过氧化物存在为止。

(2) 醇和水的检验和除去：在乙醚中加入少许高锰酸钾和一粒氢氧化钠。经放置后，氢氢化钠表面附有棕色树脂，证明有醇。用无水硫酸铜检验水的存在。

(3) 无水乙醚的制备：将除去过氧化物的乙醚 100mL 加入到干燥的锥形瓶中，再向其中加入 20～25g 无水氯化钙干燥，瓶口用软木塞塞紧，放置一天以上，并间歇摇动。过滤，蒸馏。将蒸出的乙醚经金属钠干燥，然后用带有氯化钙干燥管的软木塞塞住，放置 24h 以后过滤到另一个干燥试剂瓶中，再加入一定量的金属钠丝，至不再有气泡产生即可使用。

4. 乙酸乙酯　市售的乙酸乙酯含量一般为 95%～98%，常含有微量水、乙醇和乙酸。可采用下列两种方法进行纯化。

(1) 先用等体积的 5%碳酸钠溶液洗涤，再用饱和氯化钙溶液洗涤，酯层倒入干燥锥形瓶中，加入适量无水碳酸钾干燥 1h 后，蒸馏，收集 77.0～77.5℃馏分。

(2) 于 1000mL 乙酸乙酯中加入 100mL 乙酸酐，10 滴浓硫酸，加热回流 4h，除去乙醇和水等杂质，然后进行蒸馏。馏出液用 20～30g 无水碳酸钾处理，再蒸馏。产物沸点为 77℃，纯度可达 99%以上。

5. 丙酮　市售丙酮中往往含有少量的水及甲醇、乙醛等还原性杂质，常采用下述两种方法提纯。

(1) 在 250mL 圆底烧瓶中，加入 100mL 丙酮和 0.5g 高锰酸钾，安装回流冷凝管，水浴加热回流。若混合液紫色很快消失，则需补加少量高锰酸钾，继续回流，直到紫色不再消失为止。改成蒸馏装置，加入几粒沸石，水浴加热蒸出丙酮，用无水碳酸钾干燥 1h。将干燥好的丙酮倾入 250mL 圆底烧瓶中，加入沸石，安装蒸馏装置(全部仪器均须干燥!)。水浴加热蒸馏，收集 55.0～56.5℃馏分。用此法纯化丙酮时，须注意丙酮中含还原性物质不能太多，否则会过多消耗高锰酸钾和丙酮，使处理时间增长。

(2) 将 100mL 丙酮装入分液漏斗中，先加入 4mL10%硝酸银溶液，再加入

1mol/L 的氢氧化钠溶液 3.6mL，振摇 10min，分出丙酮层，再加入无水硫酸钾或无水硫酸钙进行干燥。最后蒸馏收集 55～56.5℃馏分。此法较方法(1)快，但硝酸银较贵，只宜做小量纯化用。

6. 石油醚 石油醚为轻质石油产品，是低相对分子质量烷烃类的混合物。其沸程为 30～150℃，收集的温度区间一般为 30℃左右。根据沸程不同可分为 30～60℃、60～90℃和 90～120℃等不同规格。

石油醚中常含有少量沸点与烷烃相近的不饱和烃，难以用蒸馏法进行分离，此时可用浓硫酸和高锰酸钾将其除去。其方法如下。

在 150mL 分液漏斗中，加入 100mL 石油醚，用 10mL 浓硫酸分两次洗涤，再用 10%硫酸与高锰酸钾配制的饱和溶液洗涤，直至水层中紫色不再消失为止。用蒸馏水洗涤两次后，再将石油醚倒入干燥的锥形瓶中，加入无水氯化钙干燥后，蒸馏，收集需要规格的馏分。若需绝对干燥的石油醚，可加入钠丝(与纯化无水乙醚相同)。

7. 二氯甲烷 普通的二氯甲烷一般都能直接作萃取剂用。如需纯化，可用浓硫酸振荡数次，至酸层无色。水洗后，用 5%碳酸钠溶液洗涤，再用水洗涤，然后用无水氯化钙干燥，蒸馏收集 40～41℃的馏分，保存在棕色瓶中。

8. 氯仿 氯仿在日光下易氧化成氯气、氯化氢和光气(剧毒)，故氯仿应储存于棕色瓶中。市场上供应的氯仿多用 1%乙醇做稳定剂，以消除氯仿分解产生的光气。氯仿中乙醇的检验可用碘仿反应；游离氯化氢的检验可用硝酸银的醇溶液。

除去乙醇的方法是用其体积 1/2 的水洗涤氯仿 5～6 次后，将分出的氯仿用无水氯化钙干燥 24h，再进行蒸馏，收集 60.5～61.5℃馏分。

另一种方法是将氯仿与少量浓硫酸一起振荡 2～3 次。每 200mL 氯仿用 10mL 浓硫酸，分去酸层后的氯仿用水洗涤，干燥，然后通过蒸馏除去乙醇，所得无水氯仿应保存在棕色瓶中并置于暗处避光存放，以免光化作用产生光气。

9. 苯 普通苯常含有少量噻吩和水，噻吩的沸点(84℃)与苯接近，所以，不能用蒸馏的方法除去。

噻吩的检验：取 1mL 苯加入 2mL 溶有 2mg 吲哚醌的浓硫酸，振荡片刻，如酸层呈蓝绿色，表示有噻吩存在。

噻吩和水的除去：将苯装入分液漏斗中，加入相当于苯体积 1/7 的浓硫酸，振摇使噻吩磺化，弃去酸液，再加入新的浓硫酸，重复操作数次，直到酸层呈现无色或淡黄色并检验无噻吩为止。

将上述无噻吩的苯依次用 10%碳酸钠溶液和水洗至中性，再用无水氯化钙干燥，然后进行蒸馏，收集 80℃的馏分，最后以金属钠脱去微量的水得无水苯。

10. 四氢呋喃(THF) 市售四氢呋喃常含有少量水分及过氧化物。如要制得无水四氢呋喃，可用氢化铝锂在隔绝潮气下回流(通常 500mL 需 1～2g 氢化铝锂) 除去其中的水和过氧化物，然后常压蒸馏，收集 66℃的馏分(蒸馏时不要蒸干，将剩余少量残液立即倒出)。精制后的液体加入钠丝并应在氮气氛中保存。若需长时间放置，可加 0.025%的 2,6-二叔丁基-4-甲基苯酚作抗氧剂。

处理四氢呋喃时，应先用小量进行试验，在确定其中只有少量水和过氧化物，方可按上法进行纯化。四氢呋喃中的过氧化物可用酸化的碘化钾溶液来检验。若过氧化物较多，处理时由于作用过于激烈容易发生事故，因此应先进行其他处理为宜。

11. 1,4-二氧六环 1,4-二氧六环能与水任意混合，普通的 1,4-二氧六环常含有少量的二乙醇缩醛与水，久储的 1,4-二氧六环还可能含有过氧化物(鉴定和除去参阅乙醚)。1,4-二氧六环的纯化方法如下：

在 500mL 1,4-二氧六环中加入 8mL 浓盐酸与 50mL 水配成的溶液，回流 6～10h，在回流过程中，慢慢通入氮气以除去生成的乙醛。冷后，加入固体氢氧化钾，直到不能再溶解为止，分去水层，再用固体氢氧化钾干燥 24h。然后过滤，在金属钠存在下加热回流 8～12h，最后在金属钠存在下蒸馏，加入钠丝密封保存。精制过的 1,4-二氧六环应当避免与空气接触。

12. *N,N*-二甲基甲酰胺 *N,N*-二甲基甲酰胺(DMF)为无色液体，与多数有机溶剂和水可任意混合，对有机物和无机物的溶解性能均较好。*N,N*-二甲基甲酰胺含有少量水分。常压蒸馏时会有少量分解，产生二甲胺和一氧化碳。如有酸或碱存在时，分解加快。所以加入固体氢氧化钾(钠)并在室温放置数小时后，即有部分分解。因此，常采用硫酸钙、硫酸镁、氧化钡、硅胶或分子筛干燥，过滤后减压蒸馏，收集 76℃/4800Pa(36mmHg)的馏分。其中若含水较多时，可加入其体积 1/10 的苯，在常压及 80℃以下蒸去水和苯，再以无水硫酸镁或氧化钡干燥，最后进行减压蒸馏。纯化后的 DMF 要避光贮存。DMF 中如有游离胺存在，常用 2,4-二硝基氟苯产生颜色来检查。

13. 四氯化碳 四氯化碳中除水分、不挥发物、光气、盐酸之外，还含有二硫化碳和氯仿等杂质。纯化方法：先用饱和 KOH 处理数小时后，再反复水洗，将得到的四氯化碳再用浓硫酸处理，直至不再褪色，后又用水洗涤，再用氯化钙或硫酸镁干燥(视情况是否加入五氧化二磷)，汞回流 2h 除去硫化物，最后蒸馏。

快速纯化方法：蒸馏，弃去前 10%馏分，取澄清溜出液，用 5A 分子筛保存 48h。

附录 3 有机类实验废弃物的处理

一、处 理 原 则

有机实验室三废处理的基本原则是：不腐蚀或堵塞下水管道；不影响环境保护；不造成着火、爆炸事故。

1. 对于用过的有机溶剂应尽量及时回收处理，在对实验无妨碍的情况下可重复使用，反复利用。对剩余的中间产品要登记并保管好，以利交流，互通有无。

2. 可溶于水的废弃物如能被细菌作用而分解的(如甲醇、乙醇及乙酸等)可用大量水稀释后排放。其余的要加以回收处理，但要注意废弃物成为水溶液而流失。

3. 为便于处理，将有机类实验废弃物按以下四类进行收集：①可燃性物质；②难燃性物质；③固体物质；④含水废液。

4. 含有重金属的有机废液，先将其中的有机物分解后，再按无机类废液进行处理。

二、处 理 方 法

1. 焚烧法　此法主要用于一些可燃性的有机废弃物质的处理。

(1) 一般情况是将废弃物置于燃烧炉中直接焚烧。少量的废弃物可放在铁制或瓷制容器中，选择室外空旷、安全的地方进行焚烧，注意操作者要站在上风方向点火，且全程监视，待被处理物完全烧完，再用土将残渣掩埋。

(2) 对一些燃烧时会产生有害气体(如二氧化氮、二氧化硫、氯化氢等)的有机废弃物，必须在配有洗涤器的焚烧炉中处理。燃烧废气必须用碱液洗涤，除去其中的有害气体后才可排放。

(3) 难燃性废弃物，可将其与可燃性物质混合燃烧，如为固体也可将其溶解在可燃性溶剂中，进行燃烧。难燃性废液还可将其喷入配有助燃器的焚烧炉中燃烧。一些难燃性废液(如多氯联苯类)燃烧之后还会排出部分未燃烧的废液，应收集起来另行处理。此法适合处理含水的高浓度有机废液。对一些含水的低浓度废液，可根据具体情况采用以下各法进行处理。

2. 溶剂萃取法　此法适合于处理一些含水的低浓度废液，但如能形成乳浊液的废液，不宜使用此法处理，可用焚烧法处理。用不与水相溶的正己烷类挥发性溶剂对废液进行萃取，分出的溶剂层焚烧处理，水层中的溶剂可用吹入空气的方法将其吹出。

3. 吸附法　将有机废液用稻草屑、锯末、活性炭、硅藻土、层片状织物、聚丙烯泡沫塑料等具有良好吸附性的物质进行充分吸附后，一起焚烧。

4. 氧化分解法　如含水的低浓度有机废液中，如果主要成分易被氧化分解，可向其中加入氧化剂，如过氧化氢、高锰酸钾、次氯酸钠、混酸(硫酸与硝酸、硫酸与次氯酸、硝酸与次氯酸及废铬酸混合液)等，将废液氧化分解后，再按无机类实验废液的处理方法处理。

5. 水解法　对于一些容易水解的有机废液，如酯类及部分有机磷化合物等，可向其中加入氢氧化钠或氢氧化钙，在室温或加热下进行水解，再中和、稀释后，如无其他有害物质，可直接排放。否则，用其他适当的方法(吸附法)加以处理。

6. 生物化学处理法　对含有可被细菌作用而分解的物质，如乙醇、乙酸、动植物性油脂、蛋白质及淀粉等的稀溶液，可用加入活性污泥并吹入空气的方法进行处理。

附录 4 常用元素的相对原子质量表

元素名称		相对原子质量	元素名称		相对原子质量
金	Au	196.967	镁	Mg	24.305
银	Ag	107.868	锰	Mn	54.938
铝	Al	26.982	钼	Mo	95.940
溴	Br	79.904	氮	N	14.007
碳	C	12.011	钠	Na	22.990
钙	Ca	40.078	镍	Ni	58.693
氯	Cl	35.453	氧	O	15.999
铬	Cr	51.996	磷	P	30.974
铜	Cu	63.546	铅	Pb	207.200
氟	F	18.998	钯	Pd	106.420
铁	Fe	55.845	铂	Pt	195.078
氢	H	1.008	硫	S	32.066
汞	Hg	200.590	硅	Si	28.087
碘	I	126.904	锡	Sn	118.710
钾	K	39.098	锌	Zn	65.390

附录 5 常用希腊字母和读音

大写字母	小写字母	英文读音	大写字母	小写字母	英文读音
Α	α	alpha	Ν	ν	nu
Β	β	beta	Ξ	ξ	xi
Γ	γ	gamma	Ο	ο	omicron
Δ	δ	delta	Π	π	pi
Ε	ε	epsilon	Ρ	ρ	rho
Ζ	ζ	zeta	Σ	σ	sigma
Η	η	eta	Τ	τ	tau
Θ	θ	theta	Υ	υ	upsilon
Ι	ι	iota	Φ	ϕ	phi
Κ	κ	kappa	Χ	χ	chi
Λ	λ	lamda	Ψ	ψ	psi
Μ	μ	mu	Ω	ω	omega

附录 6 重结晶常用溶剂

溶剂	b.p.(℃)	介电常数	可燃性	毒性	适用范围	混合溶剂	说明
石油醚	35～60	1.9	4	1	烃类	本表中乙酸以上任何溶剂	
正戊烷	36.1	1.8	4	1	烃类	本表中乙酸以上任何溶剂	
正己烷	68.7	1.88	4	1	烃类	本表中乙酸以上任何溶剂	

续表

溶剂	b.p.(℃)	介电常数	可燃性	毒性	适用范围	混合溶剂	说明
环己烷	81	2.02	4	1	芳香族化合物、烃类、分子络合物	环己烷-乙醚、环己烷-乙酸乙酯、环己烷-烃类	
四氯化碳	76.5	2.23	0	4	非极性化合物、氯代酸、酸酐	四氯化碳-乙醚、四氯化碳-苯、四氯化碳-烃类	和某些含氮有机碱反应，有累积性毒性
甲苯	110.8	2.38	3	2	芳香族化合物、烃类	甲苯-乙醚、甲苯-乙酸乙酯、甲苯-烃类	
苯	80.1	2.28	3	3	芳香族化合物、烃类、分子络合物	苯-乙醚、苯-乙酸乙酯、苯-烃类	有累积性毒性
氯仿	61.2	4.81	0	4	普遍适用，常用于氯代酸	氯仿-乙醇、氯仿-烃类	易于除去和干燥
二氯甲烷	40.2	9.08	0	1	普遍适用，常用于低熔点化合物	二氯甲烷-乙醇、二氯甲烷-烃类	易于除去和干燥
乙醚	34.5	4.34	4	2	普遍适用，常用于低熔点化合物	乙醚-丙酮、乙醚-烃类、乙醚-醇类	会到容器边上，带出被结晶物质
乙酸乙酯	77.1	6.02	3	1	普遍适用，常用于酯类	乙酸乙酯-乙醚、乙酸乙酯-烃类、乙酸乙酯-苯	
四氢呋喃	65	7.58	4	2	普遍适用，常用于烃类、卤代烃	四氢呋喃-苯、四氢呋喃-乙醇-水、四氢呋喃-醇类	
1，4-二氧六环	107	2.21	4	2	普遍适用，溶解能力是乙醚的2～3倍	1,4-二氧六环-水、1,4-二氧六环-烃类、1,4-二氧六环-醇类	
丙酮	56.2	20.7	3	1	普遍适用，常用于酯类、硝基化合物、溴化物、脎	丙酮-水、丙酮-烃类、丙酮-乙醚	如果不与水一起使用，应加以干燥
吡啶	115.6	12.5	3	3	高熔点的，在其他溶液中不溶解的化合物	吡啶-水、吡啶-甲醇、吡啶-烃类	溶解能力取决于干燥程度，难以除去，很臭
乙酸	118	6.15	2	2	盐类、酰胺类、某些羧酸	乙酸-水	难以除去，有刺激性气味
乙醇	78.3	24.6	3	0	普遍适用，常用于酯类、硝基化合物、溴化物	乙醇-水、乙醇-烃类、乙醇-乙酸乙酯、乙醇-乙醚-乙酸乙酯	
甲醇	64.5	32.63	3	1	普遍适用，常用于酯类、硝基化合物、溴化物	甲醇-水、甲醇-乙醚、甲醇-苯	
乙腈	81.6	37.5	3	3	极性化合物	乙腈-水、乙腈-乙醚、乙腈-苯	
水	100	78.54	0	0	盐类、酰胺类、某些羧酸	水-丙酮、水-醇类、水-乙腈	沉淀干燥慢

注：1. 本表大致按溶剂极性增大的顺序排列；

2. 本表中可燃性及毒性的大小由数字大小表示。

附录 7 水的饱和蒸气压

t(℃)	p(Pa)	t(℃)	p(Pa)	t(℃)	p(Pa)
0	610.48	19	2196.75	50	12 333.60
1	656.74	20	2337.80	55	15 737.30
2	705.81	21	2486.46	60	19 915.60
3	757.94	22	2643.38	65	25 003.20
4	813.40	23	2808.83	70	31 157.40
5	872.33	24	2983.35	75	38 543.40
6	934.99	25	3167.20	80	47 342.60
7	1001.65	26	3360.91	85	57 808.40
8	1072.58	27	3564.90	90	70 095.40
9	1147.77	28	3779.55	91	72 800.50
10	1227.76	29	4005.39	92	75 592.20
11	1312.42	30	4242.84	93	78 473.30
12	1402.28	31	4492.28	94	81 446.40
13	1497.34	32	4754.66	95	84 512.80
14	1598.13	33	5030.11	96	87 675.20
15	1704.92	34	5319.28	97	90 934.90
16	1817.71	35	5622.86	98	94 294.70
17	1937.17	40	7375.91	99	97 757.00
18	2063.42	45	9583.19	100	101 324.72

注：133.322Pa=1mmHg；101 324.72Pa=760mmHg。

附录 8 常用酸碱溶液的浓度及相对密度

硫酸溶液的相对密度及组成表

H_2SO_4 质量百分数	相对密度 d_4^{20}	100mL 水溶液中含 H_2SO_4 克数	H_2SO_4 质量百分数	相对密度 d_4^{20}	100mL 水溶液中含 H_2SO_4 克数
1	1.0051	1.005	70	1.6105	112.7
2	1.0118	2.024	80	1.7272	138.2
3	1.0184	3.055	90	1.8144	163.3
4	1.2500	4.100	91	1.8195	165.6
5	1.0317	5159	92	1.8240	167.8
10	1.0661	10.66	93	1.8279	170.2
15	1.1020	16.53	94	1.8312	172.1
20	1.1394	22.79	95	1.8337	174.2
25	1.1783	29.46	96	1.8355	176.2
30	1.2185	36.56	97	1.8364	178.1
40	1.3028	52.11	98	1.8361	179.9
50	1.3951	69.76	99	1.8342	181.6
60	1.4983	89.90	100	1.8305	183.1

盐酸溶液的相对密度及组成表

HCl 质量百分数	相对密度 d_4^{20}	100mL 水溶液中含 HCl 克数	HCl 质量百分数	相对密度 d_4^{20}	100mL 水溶液中含 HCl 克数
1	1.0032	1.003	22	1.1083	24.38
2	1.0082	2.006	24	1.1187	26.85
4	1.0181	4.007	26	1.1290	29.35
6	1.0279	6.167	28	1.1392	31.90
8	1.0376	8.301	30	1.1492	34.48
10	1.0474	10.47	32	1.1593	37.10
12	1.0574	12.69	34	1.1691	39.75
14	1.0675	14.95	36	1.1789	42.44
16	1.0776	17.24	38	1.1885	45.16
18	1.0878	19.58	40	1.1980	47.92
20	1.0980	21.96			

硝酸溶液的相对密度及组成表

HNO_3 质量百分数	相对密度 d_4^{20}	100mL 水溶液中含 HNO_3 克数	HNO_3 质量百分数	相对密度 d_4^{20}	100mL 水溶液中含 HNO_3 克数
1	1.0036	1.004	65	1.3913	90.43
2	1.0091	2.018	70	1.4134	98.94
3	1.0146	3.044	75	1.4337	107.5
4	1.0201	4.080	80	1.4521	116.2
5	1.0256	5.128	85	1.4686	124.8
10	1.0543	10.54	90	1.4826	133.4
15	1.0842	16.26	91	1.4850	135.1
20	1.1150	22.30	92	1.4873	136.8
25	1.1469	28.67	93	1.4892	138.5
30	1.1800	35.40	94	1.4912	140.2
35	1.2140	42.49	95	1.4932	141.9
40	1.2463	49.85	96	1.4952	143.5
45	1.2783	57.52	97	1.4974	145.2
50	1.3100	65.50	98	1.5008	147.1
55	1.3393	73.66	99	1.5056	149.1
60	1.3667	82.00	100	1.5129	151.3

氢氧化钠溶液的相对密度及组成表

NaOH 质量百分数	相对密度 d_4^{20}	100mL 水溶液中含 NaOH 克数	NaOH 质量百分数	相对密度 d_4^{20}	100mL 水溶液中含 NaOH 克数
1	1.0095	1.010	26	1.2848	33.40
2	1.0207	2.041	28	1.3064	36.58
4	1.0428	4.171	30	1.3279	39.84
6	1.0648	6.389	32	1.3490	43.17
8	1.0869	8.695	34	1.3696	46.57
10	1.1089	11.09	36	1.3900	50.04
12	1.1309	13.57	38	1.4101	53.58
14	1.1530	16.14	40	1.4300	57.20
16	1.1751	18.80	42	1.4494	60.87
18	1.1972	21.55	44	1.4685	64.61
20	1.2191	24.38	46	1.4873	68.42
22	1.2411	27.30	48	1.5065	72.31
24	1.2629	30.31	50	1.5253	76.27

氢氧化钾溶液的相对密度及组成表

KOH 质量百分数	相对密度 d_4^{20}	100mL 水溶液中含 KOH 克数	KOH 质量百分数	相对密度 d_4^{20}	100mL 水溶液中含 KOH 克数
1	1.0083	1.008	28	1.2695	35.55
2	1.0175	2.035	30	1.2905	38.72
4	1.0359	4.144	32	1.3117	41.97
6	1.0514	6.326	34	1.3331	45.83
8	1.0730	8.584	36	1.3549	48.78
10	1.0918	10.92	38	1.3769	52.32
12	1.1108	13.33	40	1.3991	55.96
14	1.1299	15.82	42	1.4215	59.70
16	1.1493	19.70	44	1.4443	63.55
18	1.1688	21.04	46	1.4673	67.50
20	1.1884	23.77	48	1.4907	71.55
22	1.2083	26.58	50	1.5143	75.72
24	1.2285	29.48	52	1.5382	79.99
26	1.2489	32.47			

氨水的相对密度及组成表

NH_3 质量百分数	相对密度 d_4^{20}	100mL 水溶液中含 NH_3 克数	NH_3 质量百分数	相对密度 d_4^{20}	100mL 水溶液中含 NH_3 克数
1	0.9939	9.94	16	0.9362	149.8
2	0.9895	19.97	18	0.9295	167.3
4	0.9811	39.24	20	0.9229	184.6
6	0.9730	58.38	22	0.9164	201.6
8	0.9651	77.21	24	0.9101	218.4
10	0.9575	95.75	26	0.9040	235.0
12	0.9501	114.0	28	0.8980	251.4
14	0.9430	132.0	30	0.8920	267.6

碳酸钠溶液的相对密度及组成表

Na_2CO_3 质量百分数	相对密度 d_4^{20}	100mL 水溶液中含 Na_2CO_3 克数	Na_2CO_3 质量百分数	相对密度 d_4^{20}	100mL 水溶液中含 Na_2CO_3 克数
1	1.0086	1.009	12	1.1244	13.49
2	1.0190	2.038	14	1.1463	16.05
4	1.0398	4.159	16	1.1682	18.50
6	1.0606	6.364	18	1.1905	21.33
8	1.0816	8.653	20	1.2132	24.26
10	1.1029	11.03			